"十二五"普通高等教育本科国家级规划教材

教育部高等学校电子商务类专业教学指导委员会指导
新一代高等学校电子商务实践与创新系列规划教材

阿里巴巴商学院 组织编写

网络金融服务

主　编　陈　进
副主编　项洁雯
参　编　任　燕　徐瑶之
　　　　姜　超　赵　琴

清华大学出版社
北京

内 容 简 介

本书详细介绍了网络金融服务的基本概念、安全管理和运营系统；全面说明了电子货币、电子支付、移动支付、清算和结算、网络银行、网络保险、网络证券和金融超市的内涵、系统组成、服务模式和各种应用。通过工商银行网络金融超市、阿里巴巴支付宝、泰康保险网上系统、银河证券和中国银联等案例说明了网络金融的应用特点、发展历程和趋势。

本书共分 10 章，内容分别为：网络金融服务概述、网络金融安全、电子支付、移动支付、电子清算与结算、网络银行服务、网络保险服务、网络证券服务、网络金融超市、网络金融服务案例等。本书取材新颖、理论结合实际、图文并茂，通过实际操作的方式说明网络金融服务的概念和方法，帮助学生理解和应用网络金融服务。

本书适合作为经济类和管理类大专院校学生的教材和参考书，也可作为有关机构和企业在职人员的参考用书。

本书封面贴有清华大学出版社防伪标签，无标签者不得销售。
版权所有，侵权必究。举报：010-62782989，beiqinquan@tup.tsinghua.edu.cn。

图书在版编目(CIP)数据

网络金融服务/陈进主编. —北京：清华大学出版社，2011.1（2023.8重印）
（新一代高等学校电子商务实践与创新系列规划教材）
ISBN 978-7-302-23811-9

Ⅰ. ①网… Ⅱ. ①陈… Ⅲ. ①计算机网络—应用—金融—商业服务 Ⅳ. ①F830.49

中国版本图书馆 CIP 数据核字(2010)第 173231 号

责任编辑：袁勤勇
责任校对：焦丽丽
责任印制：杨 艳

出版发行：清华大学出版社
网　　址：http://www.tup.com.cn, http://www.wqbook.com
地　　址：北京清华大学学研大厦 A 座　　　　邮　编：100084
社 总 机：010-83470000　　　　　　　　　　邮　购：010-62786544
投稿与读者服务：010-62776969, c-service@tup.tsinghua.edu.cn
质量反馈：010-62772015, zhiliang@tup.tsinghua.edu.cn

印 装 者：天津鑫丰华印务有限公司
经　　销：全国新华书店
开　　本：185mm×260mm　　印　张：17.75　　字　数：412 千字
版　　次：2011 年 1 月第 1 版　　　　　　　印　次：2023 年 8 月第 10 次印刷
定　　价：58.00 元

产品编号：039703-05

新一代高等学校电子商务实践与创新系列规划教材
编写委员会

指　　导：教育部高等学校电子商务类专业教学指导委员会
顾　　问：潘云鹤　宋　玲　吴　燕　马　云　刘　军
　　　　　李　琪　陈德人　吕廷杰　陈　进

编委会

主　　任：梁春晓
副 主 任：张　佐　章剑林
委　　员：（按姓氏笔划为序）
　　　　　王学东　邓顺国　兰宜生　刘业政　刘震宇
　　　　　刘　鹰　孙宝文　汤兵勇　宋远方　阿拉木斯
　　　　　张　宁　张李义　张宽海　李洪心　杨坚争
　　　　　邵兵家　孟卫东　段永朝　高红冰　徐　青
　　　　　彭丽芳　潘洪刚　盛振中

丛书序

十多年来,我国电子商务的各个领域发生了巨大变化,从形式到内涵的各个方面都更加丰富和完善,在国民经济中的作用显著增强,对电子商务人才的需求愈来愈大,也对高等学校电子商务人才培养工作提出更高的要求。因此,如何面向日新月异的电子商务发展,开展各具特色的电子商务专业人才培养工作,打造新型的电子商务教材体系和系列教材,显得十分必要。

杭州师范大学阿里巴巴商学院是一所产学研相结合,充满创新创业激情的新型校企合作商学院。这次由教育部高等学校电子商务专业教学指导委员会指导,该商学院组织开展的高等学校本科教学电子商务实践与创新系列教材建设工作,是一次针对产业界需求、校企合作开展电子商务人才培养工作改革的有益实践,对探索我国现代服务业和工程创新人才的培养具有积极的意义。

电子商务实践与创新系列教材建设目标是打造一套结合电子商务产业和经济社会发展需要,面向电子商务实践,体现校企合作和创新创业人才培养特点的新一代电子商务本科教学系列教材,旨在为电子商务人才培养工作服务。系列教材建设工作,前期已经过半年多时间的调查和研究,形成了面向电子商务发展的新一代教材体系基本框架。该系列教材针对电子商务中的零售、贸易、服务、金融和移动商务等深浅不同的领域,对学生进行实践与创新的培训,不但吻合电子商务业界的发展现状和趋势,也属校企合作教学改革的一次实践与创新。

二〇一〇年七月十九日

序言

一直觉得,自己人生中最快乐的日子,是站在讲台上当老师的那段时光。看着学生不断成长,真的是一件很有意义的事。

很多人说,良好的教育可以改变人的一生,教育对人的创新能力的培养非常重要。我们国家每年有几百万名大学生毕业,但很多人走出校园却找不到工作;另一方面又有很多中小企业的老板对我说,自己的企业招聘不到合适的人才。这种反差说明我们的教育发生了偏离。现在学校里灌输得更多的是知识,而不是思考方式,这不是一种文化的传递。

现在很多大学开设了电子商务专业,这对于阿里巴巴这样的电子商务公司来说是件好事。阿里巴巴已成立十年多时间,这十年的时间,我们证明了一件事情,就是互联网和电子商务在中国能成功。同时我们相信互联网和电子商务的发展将彻底改变未来,彻底影响我们的生活。我相信电子商务未来会成为国与国之间的竞争力,而不仅仅是企业的竞争力。但我觉得很多大学在培养电子商务专业人才时可能需要更加脚踏实地、更加务实,因为理论上可行的东西在实践上不一定能做到。我在阿里巴巴商学院成立仪式上说过,这是阿里巴巴在电子商务教育上的一个摸索,商学院要加强对学生创业方面的指导、培训,中国中小企业发展需要创业者,他们更需要商学院的培训和教育。

这个世界在呼唤一个新的商业文明,我们认为新商业文明的到来、展开与完善,有赖于每一个公司、每一个人的创新实践。未来的商业人才须具备四个特质:拥有开放的心态、学会分享、具有全球化的视野、有责任感。过去十年以来,我们看到越来越多的年轻人加入网商行列,他们是改革开放以来最具创造能力的新一代,他们更有知识,更懂得诚信,更懂得开放。

分享和协作是互联网的价值源泉。作为一家生于杭州,长于杭州的企业,阿里巴巴乐意为电子商务未来的发展做贡献。阿里巴巴创业团队自1995年开始创业到现在,积累了许多经验和大量案例,阿里巴巴希望将这些案例与中国的中小企业人、创业者及学子们分享,形成教育、企业、产业及社会通力发展的模式。

阿里巴巴商学院组织编写的电子商务实践与创新系列教材正是基于这一点进行策划酝酿的。这套教材融合了数以千万计网商的电子商务实践，从理论层次进行了总结升华，同时，教材编写团队中不仅有电子商务理论界的著名教授和学者，也有电子商务企业界专家，相信这套教材对高等学校电子商务教学改革将是一次很好的探索和实践。

感谢教育部高等学校电子商务专业教学指导委员会给予的指导，感谢所有参加系列教材编写工作的专家、学者，以及系列教材组织编写委员会的顾问、领导和专家。我相信，这次合作不仅是一次教材编写的合作，同时也是新一代电子商务实践与创新系列教材建设工程的开篇，更是一次全国电子商务界精英的大联盟，衷心期待我们的老师、同学们能够从教材中吸取知识加速成长。

阿里巴巴集团
2010 年 8 月 10 日

前言

网络金融服务是在各种网络上进行金融服务和增值服务的学科,具有金融的继承性和创新性。在网络和信息化技术水平日异月新的时代,在全球经济一体化发展的推动下,金融创新和服务水平的提升成为当今金融业面临的重要问题。网络金融活动可以在任何时间、任何地点、以任何方式提供综合的、多元化的金融服务,同时也为金融创新开辟了广阔的空间,作为现代金融呈现的一种新形式,网络金融服务是未来金融服务业发展的重要方向。

本书作为电子商务应用创新型大学生培养的系列丛书之一,编写初衷在于为了适应网络金融快速发展的趋势,以创新性和实践性为特色,通过大量的典型案例和系统分析,对网络金融服务理论和实务进行了探索和分析,有利于提高金融商务人才分析问题、解决问题和应用创新能力。

本书由对外经济贸易大学陈进教授主编,负责全书的风格、主体架构设计和全书的定稿,并承担了第 1 章的编写;杭州师范大学阿里巴巴商学院项洁雯讲师担任副主编,负责全书的文字校对和修改,并承担了第 7 章和第 8 章的编写;本书由任燕、徐瑶之、姜超和赵琴等参编,其中对外经济贸易大学任燕承担了本书前期的联系协调工作,并承担了第 3 章和第 5 章的编写,杭州师范大学阿里巴巴商学院徐瑶之承担了第 6 章和第 9 章的编写,对外经济贸易大学姜超和赵琴主要承担了本书第 2 章的编写;此外对外经济贸易大学董琪、陈婧秋、温泉、程龙、陈薪宇和魏叶南等编写了第 4 章,并参与了材料收集和整理工作。

网络金融服务作为一门新兴学科,在本书编写过程中,通过本书负责编写人员的教学、应用体验,理论和系统方面参考和借鉴了国内外众多专家学者的著述和研究成果,以及众多提供网络服务的相关企业、政府和网站的实践经验,经过加工整理和分析编成,在此深表感谢。

由于编者水平有限,时间仓促,书中难免有不当和疏漏之处,敬请读者指正。

主编 陈进
2010 年 10 月

目录

第1章 网络金融服务概述 ... 1

1.1 金融服务 ... 1
- 1.1.1 金融服务的含义 ... 1
- 1.1.2 金融服务的特征 ... 1

1.2 网络金融 ... 3
- 1.2.1 网络金融的含义 ... 3
- 1.2.2 网络金融的特征 ... 4
- 1.2.3 网络金融的构成 ... 5

1.3 电子货币介绍 ... 6
- 1.3.1 电子货币 ... 6
- 1.3.2 虚拟货币 ... 14

1.4 电子金融的发展 ... 15
- 1.4.1 电子金融的发展目标 ... 15
- 1.4.2 网络银行的发展趋势 ... 17
- 1.4.3 银行数字品牌的发展 ... 17

小结 ... 18
思考题 ... 18
参考文献 ... 18

第2章 网络金融安全 ... 19

2.1 网络金融用户 ... 19
- 2.1.1 网络金融用户的分类及其活动 ... 19
- 2.1.2 网络金融用户面临的安全问题 ... 21
- 2.1.3 网络金融密码安全措施 ... 21

2.2 网络金融风险 ... 23
- 2.2.1 网络金融风险的主要种类 ... 23
- 2.2.2 网络金融风险的基本特征 ... 26

2.3 网络金融安全管理 ... 27
- 2.3.1 网络金融安全问题 ... 27

  2.3.2 网络金融安全技术 ·· 30
  2.3.3 网络金融安全协议 ·· 31
 2.4 密码体系 ··· 34
  2.4.1 密码学基本概念 ·· 34
  2.4.2 对称加密密码体系 ·· 35
  2.4.3 非对称加密密码体系 ·· 35
 2.5 数字证书系统 ··· 37
  2.5.1 PKI 技术 ·· 37
  2.5.2 数字证书 ··· 38
  2.5.3 数字签名 ··· 42
  2.5.4 认证中心 ··· 43
小结 ··· 43
思考题 ·· 44
参考文献 ·· 44

第 3 章 电子支付 ··· 45

 3.1 网上支付工具 ··· 45
 3.2 网上支付系统 ··· 46
  3.2.1 网上支付系统概述 ·· 46
  3.2.2 网上支付系统的要求 ·· 48
  3.2.3 网上支付系统的分类 ·· 49
 3.3 银行卡支付 ··· 51
  3.3.1 银行卡业务的发展 ·· 51
  3.3.2 银行卡支付方式 ·· 51
  3.3.3 银行信用卡支付系统 ·· 52
 3.4 第三方支付 ··· 54
  3.4.1 第三方支付概述 ·· 54
  3.4.2 第三方支付的分类 ·· 56
  3.4.3 第三方支付平台交易流程 ···································· 56
  3.4.4 第三方支付平台的模式 ······································ 56
 3.5 人民银行大额支付系统 ·· 58
  3.5.1 大额支付系统简介 ·· 58
  3.5.2 大额支付系统的发展 ·· 58
  3.5.3 我国大额实时支付系统的组成 ································ 59
  3.5.4 大额实时支付系统的功能 ···································· 60
  3.5.5 大额实时支付系统业务 ······································ 61
  3.5.6 大额实时支付系统业务处理规定 ······························ 61

3.6 人民银行小额支付系统 63
　　3.6.1 小额支付系统简介 63
　　3.6.2 小额批量支付系统的作用 64
　　3.6.3 我国小额支付系统的组成 65
　　3.6.4 小额支付系统的业务 65
　　3.6.5 大小额支付系统的对比 66
3.7 电子商业汇票系统 67
　　3.7.1 电子商业汇票系统概述 67
　　3.7.2 电子商业汇票系统建设运行情况 67
　　3.7.3 电子商业汇票系统建成运行的重大意义和影响 69
　　3.7.4 电子商业汇票系统和电子商业汇票业务的主要创新 70
　　3.7.5 电子商业汇票系统组成结构 70
3.8 中国人民银行第二代支付系统 72
　　3.8.1 第一代支付系统存在的问题 72
　　3.8.2 第二代支付系统介绍 72
小结 73
思考题 73
参考文献 74

第4章 移动支付 75

4.1 移动支付概述 75
　　4.1.1 移动支付的内涵 75
　　4.1.2 移动支付的分类 75
4.2 移动支付行业现状概况 78
　　4.2.1 移动支付业务 78
　　4.2.2 移动支付的主要优势 80
　　4.2.3 移动支付运营特点简析 81
4.3 移动支付应用 83
　　4.3.1 手机钱包 83
　　4.3.2 手机银行 84
小结 86
思考题 86
参考文献 86

第5章 电子清算与结算 87

5.1 清算与结算 87
　　5.1.1 清算与结算的定义 87
　　5.1.2 清算与结算的种类 87

   5.1.3 支付清算体系组成 ····· 90
   5.1.4 国外支付清算体系 ····· 92
   5.1.5 中国支付清算系统 ····· 94
  5.2 银行内清算 ····· 99
   5.2.1 银行系统内清算概述 ····· 99
   5.2.2 银行系统内清算的发展 ····· 100
   5.2.3 商业银行行内清算业务种类 ····· 101
  5.3 银行间清算 ····· 102
   5.3.1 银行间清算概述 ····· 102
   5.3.2 中央银行在银行间清算中的地位 ····· 103
   5.3.3 中央银行支付清算职责 ····· 103
   5.3.4 银行间清算流程 ····· 104
  5.4 国际结算 ····· 105
   5.4.1 国际结算概述 ····· 105
   5.4.2 国际结算工具 ····· 106
   5.4.3 国际支付清算系统介绍 ····· 107
   5.4.4 S.W.I.F.T. ····· 110
   5.4.5 S.W.I.F.T.在国内银行业的应用 ····· 114
   5.4.6 国内银行的S.W.I.F.T.应用系统 ····· 114
  小结 ····· 118
  思考题 ····· 119
  参考文献 ····· 119

第6章 网络银行服务 ····· 120

  6.1 网络银行客户服务 ····· 120
   6.1.1 网络银行的发展现状 ····· 120
   6.1.2 国外网络银行的客户服务品种 ····· 121
   6.1.3 国内网络银行的客户服务品种 ····· 124
  6.2 网络银行基本业务 ····· 124
   6.2.1 网络银行主要业务概述 ····· 124
   6.2.2 网络银行企业银行业务 ····· 125
   6.2.3 网络银行个人银行业务 ····· 128
   6.2.4 网络银行国际业务 ····· 129
   6.2.5 网络银行的技术架构 ····· 130
  6.3 网上电子商务融资 ····· 131
   6.3.1 电子商务企业融资 ····· 131
   6.3.2 网上融资 ····· 133
  6.4 网络银行投资理财服务 ····· 138

        6.4.1 个人理财业务 138
        6.4.2 企业理财业务 141
    小结 145
    思考题 145
    参考文献 145

第7章 网络保险服务 147

    7.1 网络保险业务 147
        7.1.1 网络保险概述 147
        7.1.2 国外网络保险的发展状况 148
        7.1.3 我国网络保险的发展状况 148
        7.1.4 我国保险网站的经营模式 150
        7.1.5 网络保险业务的内容和特点 152
        7.1.6 网络保险业务存在的问题 154
    7.2 网上投保业务 155
        7.2.1 网上投保概述 155
        7.2.2 网上投保流程 157
        7.2.3 网上投保发展趋势 162
    7.3 网上理赔业务 162
        7.3.1 网上理赔概述 163
        7.3.2 网上理赔流程 163
        7.3.3 网上理赔存在的问题和发展趋势 165
    7.4 网络保险系统 165
        7.4.1 网络保险系统概述 165
        7.4.2 网络保险系统构成简介 166
    小结 170
    思考题 171
    案例7.1：通过易保网买保险 171
    案例7.2：中国平安一账通服务 172
    参考文献 174

第8章 网络证券服务 175

    8.1 网络证券服务概述 175
        8.1.1 网络证券服务的概念 175
        8.1.2 国内外网络证券服务发展简介 177
        8.1.3 网络证券服务内容和类型 178
    8.2 网络证券交易 181
        8.2.1 网络证券交易概况 181

　　　　8.2.2　网络证券交易模式和流程 ……………………………………………… 183
　　　　8.2.3　网络证券交易存在的问题和发展对策 ……………………………… 187
　　8.3　第三方存管服务 …………………………………………………………………… 189
　　　　8.3.1　第三方存管概况 ……………………………………………………… 189
　　　　8.3.2　第三方存管和其他银证合作主要模式比较 ………………………… 191
　　　　8.3.3　第三方存管业务开通和使用流程 …………………………………… 195
　　　　8.3.4　第三方存管问题和发展趋势 ………………………………………… 196
　　8.4　移动证券 …………………………………………………………………………… 197
　　　　8.4.1　移动证券概况 ………………………………………………………… 198
　　　　8.4.2　移动证券系统和基本流程 …………………………………………… 199
　　　　8.4.3　移动证券发展的问题和趋势 ………………………………………… 201
　　小结 …………………………………………………………………………………………… 201
　　思考题 ………………………………………………………………………………………… 202
　　案例8.1：国信证券"金太阳"手机证券交易系统 …………………………………………… 202
　　案例8.2："证券之星"网站简介 …………………………………………………………… 204
　　参考文献 ……………………………………………………………………………………… 205

第9章　网络金融超市 …………………………………………………………………… 206

　　9.1　金融超市 …………………………………………………………………………… 206
　　　　9.1.1　金融超市概述 ………………………………………………………… 206
　　　　9.1.2　西方各国金融超市发展的特点 ……………………………………… 206
　　　　9.1.3　中国金融超市的现状 ………………………………………………… 207
　　　　9.1.4　金融超市的发展及对我国金融业的影响 …………………………… 208
　　　　9.1.5　案例分析：花旗银行金融超市 ……………………………………… 209
　　9.2　网络金融超市客户服务 …………………………………………………………… 210
　　　　9.2.1　网络金融超市客户服务概述 ………………………………………… 210
　　　　9.2.2　金融超市客户业务 …………………………………………………… 211
　　9.3　网上租赁服务 ……………………………………………………………………… 212
　　　　9.3.1　网上租赁概述 ………………………………………………………… 212
　　　　9.3.2　网上综合租赁平台 …………………………………………………… 214
　　　　9.3.3　网上房屋租赁 ………………………………………………………… 216
　　　　9.3.4　网上汽车租赁 ………………………………………………………… 218
　　小结 …………………………………………………………………………………………… 220
　　思考题 ………………………………………………………………………………………… 220
　　参考文献 ……………………………………………………………………………………… 220

第10章　网络金融服务案例 …………………………………………………………… 222

　　10.1　支付宝案例 ……………………………………………………………………… 222
　　　　10.1.1　支付宝简介 ………………………………………………………… 222

  10.1.2 支付宝网上诚信体系的建设 …… 224
  10.1.3 支付宝的支付产品和发展业务 …… 224
  10.1.4 支付宝的创新与未来发展 …… 226
  10.1.5 支付宝操作 …… 227
 10.2 工商银行网络金融超市 …… 229
  10.2.1 工商银行网络银行简介 …… 229
  10.2.2 网络金融超市介绍 …… 230
 10.3 泰康保险网上系统 …… 235
  10.3.1 泰康人寿保险股份有限公司简介 …… 235
  10.3.2 泰康人寿保险股份有限公司网络保险平台的建设 …… 236
  10.3.3 泰康人寿保险股份有限公司网络保险业务 …… 239
 10.4 银河证券公司 …… 242
  10.4.1 公司概况 …… 242
  10.4.2 银河证券的网络证券交易 …… 242
  10.4.3 银河证券发展前景 …… 247
 10.5 中国银联公司 …… 247
  10.5.1 概述 …… 247
  10.5.2 业务描述 …… 248
  10.5.3 业务简介 …… 249
  10.5.4 前景展望 …… 256
小结 …… 256
思考题 …… 257
参考文献 …… 257

附录 A 非金融机构支付服务管理办法 …… 258

第 1 章 网络金融服务概述

1.1 金融服务

1.1.1 金融服务的含义

金融服务是指金融机构运用货币交易手段融通有价物品,向金融活动参与者和顾客提供的共同受益、获得满足的活动。金融服务的提供者包括下列机构:银行、保险公司、房地产互助协会、信用卡发行商、单位信托、金融公司等。

《金融服务协议》(Agreement on Financial Services),即《服务贸易总协定》第五议定书,是世界贸易组织 1997 年 12 月 13 日谈判达成的协议,于 1999 年 3 月 1 日生效。根据服务贸易总协定的金融服务附录,金融服务包括两大部分:所有保险和与保险有关的服务,所有银行和其他金融服务(保险除外)。

保险和与保险有关的服务可以进一步细分为:直接保险(人寿险和非人寿险);再保险和转保险;保险中介,例如中间人业务和代理;辅助性保险业务,例如咨询、保险统计、风险评估和索赔清算服务。

银行和其他金融服务(保险除外)可以进一步细分为:接受公众储蓄和其他应偿付的资金;各类借贷,包括消费信贷、抵押贷款、信用贷款、代理和商业交易的资金融通;融资性租赁;所有的支付和货币交换服务,包括信贷、应付项目和借方信用卡、旅行支票和银行汇款;担保和委托业务;自有账户客户的交易,其中包括货币市场有价证券(包括支票、汇款和存单)的买卖、外汇买卖、衍生和利率凭证的买卖(包括互换、远期交易、可转换债券买卖)、其他各种可转让的票据和金融资产(包括金、银)的交易;公募和私募的各种证券发行、认购和代理,以及提供有关的发行服务;货币代理;各种形式的资产管理、保管、监督和信托服务;各种金融活动和金融辅助活动的顾问、中介和咨询。

1.1.2 金融服务的特征

1. 金融服务的特征简介

金融服务具有以下特征:

① 不可感知性。服务与商品最根本的不同点在于服务的不可感知,服务本质上不具备物理上的直观度量尺度。商品是"一个物体,一台设备,一个东西",而服务是"一种行为,一种性能,一种努力"。

② 不可分离性。服务是消费者与供应商合作产生的一种效果,服务是过程化的或者是被体验的,因此具有不可分离性特征。服务是先被销售,然后在生产的同时被消费,生产和营销是交互的过程。

③ 差异性。服务在生产和消费过程中的不可分离性造成了服务本身的质量不稳定。技术的发展使得服务变得更多地基于设备条件,通过自动柜员机(Automatic Teller Machine,ATM)、电话银行、网络银行等业务的使用而使得服务更加标准化。

④ 双向信息交流。金融服务不是一次性买卖,而是长时间内一系列的双向交易。这种双向交流使得银行能够收集到消费者关于账户余额、账户使用、储蓄和贷款行为等有价值的信息。

2. 商业银行的服务特点

商业银行是以经营存款、放款,办理转账结算为主要业务,以盈利为主要经营目标的金融企业。

根据《中华人民共和国商业法》的规定,我国商业银行可以经营下列业务:吸收公众存款,发放贷款;办理国内外结算、票据贴现、发行金融债券;代理发行、兑付、承销政府债券,买卖政府债券;从事同业拆借;买卖、代理买卖外汇;提供信用证服务及担保;代理收付款及代理保险业务等。

商业银行的经营原则是:安全性、流动性、盈利性。安全性要求商业银行在经营中必须考虑自身的安全,使自己的资产免遭风险损失。在商业银行的经营中客观存在着各种各样的风险,银行的资产有遭受损失的可能,因而必须采取措施防范风险。流动性要求商业银行能够随时应付客户提存,满足必要贷款的支付能力。流动性包括两个方面:一是指资产的流动性,即在银行资产不发生损失的情况下迅速变现能力;二是指负债的流动性,即银行能够以较低的成本,随时获得所需要的资金。盈利性要求商业银行经营管理的目标是追求最大利润,只有保持一定的盈利水平,商业银行才能充实资本金,增强实力,提高竞争力。

商业银行的服务对象是企业和个人,其服务必须具有个性化和创新性,必须满足经济发展和人民群众日益多样化的需要。

3. 中国人民银行的金融服务特点

金融服务是中央银行的重要职能。与商业性金融机构相比,中央银行的金融服务有四大特点:一是法定性,即由法律赋予的服务职能,如货币发行、管理国库都是法律赋予的专有服务职能;二是公益性,即不以盈利为目的;三是基础性,即侧重于基础性服务,以及通过服务为金融运行乃至社会经济运行提供基础环境;四是引导性,央行除了本身直接提供金融服务,还要规范推动引导商业银行金融服务的开展。

4. 金融服务外包

金融服务外包是指金融企业持续地利用外包服务商(可以是集团内的附属实体或集团以外的实体)来完成以前由自身承担的业务活动。外包可以是将某项业务(或业务的一部分)从金融企业转交给服务商操作,或由服务商进一步转移给另一服务商(即"转包")。

金融服务外包始于 20 世纪 70 年代的欧美,证券行业的金融机构为节约成本,将一些准事务性业务(如打印和存储记录等)外包。到了 20 世纪 90 年代,在成本因素及技术升级的推动下,金融服务外包主要集中在 IT 领域,涉及整个 IT 行业。近年来,尽管与 IT 相关的外包仍占到全球外包业务的三分之二左右。但在金融外包领域,随着离岸外包和整个经营过程外包 BPO(Business-Process Outsourcing)业务的崛起,外包安排的日渐复杂,金融企业从外包中获得的利益大大提高,金融服务外包也成为国际外包市场的主流。

1.2 网络金融

1.2.1 网络金融的含义

网络金融(Internet Finance or Online Finance)是以计算机网络为支撑的各种金融活动和相关问题的总称,它包括网络银行、网络证券、网络保险、网络理财、网上支付、网上结算等相关金融业内容,网络金融活动可以在任何时间、任何地点、以任何方式提供综合的、多元化的金融服务。网络金融是现代金融在可预见的将来呈现的一种新形式,是未来金融业发展的重要方向。

狭义上说,网络金融是指以金融服务提供者通过国际互联网实现的新型金融运作模式,内容包括网络银行、网络证券、网络保险、电子支付、网上结算等相关的金融业务。

广义上说,网络金融泛指金融活动应用网络后所涉及的所有服务和领域,如与其运作模式相配套的网络金融机构、网络金融市场以及相关的法律、监管等外部环境。

目前网络金融服务的主要内容包括以下几个方面:

① 网络银行。就是利用信息技术和因特网技术,为客户提供综合、实时的全方位银行服务。

② 网络保险。是指保险公司以互联网和电子商务技术为工具来支持保险经营活动的经济行为。

③ 网络证券。是指券商或证券公司利用互联网等网络信息技术,为投资者提供证券交易所的实时报价、查找各类与投资者相关的金融信息、分析市场行情等服务,通过互联网帮助投资者进行网上的开户、委托、支付/交割和清算等证券交易的全过程,实现实时交易活动。

由网络银行、网络保险、网络证券等组成的网络金融,在全球已具有了相当的规模,表现出了许多与传统金融业务不同的特点。从中央银行的角度,我们认识到,网络金融不仅仅是为现有的金融机构提供了一条新的产品与服务的销售渠道,更是提出了如何在一个不同于我们现实环境的虚拟环境中,创造金融产品,开展金融服务,建立金融企业的问题。它涉及现有理论与实践的一系列的变化。

网络银行是通过电子网络为客户提供产品与服务的银行,目前是指利用网络,为通过使用计算机、网络电视、机顶盒及其他一些个人数字设备连接上网的消费者,提供一类或几类银行实质性业务的银行。网络银行不只是将现有银行业务移植上网那样简单,它是金融创新与科技创新相结合的产物,是一种新的银行产业组织形式和银行制度。网络银行的特点表现在:

① 电子虚拟服务方式。网络银行的所有业务数据的输入、输出和传输,都以电子的方式进行,而不是采用"面对面"的传统柜台方式。

② 运行环境开放。网络银行是利用开放性的网络作为其业务实施的环境,而开放性

网络意味着任何人只要拥有必要的设备、支付一定的费用,就可进入网络银行的服务场所,接受银行服务。

③ 业务时空界限。随着互联网的延伸,地界和国界对银行业务的制约作用日益淡化。利用互联网,客户可以在世界的任何地方、任何时间,获得同银行本地客户同质的服务,银行在技术上,获得了将其业务自然延伸到世界各个角落的能力,不再受到地域的局限性制约。

④ 业务实时处理。实时处理业务,是网络银行同银行的其他电子化、信息化形式的一个重要区别。在网络银行出现以前,其他形式的电子化银行,在处理客户指令时,一般需要一个"回馈"反应过程,而网络银行在大部分情况下,不需要人工介入,使客户指令得到立即执行。

⑤ 交易费用与物理地点的非相关性。边际成本不依赖于客户和业务发生的地点,传统银行的客户交易成本随距离的增加而增加。

有关研究表明,网络银行将成为21世纪银行业发展的主流趋势,网络金融将是金融业别无选择的未来主流。

1.2.2 网络金融的特征

网络金融有两个最主要的特征:一是创新性,包括业务创新、管理创新、市场创新和监管创新;二是风险性,包括技术风险和经济风险。

1. 创新性

1) 业务创新

网络金融以客户为中心的性质决定了它的创新性。为更好地满足客户需求、扩大市场份额和增强竞争实力,网络金融必须进行业务创新。这种创新在金融行业的各个领域都在发生,如信贷业务领域,银行利用互联网搜索引擎软件,为客户提供适合其个人需要的消费信贷、房屋抵押信贷、信用卡信贷、汽车消费信贷等服务;在支付业务领域,电子账单业务通过整合信息系统来管理各式账单(保险单据、账单、抵押单据、信用卡单据等);在资本市场上,电子通信网络为市场参与提供了一个直接交换信息和进行金融交易的平台,买方和卖方可以通过这个平台寻找交易对象,从而有效地消除了经纪人和交易商等传统的金融中介,大大降低了交易费用。

2) 管理创新

管理创新包括两个方面:首先金融机构要进行有效管理,充分重视与其他金融机构、信息技术服务商、资讯服务提供商、电子商务网站等的业务合作,在市场竞争中实现双赢的局面。同时,网络金融机构的内部管理也趋于网络化,商业模式呈现网络化和扁平化的组织结构模式。

3) 市场创新

由于网络技术的迅猛发展,金融市场本身也开始出现创新。为了满足客户全球交易的需求和网络世界的竞争新格局,金融市场开始走向国际联合;网络化业务扩大了受众面,电子交易市场、电子金融超市成为发展的重点。

4) 监管创新

信息技术的发展,使网络金融监管呈现自由化和国际化的特点:一方面过去分业经营和防止垄断的传统金融监管政策被市场开放、业务融合和机构集团化的新模式所取代;另一方面,随着在网络上进行的跨国金融交易量不断增大,金融监管部门需要通过网络化的非现场手段来监管金融市场活动,同时国际间的金融监管合作成为网络金融时代监管的新特征。

2. 风险性

网络金融所带来的风险大致可分为两类:基于网络信息技术导致的技术风险和基于网络金融业务特征导致的经济风险。

1) 技术风险

网络金融的发展使得金融业的安全程度越来越受制于信息技术和相应的安全技术发展状况。金融数据丢失甚至非法获取、技术选择失误、系统错误、系统灾难等都将带来不可估量的损失。

2) 经济风险

网络金融业务是在网络上进行电子化操作,任何微小错误都有可能带来巨大的经济损失。由于网络金融具有高效性、一体化的特点,因而一旦出现危机,都很容易通过网络迅速在整个金融体系中引发连锁反应,并迅速扩散。

1.2.3 网络金融的构成

网络金融是金融领域创新的重要成果,是传统金融业务与网络技术相结合的产物。网络金融由银行业发端,经过不断地扩大,已经发展成为覆盖网络银行、网络证券、网络保险、网络期货、网络理财等方面的综合概念。

1. 网络银行

1995年10月,全球第一家网络银行——安全第一网络银行(SFNB,Security First Network Bank)在美国诞生,其营业厅即计算机屏幕,所有交易都通过因特网进行。同时,世界老字号的跨国银行也逐步在因特网上设立了网站,从此,拉开了银行业网上竞争的序幕。

网络银行实际上是一种渠道和服务,指基于因特网或其他通信网络手段,向银行客户提供网络金融服务方式的银行渠道。网络金融业务就是指银行在该方式下提供的金融服务。

电子银行是指以计算机、通信技术等为媒介,客户使用各类接入设备自助办理银行业务的新型银行服务手段。它包括基于计算机技术进行交割、转账、记账等相关的金融服务活动,包括电话银行、网络银行、家庭银行、手机银行、多媒体自助终端机、ATM、POS(电子付款机)、企业银行以及电视网络银行等多种形式。

2. 网络证券

网络证券是一种新型的证券市场运作模式,是因特网应用和证券业发展到一定阶段的产物,是网络金融的重要组成部分。20世纪90年代初,网络证券首先出现在美国,网上交易使得证券公司能够有效地控制成本,佣金也随之降低,受到投资者的欢迎。

网络证券即指投资者利用互联网网络资源,包括公用互联网、局域网、专网、无线互联网等各种电子方式和手段传送交易信息和数据资料并进行与证券交易相关的活动。

3. 网络保险

网络保险又称保险信息化,是指通过互联网实现保险业的电子化和网络化发展,其基本内容即保险公司或新型的网络保险中介机构利用网络化的经营管理体系,最终实现保险电子交易,其中包括通过互联网与客户交流信息,利用网络进行保险产品的宣传、营销,并且提供保险各个环节的完整服务,根据保险的业务流程实现全过程的保险网络化,包括保险信息咨询、保险计划设计书设计、投保、核保、缴费、承保、保单信息查询、续期缴费、理赔和给付等。

网络保险在本质上既是一种全新的保险销售方式和渠道,又是网络经济背景下的一种全新的保险经营理念和管理模式。网络保险包括两个层次的含义:一方面侧重突出保险的电子商务模式,强调利用网络技术实现保险业务再造,即保险信息咨询、保险计划设计书设计、投保、核保、缴费、承保、保单信息查询、续期缴费、理赔和给付等保险过程的网络化;另一方面,侧重强调保险企业内部管理的信息化程度,以及保险企业之间、保险企业与非保险企业之间、保险企业与保险监管部门之间、保险企业与税务部门等相关机构之间的信息交流活动。

4. 网络期货

网络期货又称期货电子化交易,指投资者通过与期货经纪公司自动委托交易系统连接的计算机终端,或者通过互联网,按照期货经纪公司提供的交易系统发出的指示输入期货合约买卖交易指令,以完成期货合约买卖委托和有关信息查询的一种委托交易方式,主要包括交易指令下达、交易结果确认、追加保证金通知等有关交易信息的传递。

5. 网络理财

个人理财业务(Personal Financial Services,PFS)在银行业一般称为"财富管理"(Wealth Management)业务,是通过银行的综合资讯及服务平台,向客户提供财务、投资信息、投资建议(计划)、交易及管理服务。理财通常是指对资产的筹划、评估以及管理、代理等活动,理财服务的根本目的,是满足客户从"储蓄保本"到"投资保值",再到"运用财富"的理财观念转变的需求。

网络个人理财就是银行建立的面向个人客户的网站,帮助个人进行理财的业务。个人拥有个性化的网络服务,个人可以自主设定服务内容、选择服务内容。银行系统可以自动生成理财报告或者由银行的专家设计个性化的理财方案。

1.3 电子货币介绍

1.3.1 电子货币

电子货币是以电子数据方式存在,并通过各种计算机网络系统以电子信息传递形式实现流通和支付功能的货币。

电子货币是在零售支付机制中,通过销售终端、不同的电子设备之间以及在公开网络(如因特网)上执行支付功能的电子化工具。

电子货币具有以下特点:
① 以电子计算机技术为依托,进行储存、支付和流通;
② 融储蓄、信贷和非现金结算等多种功能为一体;
③ 电子货币的使用通常以银行卡为媒体;
④ 电子货币具有使用简便、灵活迅速、可靠的特征。

电子货币通常在专用网络上传输,通过 POS、ATM 机器进行处理。近年来,随着因特网商业化的发展,网络金融服务已经开始在世界范围内开展。网络金融服务包括了人们的各种需要,如网上消费、家庭银行、个人理财、网上投资交易、网络保险等。这些金融服务的特点是通过电子货币进行实时电子支付与结算。电子货币的种类和形式又有了进一步的发展。

1. 电子货币的特征

电子货币与一般存款货币没有本质的区别,作为现代商品经济高度发达和银行支付技术不断进步的产物,是货币作为支付手段不断进化的表现,具有与其他货币形式不同的特征。

1) 电子货币具有快捷、安全、方便等特征

电子货币实现了从人工结算到电子结算的转变,突破了邮递传票进行会计处理的基本框架,使资金结算可在瞬息间安全、可靠地完成。目前,世界上已建立了众多的电子清算系统,如美国银行间的资金调拨系统、伦敦票据交换所的自动收付系统和环球银行金融电信协会的 SWIFT(Society for Worldwide Interbank Financial Telecormmunication)系统。

银行卡业务的迅速发展,使货币支付方式由现金变为电子货币支付,从实物货币向无形货币转变,从而大大地方便了消费者携带、使用,成为消费者所喜爱的消费结算支付工具。

2) 电子货币具有融合多种功能、进行金融产品创新的特征

电子货币便于商业银行将储蓄、投资、信贷和结算等功能融为一体,进行金融产品创新。商业银行电子银行系统可开发具备预先授权程序功能,将客户的定期收入直接存入其各种账户,并自动地在客户的活期储蓄账户、定期储蓄账户、投资账户和信托账户之间进行资金拨转。同时,电子银行系统以客户信息为基础,以客户管理代替传统的账户管理,对客户各账户上发生的所有业务进行统一管理,实现存、贷业务合一。

3) 电子货币具有国际上广泛流通的特征

目前的纸币仍然是与国家政治主权紧密结合在一起的国家货币,具有鲜明的民族特征,国与国之间的交换仍然存在着不同货币之间的兑换障碍。而电子货币作为记账形式的货币单位,则克服了不同货币之间兑换的难题。

4) 电子货币将为电子商务发展提供有效的货币支付手段

目前,基于国际互联网开展的各种商务活动,如网上购物和虚拟的网上商城、网上旅游、虚拟网上大学和网上信息服务等,已如雨后春笋般迅猛地成长出来。但所有这些网上商务都需要电子支付手段来保证网上业务的顺利完成,只有依靠电子货币支付系统的支

撑。所以网络银行是电子商务中货币支付手段的保证，电子货币支付是电子商务的核心。

2. 电子货币系统

电子货币系统主要包括电子支票系统、银行卡系统和电子现金系统。

1）电子支票系统

电子支票是客户向收款人签发的、无条件的数字化支付指令，是纸质支票的电子替代物，它与纸质支票一样是用于支付的一种合法方式，它使用数字签名和自动验证技术来确定其合法性。使用电子支票进行支付，消费者可以通过计算机网络将电子支票发向商家的电子信箱，同时把电子付款通知单发到银行，银行随即把款项转入商家的银行账户。这一支付过程在数秒内即可实现。

电子支票是一种借鉴纸质支票转移支付的优点，利用数字传递将钱款从一个账户转移到另一个账户的电子付款形式。这种电子支票的支付是在与商户及银行相连的网络上以密码方式传递的，多数使用公用关键字加密签名或个人身份证号码代替手写签名。用电子支票支付，事务处理费用较低，而且银行也能为参与电子商务的商户提供标准化的资金信息，故而可能是最有效率的支付手段。

1996 年，美国通过的《改进债务偿还方式法》成为推动电子支票在美国应用的一个重要因素。该法规定，自 1999 年 1 月起，政府部门的大部分债务将通过电子方式偿还。1999 年 1 月 1 日，美国国防部以及由银行和技术销售商组成的旨在促进电子支票技术发展的金融服务技术财团（FSTC）通过美国财政部的财政管理服务支付了一张电子支票以显示系统的安全性。

电子支票系统通过数字化方式处理支票，它将最大限度地利用银行系统的自动化潜力。可以做到：

① 通过银行专用网络系统进行一定范围内普通费用的支付；

② 通过跨省市的电子汇兑、清算，实现全国范围的资金传输；

③ 世界各地银行之间的资金传输。

电子支票方式的付款可以脱离现金和纸张进行。电子支票传输系统目前一般是专用网络系统，国际金融机构通过自己的专用网络、设备、软件及一套完整的用户识别、标准报文、数据验证等规范化协议完成数据传输，从而保证安全性。中国人民银行已经在全国范围内建设完成了全国支票影像系统。2009 年 11 月 2 日，首个全国性跨银行电子商业汇票系统成功建成运行，11 家全国性银行、2 家地方性商业银行、3 家农村金融机构和 4 家财务公司首批接入了电子商业汇票系统。电子商业汇票系统将传统纸质汇票的半年付款期延长至 1 年，实现了电子化的快捷和高效率。

2）银行卡系统

银行卡支付是金融服务的常见方式，可在商场、饭店及其他场所中使用。银行发行最多的是信用卡和借记卡，它可采用联网设备在线刷卡记账、POS 结账、ATM 提取现金等方式进行支付。电子商务中的支付方式可以通过中国银联或第三方支付平台在因特网环境下支付，具体方式是用户网上发送信用卡号和密码，加密发送到银行进行支付。当然支付过程中要进行用户、商家及付款要求的合法性验证。

银行卡是目前应用最为广泛的电子货币，它要求在线连接使用。现场消费主要在银行专用网络中应用,网络购物在互联网络中使用。

3) 电子现金系统

电子现金是以数字化形式存在的现金货币,其发行方式包括存储性质的预付卡(电子钱包)和纯电子系统形式的用户号码数据文件等形式。电子现金的主要好处就是它可以提高效率,方便用户使用。电子现金具有灵活性和不可跟踪性,不需要连接银行网络就可以使用,但是它也给我们带来发行、管理和安全验证等重要问题,电子现金仍然在发展中。

电子现金支付有其特殊性,目前已经有三种实用系统开始使用,如下所示。

① Digicash (http://www.digicash.com):无条件匿名电子现金支付系统。主要特点是通过数字记录现金,集中控制和管理现金。是一种足够安全的电子交易系统。

② Netcash (http://www.netcash.com):可记录的匿名电子现金支付系统。主要特点是设置分级货币服务器来验证和管理电子现金,其中电子交易的安全性得到保证。

③ Modex(http://www.modex.com):欧洲使用的,以智能卡为电子钱包的电子现金系统。可以应用于多种用途,具有信息存储、电子钱包、安全密码锁等功能,可保证安全可靠。

3. 银行卡

1) 银行卡的种类

中国的第一张银行卡是1985年由中国银行在珠海发行的"中银卡"。1993年国务院启动了以发展我国电子货币为目的、以电子货币应用为重点的各类卡基应用系统工程,即"金卡"工程。2001年开始了银行卡联网联合工作,成立了中国银联。经过二十余年的发展,我国银行卡发展迅速,发卡规模巨大。

银行卡是指由银行发行、供客户办理存取款业务的新型服务工具的总称。银行卡包括信用卡、支票卡、自动出纳机卡、记账卡和灵光卡等。因为各种银行卡都是塑料制成的,又用于存取款和转账支付,所以又称为"塑料货币"。从功能上划分,我国银行卡可以分为信用卡(贷记卡和准贷记卡)和借记卡(储蓄卡);按存储介质的不同,银行卡分为磁卡和集成电路(Integrated Circuit,IC)卡。

在国际支付体系中,银行卡还包括现金卡和支票卡,但这两者在我国的应用尚不普及,因此在我国用来进行电子支付的银行卡一般只包括信用卡和借记卡两类。

银行等金融机构发行的银行卡主要有以下几种,它们主要使用磁卡和智能卡。

(1) 信用卡

信用卡(Credit Card)是由银行或信用卡公司依照用户的信用度与财力发给持卡人,持卡人持信用卡消费时无须支付现金,待结账日时再行还款。中国的信用卡广义指贷记卡和准贷记卡;狭义是指贷记卡。贷记卡是指发卡银行给予持卡人一定的信用额度,持卡人可在信用额度内先消费后还款的信用卡。准贷记卡是指持卡人须先按发卡银行要求交存一定金额的备用金,当备用金账户余额不足支付时,可在发卡银行规定的信用额度内透支的信用卡。贷记卡无须预先交存备用金,可以先消费后还款;准贷记卡需要先交存一定金额的备用金,才可以在规定的额度内进行透支。

按照发卡组织的不同,信用卡分为维萨卡、万事达卡、美国运通卡、JCB卡、中国银联卡等;按照币种的不同可分为单币卡和双币卡;按信用等级分为普通卡(银卡)、金卡、白金卡等;按是否联名发行分为联名卡、标准卡(非联名卡)、认同卡;按信息储存介质分为磁条卡、芯片卡;按卡片间的关系分为主卡、附属卡;按持有人的身份分为个人卡、公务卡、公司卡。

(2) 借记卡

借记卡(Debit Card)是指先存款后消费(或取现),没有透支功能的银行卡。其按功能不同,又可分为转账卡(含储蓄卡)、专用卡及储值卡。

借记卡运用广泛,可以在网络上进行支付,或者在商场 POS 机上直接刷卡消费,也可以通过 ATM 机转账和提款,缴纳水、电、煤、电话等公用事业费,但不可透支,卡内必须存有足额的现金才可以进行消费、缴费和提款,卡内金额按活期存款计付利息。借记卡在银行卡发卡量中占有 90% 以上的份额,是我国现有发行量最多的银行卡种类。

(3) 现金卡

现金卡也属于支付卡。持现金卡可在银行柜台或 ATM 机上支取现金。通常对每张现金卡都规定了每周或每天取现的最大金额。使用现金卡也可以购货、查询个人账户余额或进行转账处理。现金卡是指银行与信用合作社提供一定金额的信用额度,仅供持卡人凭银行及信用合作社本身所核发的卡片,在自动服务设备或以其他方式借领现金,并于额度内循环动用的无担保授信业务。

(4) 支票卡

支票卡(Check Card)是凭信用卡签发支票付款的信用卡。卡片载明有客户的账号、签名和有效期限,支票卡一般都规定了使用期限与最高金额,在限额内,银行保证支付,超过限额则可以拒付。

这种卡流行于欧洲,针对"欧洲支票"作证明之用,无授信功能。由于支票保证卡的出现,使得 8000 多家欧洲银行得以结成"欧洲支票"系统,为相互兑现支票提供了保证。

(5) 电子钱包

电子钱包是电子商务购物活动中常用的一种支付工具,适用于小额购物。可以在电子钱包内存放电子货币,如电子现金、电子零钱、电子信用卡等。使用电子钱包购物,通常需要在电子钱包服务系统中进行。电子钱包卡记录货币的数目,可在非连接网络的机器设备上直接使用。还可在特殊设备上再次加钱后使用。适用于小数额的直接支付。

电子钱包的主要功能包括:个人资料管理,即消费者可以增加、修改和删除电子钱包档案中的资料;网上付款,消费者可以通过电子钱包,选择其存放的电子货币,如信用卡、电子现金等在交易过程中对选中的商品进行付款操作;可以查询交易记录,对通过电子钱包完成的支付的所有历史记录进行查询;可以通过电子钱包查询个人银行卡中的余额等。

2) 我国银行卡的功能

信用卡的各项用途和基本功能,是由发卡银行根据社会需要和银行内部承受能力所赋予的。目前我国各银行发行的信用卡具有下列四项基本功能:

① 转账结算功能。顾客凭信用卡在指定的商场、饭店购物消费后,所需支付的款项可以用信用卡签单方式办理支付。这是信用卡最主要的功能。它为社会提供广泛的结算服务,方便持卡人和商户的购销活动,减少现金使用,节约社会劳动。

② 储蓄的功能。凭信用卡可在同城或异地发卡银行指定的储蓄所办理存取款业务。

用信用卡办理存款和取款手续比使用储蓄存折方便,这不受存款地点和存款储蓄所的限制,可在全国开办信用卡业务的城市通存通取。并且凭信用卡支取现金,银行需审查持卡人的身份证,这有利于保证持卡人的资金安全。个人领用信用卡需要开立存款账户,发卡银行按照同期活期储蓄利率计付利息。

③ 汇兑的功能。当持卡人外出旅游、办公事,需在外地支取现金时,可持卡在当地发卡银行储蓄所办理存款手续,然后凭卡在汇入地储蓄所办理取款手续。异地存取现金需要交纳一定的手续费。

④ 消费贷款的功能。持信用卡购物消费,遇持卡人账户余额不足时,发卡银行允许持卡人少量、短期的善意透支。发卡银行都规定有透支免息期,对超过免息期的透支款项收取一定的利息。

一般银行卡都使用磁卡作为介质,许多银行都使用智能卡发行了各种形式的银行卡。我国银行卡将逐步用智能卡替代磁卡。

智能卡(Smart Card、IC Card)是一种集成电路卡,是一种将具有微处理器及大容量存储器的集成电路芯片嵌装于塑料等基片上而制成的卡片。智能卡可应用为银行电子付款卡、信用卡和电子钱包等。

4. 银行卡国际组织

1) 维萨国际组织

维萨国际组织(VISA International)是目前世界上最大的信用卡、旅游支票组织。1977 年正式以 VISA 为该组织的标志,称为维萨国际组织。

维萨国际组织的总部设在美国洛杉矶市,总处理中心在洛杉矶的卫星城市圣曼托市(St. Manto)。维萨国际组织实行董事会负责制,董事会负责制定维萨国际组织的章程和各项规章制度,审批各项经费以及策划全球市场战略等重大问题。

维萨国际组织经过几十年的发展,已成为世界上最大的信用卡集团,无论信用卡的数量还是交易额都居世界首位。该组织现代化的授权系统(BASE Ⅰ)和清算系统(BASE Ⅱ)有力地支持了维萨卡全球的发展。其多种产品满足了广大消费者的需要,其周全的服务极大地支持了持卡人的消费。持有维萨卡的人在全球几乎任何一个国家或地区都可享受广泛的服务,从优先签账、饭店住房到全球医疗和法律服务。

中国的银行系统中的中国银行、工商银行、建设银行和农业银行等都已加入了维萨国际组织。

2) 万事达国际组织

万事达国际组织(Master Card International)是服务于金融机构(商业银行、储蓄银行、储蓄和放款协会、存款互助会)的非盈利性全球会员协会,其宗旨是为会员提供全球最佳支付系统和金融服务。

万事达国际组织的名称是 1979 年正式使用的。随着计算机和现代化通信技术在金融领域的广泛应用,1984 年万事达国际组织建立了全球自动授权系统(INAS)和清算系统(INET)。经过几十年的发展,万事达信用卡由最初的单一产品发展成为系列产品,包括万事达普通卡、万事达金卡、万事达商户卡、万事达自动提款卡和万事达旅行支票卡等。万事达国际组织也已发展成为仅次于维萨国际组织的世界第二大信用卡国际组织。

万事达国际组织的管理总部设在美国纽约市,总处理中心在圣路易斯市。万事达国际组织实行董事会负责制,董事会负责制定万事达国际组织的章程和各项规章制度,审批各项费用。

中国的银行系统中的中国银行、工商银行、建设银行和农业银行等都已加入了万事达国际组织。

3) JCB 信用卡公司

JCB(Japanese Credit Bureau)公司是目前日本最大的信用卡公司,也是全球五大信用卡公司之一。该公司由日本几十家商业银行筹资,并以日本著名的三和银行为主要后盾。在日本国内持 JCB 卡的消费者可以享受多种服务。从 1982 年起 JCB 公司的信用卡业务从国内发展到海外,在全球范围内占有了一定的市场。

4) 美国运通公司

美国运通公司(American Express)是目前美国最大的跨国财政机构,该公司的业务主要包括五个部分:

① 旅游服务。该项业务是运通公司的中心业务,其中运通信用卡和旅行支票是业务的主要组成部分。

② 国际银行业务。

③ 投资业务。

④ 信托财务咨询等多元化服务。

⑤ 保险服务。

运通卡属于旅游娱乐卡(Travel and Entertainment Card),适合消费者外出旅游之用,持卡人在收到运通公司的对账单后一次还清所欠款项。美国运通公司在全球的持卡人数量虽然远远少于维萨和万事达卡的持卡人,但其在全球信用卡交易中却占有很大比例,运通卡持卡人人均年用卡消费金额高于维萨卡或万事达卡持卡人的人均年用卡消费额。

5) 大莱信用卡公司

大莱国际信用卡公司(Diners Club International)是花旗银行的控股公司。公司总部设在美国芝加哥市,根据业务发展需要,大莱信用卡公司将全球划分为五大业务区,即亚太区、北美区、南美区、欧洲区和非洲区,各区实行独立核算,自负盈亏。

6) 中国银联公司

中国银联公司是经国务院同意,中国人民银行批准设立的中国银行卡联合组织,成立于 2002 年 3 月,总部设于上海。

作为中国的银行卡联合组织,中国银联处于我国银行卡产业的核心和枢纽地位,对我国银行卡产业发展发挥着基础性作用,各银行通过银联跨行交易清算系统,实现了系统间的互联互通,进而使银行卡得以跨银行、跨地区和跨境使用。在建设和运营银联跨行交易清算系统、实现银行卡联网通用的基础上,中国银联积极联合商业银行等产业各方推广统一的银联卡标准规范,创建银行卡自主品牌;推动银行卡的发展和应用;维护银行卡受理市场秩序,防范银行卡风险。

为满足人民群众日益多元化的用卡需求,中国银联大力推进各类基于银行卡的创新支付业务。人民群众不仅可以在 ATM 自动取款机、商户 POS 刷卡终端等使用银行卡，还可以通过互联网、手机、固定电话、自助终端、数字电视机顶盒等各类新兴渠道实现公用事业缴费、机票和酒店预订、信用卡还款、自助转账等多种支付。围绕着满足国人多元化用卡需求，在中国银联和商业银行等相关机构的共同努力下，一个范围更广、领域更多、渠道更丰富的银行卡受理环境正在逐步形成。

目前银联卡国内持有量已突破 21 亿张并在境外 83 个国家和地区实现受理。中国银联不断扩大业务领域，提高服务水平，加快国际化进程，努力把"银联"打造成国际主要银行卡品牌。

5. 电子货币发展趋势

电子货币是电子商务的核心，它将在国际金融活动中逐步发挥重要作用。从 1994 年开始，欧洲十国中央银行集团、欧洲中央银行、美国中央银行都发表了电子货币的发展报告。报告全面研讨了消费者保护、法律、管理、安全等诸多问题，提出发展战略并鼓励新型金融服务的开展。欧洲中央银行（European Central Bank）最新发表的报告（Report On Electronic Money，August 1998）讨论了建立电子货币系统的最低要求：

① 严格管理：电子货币的发行需要进行严格管理。

② 可靠明确的法律准备：明确定义与电子货币相关方（消费者、商家、银行和操作者）的权利和义务，并可明确作为判决依据。

③ 技术安全保障：电子货币系统必须在技术、组织和处理过程方面做到足够安全，以防止盗窃活动，特别是防伪造。

④ 防范犯罪活动：在电子货币方案中必须考虑防范例如洗钱等犯罪活动。

⑤ 货币统计汇报：电子货币系统必须向相关国家中央银行汇报货币政策要求的有关信息。

⑥ 可回购：电子货币发行商在电子货币持有者的要求下必须可向中央银行一对一回购货币。

⑦ 储备要求：中央银行可以向所有电子货币发行商提出储备要求。

由于电子商务活动无时间和空间的限制，国家的界限也将在某种程度上消失。金融服务将成为世界范围的产品。世界金融业的竞争更加激烈。同时电子商务需要处理好信息流、物流和资金流中的各个环节，才能健康运行和发展。电子货币的流动必须在可管理性、安全性、及时性、保密性、灵活性以及国际化等方面均达到一定的水平，才能在电子商务中可靠地应用。

现在电子商务的概念在人们的思想中已经逐步形成，电子商务不仅仅是通过计算机网络及设备来发布信息、查询信息、买卖货物、支付货币，还包括管理与控制的决策支持活动。随着电子商务的发展，电子货币将成为人们日常支付资金的工具。

电子货币的发展和应用也将日新月异，不断扩大应用范围和创新形式，促进国际电子商务的发展。

1.3.2 虚拟货币

1. 虚拟货币的产生

2000年以来,网络货币发展迅速,像盛大(泡泡点券、点卡等)、腾讯(Q币)等互联网巨头都推出了各自的网络货币。这些名称各异的网络货币也已被看成是各网络巨头之间互相竞争、扩大地盘的有力武器。

据不完全统计,目前市面流通的网络虚拟货币不下10种,虚拟货币不仅可以支付网上收费服务项目,有的还可支付手机短信费用,甚至在网上购买实物商品。

虚拟货币的发展经历了三个阶段:

① 第一阶段的虚拟货币是银行电子货币。银行电子货币最初是一种"伪虚拟货币"。它只具有虚拟货币的形式,如数字化、符号化,但不具有虚拟货币的实质,与个性化无关。但是银行电子货币有一点突破了货币的外延——那就是它也可以不是由央行发行,而是由信息服务商发行,早期的几种电子货币就是这样。第二点突破就是银行电子货币的流动性远远超过一般货币。因此就隐含了对货币价格水平定价权的挑战。

② 第二阶段的虚拟货币是信用信息货币。股票是最典型的信用信息货币,其本质是虚拟的,是一种具有个性化特点的虚拟货币。它是当前虚拟经济最现实的基础。分析股票市场和衍生金融工具市场,它有一个与一般货币市场最大的区别,就是它的流通速度不能由央行直接决定。

③ 第三阶段的虚拟货币是个性化信用凭证。理想的虚拟货币是真实世界的价值符号。在一般等价交换中,具体使用价值以及具体使用价值的主体对应物——人的非同质化的需求、个性化需求,被完全过滤掉。虚拟货币将改变这一切,通过虚拟方式,将人的非同质化需求、个性化需求以个体参照点向基本面锚定的方式,进行价值合成。因此虚拟货币必须具有两面性,一方面是具有商品交换的功能,另一方面是具有物物交换的功能。通过前者克服价值的相对性和主观性,通过后者实现个性化的价值确认。

2. 虚拟货币的种类

根据目前网络市场的情况,网络虚拟货币大致可分为三类:

① 第一类是游戏币。使用在网络游戏里的钱币,随着网络化的提高,游戏货币的使用越来越广泛。

② 第二类是门户网站或者即时通信工具服务商发行的专用货币。这些货币用于购买本网站内的服务。使用最广泛的当属腾讯公司的Q币,可用来购买会员资格、QQ秀等增值服务。腾讯Q币可通过银行卡充值,与人民币进行兑换,不过官方渠道只允许单向流动,Q币不能兑换人民币。在腾讯公司的网络游戏里,Q币可以兑换游戏币;如果用户养了一只QQ宠物,Q币还可以兑成宠物使用的"元宝"。Q币与其他专用虚拟货币一样,都存在线下的交易平台。

③ 第三类网络虚拟货币。美国贝宝公司(PayPal)发行一种网络货币,可用于网上购物。消费者向公司提出申请,就可以将银行账户里的钱转成贝宝货币——这相当于银行卡付款,但服务费要低得多,而且在国际交易中不必考虑汇率。网站专用货币的首要作

用,是带动了增值服务的小额支付。

虚拟货币的流通分为5个阶段:

① 发行商发行虚拟货币。发行商,如腾讯发行Q币。目前,由于没有限制,发行商可以无限量的发行虚拟货币,运营商通过非常优惠的促销活动鼓励用户多充值网币,而且发行商没有义务公开发行的虚拟货币的数量。

② 用户用人民币购买虚拟货币。用户出于某种需要,如买道具、买衣服等,需要对Q币进行充值,也就是用人民币购买虚拟货币。这样发行商就可以获得人民币,而且,很多情况下,用户都是预存资金,因此发行商可以提前占用用户的资金。

③ 用户用虚拟货币进行交易。用户可以在网上用虚拟货币进行各种交易,比如购买道具,进行支付,甚至可以换取人民币,可以说现在Q币在网络里已经具有了价值尺度、流通手段、储藏手段、支付手段四项功能了。

④ 用户余额存在虚拟货币的载体中。用户购买虚拟货币之后如果没有使用完,余额没法转出,就只能存在虚拟货币的载体中,而相当一部分网币在账户内休眠,而且一旦账号被盗,那虚拟货币也随之被盗。

⑤ 用户用完虚拟货币。一旦载体中的虚拟货币用完,这些虚拟货币就退出市场,发行商并不收回。

3. 虚拟货币的发展趋势

虚拟货币作为目前网络站点广泛使用的计量物,具备了许多准货币的功能,网站可以使用它核准身份、奖励、交互物品、购买服务等。虽然现阶段网站的虚拟货币还处在萌芽状态,相信虚拟货币将会迅速发展并广泛应用起来。今后虚拟货币的发展趋势和特点将表现在:

① 随着网络经济与电子服务的发展,虚拟货币将具有更大、更广泛和更加灵活的功能,例如可以在网络服务、网络创新、网络激励、网络交流、网络交换及网络生活中使用。

② 根据网站之间互通的需要,虚拟货币作为准货币将可以根据相互协议在多家网站中兑换使用。形成有限范围的流通和使用。

③ 进一步发展,需要一个第三方的中介机构来处理各网络站点的虚拟货币的兑换问题,逐步形成权威的为虚拟货币兑换服务的第三方服务组织,这个机构必须具有强大的实力和权威性。它的作用就是发布兑换比率。

④ 发展到相对成熟时,管理当局将可以使用数字货币来替代各网络站点的虚拟货币,有效管理和控制虚拟货币的产生、流通和管理。

⑤ 虚拟货币是网络经济发展中的产物,优点是灵活有效,但是与现实社会联系不紧密,有较大的社会风险。需要加强研究,灵活管理,促进发展。

1.4 电子金融的发展

1.4.1 电子金融的发展目标

电子金融服务主要是电子货币和网络金融服务,通过建立全功能的金融业务系统、现代支付清算系统、网络金融业务系统等为主体的现代化金融服务体系,为客户提供安全、高效、全面、先进的电子化金融服务。

① 网络金融：通过网络金融发展模式、运行机制、系统框架的研究以及系统建设，探索网络金融的发展模式，满足网络时代人们对金融服务全功能、高效、安全、快捷的要求。网络时代金融服务的要求可概括为：在任何时间、任何地点、提供任何种类的金融服务，是覆盖银行、证券、保险、基金、理财等各个领域的全能金融服务。

② 电子货币：发展电子货币，提高支付清算效率，为网络金融和整个金融服务水平的提高奠定坚实基础。网络金融中的电子货币、电子结算技术对银行业乃至整个社会经济的影响越来越大。储值卡可使现金和活期储蓄需求减少；信用卡的普及使用可扩大消费信贷，影响货币供给量；借记卡、电子支票等的普及使用能减少消费者往返于银行的费用，致使现金需求余额减少，并可加快货币的流通速度。

③ 电子金融业务系统：整合现有业务系统，建立功能更全、效率更高的金融业务系统，为客户提供更多、更好、更全面的服务。新一代电子金融业务系统，是基于目前各金融机构数据集中工程的基础上，以"客户为中心"的思想为指导，以标准化处理为基础，以信息安全建设为保障，通过系统集成、流程再造、数据综合利用等手段和技术，实现计算机系统一年365天、每天24小时的正常运营，从而为客户提供更便捷、更安全的服务，并给金融机构提供了控制全局性风险的技术平台。此外，新一代金融业务系统还应体现出银行、证券、保险等多元化经营理念，以适应放松管制和混业经营的趋势。

④ 金融支付清算系统：反映全社会经济活动资金支付清算全过程，以票据、信用卡为主体，以电子支付工具为发展方向，满足不同经济活动需求的支付清算工具体系和多元化、多层次的支付清算系统。金融支付清算系统是一个国家或地区对伴随着经济活动而产生的交易者之间、金融机构之间的债权债务关系进行清偿的制度安排，是由提供支付服务的中介机构，管理货币转移的规则；是实现支付指令传送及资金清算的专业技术手段共同组成的，用以实现债权债务清偿及资金转移的制度性安排。

⑤ 金融监管信息系统：实现对金融系统的动态、智能化监管，确保金融机构的合法经营，及时防范和化解金融风险，保障现代化金融服务体系的安全、稳健、高效运行。金融监管部门对金融机构监管是一个连续、完整、循环的过程，金融监管是由市场准入、日常监管、跟踪监控及市场退出等相关要素和环节所组成的。金融监管信息系统是一个庞大的信息系统，它依靠网络互联和相关的标准体系实现监管部门之间以及监管部门与银行、证券、保险各金融机构之间的信息传递，是一个实现覆盖全国的大系统。主要建设任务包括：基于科学监管理论和金融工程的监管模型与方法的研究和相应信息系统建设；通过监管模型与方法的研究，建立动态风险预警指标体系；基于监管模型与指标体系，采用海量信息处理、数据仓库、数据挖掘、金融工程等技术和方法建立金融监管信息系统，其中包括银行、证券、保险监管信息系统。

⑥ 金融宏观调控信息系统：实现科学、客观、合理的宏观经济分析，为制定和实施货币政策提供强有力的支持。金融宏观调控信息系统是收集各种经济运行信息，对信息进行分类存储、汇总、整理，然后根据宏观决策的需要进行统计、分析，帮助决策者快速、准确地了解当前经济运行形势，并对未来发展趋势做出判断。主要功能包括经济预测、政策操作、中间目标、最终目标、操作调整等。主要建设任务包括：宏观经济调控预测模型的研

究,建立宏观调控指标体系,基于预测模型和指标体系建立金融宏观调控信息系统。

1.4.2 网络银行的发展趋势

中国现代商业银行正在经受来自四个方面的压力:经济、客户、竞争者以及其他相关行业。每一方面对银行影响都是双重的,一方面它们对传统银行业务是一种威胁,另一方面,它们提供了崭新的业务领域和新方法,从而提高了效率并使成本降低。各银行正在有效地利用 IT 应对在银行环境中出现的挑战。发展网络银行就成为有效应对挑战的有力武器。

进入 21 世纪,网络银行发展的推动因素从技术驱动转向顺应市场竞争、监管要求;战略重点转移到业务流程、营运成本、内部控制方面,技术重点是渠道整合、IT 治理、商业智能、网络业务、移动业务支持。银行希望利用 IT 解决新业务需要,即满足来自个人和法人客户对资产管理和投资支持的强烈需求;客户服务需要,即满足扩大银行客户基础和增加客户对银行的忠诚和信任度的需要;赢利能力需要,即满足银行提高交叉销售的能力、提高生产率、灵活性、赢利能力的需要。

网络银行是银行通过互联网向客户提供金融服务的业务处理系统。客户通过网络银行可以在办公室或家中办理银行业务,享受银行的服务。电子银行业务作为商业银行业务发展的新型分销方式和渠道,与传统业务的融合特征凸现,优势互补显著,经营目标一致,已经成为商业银行生存发展中不可或缺的竞争手段。目前企业网银可为客户提供账户查询、网上结算、集团理财、发放工资、收款服务等功能;个人网银可为客户提供账务查询、转账服务、外汇买卖、基金业务、网上购物、同城/异地汇款、代缴学费、银证通、账户挂失等服务。网络银行的服务将不断发展和创新。

网络银行的运作模式已经从单独的银行卡模式(ATM、POS)、独立模式(Call Centre、ATM、互联网络各自独立),发展到综合模式(渠道整合、统一客服、数据集中、安全管理)。体现了营销、服务、支撑、渠道的重要作用。

网络银行的发展将通过整合、创新与融合三阶段战略来实现;突破传统技术标准范围、重视应用管理、质量控制、人才开发及业务管理标准等规范要求,制定具体发展策略,支持国际化发展、保持特色化服务;保障网络银行在共同协作、降低成本、提高效率、共享资源、提高质量方面发挥积极的作用,推进网络银行的健康发展。

1.4.3 银行数字品牌的发展

现代商业银行应该发挥电子银行业务作为现代银行业务拓展的新市场、新方式和新方向的优势,建设特色化的数字银行;通过融合银行的产品和服务,形成核心竞争力。按照统筹规划、稳步发展的策略,打造数字品牌、培育市场,力争做大做强,在现代国际化竞争环境下处于领先位置。

发展网络银行,最重要的内容是营造具有特色的银行数字品牌。数字品牌是企业品牌在网络世界上的延续和发展,包括网上品牌形象与传统品牌形象的协调一致,以及网上品牌的拓展。数字品牌的突出特点是:以新形态传播媒体为基础,传播速度快,价格低廉;整体性品牌建立周期短,增值速度快;由于互联网发展的社会效应,数字品牌具有天生的强势效应;改革、创新意识强烈。

在互联网上,经历就是品牌,品牌就是经历,网络可以无限放大品牌价值。企业需要围绕用户经历建立数字品牌,将品牌化的用户经历贯穿用户与数字系统发生互动的全过程。要成功营造数字品牌,企业需要在网络上对用户经历进行管理,以满足客户更加广泛的需求和欲望,在更高水平上保持品牌一致性和客户忠诚度,真正实施以客户为中心的战略,争取占领最大市场份额。

网络银行的产品/服务策略应考虑选择适当的市场切入点,将产品的质量放在第一位,增加增值服务在产品整体价格构成中的比重,充分考虑互联网在传播方面的先天优势。利用第三方网站的影响吸引注意力,提高点击率,争取客户的信任,网站都尽力和有品牌知名度的企业建立关联,展示其品牌形象和产品服务;通过建设视觉系统,以一个完整规范的视觉形象系统来规范品牌行为,对客户形成持久刺激,增强品牌忠诚度;通过与传统品牌相呼应、进行双向参与品牌的建设来进行数字品牌的推广。

现代银行是富有创新精神的企业,需要优质的业绩、稳定的客户和丰富的运作经验和人才,网络银行服务则具备良好的形象,可以为客户提供优质的服务。目前中国的银行将重点发展的电子银行部门将通过渠道和业务创新、与其他业务部门密切融合,全方位数字品牌建设,打造新型的、具有特色的数字化银行。

小 结

本章介绍了金融服务和网络金融的基本概念、特点和服务的基本内容,详细说明了电子货币的构成和常用支付工具、银行卡形式及其国际组织。也介绍了虚拟货币的情况,同时也指出了电子金融的发展趋势。

思考题

1. 阐述网络金融服务的内涵和主要特征。
2. 说明电子货币的特点和系统形式。
3. 说明银行卡的主要种类、功能及基本特征。
4. 电子金融的发展趋势是什么?
5. 什么是网络银行?其发展特点是什么?

参考文献

[1] 中国人民银行网站,www.pbc.gov.cn.
[2] 百度百科,baike.baidu.com.
[3] 陈进,崔金红,等. 电子金融概论. 北京:首都经济贸易大学出版社,2009.
[4] 北京市科学技术委员会. 北京现代服务业促进主题实施方案[R]. 北京,2006.
[5] 国家中长期科技规划专家组. 现代服务业发展战略研究[R]. 北京,2004.
[6] 张卓其,等. 电子金融. 北京:高等教育出版社,2006.

第 2 章　网络金融安全

网络金融安全是保证用户和金融系统安全的方法、手段、措施和管理的统称，网络金融的安全性要求有：完整认证（知道与谁交流）、信息完整、无拒付支付、有效的查账机制、隐私权。

金融机构在安全方面需要解决如下这些问题：

① 防止数据被窃听：由于因特网是一个开放的网络，上面的许多重要数据如信用卡号码、用户密码、交易信息等在传输过程中有可能被窃听。

② 专用数据的保护：公司数据库系统在以 WWW 方式连接到公共网络后使网络上的数据很容易被攻击。防火墙技术是防范非法攻击的有力措施，数据库加密和保密技术也有助于防止恶意攻击。

③ 验证用户：为了防止伪造、假冒的行为，金融机构需要确信进行电子订货或电子现金转移的个人和商家确实合法有效。需要建立可信的验证机构通过数字签名等方式进行确认。电子商务需要建立完善的验证机制。

④ 数据完整性检验：为保证接收的数据在传输过程中未被人篡改过。可通过数据加密变换、数字签名和校验方式进行识别。

⑤ 安全访问能力：在开放的公共网络环境下，为各种用户建立灵活、安全的访问途径是电子商务的基础要求。应该提供大量的个人用户访问交流条件。公共网络环境的安全系统必须是安全的并且易于维护和扩展配置的系统。

⑥ 系统可靠性：金融机构的服务是不能停顿的，相应的计算机网络系统必须进行每天二十四小时每周七天的连续运行而不会出现故障。要求电子商务设备具有高度的可靠性，可通过双机、容错计算机系统来保证可靠性。

⑦ 系统灵活性：网络与应用系统应可改革和扩充，各种新兴业务将会得到发展，如家庭银行、在线理财等新兴方式将出现。电子商务系统需要能够扩展运行各种应用的系统。

⑧ 标准化支持：公共环境下电子支付必须具有标准化的模式才能相互通用并保证安全。智能卡迅速发展，使市场上充斥着各种电子货币，其运行空间无国家界限的限制，电子商务的标准化就显得十分重要。

2.1　网络金融用户

2.1.1　网络金融用户的分类及其活动

网络金融用户可以分为两类：个人用户和企业用户。个人用户是指使用个人客户终端通过因特网或通信网络获得网络金融服务的个人，企业用户是指使用企业客户终端通过因特网或通信网络参与大规模网络金融活动的盈利性商业组织。

个人用户和企业用户两类不同的客户主体由于其在网络金融活动中的参与程度不尽相同,其所参与的业务活动也有所区别。

1. 个人用户主要活动

1) 网络银行业务

① 账户查询。个人用户可以通过因特网访问网络银行以查询其账户状态、账户余额、账户近期交易明细等,并获取网络银行提供的其他相关金融服务信息。

② 申请和挂失。申请和挂失主要包括存款账户、信用卡的开户、电子现金、空白支票申领等业务内容,客户可以通过网络直接了解到相关业务章程条款,并在线填写、提交相关表格,简化了手续,方便了客户。

③ 电子支付。通过电子支付,用户可以实现网上资金的实时结算。主要参与的业务活动有两个,一是内部转账,个人客户能对所属资金灵活运用和进行账户管理;二是转账和支付中介业务,个人客户可以实现与其他客户之间的资金收付划转功能。

个人用户在网络银行上参与的业务活动还有业务查询、代收代缴业务、财务状态管理业务等。

2) 网络证券业务

① 网上股票交易。个人用户可以通过网络实时获得股票市场信息,了解股票市场行情并参与网络股票市场交易,同时个人用户可以在网络进行实时的股票交易。

② 网上债券交易。个人用户可以在网上了解网上国债发售、交易和行情等信息,同时用户可以在网上进行电子下单,对网上债券进行买卖交易。

除此二者外,个人用户还可以通过网络进行网上基金交易和网上期货交易。

3) 网络保险业务

① 评估保险需求。个人客户可以在网络上使用需求评估工具客观了解评估自己的保险需求。

② 购买网络保险。针对自己的保险需求,通过网络寻找合适的保险产品,并直接在网络上进行购买。

③ 了解业务理赔。通过网络,个人用户可以方便地了解与自己所买网络保险相关的章程,并可以直接与网上客服对话,了解相关信息。

2. 企业用户主要活动

1) 网络银行业务

① 账户查询。与个人用户相同,企业用户也可以通过因特网访问网络银行以查询其账户状态、账户余额、账户近期交易明细等,并获取网络银行提供的其他相关金融服务信息。但对于企业用户,网络银行提供更多的合乎需求的服务,例如企业客户可以查询所属单位跨地区多账户的账务信息。

② 申请和挂失。对于企业用户而言,申请和挂失主要包括企业财务报表、信用证开证申请、国际收支申报的报送等。

③ 电子支付。对于企业用户而言,当前参与的网络银行活动主要是内部转账和外部

转账。其他的 B2B 交易功能目前还不够完善,但随着网络银行的不断发展,企业用户能够参与的活动范围将不断得以拓宽。

企业用户在网络银行上参与的业务活动还有工资发放、信用管理、公司账务查询和信用查询等。

2) 网络保险业务

① 风险评估。企业用户可以通过使用企业风险评估系统客观地了解其保险需求,有针对性地购买保险。

② 保险方案定制。由于企业用户的要求一般比较复杂,保险公司所提供的保险种类未必可以满足其需求,那么企业用户就可以向保险公司定制切合自身需求的保险方案,并通过网络进行购买。

2.1.2 网络金融用户面临的安全问题

虽然网络金融的发展为用户提供了大量快捷、有效且低成本的服务,给用户带来了极大的便利,但网络金融用户在享受便捷服务的同时,也会面临一些不可忽视的问题,对参与网络金融活动带有一定的担忧。

① 资金安全性。不管是个人用户还是企业用户在参与网络金融活动的过程中都会涉及资金的支付或划归问题,一旦资金被窃取,那么不仅仅是交易无法达成,同时也会给个人或企业带来巨大的经济损失。如何保证资金的安全是网络金融用户最为关心和担忧的问题之一。

② 信息保密性。参与网络金融活动的各方,在进行网上交易的全过程中,都必然会有相关信息的传送,例如支付信息、合同条款等,这些信息与参与者的自身网络安全以及交易的安全性都密切相关,所以,有关信息的保密性问题也备受关注。

③ 协议有效性。网络金融活动不同于现实的金融活动。现实中,交易双方可以面对面地签订协议,协议是受到法律保护的,有效性能够得到切实的保证。而在网络环境下,交易的双方不能直接见到对方,那么也就有可能存在虚假信息甚至恶意欺诈,如何保证网上协议的有效性也就成为一个网络金融用户不得不面对的另一个问题。

2.1.3 网络金融密码安全措施

在网络金融活动的实际操作过程中,为了保护用户的密码安全、资金安全等,还要用到软键盘技术、动态口令技术、USB Key 等多种安全技术。

1. 软键盘技术

所谓的软键盘(Soft Keyboard)并不是在计算机键盘上的,而是在"屏幕"上。软键盘是通过软件模拟键盘,通过鼠标单击来输入字符,其目的是为了防止计算机中可能存在的木马程序恶意记录键盘输入的密码,一般在一些银行的网站上要求输入账号和密码的地方容易看到,图 2.1 为建设银行的软键盘输入界面。

2. 动态口令技术

动态口令是根据特定算法生成不可预测的随机数字组合,每个口令只能使用一次。

目前被广泛运用在网银、网游、电信运营商、电子政务、企业等应用领域。动态口令的生成终端可分为短信密码、动态令牌、动态口令卡等不同种类,其中动态令牌包括硬件令牌和手机令牌两种形式。

图 2.1　建设银行软键盘

1) 短信密码

短信密码是用户以手机短信的形式请求包含 6 位或 8 位随机数的动态密码,也是一种手机动态口令形式,身份认证系统以短信形式将随机的 6 或 8 位密码发送到客户的手机上,客户在登录或者交易认证时输入此动态密码,从而确保系统身份认证的安全性,其形式如图 2.2 所示。

2) 动态令牌

从技术的角度来说,动态令牌分为基于时间同步、基于事件同步和基于挑战/应答 3 种模式。在当前的实际应用当中,应用最为广泛的是基于时间同步的硬件口令牌,它每 60 秒变换一次动态口令,动态口令一次有效,它产生 6 位或 8 位动态数字,其中硬件令牌如图 2.3 所示。

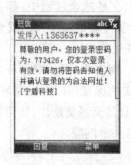

图 2.2　短信密码

图 2.3　动态令牌

手机令牌是用来生成动态口令的手机客户端软件,在生成动态口令的过程中,不会产生任何通信及费用,不存在通信信道中被截取的可能性。手机作为动态口令生成的载体,欠费和无信号对其不产生任何影响,由于其具有高安全性、零成本、无需携带、获取方便以及不需要物流等优势,相比硬件令牌其更符合互联网的精神。由于以上优势,手机令牌可能会成为 3G 时代动态密码身份认证令牌的主流形式。图 2.4 为手机令牌的操作界面。

3) 动态口令卡

动态口令卡是银行卡大小的矩阵卡片,其背面以矩阵形式印有多个数字串。当客户使用相关系统进行网络金融活动时,系统会随机给出一组口令卡坐标。客户从卡片上找到坐标对应密码组合并输入到系统信息框,只有当密码输入正确时,才能完成相关交易。

这种密码组合动态变化,每次交易密码仅使用一次,交易结束后即失效。图 2.5 是中国工商银行的动态口令卡。

图 2.4 手机令牌

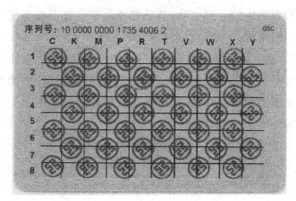

图 2.5 工商银行动态口令卡

3. USB Key

USB Key 是一种 USB 接口的硬件设备。它内置单片机或智能卡芯片,有一定的存储空间,可以存储用户的私钥以及数字证书,利用 USB Key 内置的公钥算法实现对用户身份的认证。大多数国内银行采用的客户端解决方案,使用 USB Key 存放代表用户唯一身份的数字证书和用户私钥。在这个基于 PKI 体系的整体解决方案中,用户的私钥是在高安全度的 USB Key 内产生,并且终身不可导出到 USB Key 外部。在网络银行应用中,对交易数据的数字签名都是在 USB Key 内部完成的,并受到 USB Key 的 PIN 码保护。图 2.6 为中国建设银行的 USB Key。

图 2.6 建设银行 USB Key

2.2 网络金融风险

2.2.1 网络金融风险的主要种类

网络金融是伴随着电子商务发展起来的崭新金融运行模式,能够提高金融服务的效率。但是,由于网络金融的发展尚不成熟,其运行也就存在着一系列的风险。网络金融具有与传统金融业相同的风险,同时网络金融的发展也带来了新的风险。

1. 网络金融的一般风险

网络金融的一般风险与传统金融所面临的风险相同,这些风险包括信用风险、利率风险、流动性风险、市场风险等。

① 信用风险。指金融交易者在合约到期日不完全履行其义务的风险。信用风险分两种情况:一是银行贷款或投资以后客观情况发生变化,使其质量下降从而引发风险;二是借款人存心欺诈,或借款人经营不善,或银行贷款、投资决策失误而造成的违约。

网络银行也面临以贷款违约和欺诈为主要表现的信用风险。二者的区别在于网络银行的贷款是通过网络实现的。资料被篡改或贷款被冒领都将影响客户对网上贷款业务的信心,对商业银行会造成巨大的信用风险。

② 利率风险。指网络金融因利率变动而蒙受损失的可能性。提供电子货币的金融机构因为利率的不利变动,其资产相对于负债可能会发生贬值,网络金融因此将承担相当高的利率风险。

③ 流动性风险。指资产在到期时不能无损失变现的风险。流动性风险对于任何商业银行都是客观存在的。一般情况下,网络银行投资的资产可能无法迅速变现,或者会造成重大损失,从而使网络银行遭受流动性风险。网络金融机构常常会因为流动性风险而恶性循环地陷入信誉风险中。

④ 市场风险。指市场价格变动时,网络金融的资产负债表各项目头寸不一样而蒙受损失的可能性。此外国际市场主要商品价格的变动,及主要国际结算货币发行国的经济状况等因素发生变化也将带来网络金融的市场风险。

2. 网络金融的新风险

网络金融的发展使我们面临着不同于传统金融业务的新风险,网络金融涉及通信、设备和管理等诸多方面,网络金融新风险从原因上来说,可分为系统和业务因素导致的两个方面的风险。

1) 网络金融的系统性风险

网络金融是基于电子信息系统基础上运行的金融服务形式,电子信息系统的技术和管理方面的风险就构成了网络金融的系统风险。

① 技术风险。是针对网络金融的安全性而言的,基于互联网的金融机构和业务面临着与传统金融完全不同的安全性的挑战,这是网络金融最为重要的系统性风险。一方面,网络金融机构直接对外部的各类各级网络连接,提供大量的查询和金融交易服务,其本身无论是数据还是系统都存在高度的风险。另一方面,由于网络金融系统与业务主机应用系统之间存在着大量的数据通信,加大了内联网和外联网系统的风险。同时,网络技术的快速进步、黑客入侵、软件被非法修改,从而存在客户信息泄密的可能性,网络金融机构和客户都将承受这种不确定性带来的系统风险。此外,网络金融机构的计算机系统停机、磁盘被破坏、病毒侵入等不确定性因素,也会形成网络金融的技术风险。

② 管理风险。是指网络金融机构由于管理不善而造成的风险。网络金融机构的高级管理人员必须对信息技术的发展有清醒的认识,否则将承担信息技术解决方案的选择风险。在系统技术选择上,网络金融机构必须选择一种技术解决方案来支撑网络金融业务的开展,因而存在所选择的技术解决方案在设计上可能出现的缺陷或被错误操作的风险。网络金融机构往往依赖外部市场的服务支持来解决金融机构内部的技术或管理难题,这种做法使网络金融机构暴露在可能出现的操作风险中。网络金融中最具有技术性的系统风险是网络金融信息技术选择失误的风险。

2) 网络金融的业务风险

网络金融的业务风险主要包括操作风险、市场选择风险、信誉风险和法律风险。

① 操作风险。指来源于系统可靠性、稳定性和安全性的重大缺陷而导致的潜在损失的可能性。操作风险可能来自网络金融用户的疏忽,也可能来自网络金融安全系统和其

产品的设计缺陷及操作失误。操作风险主要涉及网络金融账务的授权使用、网络金融的风险管理系统、网络金融和其他金融机构和客户之间的信息交流、真假电子货币的识别等。

操作风险可以涵盖一些管理风险。管理风险是指银行业务经营中存在的营私和盗窃的风险。所为营私，主要是指银行的高级管理人员利用职权谋取私利。而盗窃，有来自内部的也有来自外部的。这些风险都是因管理不善造成的，通过加强管理是有可能避免的。

② 市场选择风险。市场选择风险是指由于信息不对称导致的网络金融机构面临的不利市场选择而引发的业务风险。在虚拟金融服务市场上，网上客户不了解每家金融机构提供的服务质量究竟是高还是低，或者说，究竟是物美价廉还是货不对路。因此多数客户将会按照他们对网络金融机构提供服务的平均质量来确定预期的购买价格。但是，这个预期的购买价格将低于提供高质量服务的网络金融机构能够承受的最低价格，结果只有提供低质量服务的网络金融机构可能被客户接受，而高质量的网络金融机构则被排挤出市场。

由于网络金融市场上金融机构与客户之间信息处于严重的不对称状态，客户将会比在传统商品形式的市场上更多地利用信息优势形成对网络金融机构不利的道德风险行动。

③ 信誉风险。网络金融的信誉风险主要源自网络金融自身。可能来自网络金融出现巨额损失时，或者来自在网络金融的支付系统出现安全问题时，社会公众难以恢复对网络金融交易能力的信心，使金融机构无法建立良好的客户关系。一旦网络金融提供的虚拟金融服务产品不能满足公众所预期的水平，且在社会上产生广泛的不良反响时，就形成了网络金融的信誉风险。信誉风险不仅仅是针对某一家网络金融机构而言的，可能是对整个网络金融业界而言的。在特定的经济环境下，一旦出现全球性的对网络金融的信任危机，就可能导致整个网络金融服务市场的危机。

④ 法律风险。网络金融的法律风险来源于违反法律规定、规章和制度，以及在网上交易中没有遵守有关管理义务的规定。网络金融业务牵涉的商业法律包括消费者权益保护法、财务披露制度、隐私保护法、知识产权保护法和货币发行制度等。当前，电子商务和网络金融在许多国家还只处于起步阶段，缺乏相应的网络消费者权益保护管理规则及运行条例。因此，利用网络及其他电子媒体签订的经济合同中存在着相当大的法律风险。网络金融也可能因为使用电子货币和提供虚拟金融服务业务而涉及客户隐私权的保护问题。一旦出现客户隐私权问题，在被告知其权利义务的情况下，客户可能会对网络金融机构提出诉讼。网络金融提供的各种电子签证服务，也可能使网络金融机构由于充当中介角色而被拖入各种法律纠纷中。

3. 网络金融风险的具体表现

网络金融活动的风险具体有以下几个方面的表现。

1）诚信体系的缺失

据调查，半数以上网民曾遇到网上购物信息虚假的问题。在线购物时，用户经常遇到在线商品说明信息（或广告，包括价格等）虚假等问题。其中，有56.4%的被调查者曾遇到过在线购物信息不真实。此外调查还显示，有40.9%的被调查者遇到过在线服务的承诺不真实或不能兑现等情况,另有24.9%的人遇到不能按照网上的承诺按时发货或退货。

四成网民网上购物后个人私密信息被窃用。调查发现,62.1%的被调查者声称自己的个人信息曾被在线商家或网站滥用过,其中41.4%的人遭遇的滥用行为是个人信息"被用来接收垃圾信息",20.0%的人是个人信息"被加入到其他列表中",26.6%的是个人信息"被泄露给其他人或机构",还有12.0%的人是个人信息"可以被别人随意查到"。

2) 网络信用卡欺诈

近年来,随着信用卡的发行量不断增加,信用卡的使用也越来越广泛,同时,网络信用卡欺诈事件也在不断增加,其中一个很明显的问题是商家无法看见消费者,不能鉴定他的身份ID或签名。首先,大约25%的欺诈发生在被盗用的信用卡上;第二,大约24%是由假冒的信用卡导致,这种情况需要犯罪者有较高的技术,来损毁包含在信用卡磁条上的数据和伪造信用卡;第三,增长迅速的欺诈:邮购、电话购物、网络购物,占欺诈总量的21%。

网络信用卡欺诈一方面造成信用卡持卡用户或金融机构财产损失,加重了消费者对网络信用卡消费安全的担忧,增加了金融机构、商户额外的安全设备投入的成本;另一方面导致人们在网上交易中不愿使用网上信用卡支付,客观上阻碍了网络金融的发展。

3) 网上交易诈骗

由于网上交易保障系统的不完整及不能现货现款的弊端,再加上网络诈骗查处的力度不够,也使得网络诈骗成为一种新型的犯罪方式,其犯罪手法不一,结案率极低,严重扰乱了网络交易的正常秩序,也使得不少网络交易经验不足的网络用户受到了损失。表现形式有以下几种:

① 多次汇款:骗子以未收到货款或提出要汇款到一定数目方能将以前款项退还等各种理由迫使事主多次汇款。

② 拒绝安全支付:骗子以种种理由拒绝使用网站提供的第三方安全支付工具,比如谎称"账户最近出现故障"或"不使用支付宝,因为要收手续费,可以再给你算便宜一些"等理由,诱骗事主使用先汇款后交货的不安全交易方式。

③ 以次充好:骗子用假冒、劣质、低廉的山寨产品冒充名牌商品,事主收货后连呼上当,叫苦不堪。

2.2.2 网络金融风险的基本特征

与传统金融风险相比,网络金融风险具有一些特殊性,主要表现在以下几个方面。

1) 网络金融风险的扩散速度加快

高科技的网络技术所具有的快速远程处理功能,为便捷快速的金融服务提供了强大的技术支持,但也加快了支付清算风险的扩散速度。网络内流动的并不是现实货币资金,而是数字化符号信息,因此当风险在非常短的时间内爆发时进行预防和化解甚为困难。在"纸质"结算过程中,对于出现的偶然性差错或失误有一定的纠正时间,但在"虚拟"网络中这种回旋余地大大缩小,加大了风险的扩散面和补救成本。

2) 网络金融风险的监管难度提高

网络金融的交易过程在网上完成,交易的虚拟化使金融业务失去了时间和地域的限制,交易对象变得模糊,交易过程更加不透明,金融风险产生的形式更加多样化。由于被监管者和监管者之间的信息不对称,金融监管机构难以准确了解金融机构资产负债的实际情况,难以针对可能的网络金融风险采取切实有效的金融监管手段。

3) 网络金融风险"交叉传染"的可能性增加

传统金融的经营与监管可以通过分业经营、设置市场屏障或特许等方式,将风险隔离在相对独立领域,建立"防火墙",分而化之。网络金融中物理隔离的有效性正在大大减弱,金融业和客户的相互渗入和交叉日趋复杂化,这样,金融机构之间、国家之间的风险相关性日益加强,网络金融风险"交叉传染"的可能性大大增加。

4) 金融危机的突发性和破坏性加大

一些超级国际金融集团利用国际金融交易网络平台进行大范围的国际投资与投机活动。这些集团了解金融监管法律法规,能利用相关的法律、法规差异逃避金融监管,加之拥有先进的通信设施和大量的资金,有一定能力操纵市场,转嫁危机,这些都加大了金融危机爆发的可能性和突然性。

5) 引起网络金融风险的因素扩大

网络金融机构提供的金融服务都是通过网络进行的,所以面临的攻击者人数、攻击方法和攻击范围上都较传统金融机构更大。

首先,攻击者增多。攻击传统金融机构的人往往局限于某一局部地理区域,但网络金融机构的攻击者可能来自世界各地,一方面从金融体系内部来看,各个金融机构中的员工都有可能通过快捷的网络传输,威胁其他金融分支机构的资金安全,跨地域、时空进行金融违规、违法操作。另一方面从金融体系外部看,网络金融机构可能面对的外部攻击者来自数以亿计的"网民"。

其次,攻击方法更加隐蔽。网上的方法一般可以分为截收和非法访问,具有很强的隐蔽性。

再次,攻击访问增大,随着各金融机构向网络化、数字化方向发展,各家金融机构都是朝着数据仓库的方向发展,推出综合业务管理系统。利用综合网络系统固有的技术内在关联性,攻击者只要攻破了一项业务的系统"堡垒",就可能在整个综合网络内"畅通无阻"。

2.3 网络金融安全管理

2.3.1 网络金融安全问题

网络金融安全是与计算机及其网络的安全性密切相关的。计算机网络安全是指网络系统的硬件、软件及其系统中的数据受到保护,不被破坏、更改和泄露。学术上通过各种计算机、网络、密码技术和信息安全技术,保护在公用通信网络中传输、交换和存储的信息的机密性、完整性和真实性,并对信息的传播及内容有控制能力。

1. 网络金融面临的安全威胁

1) 内部人员的威胁

据调查统计,网络安全事件的70%都来自于内部网的攻击。而内部员工对公司网络结构、应用比较熟悉,攻击或者泄露重要信息将导致系统致命的安全威胁。

2) 因特网的威胁

随着金融业的扩展,银行、证券、税务以及保险等单位互联,网上交易、网上行情发布等都是通过金融内部网与因特网直接或间接互联实现的。由于因特网的广泛性、开放性等特点,极有可能给金融行业的应用系统造成威胁。

3) 黑客攻击

随着信息技术的不断发展,黑客技术变得越来越容易被掌握,金融系统和网站遭受攻击的可能性变得越来越大。一旦发生利用网络窃取资金、窃取机密、删改他人重要信息等行为,将给金融行业造成巨大的经济损失。

4) 网络病毒

通过网络得以广泛传播的计算机病毒将严重影响金融行业开展正常的网上业务,给网络金融的发展带来严重威胁。

2. 网络金融的安全控制需求

1) 有效性

数据的有效性是指不能被否认。在网络金融活动中,其信息的有效性将直接关系到个人、企业或国家的经济利益和声誉。因此,需要对网络故障、计算机病毒及黑客攻击所产生的潜在威胁加以控制和预防,以保证交易数据是有效的;同时需要对网络金融活动的参与各方的真实身份进行核实,以确保其提供的信息是真实有效的。

2) 机密性

网络金融活动中的金融信息直接代表着个人、企业或国家的商业机密,不能被他人或机构获取。因此,必须通过某种加密技术预防非法的信息存取,保证信息的机密性。

3) 完整性

网络金融交易过程中,数据在传输过程中的丢失、重复或传送的次序差异也会导致各方信息的不同。信息的完整性将影响到贸易各方的交易和经营策略,保持贸易各方信息的完整是网络金融与商务应用的基础。因此,要预防对信息的随意生成、修改和删除,同时要防止数据传送过程中信息的丢失和重复,并保证信息传送次序的一致。

4) 不可否认性

网络金融活动直接关系到交易对象的资金安全,如何防止交易双方发生抵赖。在无纸化的交易方式下,要在交易信息的传输过程中为参与交易的个人、企业和国家提供可靠的标志。

3. 网络金融安全问题的具体表现

1) 网络金融犯罪活动猖獗

2009 年 7 月 16 日,中国互联网络信息中心(CNNIC)正式对外发布《第 24 次中国互联网络发展状况统计报告》。报告数据显示:当前国内互联网络安全形势不容乐观,网络经济犯罪形式有扩大的趋势。半年内有 57.6% 的网民在使用互联网过程中遇到过病毒或木马攻击,有 1.1 亿网民在过去半年内遇到过账号或密码被盗的问题。而这些安全事件,往往是某些不法分子以牟利为目的所为,由此可见,打击网络经济犯罪刻不容缓。

2) 非法入侵网络银行信息系统

据统计,网络攻击对象为金融信息系统的占重点领域信息系统攻击案件总数的30%以上。一些犯罪分子利用黑客软件、病毒、木马程序等技术手段,攻击网络银行、证券信息系统和个人主机,改变数据,盗取银行资金,操纵股票价格,危害极大。

3) 利用"网络钓鱼"的方式

"网络钓鱼"利用欺骗性的电子邮件和伪造的互联网站进行诈骗活动,为事主发送虚假链接或网页,事主在虚假网页上输入自己的银行账号及密码后,交易往往显示不成功,让事主多次往里汇钱,骗子甚至还会通过假网页,捕获输入的账号及密码信息,将事主的钱款秘密划走,对网络金融安全构成极大的威胁。其作案手法有以下两种:

① 发送电子邮件,以虚假信息引诱用户中圈套。不法分子大量发送欺诈性电子邮件,邮件多以中奖、咨询、对账等内容引诱用户在邮件中填入金融账号和密码。

② 不法分子通过设立假冒银行网站,当用户输入错误网址后,就会被引入这个假冒网站。一旦用户输入账号、密码,这些信息就有可能被犯罪分子窃取,账户里的存款可能被冒领。此外,犯罪分子通过发送含木马病毒的邮件等方式,把病毒程序置入计算机内,一旦客户用这种"中毒"的计算机登录网络银行,其账号和密码也可能被不法分子所窃取,造成资金损失。

4) 网络洗钱活动

一些不法分子利用网络电子商务平台,从事洗钱违法犯罪活动。犯罪分子获取被害人的银行账号和密码后,往往通过网络电子商务购物等方式洗钱,以达到牟取不法利益的目的。而且,借助全球庞大的金融电子网络,洗钱行为往往很难被发现。洗钱有以下几种途径。

① 通过虚拟交易洗钱。近年来,网络购物发展迅速,提供网络交易的公司数也不断攀升,而且额度不断在增加。据有关资料,中国互联网两大交易平台EBAY和淘宝网,每个月交易额可达数亿元。如此大的交易量会为虚拟交易洗钱活动提供一个很好的隐蔽环境,金融行动特别工作组最新报告称,网上匿名交易为犯罪分子筹资、洗钱提供便利。

虚拟交易的主要手法为:以A交易平台为例,甲为洗钱方,乙为进行洗钱活动的操作方。甲方可以在A平台很方便地注册一家网上店铺,在网上出售某商品。众多的乙方从各地汇入资金到第三方中介购买商品B,甲方通过快递公司将虚拟的商品B发送给乙,第三方中介将资金汇入甲方账户,这样就完成了一次洗钱活动,甲方黑钱漂白变成正当的利润。

② 通过虚拟货币洗钱。通过虚拟货币洗钱的手法:不法分子将手中黑钱购买电话卡等类型的能为虚拟货币充值的媒介,充值后再转换成其他形式的虚拟货币,经过数次后,再转换成现实中的货币,这样难以分清楚资金的真正来源,完成漂白过程。如犯罪分子甲先将手中黑钱购买电话卡,充值Q币,再用Q币购买联众豆点,再用豆点换购盛大币……最终将虚拟货币兑换成人民币,完成洗钱活动。

③ 通过网上赌博进行洗钱。目前,通过赌博网站进行洗钱主要有三种方式:一是用非法所得的资金在合法的赌博网站上匿名开立账户进行赌博,达到将黑钱与"白钱"混淆的目的。以赌球为例,一个洗钱者欲将100万美元黑钱合法化,他就分别在两个网络赌场

中押同一场比赛的两个球队,各押100万美元。那么,无论结果如何,洗钱者都会在一方输掉100万美元,而在另一方收回200万美元,这样,100万美元的黑钱最终就披上了合法的外衣。二是通过在这些赌博网站开设一个账户,然后将来源不同的资金汇入这个账户,将此作为黑钱天然的临时隐蔽所。加上许多赌博网站对客户汇款来源的管理非常松散,一旦时机成熟,洗钱者便向赌博网站提出取消账户,并要求赌博网站以支票或银行汇票方式将账户上的余款退还给他们,这样便完成了将黑钱洗白的过程。三是一些赌博网站已经与洗钱者串通一气,有些赌博网站就是专为洗钱而设的。

④ 网络银行洗钱。通过网络银行洗钱的方式多种多样,过程很复杂,但基本上都由三个独立的、通常同时发生的步骤组成。第一是初步处置阶段,即对犯罪收入进行初步的处理,与其他合法的款项混合起来,或者存入金融机构。第二是进行分离析取,即通过错综复杂的金融操作,掩盖犯罪资金的来龙去脉和真实的所有权关系,模糊犯罪资金的非法特征。第三步是进行归并,也就是将清洗过的资金转移到与有组织犯罪无明显联系的其他组织的账户上。

2.3.2 网络金融安全技术

1. 网络安全防范技术

计算机网络安全是电子金融与电子商务活动安全的基础,一个完整的商务系统应建立在安全的网络基础设施之上。网络安全技术所涉及的方面比较广,如防火墙技术、入侵检测技术等。

1) 防火墙技术

防火墙是指在两个网络之间强制实施访问控制策略的一个系统或一组系统。从狭义上讲,防火墙是指安装了防火墙软件的主机或路由器系统。防火墙技术是保护信息资源的一种较好的措施,它将内部私有网络和外部网络进行隔离,能防止部分外部攻击者对内部网络的入侵。

① 防火墙具有以下特性:
- 从内部到外部或从外部到内部的所有通信都必须通过它;
- 只有被内部访问策略授权的通信才可通过;
- 系统本身有很高的安全性。

② 防火墙具有如下功能:
- 过滤不安全的服务和非法用户。防火墙作为一个检查点,对所有进出内部网络的信息予以检查,禁止未授权的用户访问受保护的网络。
- 控制对特殊站点的访问。防火墙可以允许受保护网络中一部分主机被外部网访问,而另一部分则被保护起来。
- 作为网络安全的集中监视点。防火墙可以记录所有通过它的访问,并提供统计数据,提供预警和审计功能。

③ 防火墙安全策略设置原则,主要包括:
- 过滤不安全服务的原则。"没有明确允许的就是禁止的",即只有明确的和记录在册的服务允许通过,其他都在禁止之列。防火墙应封锁所有信息流,然后对希望

提供的安全服务逐项开放,对不安全的服务或可能有安全隐患的服务一律扼杀在萌芽之中。
- 屏蔽非法用户的原则。"没有明确禁止的就是允许的",防火墙应先允许所有的用户和站点对内部网络的访问,然后由网络管理员对未授权的用户或不信任的站点进行逐项屏蔽。

2) 入侵检测系统

入侵检测系统(Intrusion Detection Systems,IDS)是一种网络安全系统,当有敌人或者恶意用户试图进入网络甚至计算机系统时,IDS能够检测出来,并进行报警,通知网络采取措施进行响应。

在本质上,入侵检测系统是一种典型的"窥探设备"。它不跨接多个物理网段,无须转发任何流量,而只需要在网络被动地、无声无息地收集它所关心的报文即可。其运行方式有两种:一种是在目标主机上运行以检测其本身的通信信息,另一种是在一台单独的机器上运行以检测所有网络设备的通信信息。

以IDS为代表的检测技术和以防火墙为代表的访问控制技术,从根本上说是两种截然不同的技术行为。

① 防火墙是网关形式,要求高性能和高可靠性。因此防火墙注重吞吐率、延时、高可用性等方面的要求。防火墙最主要的特征应当是传输和阻隔两个功能,所以其传输要求是非常高的。

② IDS是一个以检测和发现为特征的技术行为,其追求的是漏报率和误报率的降低。其对性能的追求主要在:抓报不能漏、分析不能错,而不是像防火墙那样的微秒级的速度。

2. 网络信息防范技术

实现信息安全是保证网络金融与商务信息安全的重要手段,许多密码算法已经成为网络安全与商务信息安全的基础。

信息的保密性是信息安全性的一个重要方面。保密的目的是防止他人破译机密信息。加密是实现信息保密性的一个重要手段。所谓加密,就是使用数学方法来重新组织数据,使得除了合法的接收者外,其他任何人都不能恢复原来的"消息"或读懂变化后的"消息"。有关信息加密和解密的相关内容在本章第4节有详细讲述,此处不再赘述。

2.3.3 网络金融安全协议

目前,安全套接层(SSL)协议和安全电子交易(SET)协议应用广泛,是电子金融活动的两种主要安全标准。

1. 安全套接层协议

安全套接层协议处于应用程序和网络层之间,为网络上应用程序之间的数据传输提供安全保护。它由握手子协议和记录子协议组成。握手子协议主要负责确定通信双方数据传输时采用的加密方式和所用密钥;记录子协议则根据上述协商结果实施传输数据的加密和解密。

1) SSL 协议主要提供的服务

用户和服务器的合法认证性。认证用户和服务器的合法性,使得它们能够确信数据将被发送到正确的客户机和服务器上。

加密被传输的数据。安全套接层所采用的加密技术既有对称密钥加密技术也有非对称密钥加密技术。在客户机与服务器开始数据交换之前,要先交换握手信息。在 SSL 握手信息中采用各种加密技术,并用数字证书进行鉴别,在保证握手信息的安全性的同时防止非法用户对信息的窃取、篡改等行为。

保护数据完整性。安全套接层协议采用散列函数和机密共享的方法来提供信息的完整性服务,建立客户机和服务器之间的安全通道,使所有经过安全套接层协议处理的业务在传输过程中能完整、准确无误地到达目的地。

2) SSL 协议的安全保护步骤

SSL 协议作为保证计算机通信安全的协议,通过以下六个步骤对整个通信过程进行安全保护。

① 接通阶段:客户通过网络向服务商握手,服务商予以应答。

② 密码交换阶段:客户和服务商之间交换双方认可的密钥。

③ 会话密钥阶段:客户和服务商之间产生彼此交互的会话密钥。

④ 检验阶段:检验服务商取得的密钥。

⑤ 客户认证阶段:验证客户的可信度。

⑥ 结束阶段:客户和服务商之间相互交换结束信息。

SSL 协议建立在 TCP 协议之上,它的优势在于与应用层协议无关,应用层协议能透明地建立于 SSL 协议之上。SSL 协议是当前电子商务活动和网络金融活动中应用最为广泛的协议之一。SSL 能被广泛应用的原因有以下两点:

① SSL 的应用范围广大,凡是构建在 TCP/IP 协议上的客户机/服务器模式需要进行通信时,都可以使用 SSL 协议。

② SSL 被大部分的 Web 浏览器和 Web 服务器所内置,比较容易应用。

3) 基于 SSL 的银行卡支付过程

图 2.7 是一个典型的基于 SSL 的电子交易过程。

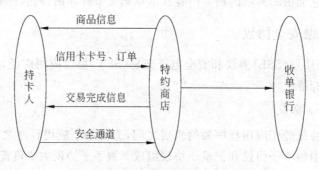

图 2.7 基于 SSL 的电子交易过程

SSL 协议存在的主要问题是此协议有利于商家,但很难保证客户资源的安全性。客户的信息首先传输到商家,商家再传至银行,对客户的认证是必要的,整个过程中缺少了对商家的认证。

2. 安全电子交易协议

1) SET 协议概述

安全电子交易(Security Electronic Transaction,SET)是一种电子支付过程标准,是专为电子支付业务安全所制定的标准,用以保护电子支付卡交易的每一个环节。

SET 协议是一种应用于因特网环境下,以信用卡为基础的安全电子商务支付协议,它给出了一套电子交易的过程规范。通过 SET 这一套完备的安全电子交易协议,可以实现电子商务交易中的加密、认证机制、密钥管理机制等,保证在开放网络上使用信用卡进行在线购物的安全。

SET 协议的重点是保护商户和消费者的身份及行为的认证和不可抵赖性,其理论基础是不可否认机制,采用的核心技术包括 X.509 数字证书标准与报文摘要、数字签名等。

SET 协议使用数字证书对交易各方的合法性进行验证,使用数字签名技术确保数据的完整性和不可否认性。SET 协议还用双重签名技术对 SET 交易过程中消费者的支付信息和订单信息分别签名,使得商户看不到支付信息,只能对用户的订单信息解密,而金融机构看不到交易内容,只能对支付和账户信息解密,从而充分地保证了消费者的账户和订购信息的安全性。

2) 基于 SET 协议的交易流程

SET 协议是一个开放式的工业标准。它支持多个对象在因特网上安全可靠地传送商贸和金融信息。SET 最主要的使用对象在消费者和商店、商店与收单银行之间。

典型的应用 SET 协议的过程,如图 2.8 所示。

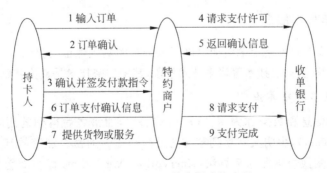

图 2.8 基于 SET 的典型购物流程

① 消费者(持卡人)通过网络选择要购买的物品,并在计算机上输入订单。

② 通过电子商务服务器与有关在线商店(特约商户)联系,对订单的相关信息进行确认。

③ 消费者选择付款方式,确认订单签发付款指令。此时 SET 开始介入,在 SET 中,消费者对订单和付款指令进行数字签名,同时利用双重签名技术保证商家看不到消费者的账号信息。

④ 在线商店接受订单后,向消费者所在银行请求支付许可。
⑤ 电子货币公司批准交易后,返回确认信息给在线商店。
⑥ 在线商店发送订单支付确认信息给消费者。消费者端软件可以记录交易日志,以备查询。
⑦ 商家发送货物给消费者或向消费者提供相应服务。
⑧ 在线商店通知收单银行将钱划归商家账户,或通知发卡银行请求支付。

从第③步开始,SET 协议开始起作用,在处理过程中通信协议、请求信息格式等 SET 都有明确的规定。操作的每一步,消费者、在线商店、支付网关都通过 CA(认证授权机构)来验证通信主体的身份,以确保通信的对方不是冒名顶替者,所以也可以简单地认为 SET 规格充分发挥了认证中心的作用,以维护网上交易活动参与者所提供信息的真实性和保密性。

3) SET 协议的缺点

早在 1997 年,SET 协议就在 VISA、MasterCard、IBM 等业界主流的合作下正式推出 1.0 版本,但其推广却极为缓慢。主要原因在于以下几点:

① 使用 SET 协议比价昂贵,互操作性差,难以实施,因为 SET 协议提供了多层次的安全保障,复杂程度显著增加;
② SSL 协议已被广泛应用;
③ 银行的支付业务不仅仅只有信用卡支付业务,而 SET 协议只适用于卡支付,对其他方式有所限制;
④ SET 协议只支持 B2C 型的电子商务模式,而不支持 B2B 模式。

2.4 密码体系

2.4.1 密码学基本概念

计算机网络安全是网络金融活动得以安全进行的基础保证,为保证其安全性、可靠性,需要采用加密技术、防火墙技术等诸多技术手段,其中加密技术是最为基础的技术手段。

1. 加密算法与解密算法

用于通信的信息和数据称为明文(Plain Text),加密之后得到的用于传输的形式称为密文(Cipher Text),由明文转换到密文的过程则称为加密。加密的基本思想就是发送方使用某种信息变换规则即加密算法(Encryption Algorithm)将明文伪装成外人难以识别的密文。

合法的接收者将所获密文恢复成明文的过程称为解密。解密过程中所用到的信息变换规则称为解密算法(Decryption Algorithm),其过程如图 2.9 所示。

2. 密钥

密钥是一组由数字、字母或特殊符号组成的参数,加密算法和解密算法的操作要在密钥的控制之下运行。加密和解密过程中使用的密钥分别称为加密密钥(Encryption Key)和解密密钥(Decryption Key)。

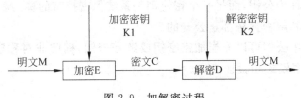

图 2.9　加解密过程

对于相同的加密算法,密钥位数越多,破译难度越大,安全性也就越好。因为密钥位数越多,密码空间(Key Space)越大,即密钥可能的范围也就越大,那么也就更加难以用穷举法之类的蛮力手段进行攻击。

现代加密技术,以密钥作为标准,可将密码系统划分为对称加密密码体系和非对称加密密码体系。

2.4.2　对称加密密码体系

对称加密又称私有密钥加密,在加密和解密的过程中数据的发送方与接收方使用的是同一把密钥。

对称加解密的过程如下:
① 发送方用私有密钥对所传送明文进行加密;
② 加密后,发送方将密文通过网络发送给接收方;
③ 接收方在收到密文后,用双方公用的私有密钥对密文进行解密,得到信息明文。

其过程如图 2.10 所示。

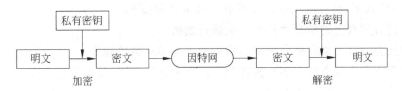

图 2.10　对称加解密过程

对称加密的优点在于对信息进行加密和解密的速度快,效率高。

对称加密的主要缺点有如下两点:

其一,对称密钥加密体系的密钥管理比较困难。在加密和解密的过程中,交易双方必须要使用同一把密钥,为了保证信息的安全性,就必须保证密钥的保密性。一旦密钥泄密,那么信息的保密性也就得不到保证,发送方和接收方就必须使用新的密钥。

其二,对称密钥加密体系的规模难以适应当前互联网的环境。由于交易双方要共用同一把密钥,而交易者往往要同多个贸易伙伴合作,那么交易者就必须维护多把专用密钥,以维持与各个贸易伙伴的贸易关系。这就进一步加大了私有密钥的保管难度。

2.4.3　非对称加密密码体系

非对称加密又称公开密钥加密,在加密和解密的过程中,信息发送方和接收方使用的是不同的密钥,这两个密钥存在一定的相关关系。在非对称密钥加密体系中,密钥对中的一个密钥是公开的称为公钥,而另一个密钥则是系统保密持有的称为私钥,加解密过程中所用到的加密算法和解密算法都是公开的。

在加解密过程中公钥可以充当加密密钥或解密密钥,据此非对称密钥加密体系有两种基本的模式:加密模式和验证模式。

1. 加密模式

在加密模式下,公开密钥加密体系的加解密过程如下:
① 发送方用接收方的公开密钥对明文进行加密;
② 发送方通过网络将明文加密后所得密文传送给接收方;
③ 接收方用自己的私钥对其接收到的密文进行解密,得到信息明文。
其加解密过程如图 2.11 所示。

图 2.11 非对称密钥加解密模式

在这一过程中,只有真正的接收方才能解开密文获取明文,因为与加密所用公钥相对应的私钥只掌握在接收方手中。

2. 验证模式

在验证模式下,公开密钥加密体系的加解密过程如下:
① 发送方用自己的私有密钥对明文进行加密;
② 发送方通过网络将明文加密后所得的密文传送给接收方;
③ 接收方用发送方的公钥对其接收到的密文进行解密,得到信息明文。
其加解密过程如图 2.12 所示。

图 2.12 非对称加解密验证模式

在这个过程中,任何能够成功的解密密文的接收者都可以确定该信息确实来自发送方,因为只有发送方才掌握着与解密公钥相对应的私有密钥,从而可以验证发送者身份的真实性。

3. 加密和验证模式的结合应用

对于非对称密钥加密体系的两种模式而言,如果只是单独使用其中一种模式,那么就必然无法同时兼顾信息的机密性与发送方的身份认证,但在实际应用中又必须同时实现这两个目的。基于此,两种模式往往结合起来使用。

两种模式结合后的使用过程如下:

① 发送方用自己的私钥对明文进行加密,得到一次加密信息;
② 发送方再用接收方的公钥对已加密信息进行二次加密;
③ 加密完成后,通过网络将密文发送给接收方;
④ 接收方用自己的私钥对密文进行第一次解密,得到一次加密信息;
⑤ 接收方用发送方的公钥对一次加密信息解密,进而得到明文。

整个过程如图2.13所示。

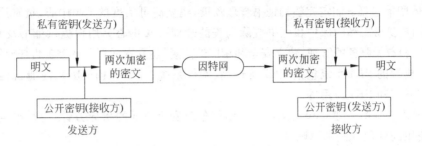

图 2.13 非对称加解密混合应用过程

在整个加解密过程中,发送方使用自己的私钥进行一次加密,以证明己方身份。同时,为了保证只有接收方能获得密文,使用接收方的公钥进行二次加密。接收方在收到密文后,必须先用自己的私钥才能进行解密,从而确保信息的保密性。然后,用发送方的公钥再次解密,从而验证发送方的身份。

2.5 数字证书系统

2.5.1 PKI 技术

1. PKI 简介

PKI(Public Key Infrastructure)是一种遵循标准的利用公钥加密技术为电子商务开展提供一套安全基础平台的技术和规范。用户可利用 PKI 平台提供的服务进行安全通信。

使用基于公钥技术系统的用户建立安全通信信任机制的基础是:网上进行的任何需要安全服务的通信都是建立在公钥的基础之上的,而与公钥成对的私钥只掌握在他们与之通信的另一方。这个信任的基础是通过公钥证书的使用来实现的。公钥证书是一个用户的身份与他所持有的公钥的结合,在结合之前有一个可信任的权威机构 CA 来证实用户的身份,然后由其对该用户身份及对应公钥相结合的证书进行数字签名,以证明其证书的有效性。

PKI 产品也允许一个组织通过证书级别或直接交叉认证等方式来同其他安全域建立信任关系。这些服务和信任关系不能局限于独立的网络之内,而应建立在网络之间和因特网之上,为电子商务和网络通信提供安全保障。具有互操作性的结构化和标准化技术称为PKI核心。

PKI在实际应用上是一套软硬件系统和安全策略的集合,它提供了一整套安全机制,使用户在不知道对方身份或分布得很广的情况下,以证书为基础,通过一系列的信任关系进行通信和电子商务交易。

PKI基础技术包括加密、数字签名、数据完整性机制、数字信封、双重数字签名等。

2. PKI体系结构及功能

PKI系统的建立应该着眼于用户使用证书及相关服务的便利性和用户身份认证的可靠性,具体职能包括:制定完整的证书管理政策,建立高可信度的CA中心,负责用户属性的管理、用户身份隐私的保护和证书废除列表的管理;CA中心为用户提供证书及CRL(证书废除列表)有关服务的管理,建立安全和相应的法规,建立责任划分并完善责任政策。

一个典型的PKI系统包括PKI策略、软硬件系统、证书机构(CA)、注册机构(RA)、证书发布系统和PKI应用等。

① PKI安全策略建立和定义了一个组织信息安全方面的指导方针,同时也定义了密码系统使用的处理方法和原则。

PKI系统包括一个组织怎样处理密钥和有价值的信息,根据风险的级别定义安全控制的级别。一般情况下,在PKI中有两种类型的策略:一是证书策略,用于管理证书的使用;另一个就是证书操作声明CPS(Certificate Practice Statement)。一些由商业证书发放机构(CCA)或者可信的第三方操作的PKI系统需要CPS。这是一个包含如何在实践中增强和支持安全策略的一些操作过程的详细文档。它包括CA是如何建立和运作的,证书是如何发行、接收和废除的,等等。

② CA是PKI的信任基础,它管理公钥的整个生命周期。

CA的作用包括:发放证书,规定证书的有效期,以及通过发布证书废除列表(CRL),确保必要时可以废除证书。后面将会在数字证书部分进行详细介绍。

③ RA提供给用户一个和CA之间的接口,它获取并认证用户的身份,向CA提出证书请求。

CA主要完成手机用户信息和确认用户身份的功能。注册管理一般由一个独立的RA来承担。它接受用户的注册申请,审查用户的申请资格,并决定是否同意CA给其签发数字证书。RA并不给用户签发证书,而只是对用户进行资格审查。因此,RA可以设置在直接面对客户的业务部门。

④ 证书发布系统负责证书的发放。证书发布可以通过用户自己或是通过目录服务。目录服务器可以是一个组织中现存的,也可以是PKI方案中提供的。

⑤ PKI的应用非常广泛。PKI广泛应用在包括在Web服务器和浏览器之间的通信、电子邮件、电子数据交换(EDI)、在因特网上的信用卡交易和虚拟私有网(VPN)等。

2.5.2 数字证书

对公开密钥技术而言,会面临公开密钥的分发问题,即如果把一个用户的公钥以一种安全可靠的方式发给需要的另一方,就要求管理这些公钥的系统必须是值得信赖的。在这样的系统中,如果 A 想要给 B 发送一些加密数据,A 需要知道 B 的公开密钥;如果 B 想要知道 A 发来的文档的数字签名,B 需要知道 A 的公开密钥。所以,必须有一项技术来解决公钥与合法拥有者身份的绑定问题。

数字证书系统通过认证机构对公—私密钥对的持有者发放和管理数字证书。每一个数字证书包含了数字证书主题的一个公钥值和对其所做的无二义性的身份确认信息。其中,数字证书主体是指持有相应私钥的个人、设备或其他实体,而认证机构则用自己的私钥对数字证书进行数字签名。

数字证书是一个经证书授权中心数字签名的包含公开密钥拥有者信息和公开密钥的文件。最简单的证书包含一个公开密钥、名称以及证书授权中心的数字签名。一般情况下,证书还包括密钥的有效时间、发证机关的名称、证书序列号等信息。

1. 证书的申请和撤销

证书的申请有两种方式,一是在线申请,另一个是离线申请。后一种方式主要是用于比较重要的场合,如服务器证书和商家证书等。下面以在线申请为例进行介绍。

证书申请步骤如下:

① 用户申请。按照 CA 认证中心的要求,用户填写相关申请材料并签字确认,然后将能证明个人身份的证件的原件或复印件与申请材料一起发送给注册机构,以提出申请并证明自己的真实身份。

② 注册机构审核。注册机构操作员收到用户的申请材料后,对用户的身份信息进行确认,确认无误后对证书申请信息进行数字签名。

③ CA 发行证书。注册机构(RA)将用户的证书申请与操作员的数字签名传输给 CA,CA 操作员对其进行验证,若验证通过,则同意用户请求,颁发证书。

④ 注册机构证书转发。注册机构(RA)操作员从 CA 处得到新的证书,首先将证书输出到 LDAP 目录服务器以提供目录浏览服务,然后操作员向用户发送一封电子邮件,通知用户证书已发行成功。

⑤ 用户证书获取。用户下载 CA 的证书即根证书,然后在证书的申请过程中使用 SSL 安全方式与服务器建立连接,填写序列号等相关信息即可获得个人证书。图 2.14 是上海市数字证书认证中心根证书下载页面。

CA 认证中心提供多种类型证书的下载,包括个人证书、单位证书及其他证书共三类。每种类别的证书又分别含有不同种类的证书供申请者选择。以个人证书为例,其具体类别有个人身份证书、个人 E-mail 证书、个人代码签名证书及其他 CSP 证书等。图 2.15 为上海市数字证书认证中心的个人证书申请界面。

用户根据自己申请的证书类型进入相应的入口,进入图 2.16 所示的证书申请签发界面,填写 CA 发来的信封序列号、密码等相关信息,确认后即可获得个人证书。此外,用户还可以进行证书查询、证书更新等操作。

证书下载完成后,在 IE 浏览器中依次选择"工具"→"Internet 选项"命令,在弹出的"Internet 选项"对话框中打开"内容"选项卡,在"证书"选项区域单击"证书"按钮,可以查看本地的证书状态及相关内容,并对证书进行导入和导出等操作。图 2.17 为 IE 浏览器的证书管理界面。

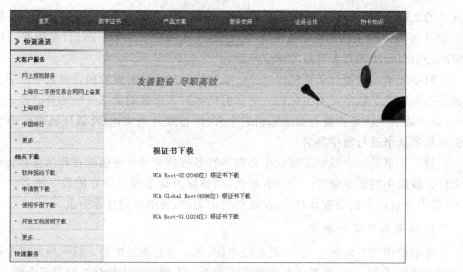

图 2.14　上海市数字证书认证中心根证书下载

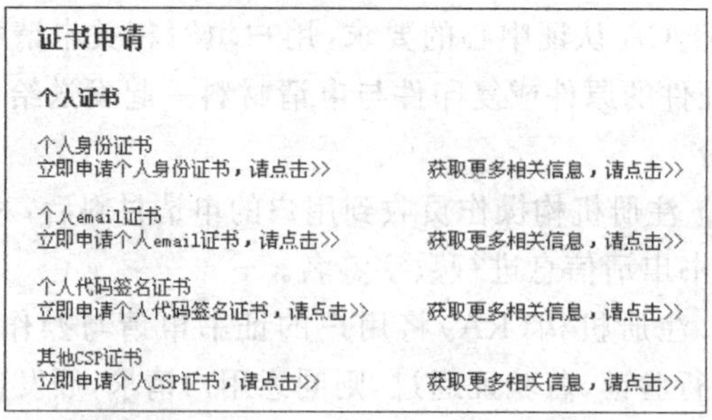

图 2.15　个人证书申请入口

图 2.16　证书申请签发

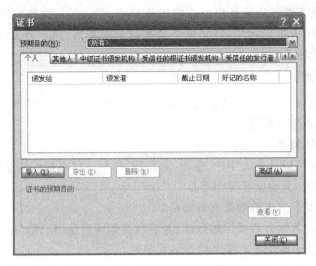

图 2.17　IE 浏览器证书管理

图 2.18 是一典型的数字证书。用户在获得数字证书后可以查看证书的常规信息、详细信息及证书路径等内容,并可以进行安装证书等操作。

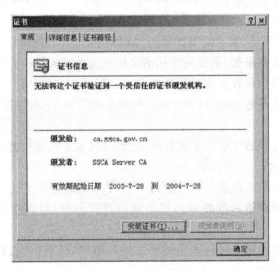

图 2.18　数字证书

证书撤销步骤如下:
① 用户向注册机构操作员发送带有个人签名加密的邮件,声明自己愿意撤销证书。
② 注册机构同意证书撤销,操作员对请求进行数字签名。
③ CA 查询证书撤销请求列表,验证操作员的数字签名,验证通过,则同意证书撤销。
④ 注册机构转发证书撤销列表。注册机构操作员将 CRL 以多种不同方式公诸于众,以供用户查询。
⑤ 用户浏览安全服务器,下载或浏览 CRL。

在一个 PKI,特别是 CA 中,信息的存储是一个非常核心的问题,它包括两个方面:

一个 CA 服务器利用数据库来备份当前密钥和归档过期密钥,该数据库需要高度安全和机密,安全等级和 CA 本身相同;另外一个就是目录服务器,用于分发证书和 CRL,一般采用 LDAP 目录服务器。

2. 证书的使用

在实际使用过程中,为了验证信息的数字签名,用户首先必须获取信息发送者的公钥证书,以及一些额外需要的证书。

1)数字证书的验收

证书的持有者可以是个人用户、企业、商家等,任何一方在使用证书验证数据时,都遵循同样的验证流程。其验证步骤如下:

① 将客户端发送过来的数据进行解密;
② 将解密后的数据分解成原始数据、签名数据和客户证书三部分;
③ 用 CA 根证书验证客户证书的签名完整性;
④ 检查客户证书是否有效,即当前时间是否在证书的有效期内;
⑤ 检查客户证书是否作废;
⑥ 验证客户证书结构中的证书用途;
⑦ 客户证书验证原始数据的签名完整性。

2)数字证书的使用

结合不同的加密算法,数字证书的使用过程如下:

① 发送方利用散列函数,把要发送的信息散列成数字摘要;
② 发送方用自己的私有密钥对数字摘要加密形成数字签名;
③ 发送方把数字签名和自己的数字证书附在原信息上,利用对称密钥进行加密,形成加密信息;
④ 发送方用接收方数字证书中的公开密钥,对发送方对称加密中所用的对称密钥进行加密,装入数字信封;
⑤ 发送方把加密后的信息与数字信封一起通过网络发送出去;
⑥ 接收方用私有密钥对接收到的数字信封进行解密,得到发送方用于加密的对称密钥;
⑦ 接收方用解密得到的对称密钥对密文进行解密,得到信息、数字签名和发送方的数字证书;
⑧ 接收方用得到的发送方数字证书中的公开密钥对数字签名进行解密,得到数字摘要;
⑨ 接收方用相同的散列函数,把解密得到的信息散列成数字摘要;
⑩ 对比两个数字摘要,若结果一致,则说明信息未被篡改。

2.5.3 数字签名

数字签名应用数字摘要和公开密钥加密技术,是现有加密算法的综合应用。一套数字签名通常定义两种互补的运算,一个用于签名,另一个用于验证。数字签名具有不可抵赖性,是在网络系统虚拟环境中确认身份的重要技术。具有保证信息传输的完整性、发送者的身份认证、防止交易中的抵赖发生的作用。

数字签名(Digital Signature)技术是不对称加密算法的典型应用。数据发送方使用自己的私钥对数据校验或其他与数据内容有关的变量进行加密处理,完成签名过程。数据接收方使用发送方的公钥对收到的签名进行解读,验证数据完整性,从而确认签名的合法性。数字签名是加密的过程,数字签名验证是解密的过程。

2.5.4 认证中心

电子商务认证授权机构(Certificate Authority,CA),又称电子商务认证中心,是负责发放和管理数字证书的权威机构,并作为电子商务交易中受信任的第三方,承担公钥体系中公钥的合法性检验的责任。

CA 是证书的签发机构,它是 PKI 的核心。CA 是负责签发证书、认证证书、管理已颁发证书的机关。它要制定政策和具体步骤来验证、识别用户身份,并对用户证书进行签名,以确保证书持有者的身份和公钥的拥有权。

证书的内容包括:电子签证机关的信息、公钥用户信息、公钥、权威机构的签字和有效期,等等。目前,证书的格式和验证方法普遍遵循 X.509 国际标准。

在线交易中可使用数字证书验证对方身份。用数字证书加密信息,可以确保只有接收者才能解密、阅读原文,确保信息在传递过程中的保密性和完整性。有了数字证书网上安全才得以实现,电子邮件、在线交易和信用卡购物的安全才能得到保证。

CA 作为具有权威的、可信赖的、公正的第三方机构,承担网上安全电子交易认证服务,是能签发数字证书,并能确认用户身份的服务机构。其主要任务是受理数字证书的申请、签发及对数字证书进行管理。认证中心依据认证操作规则 CPS(Certification Practice Statement)来实施服务操作。

小 结

网络金融活动是建立在开放的因特网基础之上的,网络金融的安全问题至关重要。

网络金融活动的参与者即用户,可分为个人用户和企业用户两类,个人用户可以在网上参与网络银行业务、网络证券业务、网络保险业务等金融活动,企业用户可以参与网络银行业务、网络保险业务等金融活动。

加密技术是保证网络金融活动安全的主要手段,由对称密钥加密体系和非对称密钥加密体系构成。对称密钥加密体系有密钥管理比较困难和难以适应当前互联网的环境两大弊端;非对称密钥加密体系有加密和验证两种模式,在当前网络金融活动中应用广泛。

网络金融风险是从事网络金融活动不得不面对的,网络金融风险可以分为一般风险和新风险两类,一般风险包括信用风险、利率风险、流动性风险、市场风险等;新风险包括系统性风险和业务风险,前者包括技术风险和管理风险,后者包括操作风险、市场选择风险、信誉风险和法律风险。其产生原因可以归纳为网络金融机构自身、客户、计算机网络系统和法律法规不够健全等几方面。在当前情况下,网络金融风险的特征主要表现为网络金融风险扩散速度加快;网络金融风险监管难度提高;网络金融风险"交叉传染"的可能性增加;金融危机的突发性和破坏性加大;引起网络金融风险的因素扩大。

网络金融安全是与计算机及其网络的安全性密切相关的。网络金融面临的安全威胁主要包括内部网(Intranet)的威胁、因特网的威胁、黑客攻击和网络病毒。为保证网络金融活动的安全性,多种网络安全技术被应用其中,如防火墙技术、入侵检测技术等。目前网络金融活动的两种主要安全标准包括安全套接层协议(SSL)和安全电子交易协议(SET)应用广泛。

数字证书系统是对网络金融活动安全性的又一重保证。PKI技术是一种遵循标准的利用公钥加密技术为电子商务开展提供一套安全基础平台的技术和规范。PKI系统的建立着眼于用户使用证书及相关服务的便利性和用户身份认证的可靠性,具体职能包括:制定完整的证书管理政策,建立高可信度的CA中心,负责用户属性的管理等。数字证书是一个经证书授权中心数字签名的包含公开密钥拥有者信息和公开密钥的文件。数字证书是从事网络金融活动的单位或个人不可或缺的。网上交易信任环境的中心是认证中心系统CA,它构建于PKI的架构之上,对每个最终实体进行定义。

思考题

1. 阐述网络金融用户的分类、主要参与的活动及其面临的问题。
2. 比较对称密钥加密体系和非对称密钥加密体系,分别阐述其优缺点。
3. 简要叙述网络金融风险的主要种类、形成原因及基本特征。
4. 进行网上调查,描述基于SSL协议的购物流程具体包括哪些?
5. 一个完整的数字证书验证步骤有哪些?
6. 简要阐述典型的PKI系统构成及各自作用。

参考文献

[1] 李改成. 金融信息安全工程[M]. 北京:机械工业出版社,2010.
[2] 彭辉,吴拥政,张爱莉,等. 网络金融理论与实践[M]. 西安:西安交通大学出版社,2008.
[3] 欧阳勇,等. 网络金融:理论分析与实践探索[M]. 成都:西南财经大学出版社,2006.
[4] 张卓其. 电子金融[M]. 北京:高等教育出版社,2005.
[5] 曾志耕,等. 网络金融风险及监管[M]. 成都:西南财经大学出版社,2006.
[6] 胡玫艳. 网络金融学[M]. 北京:对外经济贸易大学出版社,2008.
[7] 战松. 网络金融实务[M]. 成都:西南财经大学出版社,2006.

第 3 章 电子支付

3.1 网上支付工具

1. 网上支付的概念

根据中国人民银行 2005 年发布的《电子支付指引(第一号)》中的定义,电子支付是指单位、个人通过电子终端,直接或间接地向银行业金融机构发出支付指令,实现货币支付与资金转移。电子支付的业务类型按电子支付指令发起方式可分为网上支付、电话支付、移动支付、销售点终端交易、自动柜员机交易和其他电子支付。

网上支付是电子支付的一种,是指人们通过互联网完成支付的行为和过程,通常需要银行作为中介。在典型的电子支付模式中,银行建立支付网关和电子支付系统,为客户提供电子支付服务。在传统的支付系统中,银行是系统的参与者,客户很少主动地参与到系统中;而对于电子支付系统来说,客户成为系统的主动参与者,这从根本上改变了支付系统的结构。

艾瑞咨询《2008—2009 年中国网上支付行业发展报告》中对网上支付的定义为:指通过互联网实行的用户和商户、商户和商户之间在线货币支付、资金清算、查询统计的过程。广义的网上支付包括直接使用网络银行进行的支付和通过第三方支付平台间接使用网络银行进行的支付,狭义的网上支付仅包括通过第三方支付平台实现的支付。

根据网上支付的含义和不同方面对网上支付的定义,网上支付可以定义为:以互联网为基础,利用银行所支持的某种数字金融工具,发生在购买者和销售者之间的金融交换,而实现从买者到金融机构、商家之间的在线货币支付、现金流转、资金清算、查询统计等过程,由此为电子商务服务和其他服务提供金融支持。

从网上支付的定义可以看出网上支付具有以下四个特点:第一,网上支付是以互联网为基础,以计算机技术作为支撑,处理的是存储、支付和流通的数据;第二,由于网上支付采用先进的数字技术,因此对运行环境软硬件的要求较高;第三,网上支付的使用不受时间、地点的限制,相对传统支付简便、迅捷;第四,由于网上支付的特性,产生差别于传统支付的风险,如技术故障引起的风险、个人信息安全的风险等。

2. 网上支付工具简介

根据中国人民银行网站上对于电子支付工具的定义,广义的电子支付工具包括卡基支付工具、网上支付和移动支付(手机支付)等。随着电子银行的兴起和微电子技术的发展,电子支付技术日趋成熟,电子支付工具品种不断丰富。电子支付工具从其基本形态上看是电子数据,它以金融电子化网络为基础,通过计算机网络系统以传输电子信息的方式实现支付功能,利用电子支付工具可以方便地实现现金存取、汇兑、直接消费和贷款等功能。

随着支付手段的电子化,支付工具也逐渐电子化,出现了电子货币。网上支付工具是进行网上支付与结算的载体,是实现网上支付的必要条件。常见的网上支付工具包括银行卡、数字现金、电子支票等,随着移动支付的发展,手机支付也加入到电子支付的行列中,并被越来越多的用户所使用。

根据CNNIC(中国互联网信息中心)的《2009年中国网络购物调查研究报告》中的数据,网络购物的支付方式中电子支付占比为71.3%,其中第三方支付占有主要地位,其次是网络银行支付,手机支付已初露头角。

根据表3.1所示,支付宝所占的所有支付方式比重最高,为76.2%,网上开户银行直接支付为32.5%,信用卡支付为11.6%,手机支付也占有1.8%的份额。

表3.1 网购电子支付方式

支付方式	网购电子支付各种类比例/%
支付宝	76.2
网上开户银行直接支付	32.5
信用卡支付	11.6
财付通	5.8
手机支付	1.8
安付通	1.3
贝宝	0.8
云网支付	0.6
环迅支付	0.1

数据来源:2009年中国网络购物调查研究报告

网上支付工具可以大致分为三类,分别为银行卡类、数字现金类、电子支票类。从支付的方式看,可以分为直接支付和间接支付。直接支付是指直接使用网络银行进行的支付,不经过第三方支付平台;间接支付是指通过第三方支付平台间接使用网络银行进行的支付。

3.2 网上支付系统

3.2.1 网上支付系统概述

1. 网上支付系统的特点

随着计算机技术的发展,银行处理业务的流程逐渐数字化,互联网的普及使得人们的消费行为发生变化,网络购物、缴费等发展迅速,因此电子支付也随之迅速发展,成为人们生活中的重要组成部分。

网上支付是通过互联网进行支付活动,其参与方之间互不可见,因此网上支付系统与传统的支付系统不同,相对于传统的支付方式,网上支付具有自己的特点。

第一,网上支付是以互联网为基础,是在一个开放的系统平台上进行操作,因此面临的风险多于传统的支付方式。为了规避可能遇到的风险,对于网上支付系统的软、硬件设施的要求就相对较高。

第二,网上支付是以现金的信息技术来完成信息传输,各种支付手段都是通过数字化的形式进行,对于支付的安全要求较高,因此网上支付系统需要对相应的支付数据进行加、解密,需要相关协议的支持。

第三,网上支付不受时间和空间的限制,具有方便、快捷、费用低等特征,用户在一台PC上,便可以选购自己需要的商品,在网络上进行简单的操作就可以完成支付,支付费用也仅相当于传统支付费用的几十分之一至几百分之一,这是网上支付优于传统支付方式的一个体现。

2. 一般网上支付系统的构成

网上支付系统包括进行网上支付的所有活动参与主体、相应的支付方式、配套的支付协议等,是一个综合的体系。网上支付的主要参与主体包括消费者、商户、银行(消费者的开户行、商户的收单行)和CA认证中心四大部分,如图3.1所示。

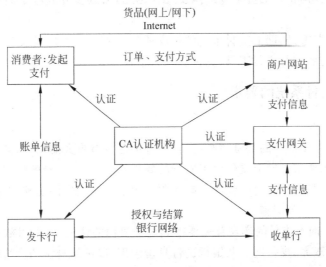

图 3.1 网上支付系统的构成

① 消费者:是指通过浏览网页进行网上购物/交费的一方,是资金的支出方,货物的收取方。消费者用自己已拥有的支付工具(如信用卡、电子钱包等)来发起支付,是支付体系运作的原因和起点。

② 商户:货物的提供方,资金的收取方。根据客户发起的支付指令向金融体系请求获取货币给付,商户一般准备了优良的服务器来处理这一过程,包括认证及不同支付工具的处理。

③ 客户(消费者)的开户行:指客户在其中拥有账户的银行,客户所拥有的支付工具就是由开户行提供的,客户开户行在提供支付工具时也同时提供了一种银行信用,即保证支付工具的兑付。在卡基支付体系中(如SET),客户开户行又称发卡行。

④ 商户开户行：商户在其中开设账户的银行，其账户是整个支付过程中资金流向的地方，商户将客户的支付指令提交给其开户行后，就由开户行给出支付授权的请求以实现银行间的清算等工作。商户的开户行是依据商户提供的合法账单来工作的，因此又称收单行。

⑤ 认证机构：为参与的各方(包括客户、商户、银行与支付网关)发放数字证书，以确认各方的身份，保证网上支付的安全性，认证机构必须确认参与者的资信状况，以建立保证交易安全进行的信用体系。

⑥ 支付网关是共用网和金融专用网之间的接口，支付信息必须通过支付网关才能进入银行支付系统，进而完成支付的授权和获取。支付网关的建设关系着支付结算的安全及银行自身的安全，关系着电子支付结算的安排及金融系统的风险，必须十分谨慎。因为电子商务交易中同时传输了两种信息：交易信息和支付信息，所以必须保证这两种信息在传输过程中不能被无关的第三者阅读，支付网关对交易信息严格保密。

⑦ 金融专用网则是银行内部及银行之间进行通信的网络，具有较高的安全性，包括中国国家现代化支付系统(CNAPS)、人民银行电子联行系统、商业银行电子汇兑系统、银行卡授权系统。我国银行的金融专用网发展很迅速，为逐步开展电子商务提供了必要的条件。

除以上参与各方外，网上支付系统的构成还包括支付中使用的支付工具及遵循的支付协议，它是参与各方与支付工具、支付协议的结合。

3.2.2 网上支付系统的要求

1. 安全性要求

网上支付是电子商务的基础核心，支付系统的建设有重大的意义，同时也必须满足安全、可靠及便捷的要求。网上支付对于安全的要求较高，进行交易的账户信息需要得到保障，支付安全一直是网上支付面临的主要问题。为了尽量确保网上支付的安全性，网上支付系统具有相应的保障措施。

① 认证性。网上支付的实现首先要得到认证机构的认证，即采用数字签名和数字证书的方式对交易双方、支付网关及银行进行身份识别，以确认身份的合法性。

② 加密性。对于在网络间传输的商品信息和支付信息，采用单钥体制或双钥体制进行加密，从而加强数据传输的保密性。

③ 信息完整性。保证信息完整性需要防止数据的丢失、重复及保证传送秩序的一致。数据的完整性被破坏可能导致贸易双方信息的差异，将影响贸易各方的交易顺利完成，甚至造成纠纷。对交易数据进行保护，使其不受非法嵌入、删除、篡改，将完整的交易信息发送到接收者，是对网上支付系统的安全性要求之一。

④ 不可否认性。利用数字摘要技术确认电子支付信息的真伪，保证交易双方对相关交易活动的不可否认性。

⑤ 多变交易处理。在网上交易中涉及消费者、商户、银行等多方，需要利用双重签名技术，使得只有银行能够看到支付信息，只有商户能够看到订单信息，任何一方都不可既看到支付信息又看到订单信息，从而保证交易的安全性。

2. 非安全性要求

人们之所以选择网上支付,除了需要其具有安全性以外,主要看中其方便、快捷的特性,因此,对于网上支付系统的非安全性要求包括以下几点。

① 方便性:电子商务使交易不受时间、空间的限制,进行网上交易无需关注商家的营业时间,随时可以下订单进行采购和支付,网上支付支持多种支付形式,用户可以选择相对最方便的支付方式进行支付。

② 高效性:网上支付系统的处理速度很快,网上支付无需到商家实体店中,只需在网页上点击支付链接,输入相关信息,即可进行支付,支付过程往往只是数秒便可完成,使得网上购物具有高效性。

③ 低成本:网上支付手段往往成本很低或者不产生任何其他费用,用户在享受其方便、快捷的同时也不用付出很高的代价。

④ 操作的简便性:网上支付的操作流程类似,便于用户的学习和使用,支付过程只是点击相应的图标,填写必要的信息,确认后便可完成操作。

⑤ 交易规模一般性:对于个人用户,每笔交易电子支付的金额一般百元到千元,网上支付工具在其交易额度范围内支持任意额度的消费,可以满足用户对一般支付金额的要求。

⑥ 支付金额可拆性:网上支付可以对其交易金额进行账户间直接划拨,省去用户找零的麻烦,因此商品的金额即使拆分到分也可以进行支付,这点对于微支付来说是十分便捷的。

3.2.3 网上支付系统的分类

按照网上支付工具的不同,网上支付系统可以分为银行卡支付系统、数字现金支付系统和电子支票支付系统;按照是否经过第三方支付平台进行支付,可以分为直接支付系统和间接支付系统。

1. 银行卡支付系统

银行卡的网上支付已成为人们网上支付的主要模式之一,根据中国人的消费习惯,目前很多银行的网上支付均支持信用卡和借记卡两种卡的支付。

一般银行卡支付系统的支付流程如图 3.2 所示。

图 3.2 银行卡网上支付一般流程

随着信用卡在中国的发展,一些银行推出兼具借贷功能的借贷合一卡,此种卡使用起来更加方便。借贷合一卡功能均有的信用卡,把信用卡和借记卡的所有功能合二为一,成为一张卡片,相当于信用卡和借记卡两者的功能。有一个消费账户,功能与传统的信用卡相同;同时还有理财的功能,叫做储蓄账户,服务与借记卡的服务是没有区别的。这样,从客户端来讲,一张卡片几乎实现了所有的金融服务。目前中国银行推出了"长城借贷合一卡",光大银行推出了具有消费信贷服务和储蓄理财双重功能的"阳光存贷合一卡"。

2. 数字现金支付系统

数字现金是把现金数值转换成一系列的加密序列数,用以表示现实中各种金额的币值。其存储方式既可以是预付卡形式,也可以是以电子形式的数据文件。

用户要使用数字现金进行支付一般的支付流程包括以下几个步骤(如图3.3所示):

① 客户首先在数字现金发放银行开设数字现金账号,然后在该银行购买数字现金。

② 使用E-cash的终端将一定数量的数字现金取出,存储在硬盘上,同时软件会产生一个随机数,并对此使用私钥进行数字签名。

③ 买方使用数字现金购买商品或服务,确认购买后使用卖家的公钥对数字现金进行加密后传送给卖方。

④ 卖方与买方在数字现金的发放银行间进行清算,清算过程根据是否经过发行数字现金的银行核对,分为两方和三方清算两种情况。为了防止数字现金被重复使用,一般采用三方支付的方式进行。

⑤ 卖方获得付款后,向买方发送订单确认信息。

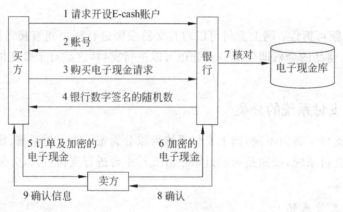

图3.3 数字现金支付过程

3. 电子支票支付系统

电子支票主要通过专用网络系统进行传输,需要配套的专用网络、设备和软件,以及规范化的协议保障。电子支票支付需要用到身份认证、数字签名等技术,收发双方均需要在银行开设账户。电子支票交易的过程可以分以下几个步骤(如图3.4所示):

① 购买电子支票,用户在提供电子支票服务的银行注册,开具电子支票。

② 消费者和商家达成购销协议并选择用电子支票支付。

③ 消费者通过网络向商家发出电子支票,同时向银行发出付款通知单。

④ 商家通过验证中心对消费者提供的电子支票进行验证,验证无误后将电子支票送交银行索付。

⑤ 银行在商家索付时通过验证中心对消费者提供的电子支票进行验证,验证无误后即向商家兑付或转账。

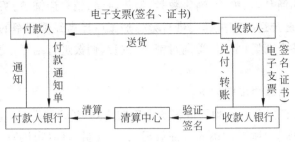

图 3.4　电子支票支付过程

3.3　银行卡支付

3.3.1　银行卡业务的发展

下面以美国银行卡业务为例,介绍银行卡业务的发展历程。

银行卡最早起源于美国,根据银行卡产业发展具有的不同特点,美国银行卡产业的发展可以分为商业信用阶段、银行信用阶段和国际化阶段。

美国银行卡始于20世纪40年代商户发行的"赊账卡"。此时发卡机构不是银行,而是零售百货商店,20世纪20年代至40年代末处于商业信用阶段。20世纪50年代至60年代,银行由于其自身的信贷优势,开始在商户和持卡人之间提供支付清算服务,并发行了具有循环信用功能的信用卡,20世纪50年代至80年代末为银行信用阶段。20世纪90年代,美国借记卡市场快速发展,VISA、万事达通过兼并收购等方式开始向借记卡领域渗透,实现了其银行卡品牌在借记卡市场的延伸。

1990年后,网络技术的飞速发展使得新型个人支付方式应运而生,新型个人支付方式主要指以网络技术等新型电子技术为基础的各种货币价值转移方式,其中在美国使用较广泛的有储值卡、智能卡、借记卡、电子福利卡(联邦政府用于替代食物券以发放福利补贴的专用储值卡)、预授权支付(指由消费者预先授权的通过自动电子清算行对其账户进行借记和贷记操作)、远程支付(包括通过网络银行或电话银行进行的支付以及通过ATM机进行的支付)。

3.3.2　银行卡支付方式

根据中国人民银行2009年11月30日发布的《2009年中国银行卡市场年度研究报告》显示,截至2009年第三季度,我国银行卡人均持卡量为1.56张,经济发达地区银行卡人均持卡量明显高于全国平均水平。北京、上海、天津、广东和浙江位居前五位,人均持卡量分别为6.51张、5.23张、4.93张、3.19张和2.6张,远高于全国1.56张的平均水平。银行卡已成为人们生活中最常用的支付工具之一。银行卡的电子支付一般包括网上支付、销售点终端支付、自动柜员机交易等方式。

1. POS系统

POS(Point of Sales)系统,是指通过自动读取设备(如收银机)在销售商品时直接读取商品销售信息(如商品名、单价、销售数量、销售时间、销售店铺、购买顾客等),并通过通信网络和计算机系统传送至有关部门进行分析加工以提高经营效率的系统。结算方式为每晚结算,自动按整个商场、部门、类别对销售、进货、调拨进行结算,使用起来方便、快捷、高效、准确。

通过 POS 系统结算的步骤如下:
① 特约客户将买方会员的购买或消费金额输入到 POS 终端;
② 读卡器(POS 机)读取磁条的认证数据、买方会员号码(密码);
③ 结算系统将所输入的数据送往中心的监管账户;
④ 数据确认后,由买方会员签字,买卖会员及特约商户各留一份收据存根;
⑤ 确认买方已收到商品或媒体服务后,结算中心划拨易换额度,完成结算过程。

2. ATM 系统

ATM 是 Automatic Teller Machine 的缩写,意为自动柜员机。它是一种高度精密的机电一体化设备,利用磁卡或智能 IC 卡储存用户信息并通过加密键盘(EPP)输入密码,然后通过银行内部网络验证并进行各种交易的金融自助设备。

用户使用银行卡通过 ATM 可以自助进行多种操作,主要包括现金存取款、余额查询、本行或异行转账、修改密码等;有些多功能 ATM 还提供诸如存折打印、对账单打印、支票存款、信封存款、缴费、充值等一系列便捷服务。

3.3.3 银行信用卡支付系统

信用卡系统是一个综合的信息系统,它包括中央处理模块:申请、发卡、收单、清算、催收和欺诈控管;外围处理模块:制卡、打印、邮寄和影像处理等;核心部分是发卡模块。发卡模块就其复杂性而言,也可以看做一个独立的系统。

目前,信用卡支付主要有 4 种类型,包括:无安全措施的信用卡支付、通过第三方代理的信用卡网上支付、基于简单加密的信用卡网上支付、基于 SET 协议的信用卡网上支付。

1. 无安全措施的信用卡支付

无安全措施的信用卡支付是指用户从卖方订货,信用卡信息通过电话、传真等非网上进行传输,但无安全措施,商家与银行之间使用各自现有的授权来检查信用卡的合法性。这种支付方式对买卖双方来说均存在风险,即买方拒付风险、信息泄露风险。

买方拒付风险是指,在这种支付方式下,卖方并未得到买方的签字,如果买方拒付或者否认购买行为,卖方就要承担买方拒付风险;信息泄露风险是指,信用卡信息在线传送的过程中无安全措施,容易在传输过程中被盗取或者卖方获得信用卡信息,买方对此需要承担信息泄露风险。

无安全措施的信用卡支付主要是在 20 世纪 90 年代初期,在电子商务各方面发展初期时出现的。其主要特点是风险由商家负责、安全性较差,持卡人的信用卡隐私信息完全被商家掌握,支付效率较低等。

2. 通过第三方代理的信用卡网上支付

在无安全措施的信用卡支付的情况下,买方承担的风险包括:直接把信用卡信息传送给卖方,或者在多次网上传输的过程中被盗取。为了提高信用卡支付的安全性,需要一个买卖双方都信任的第三方代理,目的是卖方看不到买方的信用卡信息,同时避免信息在网络上的频繁传输。

消费者和商家首先以离线或在线的方式在第三方代理处注册一个账号,消费者提供姓名、信用卡号、电子邮件等信息,第三方给消费者开通一个应用账号,该账号与信用卡账号一一对应,由第三方掌握消费者的信用卡信息。支付过程中,在网络上传输的是第三方提供的应用账号,而卖方收到的也是这个应用账号和商品信息。这样,就避免了信息卡信息在网络上频繁传输以及直接发送给卖方的弊端。此种方式的支付过程如图 3.5 所示。

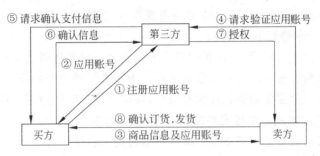

图 3.5　通过第三方代理人的信用卡电子支付

① 买方以在线或离线方式在第三方代理人处注册应用账号;
② 第三方代理生成对应的应用账号,并将此账号告知买方;
③ 买方用应用账号进行在线订货,将订货信息和应用账号传送给卖方;
④ 卖方将买方应用账号和订货信息提供给第三方代理人,要求验证,并请求支付;
⑤ 第三方代理人验证商家和消费者身份后,将交易支付信息告知消费者,请求消费者确认;
⑥ 消费者确认支付信息;
⑦ 第三方代理记下交易信息,给商家发送确认信息;
⑧ 商家收到第三方确认通知后,安排发货。

通过第三方代理人的信用卡支付的优点包括:信用卡信息不在开放的网络上频繁传输,不使用加密技术,消费者与商家无需安装专门的硬件或软件,应用账号保证了买家信用卡信息的安全。这种支付方式也存在一定的缺点:消费者和商家必须在第三方代理处进行注册,消费者的应用账号有被盗的风险。

3. 简单加密的信用卡网上支付

简单加密的信用卡网上支付是在通过第三方代理人的信用卡网上支付的基础上进行的又一改进,这种支付方式仍需要借助第三方来完成,只是在此基础上对信用卡等敏感信息进行加密处理,加密的协议包括 SHTTP、SSL 等。

这种支付方式主要的参与者包括持卡人、商家、第三方机构、发卡行和收单行。具体的电子支付流程如图3.6所示。

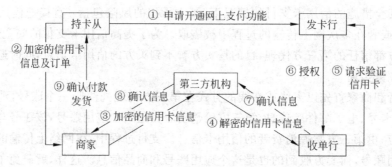

图3.6 简单加密的信用卡电子支付

① 首次使用这种支付方式时,持卡人需到发卡行申请开通信用卡电子支付功能,开通后方可使用信用卡进行电子支付;

② 消费者在网上订货后,将加密的信用卡信息和订单发送给商家;

③ 商家将消费者加密的信用卡信息传递给第三方代理的服务器;

④ 第三方代理的服务器验证商家身份后,将消费者加密的信用卡信息在安全的系统解密,随后通过金融专用通道传递给商家开户行,及收单行;

⑤ 收单行将消费者信用卡信息转发给发卡行请求验证;

⑥ 发卡行验证信息真实后,对收单行进行授权;

⑦ 收单行将确认信息传给第三方服务器;

⑧ 第三方代理通知商家交易完成,并通知消费者交易结果;

⑨ 商家通知消费者发货信息。

简单加密的信用卡网站支付的优点是消费者的信用卡信息在加密后进行传输,确保了支付的安全性。缺点是在支付过程中需要进行加密、授权和验证等步骤,交易成本相对较高。

3.4 第三方支付

3.4.1 第三方支付概述

1. 第三方支付的定义

第三方支付是指具备一定实力和信誉保证的独立机构,采用与各大银行签约的方式,基于互联网提供网上和网下支付渠道,完成从用户到商户的在线货币支付、资金清算、查询统计等系列过程的一种支付交易方式。第三方支付平台就是指提供第三方支付服务的交易支付平台。

第三方支付平台主要面向电子商务企业提供电子商务基础支撑和应用支撑服务,不直接从事具体的电子商务活动。独立于银行和商户来做职能清晰的支付。第三方支付的体系主体有消费者、商户、第三方支付平台、认证机构和银行。

根据艾瑞咨询的统计,图3.7显示了我国自2004年以来第三方网上支付交易规模情况,可见,中国目前的第三方支付市场正处于飞速发展的阶段。

图 3.7 中国第三方网上支付交易额规模

2. 第三方支付的特点

在第三方支付交易流程中,支付模式使商家看不到客户的信用卡信息,同时又避免了信用卡信息在网络上多次公开传输而导致信用卡信息被窃。第三方支付具有显著的特点。

第一,第三方支付平台提供一系列的应用接口程序,将多种银行卡支付方式整合到一个界面上,负责交易结算中与银行的对接。消费者和商家不需要在不同的银行开设不同的账户,可以帮助消费者降低网上购物的成本,帮助商家降低运营成本;同时,还可以帮助银行节省网关开发费用,并为银行带来一定的潜在利润。

第二,较之 SSL、SET 等支付协议,利用第三方支付平台进行支付操作更加简单而易于接受。SSL 是现在应用比较广泛的安全协议,在 SSL 中只需要验证商家的身份。SET 协议是目前发展的基于信用卡支付系统的比较成熟的技术。但在 SET 中,各方的身份都需要通过 CA 进行认证,程序复杂,手续繁多,速度慢且实现成本高。有了第三方支付平台,商家和客户之间的交涉由第三方来完成,使网上交易变得更加简单。

第三,第三方支付平台本身依附于大型的门户网站,且以与其合作的银行的信用作为信用依托,因此第三方支付平台能够较好地突破网上交易中的信用问题,有利于推动电子商务的快速发展。

第四,第三方支付平台能够提供增值服务,帮助商家网站解决实时交易查询和交易系统分析,提供方便及时的退款和停止支付等服务。

3.4.2 第三方支付的分类

第三方支付平台上提供多种支付方式,最常见的支付方式包括网上支付、移动支付、电话支付、线下付款、他人代付等。

第三方电子支付的类型比较多,比较普遍的是通过网上银行支付、网上信用卡支付、第三方支付平台充值后支付等。第三方支付平台一般都支持多家银行支付,消费者可以方便地选择自己习惯使用的银行进行支付。

第三方移动支付是通过手机发出数字化支付指令,实现货币支付的行为,通常包括语音支付和短信支付。随着移动支付业务的发展,一些第三方支付平台提供 WAP 支付和手机客户端支付等方式。移动支付通常不受地点、时间及工具限制,是十分方便的支付方式。

第三方电话支付是指通过固定电话发出语音指令或数字化指令,从而实现货币支付的行为。

线下付款一般包括货到付款、网点支付等。货到付款是指由快递代收费,货先送到,同时客户把钱给送货员,也就是常说的"一手交钱一手交货";网点支付是指到与第三方支付平台合作的营业网点(如便利店、邮局、药店等),用现金或刷卡即可完成网上订单付款或账户充值。

支付手段的多元化是中国第三方支付发展的方向,当前网上支付仍是第三方支付最主要的支付方式;同时,随着移动通信的发展,手机支付也崭露头角;由于中国人的消费习惯,货到付款也始终占有支付的较大份额,当当网、京东商城均支持货到付款功能,为了增加竞争力,支付宝在 2009 年也开通了货到付款功能。

3.4.3 第三方支付平台交易流程

图 3.8 显示了第三方商务支付平台的支付流程,具体步骤如下。

① 消费者浏览商户的网页,选定商品并与商家商定好价格,完成订单信息。
② 消费者把订单需要支付的信息传送到第三方支付平台。
③ 第三方支付平台将消费者的支付信息,按照选择银行的支付网关的技术要求传递到相关银行。CA 认证中心认证后,银行间进行账户的授权,将授权信息传至第三方支付平台和消费者。
④ 第三方支付平台将支付结果通知商家,并授权商家发货。
⑤ 由商家向消费者发货或提供服务。
⑥ 银行按照第三方支付平台清算信息定期或不定期地通过银行进行结算。

3.4.4 第三方支付平台的模式

第三方支付平台的运营模式可以分为两类,一是独立的第三方支付平台,即独立的第三方支付网关模式;二是非独立的第三方支付平台,依托电子商务网站而存在,并且具有担保功能。目前中国国内的第三方支付产品主要有 PayPal、支付宝、财付通、快钱、百付宝、网易宝、环迅支付、汇付天下,其中用户数量最大的是 PayPal 和支付宝。

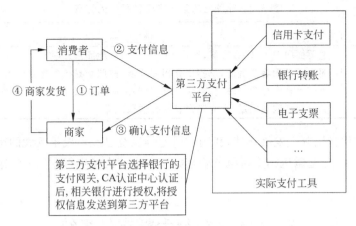

图 3.8 第三方支付平台结算支付流程

1. 独立的第三方支付平台

独立的第三方支付平台是指完全独立于电子商务网站,由第三方投资机构为网上签约商户提供围绕订单和支付等多种增值服务的共享平台。这类平台仅仅提供支付产品和支付系统解决方案,平台前端提供各种支付方法供网上商户和消费者选择,平台后端连着众多的银行,对支付进行支持。国内具有代表性的独立的第三方支付平台包括银联、首信易、环迅 IPS、快钱、Yeepay 等。

由第三方支付平台负责与各银行间的账务进行清算,同时提供商户的订单管理及账户查询功能等增值服务。这类平台的特点如表 3.2 所示。

表 3.2 独立的第三方支付平台的特点

特　点	描　述
客户群体	主要面向 B2B、B2C、C2C 市场,客户为中小型商户或者有结算需求的政企单位
盈利方式	根据客户的不同规模和特点提供不同的产品,收取不同的年服务费和交易手续费
灵活性强	独立网关,灵活性较大
信用风险	没有完善的信用评价体系,抵御信用风险的能力有待加强
增值业务欠缺	独立的第三方支付平台其增值业务尚未开发,容易被同行复制,同时应该将增值业务作为其新盈利模式的发展方向

2. 非独立的第三方支付平台

非独立的第三方支付平台是指网上交易平台独立或者合作开发,同各大银行建立合作关系,凭借其公司的实力和信誉承担买卖双方中间担保的第三方支付平台,利用自身的电子商务平台和中介担保支付平台吸引商家开展经营业务。国内主要的非独立第三方支付平台包括支付宝、贝宝、财付通及云网支付等。

此类平台利用自身的电子商务平台和中介担保支付功能吸引商家开展经营业务,具有如表 3.3 所示的特点。

表 3.3　非独立的第三方支付平台的特点

特点	描　述
客户群体	主要面向 B2C、C2C 市场,客户为个人或中小型商户
个人信用	拥有自己的客户资源,承担中介担保职能,按照交易记录建立个人信用评价体系
盈利模式	目前大多实行免费政策,将来会有店铺费、商品登录费、交易服务费等
资金滞留	交易纠纷取证困难,中介账户有资金滞留问题

第三方支付在国际上发展迅速,我国支付宝等系统已经形成了巨大的市场,为此中国人民银行发出了《非金融机构支付服务管理办法》(中国人民银行令〔2010〕第 2 号)来规范管理(见附录)。

3.5　人民银行大额支付系统

3.5.1　大额支付系统简介

中国现代化支付系统是指中国人民银行按照我国支付清算需要,并利用现代计算机技术和通信网络开发建设的,能够高效、安全处理各银行办理的异地、同城各种支付业务及其资金清算的应用系统,主要由大额支付系统和小额批量支付系统两个业务应用系统组成;建有两级处理中心,即国家处理中心(NPC)和全国省会(首府)及深圳城市处理中心(CCPC)。

我国的大额支付系统借鉴了国外重要银行支付系统建设的先进经验,结合我国当代经济金融的实际发展情况,充分考虑了未来的发展趋势,是中国现代化支付系统(CNAPS)的重要组成部分。大额支付系统实行逐笔实时处理,全额清算资金。处理跨行同城和异地的金额在规定起点以上的大额贷记支付业务和紧急的小额贷记支付业务。建设大额支付系统的目的,就是为了给各银行和广大企业单位以及金融市场提供快速、高效、安全、可靠的支付清算服务,防范支付风险。同时,该系统对中央银行更加灵活、有效地实施货币政策具有重要作用。该系统处理同城和异地、商业银行跨行之间和行内的大额贷记及紧急的小额贷记支付业务,处理人民银行系统的贷记支付业务。

大额实时支付系统是中国人民银行为信用社、商业银行与中国人民银行之间的支付业务提供最终资金清算的系统,为各银行跨行汇兑提供快速、高效、安全的支付清算服务。连接境内办理人民币结算业务的中外资银行业金融机构以及香港、澳门等地区,有 1500 多个直属参与机构,6 万多个间接参与机构,每笔业务实时到账,是社会经济活动资金运行的大动脉。

3.5.2　大额支付系统的发展

在建国初期,最初中国人民银行沿用旧中国银行业的结算方式,随后又采用了苏联的结算模式,1953 年建立了"全国大联行"的三级清算体系,这个体系一直沿用到改革开放初期。改革开放后,确立了中国人民银行在国家支付清算体系中的核心地位,并对清算制度体系和联行清算体系进行了改革。1989 年建立了以卫星通信为传输手段的全国电子联行系统。

1991年开始规划建设中国现代化支付系统(China National Advanced Payment System,CNAPS),1996年7月开始启动建设。2002年10月8日,大额实时支付系统在北京、武汉成功投产试运行,成为中国现代化支付系统建设的重要里程碑。2003年4月,上海等11个城市大额支付系统成功推广上线运行;2003年12月1日,石家庄等19个城市大额支付系统切换上线取得了圆满的成功。至此,大额支付系统已成功推广覆盖到所有省会(首府)城市和深圳市,并与电子联行系统混合运行。香港清算行也于2004年2月接入支付系统办理人民币汇款业务。

大额支付系统为金融市场提供快速、高效的资金清算服务,有效促进金融市场效率的提高。2008年日均处理支付业务80万笔,金额2.4万亿元,全年共处理业务2.14亿笔,金额640.23万亿元,同比分别增长24.42%和20.14%。通过大额支付系统完成银行间债券交易资金清算34.51万笔,金融102.78万亿元;完成同业拆借资金介绍1.3万余笔,金额333.09亿元。

为确保大额支付系统的安全稳定运行,中国人民银行发布了系统运行管理和清算风险管理的一系列制度规定,加大对商业银行流动性情况的监测力度,加强对清算账户头寸的监视和管理,有效防范了支付清算风险。从运行情况看,大额支付系统业务处理正确,资金清算无误,系统运行稳定。

为促进大额支付系统的进一步发展,人民银行改进现代化支付清算服务,创新农村金融机构接入人民银行大额支付系统的模式;继续坚强支付清算系统灾难备份和应急机制,完善对支付清算系统的监督管理等措施。

3.5.3 我国大额实时支付系统的组成

1. 系统参与者

根据《大额支付系统业务处理办法(试行)》的规定,我国大额实时支付系统的参与者分为直接参与者、间接参与者和特许参与者。

直接参与者是指直接与支付系统城市处理中心连接并在中国人民银行开设清算账户的银行机构以及中国人民银行地市级(含)以上中心支行(库)。直接参与者与城市处理中心直接连接,通过城市处理中心处理其支付清算业务。

间接参与者是指未在中国人民银行开设清算账户而委托直接参与者办理资金清算的银行和非银行金融机构以及中国人民银行县(市)支行(库)。间接参与者不与城市处理中心直接连接,其支付业务通过行内系统或其他方式提交为其清算资金的直接参与者,由该直接参与者提交支付系统处理。

特许参与者是指经中国人民银行批准通过大额支付系统办理特定业务的机构。特许参与者拥有的系统与当地城市处理中心连接,通过连接的城市处理中心办理支付业务。

2. 大额支付系统的结构

大额实时支付系统结构包括两级处理中心,分别是国家处理中心及省会(直辖市、首府)城市和深圳市在内的32个城市处理中心。大额支付系统包括4个子系统,即CCPC

（城市处理中心子系统）、ABS（中央银行会计集中核算系统）、TBS（国库会计核算子系统）、MBFE（商业银行前置机处理子系统）。我国的大额支付系统国家处理中心设在北京，并在无锡设有备份处理中心。

CCPC在整个系统中起承上启下的作用，既是小额同城业务的处理中心，又是大额业务和小额异地业务的验证、转发的处理中心，ABS、TBS（TCBS）、MBFE直连CCPC，同时，商业银行可采取一点接入的方式直连CCPC。目前CCPC均保持高效、平稳的运行状态。ABS完成本地中央银行对所辖金融机构资金的核算及资金的及时划拨，TBS完成国家金库系统资金的及时划拨和账务核算，MBFE完成金融机构跨行业务资金及时划拨。

3.5.4 大额实时支付系统的功能

大额实时支付系统拥有以下功能：

- 高效的资金清算功能。大额支付系统采取与直接参与者直接连接的方式，实现了贷记支付业务从付款银行到收款银行全过程的自动化处理，实行逐笔发送，实时清算，一笔支付业务不到1分钟即可到账；与中央债券综合业务系统、中国银联信息处理系统、银行间外汇交易系统等连接，实现了债券交易的券款对付（DVP）、银联卡跨行业务和行间外汇交易业务等的资金清算。

- 全面的流动性管理功能。大额支付系统对直接参与者提供联机头寸查询、日间透支限额、自动质押融资机制、设置清算窗口等系统功能，商业银行可随时查询和预测其头寸的变化情况，并根据需要及时筹措资金，完成支付业务的最终清算。

- 健全的风险防范功能。按照国际清算银行《重要支付系统核心原则》，针对大额支付系统运行可能出现的流动性风险、信用风险、法律风险和运行风险等，制定了一系列防范和处置措施。系统实行全额实时清算资金，不足支付的交易作排队处理，并采取债券质押与资金融通相结合的自动质押融资机制；建成了大额支付系统应急灾难备份系统，建立了运行维护机制。系统禁止隔夜透支，日终仍不足支付的交易，可由中国人民银行提供高额罚息贷款，切实防范支付风险。

- 适度集中的清算账户管理功能。大额支付系统对商业银行的清算账户采取"物理上集中摆放，逻辑上分散管理"的方式，即各商业银行在人民银行当地分支行开设的清算账户物理上在NPC集中存储，日间处理跨行的资金清算；逻辑上由人民银行当地分支行进行管理，日终ABS下载清算账户数据，进行账务平衡。清算账户适度集中管理，既有利于提高支付清算效率，又有利于防范支付风险。

- 灵活的系统管理功能。大额支付系统设置了接入管理功能，可以满足各银行灵活接入系统的需要；设置了业务控制功能，可对不同参与者发起和接收的支付业务进行控制；设置了队列管理功能，参与者可对排队业务进行次序调整；设置了清算账户控制管理功能，人民银行可对严重违规或发生信用风险的直接参与者的清算账户实施部分金额控制、借记控制直至关闭。

3.5.5 大额实时支付系统业务

大额支付系统运行工作日为国家法定工作日,运行时间由中国人民银行统一规定。中国人民银行根据管理需要可以调整运行工作日及运行时间。大额支付系统处理银行发起的大额支付业务、特许参与者发起的即时转账业务、中国人民银行会计营业部门发起的内部转账业务,以及大额支付系统业务处理办法(试行)规定的其他业务。

大额支付系统处理下列支付业务:①规定金额起点以上的跨行贷记支付业务;②规定金额起点以下的紧急跨行贷记支付业务;③商业银行行内需要通过大额支付系统处理的贷记支付业务;④特许参与者发起的即时转账业务;⑤城市商业银行银行汇票资金的移存和兑付资金的汇划业务;⑥中国人民银行会计营业部门、国库部门发起的贷记支付业务及内容转账业务;⑦中国人民银行规定的其他支付清算业务。

经批准与国家处理中心直接连接的特许参与者,根据与直接参与者的约定,可以以第三方的身份直接向国家处理中心发起借记、贷记有关清算账户的即时转账业务。即时转账业务包括:①中国人民银行公开市场操作室发起公开市场操作业务的资金清算和自动质押融资业务;②中央国债登记结算公司发起债券发行缴款、债券兑付和收益款划拨、银行间债券市场资金清算业务;③中国人民银行规定的其他即时转账业务。

中国人民银行会计营业部门对内部账户与所管理的清算账户之间,以及本行所管理的各清算账户之间发生的内部转账业务,将涉及清算账户的借记或贷记信息发送国家处理中心。这些业务包括:①存取款业务;②再贴现资金的处理;③再贷款的发放与收回;④利息收付的处理;⑤其他业务。

3.5.6 大额实时支付系统业务处理规定

1. 支付业务

大额支付系统处理的支付业务,其信息从发起行发起,经发起清算行、发报中心、国家处理中心、收报中心、接收清算行,至接收行止。发起行是向发起清算行提交支付业务的参与者。[①]

- 支付业务发起形式:发起清算行与发报中心、接收清算行与收报中心之间发送和接收支付业务信息,采取联机方式。如出现联机中断或其他特殊情况的,可以采用磁介质方式。
- 支付账户头寸不足的处理:发起行(发起清算行)应及时向大额支付系统发送支付业务信息。国家处理中心收到支付业务信息后,对清算账户头寸足以支付的,立即进行资金清算,并将支付业务信息发送接收清算行(接收行);不足支付的,按资金清算的优先级以及收到时间顺序作排队处理。

---

① 发起清算行是向支付系统提交支付信息并开设清算账户的直接参与者或特许参与者。发起清算行也可作为发起行向支付系统发起支付业务。发报中心是向国家处理中心转发发起清算行支付信息的城市处理中心。国家处理中心是接收、转发支付信息,并进行资金清算处理的机构。收报中心是向接收清算行转发国家处理中心支付信息的城市处理中心。接收清算行是向接收行转发支付信息并开设清算账户的直接参与者。接收行是从接收清算行接收支付信息的参与者。接收清算行也可作为接收行接收支付信息。

- 查询、查复的管理：对有疑问或发生差错的支付业务，应在当日至迟下一个工作日上午发出查询。查复行应在收到查询信息的当日至迟下一个工作日上午予以查复。
- 撤销与退回管理：发起行和特许参与者发起的支付业务需要撤销的，应通过大额支付系统发送撤销请求，国家处理中心未清算资金的，立即办理撤销；已清算资金的，不能撤销。发起行对发起的支付业务需要退回的，应通过大额支付系统发送退回请求，接收行收到发起行的退回请求，未贷记接收人账户的，立即办理退回。接收行已贷记接收人账户的，对发起人的退回申请，应通知发起行由发起人与接收人协商解决；对发起行的退回申请，由发起行与接收行协商解决。

2. **资金清算**

资金清算的方式如下：

- 支付账户头寸不足的排队处理：排队顺序为①错账冲正；②特急大额支付（救灾、战备款项）；③日间透支利息和支付业务收费；④同城票据交换轧差净额清算；⑤紧急大额支付；⑥普通大额支付和即时转账支付。直接参与者根据需要可以对特急、紧急和普通大额支付在相应队列中的先后顺序进行调整。各队列中的支付业务按顺序清算，前一笔业务未清算的，后一笔业务不得清算。
- 弥补清算账户流动性不足：中国人民银行根据协定和管理需要，可以对直接参与者的清算账户设置自动质押融资机制和核定日间透支限额，用于弥补清算账户流动性不足。同一直接参与者在同一营业日只能使用自动质押融资机制或核定的日间透支限额。
- 同城票据交换等轧差净额清算处理程序：①对应贷记清算账户的差额，作贷记处理；②对应借记清算账户的差额，清算账户头寸足以支付的作借记处理，不足支付的作排队处理；③一场同城票据交换轧差净额未全部清算完毕，不影响当日以后各场差额的清算；④清算窗口关闭之前，所有排队等待清算的同城票据交换等轧差净额必须全部清算。
- 清算窗口时间：大额支付系统设置清算窗口时间，用于清算账户头寸不足的直接参与者筹措资金。清算窗口时间内，大额支付系统仅受理电子联行来账业务和用于弥补清算账户头寸的支付业务。
- 清算账户禁止隔夜透支。在清算窗口关闭前的预定时间，国家处理中心退回仍在排队的大额支付和即时转账业务。对直接参与者清算账户资金仍不足的部分，由中国人民银行当地分支行按规定提供高额罚息贷款。
- 清算账户余额查询：中国人民银行总行及其分支行可查询所管辖的直接参与者的清算账户余额，并可通过设定余额警戒线，监视清算账户余额情况。各银行总行及其分支机构可查询本行及所属直接参与者清算账户的余额，并可通过设定余额警戒线，监视清算账户余额情况。行间不能相互查询，同级行之间不能相互查询，下级行不能查询上级行清算账户的有关信息。
- 余额控制和借记控制：中国人民银行总行及其分支行根据防范风险和管理的需要可以对直接参与者和特许参与者清算账户实行余额控制和借记控制。实行清算账户余额控制时,清算账户不足控制金额的,该清算账户不得被借记;超过该控制金额的部分可以被借记。实行清算账户借记控制时,除人民银行发起的错账冲正和同城票据交换等轧差净额外,其他借记该清算账户的支付业务均不能被清算。

3. 日终和年终处理

日终处理时,国家处理中心试算平衡后,将当日有关账务信息下载至相应的中国人民银行分支行会计营业部门和国库部门。中国人民银行会计营业部门和国库部门收到国家处理中心下载的账务信息后,进行试算平衡。试算不平衡的,可向国家处理中心申请下载账务明细信息进行核对。核对不符的,以下载的账务明细信息为准进行调整。各城市处理中心与国家处理中心核对当日处理的业务信息。核对不符的,以国家处理中心的数据为准进行调整。直接参与者与各城市处理中心核对当日处理的业务信息。核对不符的,以城市处理中心的数据为准进行调整。

年终,国家处理中心完成日终处理后,立即将大额支付往来账户余额结转支付清算往来账户,并将支付清算往来账户余额下载相应的中国人民银行分支行会计营业部门和国库部门核对。

3.6 人民银行小额支付系统

3.6.1 小额支付系统简介

小额批量支付系统(Bulk Electronic Payments System,BEPS)基于中国国家现代支付系统(CNAPS)的基础设施,用来处理小额(低于20 000元人民币)的电子支付。人民银行在2006年6月30日投入运行的小额支付系统,是为了解决广大客户跨行小额支付,解决持卡人因为缴费不得不在多家商业银行开立账户的问题。通过这个系统,持卡人只要在任何一家银行开立账户,就可以向在各个银行开户的收费单位缴费、领取工资等,极大地方便了用户的金融活动。

小额批量支付系统在一定时间内对多笔支付业务进行轧差处理,净额清算资金。与大额支付系统共享清算账户清算资金,处理同城、异地的借记支付业务以及金额在规定起点以下的贷记支付业务。建设小额批量支付系统的目的,是为社会提供低成本、大业务量的支付清算服务,支撑各种支付业务的使用,满足社会各种经济活动的需要。该系统处理同城和异地纸凭证截留的商业银行跨行之间的定期借记和定期贷记支付业务,中央银行会计和国库部门办理的借记支付业务,以及每笔金额在规定起点以下的小额贷记支付业务。小额批量支付系统采取批量发送支付指令,轧差净额清算资金。

对直接参与者设置其净借记限额控制信用风险;为各参与者提供对排队业务的灵活多边撮合功能,最大限度地提高支付业务处理的效率,防止流动性风险;采用高可靠性的网络和计算机设备,具备足够的冗余和可选路由,系统软件和应用软件高度可靠,保障系统的稳定运行。

能够支撑各种支付工具的应用。小额支付系统除传统的款项汇划业务外,还能办理财税库横向联网业务,跨行通存通兑业务,支票圈存和截留业务,公用事业收费,工资、养老金和保险金的发放等业务。

系统为对电子支付、电话纳税等服务提供支持,同时为满足法定节假日的支付活动需要,实行的是"全时"服务,即 7×24 小时连续运行。

3.6.2 小额批量支付系统的作用

小额批量支付系统的作用如下:

- 有利于畅通跨行支付清算汇路。除各类传统的借、贷记业务以外,小额支付系统还可处理财税库横向联网、跨行通存通兑、支票圈存和支票截留等业务,支撑各种汇划和托收支付工具的处理,有效畅通跨行资金汇路,适应经济活动和业务发展的需要。
- 有利于提高银行业金融机构的资金使用效率。小额支付系统采取实时轧差、净额清算的处理方式,可以有效节约银行业金融机构的流动性,降低其机会成本,提高资金使用效率。
- 有利于银行业金融机构改进金融服务。小额支付系统实行 7×24 小时连续运行,可以支持跨行电子支付、电话缴费等日常支付活动。银行业金融机构可根据支付活动及业务发展需要,基于小额支付系统这一平台,灵活拓展各类中间业务,有效改进金融服务。
- 有利于满足未来业务发展的需要。小额支付系统在设计上充分考虑多样性和前瞻性,业务功能设计灵活,可根据管理的需要适时启用;系统支持灵活的技术升级功能,确保未来业务量增加时对网络资源扩容或硬件设备的添加而不影响各类支付业务的正常处理。
- 有利于银行业整体资源的优化配置。小额支付系统作为金融基础设施,与各银行业金融机构业务系统连接,通过报文信息交换,将各银行机构的营业网点连接为一个有机的整体,实现银行金融服务资源共享,避免重复投资,有效节约社会资源。
- 小额支付系统也为社会公众的日常支付带来众多便利,如支付电子化,安全又高效的小额支付系统实现了不同银行营业网点之间的互联互通和业务指令的电子化处理,大大缩短资金到账时间;跨行收付更加简便易行,省时、省心;企事业单位可以委托开户银行及时向在不同地区、不同银行开户的员工发放工资和养老金等费用,为社会公众的居家生活带来实实在在的方便;依托小额支付系统,居民个人可在任何银行机构的营业网点针对自己的存款账户办理存取款业务。

3.6.3 我国小额支付系统的组成

1. 系统参与者

小额支付系统的参与者分为直接参与者、间接参与者和特许参与者。

直接参与者是指直接与支付系统城市处理中心连接并在中国人民银行开设清算账户

的银行业金融机构以及中国人民银行地(市)以上中心支行(库)。

间接参与者是指未在中国人民银行开设清算账户而委托直接参与者办理资金清算的银行业金融机构以及中国人民银行县(市)支行(库)。

特许参与者是指经中国人民银行批准通过小额支付系统办理特定支付业务的机构。

小额支付系统的直接参与者、特许参与者与城市处理中心之间发送和接收支付信息，采取联机方式。如出现联机中断或其他特殊情况的，采取磁介质方式。

2．小额批量支付系统的结构

小额批量支付系统在物理上分为三层架构：国家处理中心、城市处理中心和商业银行前置系统。

NPC 作为小额支付系统的最上层节点，负责接收、转发各城市处理中心的支付指令，并对集中开设的清算账户进行资金清算和处理，是整个系统的核心。NPC 设在中国人民银行清算总中心北京主站，分别与各 CCPC 相连。

CCPC 作为支付系统的中间节点，分布在各省省会人民银行，向上连接 NPC、向下挂接 MBFE。中央银行会计集中核算系统(ABS)、国库会计核算系统(TBS)和其他外系统主要负责支付指令的转发和接收。MBFE 分布在各商业银行端，与商业银行行内汇兑系统和综合业务系统连接，和其他外系统作为支付系统参与者发起或接收支付指令。NPC 和 CCPC 提供了标准的接口规范和接口软件，支持相关业务系统的接入。

3.6.4 小额支付系统的业务

1．小额支付系统的业务介绍

根据小额支付系统业务处理办法(试行)的规定，小额支付系统处理下列跨行支付业务：普通贷记业务、定期贷记业务、实时贷记业务、普通借记业务、定期借记业务、实时借记业务、中国人民银行规定的其他支付业务。银行业金融机构行内直接参与者之间的支付业务可以通过小额支付系统办理。

普通贷记支付业务是指付款行向收款行主动发起的付款业务。包括下列业务种类：汇兑、委托收款(划回)、托收承付(划回)、国库贷记汇划业务、网银贷记支付业务；中国人民银行规定的其他普通贷记支付业务。

定期贷记支付业务是指付款行依据当事各方事先签订的协议，定期向指定收款行发起的批量付款业务。包括下列业务种类：代付工资业务，代付保险金、养老金业务，中国人民银行规定的其他定期贷记支付业务。

实时贷记支付业务是指付款行接受付款人委托发起的、将确定款项实时贷记指定收款人账户的业务。包括下列业务种类：个人储蓄通存业务、中国人民银行规定的其他实时贷记支付业务。

普通借记支付业务是指收款行向付款行主动发起的收款业务。包括下列业务种类：中国人民银行机构间的借记业务、国库借记汇划业务、中国人民银行规定的其他普通借记支付业务。

定期借记支付业务是指收款行依据当事各方事先签订的协议，定期向指定付款行发起的批量收款业务。包括下列业务种类：代收水、电、煤气等公用事业费业务，国库批量扣税业务，中国人民银行规定的其他定期借记支付业务。

实时借记支付业务是指收款行接受收款人委托发起的、将确定款项实时借记指定付款人账户的业务。包括下列业务种类：个人储蓄通兑业务、对公通兑业务、国库实时扣税业务、中国人民银行规定的其他实时借记支付业务。

2. 小额支付系统基本业务的处理流程

小额支付系统基本业务分以下两种，其处理过程如下：

- 普通贷记业务处理流程：付款人在其开户银行柜面填制汇划凭证交银行经办人员，经办人员审核无误后，根据汇划凭证处理付款人有关账务，发起小额普通贷记业务，经小额支付系统转发至收款人开户银行，收款人开户银行收到审核确认，将款项入收款人银行账户。
- 普通借记业务处理流程：收款人在其开户银行柜面向经办人员提交相关凭证，经办人员审核后发起小额普通借记业务信息，经小额支付系统转发至付款人开户银行，付款人开户银行审核收到的普通借记业务信息，从付款人银行账户扣款，原路径返回普通借记业务回执至收款人开户银行，收款人开户银行收到审核确认后，将款项入收款人银行账户。

3.6.5　大小额支付系统的对比

大额支付系统与小额支付系统的不同点如下：

- 业务种类不同：大额支付系统包括汇兑、委托收款划回、托收承付划回、中央银行和国库部门办理的资金汇划、承兑汇票查询等。小额支付系统业务种类包括普通贷记业务、定期贷记业务、实时借记业务、普通借记业务，定期借记业务、实时贷记业务、清算组织发起的代收付业务，同城轧差净额清算业务，国库相关业务，通兑业务，支票圈存业务，支票截留业务，信息服务业务等。大额支付系统只处理贷记支付业务；小额支付系统主要面向消费支付（借贷记）。
- 大小额支付系统的金额起点不同：目前，业务金额起点的原则"大额支付系统不设置金额起点，小额支付系统设置金额上限"。小额支付系统的单笔金额上限贷记 20 000 元，实时贷记和借记业务不设限制。
- 大小额支付系统的运行控制机制不同：大额支付系统按照国家法定工作日运行。系统将每一个工作日分为日间业务处理时间、清算窗口时间、日终/年终业务处理时间营业准备时间段。受理业务时间为 8:30～17:00。小额支付系统实行 7 天×24 小时连续不间断运行。每日 16:00 进行日切处理，即前一日 16:00 至当日 16:00 为小额支付系统的一个工作日，小额支付系统资金清算时间为大额支付系统的工作时间。

3.7 电子商业汇票系统

3.7.1 电子商业汇票系统概述

2009年11月2日,中国央行宣布全国首个全国性跨银行电子商业汇票系统成功建成运行,11家全国性银行、2家地方性商业银行、3家农村金融机构和4家财务公司首批接入了电子商业汇票系统。电子商业汇票系统将传统纸质汇票的半年付款期延长至1年,这有助于进一步降低企业短期融资成本,推动解决中小企业融资难问题。

电子商业汇票系统由中国人民银行批准建立,依托网络和计算机技术,接收、登记、转发电子商业汇票数据电文,提供与电子商业汇票货币给付、资金清算行为相关的服务,提供纸质商业汇票登记查询和报价服务。以数据电文代替纸质票据,以电子签名代替实体签章,降低了票据业务的伪造、变造等欺诈风险。

商业汇票是主要的票据品种之一,兼具支付结算和短期融资功能,对满足企业支付需要、拓宽融资渠道、降低财务费用、提高商业银行支付服务水平、强化资产负债管理,以及丰富中央银行货币政策手段都有着非常重要的作用。电子商业汇票则以数据电文形式替代原有纸质实物票据,实现了出票、流转、兑付等票据业务过程的完全电子化,票据安全性和交易效率得到了极大提升。

电子商业汇票将对未来国内票据业务和票据市场产生一定的影响。电子商业汇票系统是继大额实时支付系统、小额批量支付系统、全国支票影像系统、境内外币支付系统之后,央行组织建设运行的又一重要跨行支付清算系统,是中国金融信息化、电子化进程中的重要里程碑,将对中国票据业务发展产生深远影响。

3.7.2 电子商业汇票系统建设运行情况

1. 电子商业汇票系统的建设背景

1) 商业汇票是重要的支付工具,发展迅速

商业汇票是重要的非现金支付工具,也是银企之间、银行之间最常用的短期融资工具,其余额在商业银行的信贷余额中占较大比重。近年来,商业汇票业务呈快速增长态势。2001—2008年,商业汇票年累计承兑量由1.2万亿元增加到7.1万亿元,贴现量由1.4万亿元增加到13.5万亿元,贴现年均增幅远高于同期贷款增幅。2009年上半年,票据融资增加1.7万亿元,占新增贷款的23%;同期,票据融资高达12.8万亿元,相当于股票市场交易量的57.7%,银行间同业拆借市场交易量的162%。

目前,以商业汇票为主要品种的票据市场,作为我国货币市场的重要组成部分之一,在满足企业支付需要、短期融资需要和提高商业银行金融服务水平、调整资产负债结构、增强盈利能力等方面都发挥了积极作用。

2) 商业汇票业务存在问题,制约了票据业务和票据市场的发展

在商业汇票业务快速发展的同时,存在一些不容忽视的问题,制约了票据业务和票据

市场的发展。这些问题主要表现在：一些金融机构违规承兑、贴现银行承兑汇票,导致存款虚增和货币信贷资金过度膨胀,存在一定的风险隐患;个别银行无理拒付已承兑的汇票,妨碍票据的正常流通;假票诈骗问题时有发生,影响票据的流通和银行资金安全;一些票据创新业务缺少相应法律规范,存在一定的法律风险;票据市场分散经营,电子化程度低等。

3）建设电子商业汇票系统是解决问题的重要途径之一

为进一步完善中国现代化支付体系,推动票据业务健康快速的发展,建设电子商业汇票系统、推出电子商业汇票是解决现行票据业务发展中存在的主要问题的重要途径之一。

近年来,不少专家学者对电子票据进行了较为全面深入的研究,形成了一定的研究成果;《电子签名法》的颁布实施,为电子票据发展提供了重要的法律保障;数字签名技术、网络技术、电子支付的发展为电子票据发展提供了技术基础;国内部分金融机构电子票据业务的开展为推广电子票据积累了宝贵的实践经验。

在此基础上,经过充分的调研论证,中国人民银行于2008年1月做出建立电子商业汇票系统、推广电子商业汇票业务的决策。此后,相关业务、技术和工程实施部门的密切协作,各金融机构积极参与,经过1年多的开发建设,电子商业汇票系统顺利建成运行。

2. 电子商业汇票系统的主要功能

电子商业汇票系统是依托网络和计算机技术,接收、登记、存储、转发电子商业汇票数据电文,提供与电子商业汇票货币给付、资金清算行为相关服务,并提供纸质商业汇票登记查询和商业汇票公开报价服务的综合性业务处理平台。该系统支持金融机构的一点或多点接入。企业通过其开户金融机构即可办理电子商业汇票业务。

电子商业汇票系统有三大功能：第一是电子商业汇票业务处理功能,第二是纸质商业汇票登记查询功能,第三是商业汇票转贴现公开报价功能。在系统上线初期,开通了电子商业汇票业务处理和纸质商业汇票登记查询两个功能。为实现电子商业汇票业务的实时处理,首批接入电子商业汇票系统的银行、财务公司也开发了其内部的电子票据系统,并通过与人民银行电子商业汇票系统的直接连接,实现电子商业汇票的签发、承兑、转让等。

3. 电子商业汇票系统的相关制度安排

电子商业汇票系统的建设运行和电子商业汇票业务的开展,必须有坚实的法律制度保障。为此,人民银行同步组织制定并发布了电子商业汇票业务和系统的9个配套制度。这9项制度遵循了《票据法》的基本规定和立法精神,既相对独立又互相联系,构成了一个有机整体。

电子商业汇票系统的配套制度明确了电子商业汇票当事人的权利、义务、业务处理流程和手续,规范了系统的准入、退出、运行维护、监管和危机处置,对纸质商业汇票业务登记查询的业务规则和责任进行了明确。中国人民银行将依法依规对电子商业汇票的系统运营者、系统参与者和业务参与者的相关行为进行检查监督,以确保系统的安全、稳定、高效运行。

3.7.3 电子商业汇票系统建成运行的重大意义和影响

电子商业汇票系统的建成,对降低票据业务风险和成本、促进全国统一的票据市场的形成,丰富支付结算工具、便利中小企业融资、促进经济发展具有重要意义。

① 大大降低乃至消除票据业务的操作风险。

纸质票据的操作风险是目前票据业务经营中非常棘手的难题。操作风险包括以下三个方面:一是书写、签章不规范,各方理解不一而最终导致票据不能如期兑付的风险;二是遗失、损坏和遭偷窃的风险;三是票据被伪造、变造和克隆的风险。电子商业汇票系统建成运行后,通过统一的技术标准和采用可靠的电子签名,完全克服了纸质票据书写、签章不规范、理解各异而带来的纠纷和兑付风险,同时能够较好地避免遗失、损坏和遭偷窃风险,彻底杜绝伪造、变造和克隆票据。

② 降低票据交易成本,提高交易效率,促进全国统一票据市场的形成。

电子商业汇票的出票、承兑、背书、贴现、转贴现、再贴现、质押、保证、追索等全部票据行为均通过电子商业汇票系统完成,而且电子商业汇票系统支持在线交割贴现、转贴现、再贴现和票据结清的票款,相对目前纸质票据交易要多次审验审核、查询照票、长途运转交付、另行付款等而言,不仅大大节省了人力、物力、财力,而且将交易时间由几天缩短至几小时、几分钟甚至几秒,足不出户就能完成票据在全国范围内的交易和流转,使票据交易过程更为灵活、方便、经济、高效。另外,票据交易产品的标准化、票据交易信息的公开透明、票据市场容量的扩大等因素,都将推动统一的全国性票据市场的形成。

③ 强化企业信用,促进商业承兑汇票的发展。

我国商业汇票业务虽然发展较快,但主要是银行承兑汇票发展快,商业承兑汇票的发展远远落后于银行承兑汇票的发展,难以满足经济发展的需要。究其原因,主要是企业信用不足,要靠银行信用来保证。电子商业汇票系统,全面记录企业参与商业汇票的行为,形成企业的支付信用记录,并据一定规则提供相关客户查询。合规使用票据,按时兑付票据的企业,将形成良好的信用记录,其签发、承兑的票据,就会被更多的客户接受。企业就可以凭自身的信用承兑汇票,促进商业承兑汇票的发展,扩大企业融资渠道。

④ 推动短期资金利率市场化,有利于对票据业务进行精确统计,为宏观经济决策提供准确依据。

电子商业汇票将付款期由纸质票据最长6个月延长为最长1年,将对市场利率的形成产生重大影响。其交易运作将大大丰富票据市场3个月至1年期限的交易品种,有利于1年内各档期完全市场化利率的生成,为完善SHIBOR报价体系、形成完整的市场收益率曲线提供重要的交易数据支持。

电子商业汇票系统对所有电子商业汇票集中登记托管,能够实现对商业汇票支付、融资行为的全面、及时、准确的统计,及时反映社会资金流量的流向;能够通过对票据实际融资利率以及票据市场报价的统计监测,及时了解票据市场利率的走向,为利率市场化改革、为宏观经济决策提供重要的参考和依据。

⑤ 拓宽企业融资渠道,有助于缓解中小企业融资的难题。

电子票据的最长付款期延长至1年,企业签发票据时更具灵活性。从成本的角度看,由于贴现利率市场化程度高,通常贴现利率远低于同档期的贷款利率,企业通过票据融资能够有效节约财务费用。尤其是对于广大中小企业而言,票据融资与银行贷款相比,条件比较宽松、手续比较简便、费用比较低廉,吸引力更大。

⑥ 深刻影响金融机构票据业务经营管理的体制。

电子商业汇票系统的建立为金融机构统一管理票据业务提供了基础平台和技术手段。电子商业汇票系统上线运行后,票据的承兑、贴现、转贴现、再贴现、结清等环节的联系更为密切,信息更加透明,各业务品种之间依存度更强,因此,金融机构对企业客户及同业客户的信息共享、集中处理、综合营销显得尤为重要。现行商业银行的总行管理、分支行营销交易的模式将会被总行集中交易、集中运营所替代;电子票据交易中对票据期限、承兑银行灵活选择的特点使其成为各家商业银行的总行资产运作、资金管理的重要工具,金融机构票据业务将向信息集中、资源集中、操作集中、运营集中、更加专业化的经营管理体制转变,有利于金融机构提供更加丰富的票据服务产品,并有可能衍生出更多的电子银行增值服务,有利于提高商业银行规模效益。

3.7.4 电子商业汇票系统和电子商业汇票业务的主要创新

相对于现行纸质票据,电子商业汇票的主要革新有以下几个方面:

① 运用现代科学技术,全面革新商业汇票的操作模式。

电子商业汇票系统的建立,创造性地将最新科技成果运用在票据上,以数据电文取代纸质凭证、以电子签名取代实体签章,全面革新商业汇票业务的运作模式,使票据业务从手工、传统的操作模式转换到利用计算机和网络技术实现其签发、流转和结清的现代化先进的操作模式上。

② 将财务公司定位为票据市场的直接参与者,扩大了票据市场参与主体。

企业集团财务公司是我国金融机构的重要组成部分,在办理集团内部结算、降低集团财务成本、提高集团综合竞争力方面发挥着重要作用。在电子商业汇票系统中,财务公司与银行一样,可以直接接入系统办理业务,并且在电子商业汇票系统的配套制度中,将财务公司承兑的汇票纳入银行承兑汇票进行管理。此举提高了财务公司参与票据市场建设、提供电子商业汇票业务服务的积极性,有利于扩大票据市场交易主体,繁荣、活跃票据市场。

③ 将电子商业汇票的最长付款期限从 6 个月延长至 1 年。

纸质商业汇票的最长付款期限为 6 个月,而电子商业汇票的最长付款期限为 1 年,这对吸引企业选择电子商业汇票作为支付和融资工具、金融机构深度开发票据业务、促进一年期以内各档期票据市场利率的形成、增加票据市场交易的品种等等都具有深远的意义。

④ 明确了贴现、转贴现、再贴现以及赎回的操作方式,大大降低了票据交易风险。

3.7.5 电子商业汇票系统组成结构

1. 系统组成

电子商业汇票系统的总体结构分为电子商业汇票系统的国家处理中心、城市处理中心和 ECDS 直连前置机三层。

ECDS 国家处理中心负责接收 ECDS 城市处理中心发送的往账业务报文,并对电子商业汇票业务报文进行处理,记录业务处理过程及结果,并向 ECDS 城市处理中心发送来账业务报文和往账回应报文。

ECDS 城市处理中心负责接收 ECDS 直连前置机发送的往账业务报文,进行必要的业务检查后转发 ECDS 国家处理中心,负责接收 ECDS 国家处理中心发来的来账业务报文和往账回应报文,并转发给 ECDS 直连前置机。

ECDS 直连前置机负责接收并转发商业银行行内系统发起的业务,并接收 ECDS 城市处理中心发来的来账业务报文和往账回应报文并转交给商业银行行内系统。

行内系统与 ECDS 直连前置机连接,负责将业务参与者提交的有关电子商业汇票业务指令转交给 ECDS 直连前置机,并负责接收 ECDS 直连前置机转送的来账报文和往账回应报文。这里的行内系统泛指直接接入 ECDS 的商业银行行内系统或直接接入 ECDS 的财务公司内部业务系统。

2. 系统运行控制时序

ECDS 应根据公历确定其工作日,允许调整,并须提前三个工作日公布。电子商业汇票系统运行控制时序为营业前准备、日间处理、业务截止、日终处理。

(1) 营业前准备阶段
- 可以发起登录、退出报文、自由格式报文、数字证书行号绑定关系变更申请报文;
- 可以发起每月票据信息汇总核对和每月票据详细信息核对相关报文。

(2) 日间处理阶段
- 向 ECDS 发起和接收 ECDS 发来的所有允许的电子商业汇票业务和管理报文;
- 接收 ECDS 发来的系统状态变更通知(业务截止通知),进入业务截止阶段。

(3) 业务截止阶段
- 不可以向 ECDS 发起任何报文(向 ECDS 登录、退出登录除外);
- 接收退回当日未签收的线上清算类业务相关报文;
- 接收 ECDS 发来的系统状态变更通知,并进入日终处理阶段。

(4) 日终处理阶段
- 不能向 ECDS 发起任何业务报文(对账报文除外);
- 接收 ECDS 发来的日终核对报文;
- 接收 ECDS 发来的系统状态变更通知,并进入下一工作日"营业前准备"状态。

3.《电子商业汇票业务管理办法》介绍

为规范电子商业汇票业务,保障电子商业汇票活动中当事人的合法权益,促进电子商业汇票业务发展,依据《中华人民共和国中国人民银行法》、《中华人民共和国票据法》、《中华人民共和国电子签名法》、《中华人民共和国物权法》、《票据管理实施办法》等有关法律法规,中央人民银行于 2009 年 10 月 16 日发布了《电子商业汇票业务管理办法》。

《电子商业汇票业务管理办法》共 6 章,86 条,对电子商业汇票贴现、转贴现、再贴现的定义及其交易方式进行了明确界定、细化和创新,既对票据交易产品和方式进行了标准化,又具有很大的灵活性和可扩展性。

第一章总则,介绍了制定此管理办法的目的和依据,对电子商业汇票的概念、分类,电子商业汇票系统的概念,电子商业汇票业务的主体分类,及系统运营者来源等做了明确的定义和规定。

第二章基本规定,对电子商业汇票的性质,电子商业汇票的业务活动,及相关人员的责任和义务做出规定。

第三章票据行为,分别对出票,承兑,转让背书,贴现,转贴现和再贴现,质押,保证,付款,追索的定义、交易方式、相关事项记载等做了明确规定。

第四章信息查询,对通过电子商业汇票系统进行的有关电子商业汇票票据信息的查询权限,对票据信息有异议的处理方法等进行了说明。

第五章法律责任,明确了系统参与者在电子商业汇票发生法律纠纷时,以及出现了违反规定的义务或不当行使相关权利、权力的行为,应承担的责任和惩罚。

第六章附则,对《电子商业票据业务管理办法》的生效时间、解释权修改权的归属等问题做了补充说明。

3.8 中国人民银行第二代支付系统

3.8.1 第一代支付系统存在的问题

央行第一代支付系统包括大额支付系统、小额支付系统、支付信息管理系统、支票影像交换系统、境内外币支付系统和电子商业汇票系统等业务子系统。各业务子系统是在不同时期根据不同业务需要建设的,缺乏统筹规划和统一设计,因此各子业务系统之间相对独立,缺乏有机的联系,形成一个个信息孤岛,这对系统的运行维护和业务的拓展带来了不便和局限性。

账务处理和业务处理子系统之间的逻辑关系不够清晰,账务处理子系统(SAPS)和大额业务处理子系统之间耦合度过紧,除共用相同的系统平台外,两系统的进程之间相互调用,许多处理功能相互混杂和重复。

支付系统各业务子系统是在不同时期独立建设运行的,而每建设一个业务系统,参与者就需要建设单独的前置机系统并开发相关接口,这样增加了参与者的建设成本和接口开发的难度,给其运行维护和日常业务处理带来诸多不便。

随着网络银行、电话银行等新兴电子支付业务的发展,人民币跨境结算等新业务需求,第一代支付系统已经不能满足这些业务的需求,因此需要对现有的支付系统进行调整和改进,用于支持越来越多的新兴支付手段的使用。

3.8.2 第二代支付系统介绍

我国金融市场的日益完善,支付方式的不断创新,对支付清算体系提出了更高的要求。2009年12月2日,中国人民银行召开启动第二代支付系统暨中央银行会计核算数据集中系统(Accounting Data Centralized System,ACS)建设的电视会议。积极开展第二代支付系统和ACS系统的建设,从而进一步提高中央银行履职能力提供强有力的基础设施服务,有效满足经济社会的支付需求。

第二代支付系统为银行业金融机构提供灵活的接入方式、清算模式和更加全面的流动性风险管理手段,实现网银互联,支撑新兴电子支付的业务处理和人民币跨境支付结算,实现本外币交易的对等支付(PVP)结算。系统还将具备健全的备份功能和强大的信息管理与数据存储功能,建立高效的运行维护机制,进一步强化安全管理措施,并逐步实现支付报文标准国际化。

ACS 系统将实现中央银行会计数据的高度集中,通过再造业务流程,实现内部管理扁平化,信息数据的网络化传输和共享,支持金融机构提高资金管理水平,为其提供多元化的服务。同时,系统还创建严密的风险防范和安全管理机制,具备健全完善的灾难备份功能。

小 结

网上支付是指以互联网为基础,利用银行所支持的某种数字金融工具,发生在购买者和销售者之间的金融交换,实现从买者到金融机构、商家之间的在线货币支付、现金流转、资金清算、查询统计等过程。目前常用的网上支付工具包括银行卡、数字现金和电子支票等。

网上支付系统包括进行网上支付的所有活动参与主体、相应的支付方式、配套的支付协议等,是一个综合的体系。网上支付系统所涉及的安全技术包括数字签名、数字信封、认证技术等,常用的协议包括 SSL 和 SET 协议。

银行卡的电子支付一般包括网上支付、销售点终端支付、自动柜员机交易等方式,银行信用卡支付系统主要包括无安全措施的信用卡支付、通过第三方代理人的信用卡网上支付、基于简单加密的信用卡网上支付、基于 SET 协议的信用卡网上支付。

第三方支付平台上提供多种支付方式,最常见的支付方式包括网上支付、移动支付、电话支付、线下付款、他人代付等。第三方支付平台的运营模式可以分为两类,即独立的第三方支付平台和非独立的第三方支付平台。

中国现代化支付系统(CNAPS)主要由大额支付系统和小额批量支付系统两个业务应用系统组成。大额支付系统实行逐笔实时处理,全额清算资金。处理跨行同城和异地的金额在规定起点以上的大额贷记支付业务和紧急的小额贷记支付业务。小额批量支付系统在一定时间内对多笔支付业务进行轧差处理,净额清算资金。

电子商业汇票系统由中国人民银行批准建立,依托网络和计算机技术,接收、登记、转发电子商业汇票数据电文,提供与电子商业汇票货币给付、资金清算行为相关的服务,提供纸质商业汇票登记查询和报价服务。

思考题

1. 什么是网上支付?网上支付工具主要有哪些?
2. 网上支付系统的构成是什么?网上支付系统主要涉及哪些安全技术?

3. 银行卡支付包括哪些主要的支付方式?
4. 银行信用卡支付是如何发展的?
5. 第三方支付有哪些代表企业? 各自属于哪种模式?
6. 我国大额支付系统在现代化支付系统中起到什么作用?
7. 我国小额支付系统的主要业务有哪些?
8. 电子商业汇票系统的建成运行具有哪些意义?

参考文献

[1] 中国人民银行网站,www.pbc.gov.cn.
[2] 百度百科,baike.baidu.com.
[3] 台新银行,www.taishinbank.com.
[4] 陈进,崔金红. 电子金融概论[M]. 北京:首都经济贸易大学出版社,2009.
[5] 周宁,等. 网上支付——网商成功之道[M],北京:电子工业出版社,2009.
[6] 孔昭龙. 电子商业汇票系统与直连系统参与者系统互联规范[S]. 中国人民银行清算总中心,2009.
[7] 谈小生. 第二代支付系统技术体系架构研究[J]. 金融电子化,2010,(10):75-77.
[8] 陶玉琼. 电子商务第三方支付存在的问题及对策分析[J]. 北方经济,2009,(9):21-22.
[9] 屠志强. 小额批量支付系统综述[J]. 华南金融电脑,2006,(4):59-62.
[10] 中国互联网络信息中心. 2009年中国网络购物调查研究报告[EB/OL],2009年11月,research.cnnic.cn/html/1245141125d665.html.
[11] 毛从任. 网上支付基础理论之网上支付体系结构[EB/OL]. 2010年3月12日,http://column.iresearch.cn.
[12] 周树基. 中国银行卡发展30年回顾,联合通用之路是方向[EB/OL]. 2008年5月7日,http://www.xincard.com/credit/ba/5089.html.
[13] 程炜. 国内银行信用卡系统述评[EB/OL]. 中国信用卡,2005年4月22日,http://www.fcc.com.cn/2005/4-22/101832.html.
[14] 徐晓风,许青. 央行第二代支付系统或于今年8月上线运行[EB/OL]. 2010年4月6日,http://it.people.com.cn/GB/42891/42894/11297430.html.
[15] 王宇,姚均芳. 电子商业汇票系统运行将对市场产生怎样影响[EB/OL]. 新华网,2009年11月2日,http://news.xinhuanet.com/fortune/2009-11/02/content_12373296.html.
[16] 苏宁. 苏宁副行长在电子商业汇票系统建成运行新闻发布会上的讲话[EB/OL]. 中国人民银行网站,2009年11月2日,http://test.pbc.gov.cn/publish/hanglingdao/48/2009/2009112310-1256252266305/20091123101256252266305_.html.

第 4 章 移动支付

4.1 移动支付概述

4.1.1 移动支付的内涵

根据移动支付论坛(mobile payment forum)的定义,移动支付是指进行交易的双方以一定信用额度或一定金额的存款为了某种货物或者业务通过移动设备从移动支付服务商处兑换得到代表相同金额的数据,以移动终端为媒介,将该数据转移给支付对象,从而清偿消费费用进行商业化交易的支付方式。移动支付所使用的移动终端可以是手机、具备无线功能的 PDA、移动 PC、移动 POS 机等。移动支付实施的基础是金融电子化。这是移动支付的广义上的定义。

移动支付狭义上的定义也称为手机支付,就是允许用户使用其移动终端(通常是手机)对所消费的商品或服务进行账务支付的一种服务方式。

整个移动支付价值链包括移动运营商、支付服务商(比如银行、银联等)、应用提供商(公交、校园、公共事业等)、设备提供商(终端厂商、卡供应商、芯片提供商等)、系统集成商、商家和终端用户。

4.1.2 移动支付的分类

移动支付主要分为基于手机的支付、手机理财、基于 POS 机的支付、数字点卡、在线票务、保险服务等几种方式。

1. 按照交易金额大小的移动支付分类

按照交易金额大小,可以将移动支付分为微支付和宏支付两类。

(1) 微支付

根据移动支付论坛的定义,微支付是指交易额少于 10 美元,通常是指购买移动内容业务,例如游戏、内容下载等。

(2) 宏支付

宏支付是指交易金额较大的支付行为,例如在线购物或者近距离支付(微支付方式同样也包括近距离支付,例如交停车费等)。

二者之间最大的区别就在于安全要求级别不同。对于宏支付方式来说,通过可靠的金融机构进行交易鉴权是非常必要的;而对于微支付来说,使用移动网络本身的 SIM 卡鉴权机制就足够了。

2. 按照获得商品渠道的移动支付分类

按照购买服务或商品类型的不同,即获得商品的渠道不同,移动支付可以分为三种

类型:

(1) 移动服务支付

用户所购买的是基于手机的内容或应用程序(如手机铃声、手机游戏等),应用服务的平台与支付费用的平台相同,即皆为手机,支付金额以小额支付为主。

(2) 移动远程支付

远程支付有两种方式,一是支付渠道与购物渠道分开的方式,如通过有线上网购买商品或者服务,而通过手机来支付费用;二是支付渠道与购物渠道相同,都通过手机,如通过手机来远程购买彩票等。

(3) 移动现场支付

移动现场支付是指在购物现场选购商品或服务,而通过手机或者移动POS机等支付的方式进行支付。如在自动售货机处购买饮料,在报摊上买杂志,付停车费、加油费、过路费等。现场支付分为两种:一种是利用移动终端,通过移动通信网络与银行以及商家进行通信完成交易;另一种是只将手机作为IC卡的承载平台以及与POS机的通信工具来完成交易。

还可以根据无线传输方式的不同分为公众交易和WAN(广域网)交易两种。公众交易是指支付需要通过移动终端,基于GSM/GPRS/CDMA1X等移动通信运营商网络系统;WAN交易则主要是指移动终端在近距离内交换信息,而不通过移动通信运营商网络,例如使用手机上的红外线装置在自动售卖机上购买可乐。

由于传输方式不同,移动支付既可以基于移动通信网络来实现,也可以基于红外线等方式来实现,红外线等方式主要用于短距离的移动支付。目前,我国的移动运营商一般都采用基于移动通信网络的SMS、WAP等技术来实现。近两年,韩国的SK等移动运营商通过与银行、信用卡、零售商店等机构和行业进行合作,相继推出了手机红外移动支付业务,业务发展呈现良好势头。

3. 按照接入方式的移动支付分类

目前,移动支付接入方式主要有5种:第一种是利用短信(STK)方式;第二种是语音方式IVR(Interactive Voice Response,交互式语音应答);第三种是利用USSD方式;第四种是实用WAP协议实现;第五种是利用Web方式实现。目前主要采用的是语音、STK和WWW,其余两种则较少被使用。但是,按照中国移动的计划,USSD方式也是将来移动支付的重要接入方式。

(1) STK

STK是SIM Tool Kit的英文缩写,即"用户识别应用开发工具"。它包括一组指令用于手机与SIM卡的交互,这样可以使SIM卡内运行小应用程序,从而实现增值服务的目的。之所以称小应用程序,是因为受SIM卡的空间的限制,STK卡中的应用程序都不大,而且功能简单易用。市场提供的STK卡主要有16K和32K、64K卡。STK卡与普通SIM卡的区别在于,在STK卡中固化了应用程序,通过软件激活提供给用户一个文字菜单界面,这个文字菜单界面允许用户通过简单的按键操作就可实现信息检索,甚至交易。最新的STK卡还可以重新"烧卡"来进行应用程序的更新。STK卡可以有选择性地和PKI结合使用,是通过在卡内实现的R.S.A算法来进行签名验证。从而使利用手机来从事移动商务活动成为现实。

用户在以 STK 作为接入方式时,需要编辑一条包含特定内容的短信,并发送至某一特别号码。在接到系统提示后,用户需进行短信确认。确认之后,对用户来说支付操作便告完成,系统会短信通知用户支付结果。

(2) USSD 技术

USSD 技术集短信的可视操作界面、GPRS 的实时连接等优点于一身,而且交互速度快,特别适合于实时、告诉、小数据量的交互式业务。显然 USSD 特别适合用于移动支付。

(3) WWW 接入方式

WWW 接入方式以互联网作为选购界面。用户可在互联网上挑选商品,并通过互联网激活手机支付。该方式有利于 SP 开发、提供应用。WWW 接入方式的具体实现包括 KJava 方式和 BREW 方式。

(4) IVR 接入方式

IVR 接入方式需要用户首先拨通接入号码,如 12588,随后按照语音提示进行操作,输入订单号、手机号码、支付密码等信息。

(5) WAP 技术

WAP 技术是无线因特网的标准,由多家大厂商合作开发,它定义了一个分层的、可扩展的体系结构,为无线因特网提供了全面的解决方案。WAP 协议开发的原则之一是要独立于空中接口,所谓独立于空中接口是指 WAP 应用能够运行于各种无线承载网络之上,如 TDMA、CDMA、GSM、GPRS、SMS 等。目前,WAP 方式比较少见。不过,WAP 可提供类似于 WWW 的菜单,用户只需点击相应的菜单就可完成支付操作,使用起来很方便。随着手机价格和 WAP 使用费的下降,WAP 方式有可能受到青睐。

4. 根据业务模式的移动支付分类

从业务种类看,移动支付可以分为手机代缴业务、手机钱包、手机银行和手机信用平台等几类。

(1) 手机代缴业务

手机代缴费的特点是代收费的额度较小且支付时间、额度固定;用户所缴纳的费用在移动通信费用的账单中统一计算,如个人用户的 E-mail 邮箱服务费代收。当前,该种服务在手机支付服务中居首要地位。

(2) 手机钱包业务

手机钱包是综合了支付类业务的各种功能的一项全新服务,它是以银行卡账户为资金支持,手机为交易工具的业务,将用户在银行的账户和用户的手机号码绑定,通过手机短信、IVR、WAP 等多种方式,用户可以对绑定账户进行操作,实现购物消费、转账、账户余额查询,并可以通过短信等方式得到交易结果通知和账户变化通知。

目前还只有中国移动推出了手机钱包业务。具体来说,手机钱包是中国移动和银行系统合作推出的为客户提供移动金融服务的业务。这项业务的主要功能就是通过将用户的手机号码与其他银行信用卡账户进行绑定,使用户可以通过手机就能随时随地地对其银行信用卡账户进行查询,以及转账、缴费、交易等支付性操作。实际上手机钱包并非中国的独创,国外很早就已经开始了这方面的尝试和商业应用。很多欧美国家已经在小型购物、支付交通费用、购买水电费等方面引入了手机钱包的方式,在一些地区手机钱包甚至已经占据了与现金、支票和信用卡同等重要的位置,成为最流行的支付方式之一。

(3) 手机银行业务

所谓手机银行就是通过移动通信网络将客户的手机连接至银行,事先通过手机界面直接完成各种金融理财业务的服务系统。手机银行和手机钱包的主要区别有:

① 手机钱包由移动运营商与银行合资推出,以规避金融政策风险;手机银行由银行联合移动运营商推出,移动运营商为银行提供信息通道,他们之间一般不存在合资关系。

② 申请手机银行需要更换具有特定银行接口信息的 STK 卡,这就容易受到银行的限制,难以进行异地、异行划拨;而手机钱包则不需要更换 STK 卡,受银行的限制也较小。

③ 手机钱包需要建立一个额外的移动支付账户,而手机银行只需要原有的银行卡账号。

④ 手机钱包主要用于支付,特别是小额支付;而手机银行可以看做是银行服务方式的升级,利用手机银行,用户除了可以支付,还可以查询账户余额和股票、外汇信息,完成转账、股票交易、外汇交易和其他银行业务。

(4) 手机信用平台业务

手机信用平台的特点是移动运营商和信用卡发行单位合作,将用户手机中的 SIM 卡等身份认证技术与信用卡身份认证技术结合,实现一卡多用的功能。例如,在某些场合用接触式或非接触式 SIM 代替信用卡,用户提供密码,进行信用消费。现阶段在我国推广手机缴费和手机钱包比较可行,可接受的用户群和使用范围比较广泛,中国移动和中国联通也各自独立(或者联合银行)推出了这两种方式的业务。我国的信用卡业务尚处于普及阶段,手机信用平台的推广市场准备和技术准备都不足。

综上所述,移动支付的分类如表 4.1 所示。

表 4.1 移动支付的分类

分类标准	移 动 支 付 种 类
接入方式	利用短信(STK)方式、语音方式 IVR、USSD 方式、WAP 协议、Web 方式
业务种类	手机代缴业务、手机钱包、手机银行、手机信用平台
支付金额	微支付、宏支付
获得商品渠道	移动服务支付、移动远程支付、移动现场支付

4.2 移动支付行业现状概况

4.2.1 移动支付业务

移动支付业务在中国的推行发展已不是近两年的事情。早在 2002 年,中国移动重庆分公司就推出了国内第一个移动电子商务平台,开始试水移动支付领域。目前,以中国移动推行的"手机钱包"为主导的移动支付虽然已经全线运营,但其业务范围仍然以数字化产品为主,比如软件支付、手机费、"游戏点卡"等,期待移动支付推动人们对消费模式的转变,将应用业务覆盖到实物交易的距离似乎还遥远。

自去年起,中国移动全面加大了手机钱包业务的市场推广力度,中国联通则大力推介其手机银行业务,移动支付业务开始日渐升温。业界人士认为,进入 2005 年,随着国内电子商务整体发展环境的日益改善,移动支付产业合作将日趋深入,移动支付业务的发展步伐将逐步加快。

1. 移动支付业务发展逐步提速

移动支付业务是移动运营商与金融部门合作推出的,通过手机进行理财、缴费或消费的电子交易服务。依托移动支付系统,用户不仅可以通过手机随时随地完成账户银行转账、外汇买卖,还可以轻松交纳话费等各种费用;不仅可以买彩票、投注,还可以购买一些特定的商品。从全球来看,从日韩到欧洲,移动支付业务的商用步伐在不断加快。尤其是在日韩两国,移动支付业务日益走向普及,成为颇具发展潜力的业务增长点。

其实在国内,手机银行、手机钱包等移动支付业务已经推出四五年。早在 2000 年,中国移动就与中国银行、中国工商银行、招商银行等金融部门开展合作,推出了基于 STK 方式的手机银行服务。然而,用户申办手机银行业务需要将原有的 SIM 卡换为 STK 卡,这成为制约手机银行发展的一道门槛。而且,由于市场尚处于萌芽状态,加上合作模式等方面的局限,手机银行业务种类较为单一,用户规模十分有限。

进入 2003 年,移动运营商积极调整发展思路,全面加快了与金融部门的合作步伐,手机银行、手机钱包、手机彩票等移动支付业务的应用步伐逐步提速。在与广东发展银行合作的基础上,2003 年 8 月,中国移动专门和中国银联成立合资公司——联动优势科技公司,进一步推动了移动支付业务的市场拓展进程。目前,中国移动已在北京、天津、黑龙江、山东、湖北等地开通了移动支付业务,并将在上海、广东、四川、吉林、海南等地区推出手机缴费、手机投保、手机投注、手机缴税、手机购买数字点卡、公共事业缴费等多项移动电子商务服务。

近几年来,中国联通也积极开展与金融部门的合作,积极推动移动支付业务的发展。2004 年 12 月,中国联通以中国建设银行"e 路通"电子银行平台为依托,推出了基于 CDMA1X 网络和 BREW 技术的手机银行服务。目前,中国联通手机银行业务能够为用户提供转账、账务查询、汇款、外汇买卖等多项服务,支持在线手机金融交易服务,具有全国开通、全国漫游、24 小时在线、全功能支持等特点,手机成为"随身携带的银行"。

从实现方式来看,中国移动和中国联通推出的手机钱包及手机银行业务都把客户的手机号码与银行卡账号进行绑定,通过手机短信、语音、WAP、KJava、USSD、BREW 等移动通信技术,随时随地为手机用户提供个性化的金融服务。随着用户对移动金融要求的不断变化,手机钱包、手机银行等移动支付业务的功能也将不断扩展和创新。

2. 产业合作正日益走向深入

应当看到,手机钱包、手机银行等移动支付业务的开发是跨行业合作的产物,要推动移动支付业务的发展,必须构建一个由移动运营商、移动支付平台运营商、行业商户、银行、最终用户等环节组成的产业价值链。其中,移动运营商负责提供通信通道,获取移动支付产生的通信费;移动支付运营商负责移动支付的运营管理,获得一定的信息费和交易佣金分成；行业商户提供移动支付的具体服务内容,而移动支付为其提供方便客户的崭新支付手段；银行则是移动支付的资金管理、结算环节。

近几年来,在手机银行、手机钱包等业务的发展进程中,产业各方都日益深刻地认识到,只有打造完善的产业链、构建良好的商业模式,才能推动移动支付业务的持续健康发展。为此,不论是移动运营商、银行还是第三方的移动支付平台提供商,处于移动商务产业价值链的各方都在寻找和调整自己的位置,一个新型的产业价值链正在逐步形成。

从国内外移动支付业务的发展情况来看,以第三方移动支付运营商为主导的格局,在产品创新、对市场需求进行快速反应方面具有一定优势。但我国现有的第三方运营公司普遍规模较小,有的缺乏央行要求的金融结算资质。面对这种状况,中国移动与中国银联成立了合资公司——联动优势科技公司。作为第三方支付平台运营商,联动优势的主要任务是协助银行和运营商进行支付系统软件的开发、支持移动支付平台的运营、拓展行业应用开发并进行有针对性的市场营销策划。如今,在中国移动手机钱包业务的发展进程中,联动优势发挥了十分重要的作用。

实际上,除了联动优势之外,随着手机银行、手机钱包和手机订票等移动支付业务的发展,诸如上海捷银、掌上通、北京通融通及亿美软通等第三方移动支付平台提供商和运营商相继出现,并与各地移动运营企业展开了广泛的合作,使得移动支付业务的应用日趋多元化。业界人士认为,第三方支付平台运营商的出现,将运营商、银行、商户、用户等各利益群体之间错综复杂的关系简单化,将以往"多对多"的关系变为"多对一"的关系,有利于移动支付业务的规模化发展。值得关注的是,近两年来,由于看好移动支付产业合作发展的重要作用,一些风险投资机构加大了对第三方支付平台运营商的投资力度,这对移动支付业务的发展起到积极的推动作用。

4.2.2 移动支付的主要优势

1. 可实现低成本跨越式发展

移动网络比固定线路的建设成本要低,并且在推广时,移动网络的总体成本更低。以麦肯锡咨询公司对南非的调查显示,移动付款网络的建造和运营成本(包含语音回复和短信息服务)比商业网络的电子销售点(可为借记卡和信用卡服务的 POS)更为低廉。这意味着可以跨过中间过渡技术而直接从单证付款系统进入到移动付款系统,从而大大节省有线 POS 系统或自动柜员机网络的建设投资。我国在现有有线 POS 网络尚未完全普及和网络通畅率不能完全保障的情况下,发展移动支付对银行卡支付产业更有现实意义。

2. 可提高银行卡支付的安全性、信息的私密性和内容的丰富性

据国外市场调查显示,制约电子商务发展的障碍主要有交易的安全性、信息的私密性、内容的丰富性等,分别占总制约因素的 27%、20%、12%。金融业与电信业联合开拓银行卡支付市场,使用 IC 卡替换磁条卡并借助现代信息技术能够很好地解决上述问题,从而促进银行卡支付市场的快速发展。

(1) 交易的安全性

首先,作为移动银行的支付媒介,IC 卡比磁条卡具有较高的安全保障；其次,通过第三方颁发的数字证书(CFCA)、数字签名以及各种加密机制,移动支付的用户可以实现安全信息数据的交换;再次,作为移动支付系统的参与方,金融业与电信业都具有高性能、高容错率、高安全系数的处理主机,能够保证银行卡支付的安全畅通。通过银行卡号与手机卡号的一一对应,将银行卡和手机进行技术关联,用户在装有普通 SIM 卡的手机上即可使用安全的移动支付功能。

(2) 信息的私密性

应用 PKI 公共密钥体系的特定程序、交易明文和交易密文通过对称密钥和非对称密钥分别加密、解密,保证了交易信息的私密性。一方面,用对称密钥方式,通过哈希值(Hash)的运算与核对,提高双方交易信息的准确性和保密性;另一方面,用非对称密钥方式,通过公开密钥加密信息,保证了只有特定的收件人才能读取,因此收件人只有通过使用相应的私人密钥才能完成对此信息的解密,提高了交易信息的安全性。

(3) 内容的丰富性

随着特许经营店、大型超市和各种商业机构的日趋繁荣,支付市场的潜力正逐渐被重视。在不久的将来,手机用户将拥有可随身携带的支付终端,银行卡可以延伸到每个手机用户身边,进行贴身服务。手机也不再是简单的通信工具,用户可以在任何时间、任何地点用手机办理消费、缴费和转账等业务。持卡人还可利用手机完成银行卡余额查询、手机话费代交、商户消费、电子支付等各种业务,大大开拓了应用领域和服务内容。

当然,在未实现移动支付规模效益之前,由于受国内移动通信网络的资费标准所限,在一定程度上暂时会影响用户使用的积极性;此外,客户对新业务的接受也还需要一定的培育阶段,亦需多方面进行引导。

4.2.3 移动支付运营特点简析

2006 年中国移动支付市场交易额将达到 6.4 亿元,比 2005 年增长 75%。预计到 2010 年交易额将突破 60 亿元。自 2004 年下半年,我国移动支付产业快速发展,该业务的应用领域越来越广。至 2006 年 1 月,我国手机用户超过 4 亿户,银行卡发行总量超过 8 亿张。如此巨大的手机用户规模和银行卡持有者数量,为移动支付产业提供了庞大的用户基础和发展空间。

移动支付产业链涵盖众多环节,主要包括移动运营商、金融机构、第三方服务商、终端设备制造商、商家及手机用户等。其中,移动运营商、金融机构和第三方(移动支付服务提供商)之间的合作竞争关系决定了整个产业发展的走向和前景。移动支付产业目前主要有三种运营模式,各具特色。

1. 移动运营商为运营主体的运营模式[①]

该模式提供三种账户设置方式,分别是手机账户、虚拟银行账户和银行账户。当移动运营商作为移动支付平台的运营主体时,移动运营商会以用户的手机话费账户或专门的

---

① Iresearch 艾瑞咨询集团研究报告及网站 www.iresearch.com。

小额账户作为移动支付账户,用户所发生的移动支付交易费用全部从用户的话费账户或小额账户中扣减。典型例子有欧洲四家最大移动电信运营商品牌 Orange、Vodafone、T-mobile 和 Telefonica 联合运营的 Simpay 移动支付业务品牌等。

运营商为主体的运营模式具备以下一些特点:通过直接和用户发生交易关系,技术实现简便;发生大额交易可能与国家金融政策发生抵触,运营商需承担部分金融机构的责任;由于无法对非话费类业务出具发票,所以税务处理复杂。

2. 银行为运营主体

该模式下通过专线与移动通信网络实现互联,将银行账户与手机账户绑定,用户通过银行卡账户进行移动支付。移动运营商只为银行和用户提供信息通道,不参与支付过程的运营和管理,由银行为用户提供交易平台和付款途径,银行独立享有移动支付的用户并对他们负责。当前我国大部分提供手机银行业务的银行(如招商银行、广发银行、工行等)都由自己运营移动支付平台。

该运营模式的特点是移动支付业务不能够实现跨行互联互通,各银行只能为自己用户提供服务。用户需要更换手机或 STK 卡,终端设备安全性要求很高。由此发现,用户用自己的手机使用了一个银行支付业务,就不可以使用其他银行提供的该业务,不利于业务的市场推广和信息共享。

3. 独立的平台运营商为运营主体

第三方服务商独立于银行和移动运营商,利用移动通信网络资源和金融机构的各种支付卡,实现支付的身份认证和支付确认。通过第三方的交易平台,用户可以实现跨银行的移动支付服务。典型的例子有瑞典的 PayBox,PayBox 是瑞典一家独立的第三方移动支付应用平台提供商;国内典型案例有北京泰康亚洲科技有限公司的"万信通"平台和广州金中华通讯公司的"金钱包"等。

该业务模式下移动运营商、银行和第三方之间权责明确,提高了商务运作的效率,用户选择增多。平台运营商简化了其他环节之间的关系,但在无形中为自己增加了处理各种关系的负担;在市场推广能力、技术研发能力、资金运作能力等方面,都要求平台运营商具有很高的行业号召力。

移动运营商与银行在该产业的发展中都有各自的优势和劣势。移动运营商拥有账单支付的基础环境与移动通信网络,但是缺乏像银行一样管理合作支付风险的能力;同样,银行拥有客户支付消费的信任,而缺乏移动支付所需的接入通信网络和未经移动运营商同意接入的移动用户。由此可见,优劣势的取得和他们各自掌握的资源有很大关系。

IResearch 艾瑞市场咨询认为未来移动支付的发展趋势应该是产业链中各参与者需要实现紧密合作,利用各方优势,整合多方资源,联合管理和运营移动支付,积极推进移动支付技术和移动商务的发展,建立一个完整的交易支付价值链,让用户在支付过程中体会到更大的便捷性和安全性。只有这样,移动支付才能与当今社会存在的现金支付、电子支付等支付方式同时并存发展,成为主流的支付方式之一。

4.3 移动支付应用

4.3.1 手机钱包

1. 概述

手机钱包是移动运营商推出的一种新服务,此项业务是综合了支付类业务各种功能的一项全新服务。它是以银行卡账户为资金支持,手机为交易工具的业务,将用户在银行的账户和用户的全球通手机号码绑定,通过手机短信息、IVR、WAP等多种方式,用户可以对绑定账户进行操作,实现购物消费、代缴费、转账、账户余额查询并可以通过短信等方式得到交易结果通知和账户变化通知。"手机钱包"是将手机与信用卡两大高科技产品融合起来,演变成一种最新的支付工具,为用户提供安全、便捷、时尚的支付手段。

2. 支付实现方式

手机钱包发展到2009年已经形成了中国移动和中国联通抢占移动支付天下、中国移动占优的形势,两大移动运营商的手机钱包技术实现方式略有差异。

(1)"中国联通手机钱包"

"中国联通手机钱包"业务是中国联通、中国银联、各大商业银行和联通华建网络有限公司共同倾力打造的、基于联通手机用户和互联网用户的移动支付与电子商务业务。通过将用户的手机号码与银行卡账号进行绑定,使用手机短信息、WAP、BREW、互联网等操作方式,随身、随时、随地(Anyone、Anytime、Anywhere)地享受到个性化支付服务和快捷的支付渠道所带来的便利。该业务致力于为中国联通手机用户提供全通道、多领域的手机支付新体验,用户只要通过特定方式注册开通"中国联通手机钱包"业务,即可通过短信、语音热线、WAP、BREW、非接触式IC卡等多种方式进行手机支付,应用于如手机话费的充值和缴纳、各种票务、网上商城购物和支付等,不久还可以用于加油、停车和超市购物。手机支付将成为互联网之后又一个飞入寻常百姓家的消费、休闲、享受的崭新方式。

中国联通手机钱包目前包括基于银联通道的短信支付方式、基于银联的WAP/BREW支付方式、非银行卡支付方式等。

(2)"中国移动手机钱包"

"中国移动手机钱包"业务是中国移动通信集团北京有限公司、北京银联股份有限公司北京分公司共同推出的一项全新的个人移动金融服务。将客户的手机号码与北京地区发行的银联标识借记卡进行绑定,通过手机短信等操作方式,随时随地为拥有北京地区发行的银联标识借记卡的中国移动手机用户提供方便的个性化金融服务和快捷的支付渠道。目前支持的业务包括移动话费自缴、充值、话费代充、话费代缴、手机彩票、手机捐款、话费余额查询、银行卡余额查询等。

图4.1为中国移动手机钱包的支付实现方式及收费状况。

3. 支持的银行卡种类

手机钱包支持的银行卡种类及其开卡银行如表4.2所示。

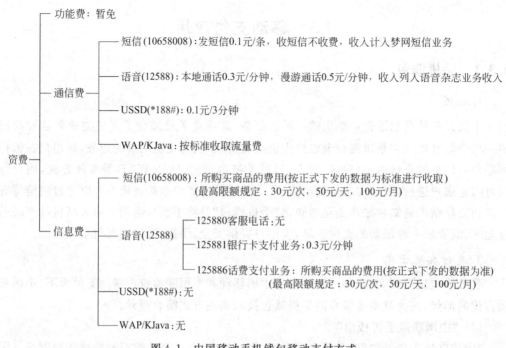

图 4.1 中国移动手机钱包移动支付方式

表 4.2 手机钱包支持的银行卡种类及其开卡银行

支持银行		支持银行卡种	开通方式
银联合作银行	北京地区所有商业银行	借记卡	移动营业厅 POS 机订制
直联银行	兴业银行	借记卡	银行营业厅柜台定制
	中国工商银行	借记卡 (牡丹信用卡、牡丹贷记卡、牡丹灵通卡)	银行营业厅柜台定制 网络银行定制
	上海浦东发展银行	东方借记卡、东方准贷记卡(不包括东方公司卡)、各类东方联名卡(不包括商户专用卡,消费卡)	银行营业厅柜台定制 网络银行定制
	广发银行	信用卡	银行营业厅柜台定制 网络银行定制

4.3.2 手机银行

1. 概述

移动银行(Mobile Banking Service)也可称为手机银行,是利用移动通信网络及终端办理相关银行业务的简称。作为一种结合了货币电子化与移动通信的崭新服务,移动银行业务不仅可以使人们在任何时间、任何地点处理多种金融业务,而且极大地丰富了银行服务的内涵,使银行能以便利、高效而又较为安全的方式为客户提供传统和创新的服务,而移动终端所独具的贴身特性,使之成为继 ATM、互联网、POS 之后银行开展业务的强有力工具,越来越受到国际银行业者的关注。目前,我国移动银行业务在经过先期预热后,逐渐进入了成长期,如何突破业务现有发展瓶颈,增强客户的认知度和使用率成为移动银行业务产业链各方关注的焦点。

手机银行是由手机、GSM 短信中心和银行系统构成。在手机银行的操作过程中,用户通过 SIM 卡上的菜单对银行发出指令后,SIM 卡根据用户指令生成规定格式的短信并加密,然后指示手机向 GSM 网络发出短信,GSM 短信系统收到短信后,按相应的应用或地址传给相应的银行系统,银行对短信进行预处理,再把指令转换成主机系统格式,银行主机处理用户的请求,并把结果返回给银行接口系统,接口系统将处理的结果转换成短信格式,短信中心将短信发给用户。

2. 手机银行与电话银行、网络银行的区别

手机银行并非电话银行。电话银行是基于语音的银行服务,而手机银行是基于短信的银行服务。目前通过电话银行进行的业务都可以通过手机银行实现,手机银行还可以完成电话银行无法实现的二次交易。比如,银行可以代用户缴付电话、水、电等费用,但在划转前一般要经过用户确认。由于手机银行采用短信息方式,用户随时开机都可以收到银行发送的信息,从而可在任何时间与地点对划转进行确认。

手机银行与 WAP 网络银行相比,优点也比较突出。首先,手机银行有庞大的潜在用户群;其次,手机银行必须同时经过 SIM 卡和账户双重密码确认之后,方可操作,安全性较好。而 WAP 是一个开放的网络,很难保证在信息传递过程中不受攻击;另外,手机银行实时性较好,折返时间几乎可以忽略不计,而 WAP 进行相同的业务需要一直在线,还将取决于网络拥挤程度与信号强度等许多不定因素。

3. 技术实现方式

手机银行主要采用的实现方式有 STK、SMS、BREW、WAP 等。其中,STK(Sim Tool Kit)方式需要将客户手机 SIM 卡换成存有指定银行业务程序的 STK 卡,缺点是通用性差、换卡成本高;SMS(Short Message Service)方式即利用手机短消息办理银行业务,客户容易接入,缺点是复杂业务输入不便、交互性差;BREW(Binary Runtime Environment for Wireless)方式基于 CDMA 网络,并需要安装客户端软件;WAP(Wireless application Protocol)方式即通过手机内嵌的 WAP 浏览器访问银行网站,即利用手机上网处理银行业务的在线服务,客户端无需安装软件,只需手机开通 WAP 服务。

4. 开通手机银行的金融机构

目前国内开通手机银行业务的银行有招商银行、中国银行、建设银行、交通银行、广东发展银行、深圳发展银行、中信银行等,其业务大致可分为三类:

① 查缴费业务,包括账户查询,余额查询,账户的明细,转账,银行代收的水电费、电话费等;

② 购物业务,指客户将手机信息与银行系统绑定后,通过手机银行平台进行购买商品;

③ 理财业务,包括炒股、炒汇等。

5. 手机银行的支付特点

手机银行的支付特点如下：

① 更方便。可以说手机银行功能强大，是网络银行的一个精简版，但是远比网络银行更为方便，因为容易随时携带，而且方便用于小额支付。

② 更广泛。提供 WAP 网站的支付服务，实现一点接入、多家支付。

③ 更有潜力。目前还不成熟的商业模式和用户习惯，导致手机银行和支付的发展还没有达到许多人在".com"时代的预期。网络银行的成功在于它不仅是银行业电子化变革的手段，更是因为它迎合了电子商务的发展要求，手机银行这方面还有很大的潜力可以发掘。

小 结

本章介绍了移动支付的基本概念、分类，分析了移动支付行业的发展状况和运营特点。详细说明了移动支付应用的各个方面，包括手机钱包和手机银行的应用情况。

思考题

1. 什么是移动支付？移动支付的优点主要有哪些？
2. 什么是移动支付的发展环境？
3. 移动支付的运营有什么特点？
4. 什么是手机钱包，它有什么作用？
5. 手机银行的服务模式有哪些？
6. 我国移动支付的发展趋势是什么？

参考文献

[1] 何朔. 移动支付的沿革与发展探究[J]. 中国信用卡，2008(14)：48-53.
[2] 徐晋耀. 非接触移动支付应用发展建议[J]. 金融电子化，2008(11)：29.
[3] 中国联通与中国银联携手拓展银行卡移动支付市场[J]. 金卡工程，2002(10)：65-65.
[4] 武银枝，王荣军. 移动支付业务现状及其发展趋势[J]. 移动通信，2007(12)：92-94.
[5] 高华勇. 构筑第四支付渠道[J]. 中国信用卡，2006(06X)：8-12.
[6] 易观国际. Analysts Viewpoint——TMT 行业投资价值评估系列之三：移动支付潜力巨大[J]. 投资与合作，2006(5)：76-77.
[7] 冯伟涛，韩李枚. 探析我国移动支付应用现状及问题[J]. 电信软科学研究，2008(5)5-6.
[8] 王关荣. 我国手机移动支付的业务模式及其发展[M]. 金融会计，2008(05)：24-32.
[9] 张婷，刘玮. 基于 RFID 技术的 GPRS 移动支付系统[M]. 电子产品世界，2007(4)：116-122.
[10] 张春红. 3G 时代的移动支付业务[J]. 新技术与新业务，2007,9(19)：71-75.
[11] 李锋. 移动支付安全研究[D]. 中国博士学位论文全文数据库，2008.
[12] 曹桂林. 移动支付综合接入系统研究与实现[M]. 西安：西安理工大学，2007.

第5章 电子清算与结算

5.1 清算与结算

5.1.1 清算与结算的定义

1. 清算

清算是结算之前对支付指令进行发送、核对和确认(在某些情况中)等处理,还可能包括指令轧差和产生结算的最终余额。清算是在付款人金融机构和收款人金融机构之间交换支付工具或相关支付信息,清讫对债权债务的过程和方法。

清算是在银行出现之后开始行使中介职能时,实现资金在不同所有者之间的流动产生的。清算具备两个条件,一是银行行使中介职能,二是在需要银行介入的结算领域。清算可以说是银行为社会提供转账结算服务的直接产物。

清算系统是指金融机构在同一地点(清算所)向其他的金融机构提交并与其他金融机构交换与资金或转账证券转让相关的数据和(或)文件的一套做法。这种做法经常也包含计算参与者的双边和/或多边轧差余额的机制,目的是便于在轧差或者净轧差的基础上进行金融机构之间债务的结算。

2. 结算

结算有广义和狭义之分。广义的结算是指单位、个人在社会经济活动中使用票据、银行卡和汇兑、托收承付、委托收款等结算方式进行货币给付及其资金清算的行为,其主要功能是完成资金从一方当事人向另一方当事人的转移。狭义的结算是仅指银行转账结算,1997年9月中国人民银行发布的《支付结算办法》中规定,支付结算是指单位、个人在社会经济活动中使用票据、信用卡和汇兑、托收承付、委托收款等结算方式进行货币给付及其资金清算的行为。

结算是将清算过程产生的待结算的债权债务,在收付款人金融机构之间进行相应的账簿记录、处理、完成货币资金最终转移并通知有关各方的过程。

因此,清算与结算是指在社会经济活动中,需要进行资金转移时,实现货币资金由一方当事人转移到另一方当事人的行为。比较而言,结算这个概念更具有广泛性,银行、城市信用合作社、农村信用合作社(以下简称银行)以及单位和个人(含个体工商户)是办理支付结算的主体。清算相对更加专门化,参加者主要是提供结算服务的银行及清算机构。

5.1.2 清算与结算的种类

1. 结算的分类

按照结算采用的形式划分结算可分为现金结算和非现金结算两种。现金结算是指当事人直接用现金进行货币收付,了结其债权债务的行为。非现金结算是指当事人通过银行将款项从付款单位的账户划转到收款单位的账户来完成货币收付以清结债权债务的行为,故又称为转账结算。

按照结算采用的工具划分结算可分为票据结算和非票据结算两类。票据结算是以票据(汇票、本票和支票)作为支付工具来清结货币收付双方的债权债务关系的行为;非票据结算是客户间以结算凭证为依据来清结债权债务关系的行为,如银行卡、汇兑、托收承付和委托收款结算等。

在我国,现金结算受现金管理制度的制约,限于个人之间和单位之间结算起点以下的零星收支以及单位对个人的有关开支。根据《中国支付体系发展报告(2008)》显示,2008年,全国使用票据,银行卡,汇兑、委托收款和托收承付办理支付业务量约为183.27亿笔,金额633万亿元。

(1) 现金结算

现金结算是指当事人直接用现金进行货币收付,了结其债权债务的行为。现金结算主要有两种渠道:一种是付款人直接将现金支付给收款人,不通过银行等中介机构;另一种是付款人委托银行和非银行金融机构或非金融机构,如邮局将现金支付给收款人。

现金结算方式具有便利的优势,同时也存在不安全性、不易控制和管理及费用较高的特点。现金结算的范围往往包括:

- 职工工资、津贴;
- 个人劳务报酬,包括稿费和讲课以及其他专门工作报酬;
- 根据国家规定颁发给个人的科学技术、文化技术、体育等各种奖金;
- 各种劳保、福利费用以及国家规定的对个人的其他支出;
- 向个人收购农副产品和其他物资的价款;
- 出差人员必须随身携带的差旅费;
- 结算起点以下的零星支出;
- 中国人民银行确定需要支付现金的其他支出。

(2) 转账结算

转账结算是指不使用现金,通过银行将款项从付款单位(或个人)的银行账户直接划转到收款单位(或个人)的银行账户的货币资金结算方式。转账结算方式是货币收付的程序和方法,即办理结算业务的具体组织形式。转账结算方式的主要内容包括:货款、费用收付或资金周转调拨的时间、地点和条件;票据、结算凭证的格式及其操作程序。我国目前的结算以汇票、支票、本票为主体,增强了结算方式的通用性、灵活性、安全性。

转账结算具有以下几个特点:

首先,有利于国家调节货币的流通。转账结算可以大大降低现金在流通领域中的数额,从而为国家有计划地组织和调节货币流通量,防止和抑制通货膨胀创造条件。

第二,有利于加速物资和资金的周转。转账结算是通过银行集中清算资金实现的,流程办理及时,手续简单,省去了使用现金结算时的运送、清点、保管等手续,方便快捷,从而缩短清算时间,加速物资和资金的周转。

第三,有利于聚集闲散资金,扩大银行信贷资金来源。转账结算中各单位暂时未用存在银行账户上的资金及在途资金,都能成为银行信贷资金的来源。

第四,有利于银行监督各单位的经济活动。转账结算比现金更容易监督,通过银行集中办理款项收支,更便于全面地了解各单位的经济活动,防止非法活动的发生,促进各单位更好地遵守财经法纪。

转账结算的原则主要包括以下几个原则:

① 恪守信用,履约付款;
② 谁的钱进谁的账,由谁支配;
③ 银行不垫款。

2. 资金清算的类别

资金清算是金融机构之间办理资金调拨、划拨支付结算款项,并对由此引起的资金存欠进行的清偿。按照清算是否跨系统,分为系统内资金清算与跨系统资金清算。

(1) 系统内资金清算

社会资金往来运动最终要体现在银行间的划拨上,当资金结算业务发生时,必然要通过两个或两个以上的银行机构往来才能完成,如果往来双方同属一个银行系统,即同属一个总行的各个分支机构间的资金账务往来,则称其为联行往来。

联行往来分为三个层次,分别是全国联行往来、分行辖内往来和支行辖内往来。联行往来的特点包括:既执行会计基本制度,又执行联行往来制度;与国内、国际支付结算及内部资金调拨结合进行;有一套完善的安全控制措施和工具;有独特的联行往来处理基本原理,联行往来的实质是一种代理收付业务。

电子资金汇兑系统是中国工商银行、中国农业银行、中国银行和中国建设银行用以取代原来的手工联行系统,来进行异地汇款划转和资金调拨。各商业银行的电子汇兑系统具有相似的框架结构,业务处理流程也大致相同。

(2) 跨系统资金清算

跨系统资金往来通常称为金融机构往来。其资金清算的方法一是通过金融机构在中央银行开立准备金账户逐笔或轧差清算;二是通过在往来的对方行开立清算账户清算。

金融机构往来是指商业银行与商业银行之间,商业银行与人民银行之间,商业银行与非银行金融机构之间,即不同系统银行之间由于办理资金划拨、结算等业务而引起的资金账务往来。

目前,金融机构往来核算的内容有:商业银行之间的往来,包括同城票据交换及清算、异地跨系统汇划款项相互转汇、同业拆借等;商业银行和中央银行的往来,包括商业银行向中央银行送存或提取现金、缴存存款准备金、向中央银行贷款、办理再贴现及通过中央银行汇划款项。具体包括:

- 各银行按国家规定存入中国人民银行的准备金;
- 人民银行对各商业银行的贷款;
- 各银行在结算过程中相互占用的资金;
- 拆借;
- 再贴现。

5.1.3 支付清算体系组成

支付清算体系是指由提供支付清算服务的中介机构和实现支付指令传递及资金清算的专业技术手段共同组成,用以实现债权债务清偿及资金转移的一种金融安排。

支付清算体系在经济金融体系中居于基础性的地位,通过提供必要的资金转移机制和风险管理机制,促进各类经济金融活动的稳定运行、效率提升以及持续创新。一般而言,支付清算体系主要包括中央银行的实时全额支付系统、以商业银行为主体的社会零售支付系统以及为特定(商品、金融,下同)市场提供清算服务的清算所系统。

经过多年来的不懈努力,我国的支付清算体系建设取得了重大进展。目前,我们已经建立了一个以中央银行实时全额支付系统为核心、以商业银行等社会零售支付系统为基础的支付清算体系。

支付清算体系是中央银行向金融机构及社会经济活动提供资金清算服务的综合安排。支付清算体系主要由支付清算系统、支付工具及支付体系监督管理等要素组成。

1. 支付服务组织

支付服务组织是通过账户服务、支付系统、支付工具等手段为社会提供资金清算和结算服务的机构,主要包括中国人民银行、银行业金融机构、其他支付清算组织等。

(1) 中国人民银行

中国人民银行为银行业金融机构直接提供资金清算和结算服务,同时也是中国支付体系建设的组织者、推动者和监管者,具有管理和服务的双重职能。中国人民银行通过其建设和运营的大额实时支付系统、小额批量支付系统和票据支付系统向银行业金融机构提供跨行资金清算服务,并通过中央银行会计集中核算系统完成银行业金融机构存款准备金账户的资金结算。同时中国人民银行是支付体系的监管者,负有维护支付体系安全高效运行的重要职责。

2008年,《国务院办公厅关于印发中国人民银行主要职责内设机构的人员编制规定的通知》进一步明确了人民银行支付结算工作职责为:制定全国支付体系发展规划,统筹协调全国支付体系建设,会同有关部门制定支付结算规则,负责全国支付、清算体系的正常运行。人民银行分支机构承担所辖地区相应支付结算工作职责。

监管部门正在筹备建立中国支付业协会,该协会将作为支付服务行业的全国性自律组织对支付服务行业进行自律管理,维护支付服务市场的正当竞争秩序,防范支付风险,促进支付服务行业健康发展。

(2) 银行业金融机构

银行业金融机构是支付服务组织的主体,通过账户服务、中介服务等方式向企事业单位、个人及其他经济主体提供各类支付服务,这里的银行业金融机构是指在中华人民共和国境内设立的商业银行、城市信用合作社、农村信用合作社、农村合作银行、村镇银行等吸收公众存款的金融机构以及政策性银行。

2008年,国家开发银行正式改制为国家开发银行股份有限公司,中国农业银行股改方案获批,中国农业发展银行、中国农业银行、中国邮政储蓄银行服务"三农"的功能进一步明确。我国农村支付服务环境继续改善,信息农村金融机构发展加快,支付服务职责进一步明确,截至 2008 年 12 月底,全国共设立了 105 家新型农村金融机构。

(3) 支付清算组织

目前经中国人民银行批准从事支付清算服务的机构主要有中国银联、城市商业银行资金清算中心、农信银资金清算中心等。

中国银联成立于 2002 年 3 月,是由 80 多家国内金融机构共同发起设立的股份制非金融机构,主要运营全国的银行卡跨行信息交换网络系统,提供银行卡跨行信息交换专业化服务,并与大额支付系统实现连接,由中国人民银行实施最终结算。

城市商业银行资金清算中心成立于 2002 年 10 月,是由 113 家城市商业银行发起成立的会员制事业法人,是国内第一家解决多法人制银行机构银行汇票结算的清算组织。建设并运行了"城市商业银行银行汇票业务处理系统",依托大额支付系统实现银行汇票业务的实时清算,主要经营城市商业银行等中小金融机构的银行汇票资金清算业务。

农信银资金清算中心是经中国人民银行批准,由全国 30 家省级农村信用联社、农村合作银行、农村商业银行及深圳农村商业银行(以下简称农信银机构)共同发起成立的全国性股份制支付清算服务企业。主要办理的业务包括信息服务类业务、电子汇兑业务、银行汇票业务、个人账户通存通兑业务、专项汇款类业务。

(4) 证券清算机构

中国证券登记结算有限责任公司依托中央债券综合业务系统,为银行间债券市场提供债券发行、登记托管与资金结算服务;为交易所证券交易提供集中登记、存管和一级结算服务,包括证券和资金的清算交收及相关管理。

2004 年,中央债券综合业务系统与人民银行大额支付系统连接,在银行结算成员间实现了实时券款兑付结算(DVP),2008 年 8 月 1 日起,非银行类结算成员实现 DVP 结算,标志着我国银行间债券市场全面实现了 DVP 结算。

2. 支付清算系统

支付清算系统是支撑各种支付工具应用、实现资金清算并完成资金转移的通道。目前我国已基本形成以大额支付系统为核心、商业银行行内系统为基础、其他支付结算系统为补充的支付清算网络。

2005 年 6 月,中国人民银行大额支付系统完成在全国的推广运用,并成功实现与中国外汇交易系统、中央债券综合业务系统、中国银联信息处理系统、城市商业银行汇票处理系统等多个支付结算系统的连接。

人民银行在 2006 年 6 月 30 日投入运行的小额支付系统,是为了解决广大客户跨行小额支付,解决持卡人因为缴费不得不在多家商业银行开立账户的问题。商业银行行内系统是支付清算系统中的基本组成之一,是银行业金融机构和银行内部资金往来和清算的渠道。

全国支票影像交换系统通过计算机及网络将影像信息传递至出票人开户银行提示付款的业务处理系统,是中国人民银行继大、小额支付系统建成后的又一重要金融基础设施。

商业银行行内系统是支付清算系统中的基本组成之一,是银行业金融机构和银行内部资金往来和清算的渠道。

3. 支付工具

支付工具是传达付款人支付指令、实现债权债务清偿和资金转移的载体,分为现金支付和票据、银行卡等非现金支付工具。

票据是我国企事业单位使用最广泛的非现金支付工具。我国使用的票据主要有支票、银行汇票、商业汇票和本票。

银行卡是我国个人使用最广泛的非现金支付工具,主要包括借记卡、贷记卡和准贷记卡。借记卡是持卡人只能在存款额度内办理现金存取、消费的银行卡。贷记卡是发卡银行给予持卡人一定的信用额度,持卡人可在信用额度内先消费、后还款的信用卡。准贷记卡是持卡人须先按发卡银行要求交存一定金额的备用金,当备用金账户余额不足支付时,可在发卡银行规定的额度内透支的信用卡。

电子支付是运用计算机网络和电子通信技术开发应用的支付方式,主要包括网上支付、电话支付、移动支付、多用途储值卡等。

除票据、卡基支付工具和电子支付工具外,目前银行客户使用的其他结算方式主要有现金支付、汇兑、委托收款、托收承付、定期借记和定期贷记等。

4. 支付体系监督管理

对支付体系的监督管理是指立法机构、管理机构等综合运用经济、法律和行政手段,对支付服务组织、支付清算系统和支付工具进行监督管理的行为。国际清算银行在《重要支付系统核心原则》中将支付体系监管定义为"一种旨在促进支付体系安全、高效运转并特别要降低系统性风险的公共政策行为"。

中国人民银行是支付体系的监管者,负有维护支付体系安全高效运行的重要职责。为了维护支付系统的安全和稳定,中央银行采取了一系列的监管措施。

我国目前支付体系的法律、法规和行政规章主要包括《中国人民银行法》《商业银行法》《中华人民共和国票据法》《票据管理实施办法》《支付结算办法》《人民币银行结算账户管理办法》《电子支付指引》《大额支付系统业务处理办法》等。

5.1.4 国外支付清算体系

1. 美国支付清算体系

美国的支付清算体系以美联储为主导,商业银行清算系统高度发达的清算体系。美联储负责履行美国的中央银行的职责,在政策制定、提供服务、监督管理、风险控制等多个层面全方位地参与了美国的支付清算安排,并居于极为关键的核心与主导地位。由于美国的国民银行全部在纽联储进行清算,纽联储实际上成为了美联储的最终清算地。

美国使用的支付、清算与结算系统有以 FEDWIRE(联邦电子资金转账系统)、CHIPS(清算所同业支付清算系统)、SWIFT 为代表的大额支付系统;以服务于支票、信用卡的小额支付系统;应用于外汇、证券、期货交易的专用支付系统;以及应用于电子商务活动的新兴电子支付系统。

其支付清算体系主要有:

- 票据交换资金清算系统;

- 联邦资金转账系统(FEDWIRE);
- 清算所银行同业支付系统(CHIPS);
- 自动化票据清算系统(ACH);
- 信用卡业务及电子货币。

2. 欧元区支付结算体系

欧洲中央银行是根据1992年《马斯特里赫特条约》的规定于1998年7月1日正式成立,其职能是"维护货币的稳定",管理主导利率、货币的储备和发行以及制定欧洲货币政策。欧洲中央银行体系由欧洲中央银行和欧盟所有成员国,包括尚未加入欧元区的成员国中央银行组成,保持价格稳定和维护中央银行的独立性是欧洲中央银行的两个主要原则,并通过公开市场业务、流动资金经常便利和准备金制度实现其货币政策目标。

欧元区的支付结算系统分为两类:一是大额支付结算系统。它主要包括泛欧自动实时全额结算快速转账(TARGET)以及欧洲银行业协会(EBA)的EURO1系统。还有三家区域性的大额净额结算系统,分别是芬兰的POPS系统、西班牙的SPI系统、法国的巴黎净额结算系统(PNS)。二是跨境零售支付系统。欧元区的零售业务支付系统大都依赖于各成员国内的零售业务支付系统。涵盖整个欧元区并对所有银行开放的跨境零售业务支付系统为欧洲银行协会(EBA)的STEP3系统。

(1) 大额支付结算系统
- 实时全额结算系统(TARGET)。欧元体系直接运营的支付结算系统为TARGET系统。实时全额结算系统(TARGET)于1999年1月4日正式全面运营,是处理欧元交易的实时全额结算系统(RTGS)。由两部分组成,一是在欧盟每个成员国建立一个实时总清算转账体系,二是建立一个连接各个成员国实时清算系统的互连机制。
- 欧洲银行业协会的EURO1系统。EURO1是欧洲银行业协会为在欧盟范围内的欧元贷记转账提供的一个按多边净额结算的大额支付系统。该系统由依据法国法律设置的三家机构进行管理,分别是欧洲银行业协会(EBA)、负责EURO1系统运营的EBA清算公司和EBA行政事务管理公司。

(2) 跨境零售支付系统
- 电子货币方案。欧洲实施两项启动欧元电子货币跨境使用的计划。一是"欧元电子钱包的跨境使用"(PACE16计划),这是一个可互操作的电子货币系统,从2000年7月到2001年6月实施,为了能够在卢森堡、德国和法国用欧元进行电子支付,这三个国家本国的电子钱包系统须先行互联,并逐步采用"通用电子钱包技术标准"(CEPS21)。另一个是Ducato系统。建立Ducato的目的是为了在真实的环境中对CEPS技术进行检验,并用事实对基于CEPS技术的各种电子钱包系统的可互操作性进行论证。
- 零售贷记转账系统。TIPANET(银行间自动转账支付系统)是合作银行业的银行成员间的业务网络,为跨境小额支付做出安排,可以通过接收支付指令的代理银行接入本地的支付系统。TIPANET系统可以处理贷记转账、直接借记和支票支付交易。

Eurogiro(欧元直接转账)于1989年由邮政部门和信用转账机构合作建成,它是一个用于交换跨境支付指令的网络。该系统的参与者互为其他参与者的代理机构,主要处理贷记转账和货到付款通知。

S-Interpay系统由德国的储蓄银行及它们的中央机构,州地方银行于1994年开始建设。该系统已经发展成由多家欧盟和欧盟以外国家的储蓄银行组成的代理银行网络。

欧洲银行业协会的STEP1、STEP2系统。欧洲银行业协会(EBA)的STEP1系统从2000年11月20日开始正式运行。建设该系统的主要目的是缩短处理跨境零售支付指令的时间,促进在报文传输中使用行业标准以提高银行的直通处理水平,推广并鼓励在跨境零售支付指令的处理中采用欧洲商业惯例。STEP2是在STEP1基础上更加自动化的支付结算系统。STEP2既可以进行直接也可以间接地支付,处理支付指令的能力有较大的提高,处理费用也大大地降低。

单一欧元支付区(SEPA)是指在欧元区内,任意个人、企业或其他经济体都可以不用考虑支付结算交易是在境内完成或跨境完成,欧元区内所有有关欧元的支付结算指令都按相同的条件、费率进行。2008年1月,欧元区正式引入SEPA,开始使用泛欧洲支付工具(Pan-European Payment Instruments)。

3. 日本支付结算体系

日本的银行间支付结算体系主要包括4个系统,由日本银行负责运营的日本银行金融网络系统(BOJ-NET),主要用于结算银行债务,包括私营清算系统清算后产生的净债务,2001年该系统由传统的定时清算系统(DNS)升级为实时全额结算(RTGS)系统。其余三个由私人部门运营,分别是汇票和支票清算系统(BCCS),用于对提交到同城清算所的汇票和支票进行清算;全银数据通信系统(Zengin System),用于零售贷记转账交易的清算;以及外汇日元清算系统(FXYCS),用于外汇交易中日元部分的清算。

日本支付方面的法律包括《预付卡法》、《资本金认定法》、《银行法》、《邮政储蓄法》、《邮政资金转账法》和《邮政汇票法》;证券结算方面的法律包括《公司和其他债务证券的簿记转账法》(后称《公司债务证券转账法》);支付轧差安排方面,有《金融机构参与的特定金融交易的抛售轧差法》对清算进行约束。

5.1.5 中国支付清算系统

随着我国社会经济的不断发展以及金融体制改革不断深入,特别是随着信息科学技术的不断进步,我国支付清算网络的覆盖范围不断扩展,功能和效率日益改进,支付清算服务渠道和方式更加灵活,呈现出生机勃勃的发展态势。目前,我国已建成以人民银行大额实时支付系统、小额批量支付系统为中枢,银行业金融机构行内业务系统为基础,票据支付系统、银行卡支付系统、证券结算系统和境内外币支付系统为重要组成部分,行业清算组织和互联网支付服务组织业务系统为补充的支付清算网络体系,对加快社会资金周转,降低支付风险,提高支付清算效率,促进国民经济又好又快发展发挥着越来越重要的作用。

我国现有的支付清算系统包括以下几类:

① 人民银行运行的支付系统:大额实时支付系统、小额批量支付系统、全国支票影

像交换系统、同城票据交换系统。

② 银行金融机构行内支付系统。

③ 其他机构运营的支付系统：中国银联跨行交易清算系统、城市商业银行汇票处理系统、农信银支付清算系统。

④ 境内外币支付系统。

⑤ 银行间债券市场的债券系统。

⑥ 中国证券登记结算系统。

1. 人民银行运行的支付系统

(1) 大额实时支付系统

大额支付系统实行逐笔实时处理，全额清算资金。建设大额支付系统的目的，就是为了给各银行和广大企业单位以及金融市场提供快速、高效、安全、可靠的支付清算服务，防范支付风险。同时，该系统对中央银行更加灵活、有效地实施货币政策具有重要作用。该系统处理同城和异地、商业银行跨行之间和行内的大额贷记及紧急的小额贷记支付业务，处理人民银行系统的贷记支付业务。

2008年大额支付系统共处理支付业务2.14亿笔，金额640.23万亿元，同比分别增长24.42%和20.14%；日均处理支付业务80万笔，金额2.4万亿元。2008年，大额支付系统业务金额出现轻微波动，第四季度业务金额较第一季度下降了0.68%，我国的宏观经济金融形势对大额支付系统的业务量产生了一定影响。大额支付系统为金融市场提供快捷、高效的资金清算服务，有效促进了金融市场效率的提高。

(2) 小额批量支付系统

小额批量支付系统在一定时间内对多笔支付业务进行轧差处理，净额清算资金。该系统处理同城和异地纸凭证截留的商业银行跨行之间的定期借记和定期贷记支付业务，中央银行会计和国库部门办理的借记支付业务，以及每笔金额在规定起点以下的小额贷记支付业务。小额批量支付系统采取批量发送支付指令，轧差净额清算资金。

小额支付系统业务量自2006年建成运行以来，总体保持增长趋势，呈现较高程度集中在经济发达地区，国有商业银行在支付业务笔数中占主体地位，普通借记和贷记业务在小额支付系统业务种类中占重要位置等特征。2008年按支付业务往来账口径统计，小额支付系统共处理支付业务1.41亿笔，金额5.12万亿元，业务笔数同比增长61.37%、金额下降76.72%。

(3) 全国支票影像交换系统

全国支票影像交换系统是指运用影像技术将实物支票转换为支票影像信息，通过计算机及网络将影像信息传递至出票人开户银行提示付款的业务处理系统，它是中国人民银行继大、小额支付系统建成后的又一重要金融基础设施。影像交换系统定位于处理银行机构跨行和行内的支票影像信息交换，其资金清算通过中国人民银行覆盖全国的小额支付系统处理。

依照世界各国的通行做法，其基本原理就是：运用计算机影像技术将实物支票转换为支票影像信息，通过网络将支票影像信息传递到出票人开户银行提示付款的业务处理系统，从而实现支票的全国通用。该系统涉及的关键技术包括电子验印、票据缩微、票据图像的采集、票据要素识别、票据涂改识别、手写签字的计算机辅助识别、支付密码、数字签名(PKI)、客户化和组件式开发。

全国支票影像交换系统自上线运行以来,业务量保持持续增长趋势。在 2007 年 10 月原京、津、冀(廊)跨区域实物票据交换、上海区域性票据交换等区域性票据交换业务停止后,全国支票影像交换系统业务量增长显著,2008 年全年业务量继续保持较为稳定的逐步增长趋势。

(4) 同城票据交换系统

同城清算又称"同城结算"、"本埠结算"。在同一县、市范围内,目前各单位结算方式有现金支票、转账支票、定额支票、定额银行本票和不定额银行本票等方式。中国人民银行同城清算业务遵循的基本原则是"先收后付,收妥抵用,差额清算,银行不垫款"。

同城跨行支付和大部分行内支付交易是通过同城票据清算所进行交换和结算的。另外,异地跨行支付在送交商业银行内联行系统处理之前,首先经同城清算所进行跨行交换和结算。人民银行拥有和运行同城清算所,对参与票据交换的成员进行监督和提供结算服务。在支付业务量大的地方,一天进行两次交换,一般每天上午交换一次。余额结算采取净额方式,资金次日抵用。

截至 2008 年年末,全国存在同城清算机构 1616 家,比 2007 年减少 81 家。采用清分机操作方式的有 28 家,计算机网络操作方式的有 448 家,手工清分等操作方式的有 1140 家。随着大小额支付系统和支票影像交换系统的建设和完善,同城票据交易业务量逐渐下降。

2. 银行业金融机构内支付系统

银行业金融机构内支付系统是办理结算资金和银行内部资金往来与清算的渠道,是集汇划业务、清算业务和结算业务为一体的综合应用系统。我国银行业金融机构加大对支付系统的建设力度,银行业金融机构行内支付系统业务持续增长。

2008 年,按支付业务网络账口径统计,银行业金融机构行内支付系统共处理支付业务 28.82 亿笔,金额 408.55 万亿元,同比分别增长 29.24% 和 38.77%。国有商业银行在行内支付系统处理支付业务占主体地位,股份制商业银行、城市商业银行、农村商业银行、外资银行、中国邮政储蓄银行等银行业金融机构内支付系统业务量增速较快。表 5.1 是 2008 年银行业金融机构行业支付系统业务量同比变动表。

表 5.1 2008 年银行业金融机构行内支付系统业务量同比变动表

银行类别	2007 年		2008 年		增长率(%)	
	笔数(万笔)	金额(亿元)	笔数(万笔)	金额(亿元)	笔数(万笔)	金额(亿元)
政策性银行	98.55	6 022.45	110.06	8 442.87	11.7	40.2
国有商业银行	141 074.11	1 623 185.39	181 634.05	1 908 027.97	28.8	17.5
股份制商业银行	13 807.56	829 662.19	22 584.25	897 164.69	63.6	8.1
城市商业银行	17 386.83	333 133.76	20 060.27	1 060 664.77	15.4	218.4
农村商业银行	5 158.95	54 448.78	9 579.25	72 225.20	85.7	32.6

续表

银行类别	2007年		2008年		增长率(%)	
	笔数(万笔)	金额(亿元)	笔数(万笔)	金额(亿元)	笔数(万笔)	金额(亿元)
城市信用社	218.31	2344.80	229.73	1710.43	5.2	−27.1
农村信用社	20 249.59	86 736.89	24 103.72	118 457.96	19.0	36.6
外资银行	2.65	1877.68	6.76	7981.66	154.9	325.1
中国邮政储蓄银行	25 004.99	6713.47	29 921.84	10 865.88	19.7	61.9
合计	223 001.54	2 944 125.39	288 229.93	4 085 541.43	29.3	38.8

图表来源：中国支付体系发展报告(2008)

3. 其他机构运营的支付系统

(1) 中国银联跨行交易清算系统

为加快我国银行卡产业发展，提升我国银行卡产业自身主导能力，中国银联自成立以来，就不断以自主研发为先导，大力开展技术创新，并建成了具有自主知识产权的新一代跨行交易清算系统。2004年12月，我国新一代跨行交易清算系统正式投产上线，技术处理能力、安全性、稳定性、实用性等各项技术指标均达到或超过国际先进水平，这一系统每秒最多可同时处理全国跨行交易1万多笔。

通过银联跨行交易清算系统，实现了系统间的互联互通，进而使银行卡得以跨银行、跨地区和跨境使用。跨行交易业务量迅速增长，消费交易保持高速增长，2008年，全国实现银行卡成功跨行交易笔数57亿笔，比2007年增长43.22%。银联卡的发卡规模快速扩大，自主品牌建设稳步推进，截至2008年年末，境内银联标准卡发卡机构达196家，发卡量累计达到9亿张，占国内市场份额的50%。

(2) 城市商业银行汇票处理系统

城市商业银行银行汇票处理系统(以下简称"汇票处理系统")是依托中国现代化支付系统，实现城市商业银行签发和兑付银行汇票的信息传输和资金清算的业务处理系统。该系统由城市商业银行银行汇票处理中心(CBDC)、各会员行(MB)和代理行组成。汇票处理中心在人民银行上海分行营业室开设清算账户(特许)，物理摆放在NPC；备份汇票处理中心在人民银行北京营管部开设备份清算账户(特许)，物理摆放在NPC。

银行汇票处理系统通过中国现代化支付系统的网络传递银行汇票的信息，办理汇票的资金移存和兑付资金的清算以及汇票业务的查询查复等。参加城市商业银行汇票处理系统的各会员行(代理行)，与当地城市处理中心(CCPC)连接，发送和接收规定报文格式的银行汇票业务信息；汇票处理中心与上海城市处理中心(上海CCPC)连接，接收和处理银行汇票的签发、兑付登记信息，接收银行汇票资金移存和发起银行汇票兑付资金清算，办理银行汇票的查询查复等事宜。

2008年，城市商业银行汇票处理系统运行稳定。累计签发银行汇票笔数有所下降，但累计金额上升；累计兑付银行汇票笔数下降，兑付金额也略有下降。

(3) 农信银支付清算系统

农信银支付清算系统是由农信银资金清算中心根据全国农村合作金融机构支付结算业务特点，借鉴现代化支付系统和全国性商业银行资金清算及支付结算业务系统先进经验,应用现代计算机网络和信息技术开发的、集资金清算和信息服务为一体的支付清算平台,具有功能完备、安全可靠、运行稳定、经济实用和易于维护等特点。

农信银支付清算系统的建成和开通运行,填补了全国农村合作金融机构办理银行汇票和个人账户通存通兑等项业务空白,使农村合作金融机构在办理跨省、市、自治区异地支付结算业务方面,达到了全国性商业银行同等水平,进一步增强了农信银系统整体竞争能力。目前,农信银支付清算系统已成为农村金融机构间支付清算骨干渠道,成为我国农村地区支付体系不可或缺的重要组成部分,为支持社会主义新农村建设和服务"三农",发挥着积极作用。

2006年10月16日,农信银支付清算系统开通运行后,相继推出了实时电子汇兑、银行汇票、个人账户通存通兑和支付信息查询查复等各类支付服务和资金清算业务。

2008年,农信银支付清算系统快速发展,系统参与机构网点不断增加,覆盖面进一步扩大,逐步成为全国农信银机构共享的资金清算平台,成为我国农村地区支付服务基础设施的重要组成部分之一。全年共处理各类支付结算业务1111.3万笔,清算资金2291亿元,分别较2007年增长267%和218%。

4. 境内外币支付系统

境内外币支付系统为我国境内银行业机构和外币清算机构提供外币支付服务的实时全额支付系统,它是我国第一个支持多币种运营的外币系统。该系统于2008年4月28日率先开通港币支付业务,随后英镑、日元、欧元、美元等其他7个币种的外币支付业务亦相继顺利开通。

境内外币支付系统逐笔实时发送支付指令,全额清算资金,主要由中国人民银行清算总中心负责对支付指令进行接收、清算和转发,由代理结算银行负责对支付指令进行结算。境内外币支付系统开通后,呈现以下几个特点:业务量平稳增长,2008年共处理业务71281笔,金额折合美元80.50亿美元;美元支付业务占主体地位;外币支付业务较高程度集中在经济较发达地区;支付运保费在境内以外币进行计价和结算的小额交易项目中占主体地位。

5. 银行间债券市场的债券系统

全国银行间债券市场是指依托于中国外汇交易中心暨全国银行间同业拆借中心(简称同业中心)和中央国债登记结算公司(简称中央登记公司)的,包括商业银行、农村信用联社、保险公司、证券公司等金融机构进行债券买卖和回购的市场。

银行间债券市场的债券系统是银行间债券市场的重要基础设施之一,由中央结算开发和运营。债券系统自建成运行以来,运行稳定,较好地满足了市场发展与业务需求,有力支持了银行间债券市场各项业务的开展,对于银行间债券市场的培育和发展发挥了重要作用。

2008年末,在中央结算托管的债券共有1211只,人民币债券托管量为15.1万亿元。从托管债券种类结构看,国债、中央银行票据和政策性银行债券继续占据市场主体地位。从机构投资者持有结构看,商业银行、保险机构和基金仍是持有债券的主力机构,债券市场托管存量持续快速增长。

6. 中国证券登记结算系统

中国证券登记结算系统是我国唯一的独立于交易系统之外的功能完整的证券登记结算技术系统,主要包括三个组成部分:登记结算系统、信息服务系统(数据仓库)、登记结算互联网络(PROP 2000)。

登记结算系统于 1998 年 4 月 1 日推出,是一个独立的、可支持完整意义上的登记结算业务的技术系统,可以将全部的登记结算业务集中到一个统一的技术平台上处理。

以数据仓库为核心创建了信息服务系统,数据仓库的作用是通过建立一个高效实用的、存储庞大的历史数据仓库,将大量的业务数据经过加工和精炼,从中提取与主题相关的有价值的信息,满足市场监管和市场服务的需要,为加强风险防范、完善决策支持、提高服务质量提供技术手段。数据仓库一期项目于 2001 年 11 月 2 日通过验收并投入使用,这是国内证券业第一个 TB 级(1TB=1000GB)数据仓库,目前的主要用户包括上海证券交易所监察部,同时为中国证监会的监管工作随时提供服务。

登记结算互联网络即 PROP 系统,是开发建立的实现证券登记、存管、结算数据实时通信的登记结算互联网络,目前已升级到 PROP 2000。PROP 2000 将证券电子商务概念引入了证券登记结算系统,在提高市场运作效率、降低市场运作风险、为新业务开发开展提供技术基础等方面取得了突破性的进步。目前 PROP 2000 的联网用户有 1000 多家,几乎涉及市场的所有参与者。用户不仅遍布全国,还有 63 家 B 股会员分布在世界各地。

5.2 银行内清算

5.2.1 银行系统内清算概述

银行业金融机构行内业务系统是其办理内部资金汇划的渠道,是其拓展支付服务市场、直接面向广大企事业单位及个人提供服务、增强市场竞争力的重要设施,也是我国支付清算网络体系的重要基础。近年来,为适应日益激烈的市场竞争,各银行业金融机构围绕经营集约化、数据集中化、管理扁平化、决策科学化的经营管理思路,纷纷加快以综合业务处理系统为核心的信息化系统建设,建成了新一代行内业务系统,较好地适应了业务竞争和发展的需要。

1996 年前,人民银行与四大国有银行拥有自己的全国手工联合系统,对于异地纸凭证支付交易的处理采用"先横后直"(即先跨行后行内)的处理方式。1996 年以后,四大国有商业银行全都以全国电子资金汇兑系统代替了原来的手工联行,人民银行运行着手工联行系统,用以处理跨行纸凭证异地支付交易,以及人民银行分/支行之间的资金划拨。

中央银行运行的支付系统(同城清算所、手工联行和电子联行系统)处理和结算银行分行之间的支付交易。这些分行既可属不同家银行,也可以是同一家银行的分支机构。中央银行的支付系统为一些没有自己系统内支付网络的小型银行提供支付服务,使其能够不依赖于竞争者为其提供类似服务。

5.2.2 银行系统内清算的发展

1. 联行往来概述

联行往来是指同一银行系统内各行处之间,由于办理结算、资金调拨等业务,相互代理款项收付而发生的资金账务往来,是办理同一银行系统内异地结算业务和资金划拨清算的重要工具。同一银行系统异地各行处之间彼此互称联行。联行之间因发生国内外支付结算业务,或内部资金调拨而引起的资金账务往来称为联行往来。

联行往来是银行会计核算的重要组成部分,联行往来的核算过程,就是国民经济通过银行不同行处划拨清算的过程。各家银行的联行系统,根据机构设置和业务繁简的不同,有的划分为总行、分行和支行三级管理的联行往来体制,有的划分为总行和分行两级管理的联行往来体制。

联行往来分为三个层次,分别是全国联行往来、分行辖内往来和支行辖内往来。

① 全国联行往来,适用于总行与所属各级分支之间以及不同省、自治区、直辖市各机构之间的资金账务往来,全国联行往来账务由总行负责监督管理。

② 分行辖内往来,适用于省、自治区、直辖市分行与所辖各分支机构之间以及同一省、自治区、直辖市辖内各银行机构之间的资金账务往来。分行辖内联行往来账务由分行负责监督管理。

③ 支行辖内往来,适用于县(市)支行与所属各机构之间以及同一县(市)支行内各机构之间的资金账务往来,其所涉及的账务由县(市)支行管理监督。

2. 联行往来系统的发展

1985 年,中国人民银行决定对银行间资金往来清算实行邮局传递支付凭证、人民银行转汇清算的"手工联行往来"模式,1996 年以前,我国商业银行联行往来及资金清算采取"直接往来,轧计汇差,集中对账,定期清算"的管理方式,采用的是全国手工联行系统,人民银行和中国工商银行、中国农业银行、中国建设银行和中国银行都有自己的全国手工联行系统。

1996 年底以后,四大国有商业银行全都以全国电子资金汇兑系统代替了原来的手工联行,该系统是手工联行系统的自动化形式。采取"实存资金、同步清算、头寸控制、集中监督"的资金管理办法。新的管理办法减少了联行级次,实现了资金汇划与清算同步,提高了资金的使用效益,解决了资金积压的问题。

资金汇划清算体系是商业银行根据其业务特点,利用计算机网络系统建立起来的与商业银行统一法人制和企业化管理相适应的新的联行往来核算系统。该系统利用先进的计算机网络系统,将发、收报行之间的横向资金往来转换成纵向的资金汇划,资金汇划快捷,清算及时,减少了在途时间,防止相互存欠。

3. 联行往来系统介绍

(1) 全国手工联行系统

1983 年以来,人民银行和四大国有银行相继建立了自己的手工联行系统,通过自身的联行系统进行异地汇划和资金调拨。手工联行是一家银行内的转账系统,所以其系统参与者是同一家银行的各分/支行。手工联行系统分为全国、省辖和县辖三级联行。一般采用电汇或信汇方式在发起行和接收行之间直接交换支付工具。

手工联行所处理的业务,对于商业银行的系统,贷记和借记支付业务都可以办理。对于人民银行的系统,办理的支付业务包括人民银行各分/支行间资金划拨、国库款项的上缴下拨及划转以及商业银行内大额资金(50万元以上)转账。

对于商业银行手工联行,由于其参加者是一家商业银行的各支/分行,所以通常不存在信用风险。但是,参加者确实面临流动风险。对于人民银行的手工联行系统,不允许透支,即一家商业银行分行只有其清算账户有足够余额的情况下,才能发出支付指令。

(2) 电子资金汇兑系统

自1996年底起,四大国有商业银行都用电子资金汇兑系统取代了原来的手工联行。各商业银行的电子资金汇兑系统具有大致相同的框架结构,业务处理流程也基本相同。当然在网络结构、技术平台等方面,各系统不尽相同。与原来的手工联行相比,电子支付指令经各级处理中心进行交换,取代了在发起行和接收行之间直接交换纸票据,因而支付清算速度大大加快。

一家银行所有的分/支行都是其系统内电子汇兑系统的合法参与者。电子汇兑系统具有多级结构,包括全国处理中心、几十个省级处理中心、数百个城市处理中心和上千个县级处理中心。一家分行必须在每一级处理中心开设单独的账户,各级分行接受纸凭证支付项目,将纸票据截留后以电子方式发往相应的处理中心。处理中心在当天或第二天营业前将净额结算头寸通告分支机构。

5.2.3 商业银行行内清算业务种类

商业银行行内清算业务种类包括商业银行系统内人民币结算和系统内外汇清算业务。人民币结算业务包括汇划业务、清算业务和结算业务。外汇资金清算主要包括:与境外账户行网络清算、系统内往来清算和境内同业网络清算;系统内外汇清算业务是指付款人和收款人的开户行属于同一家商业银行,通过行内的清算系统进行外汇资金划拨完成的资金清算。

汇划业务包括汇兑、托收承付、委托收款、银行汇票、信用卡、内部资金调拨、代缴学费、网银业务资金清算、金卡业务资金清算等。清算业务包括备付金上存、调回、调账,系统内借款及归还借款、人民银行渠道借款及归还借款、两家分行资金横调、资金市场清算、定期存款到期支取等。结算业务包括银行汇票签发、兑付、挂失、解挂、未用退回,银行汇票系统外划回、应解汇款登记和解汇等。

汇兑是汇款单位委托银行将款项汇往异地收款单位的一种结算方式。汇兑根据划转款项的不同方法以及传递方式的不同可以分为信汇和电汇两种,由汇款人自行选择。

托收承付是指根据购销合同由收款人发货后委托银行向异地购货单位收取货款,购货单位根据合同核对单证或验货后,向银行承认付款的一种结算方式。

委托收款是收款人委托银行向付款人收取款项的结算方式。单位或个人凭已承兑的商业汇票(含商业承兑汇票和银行承兑汇票)、国内信用证、储蓄委托收款(存单)、债券等付款人债务证明办理款项结算的,均可使用委托收款结算。委托收款结算在同城、异地都可以办理,没有金额起点和最高限额。

银行汇票是指由出票银行签发的,由其在见票时按照实际结算金额无条件付给收款人或者持票人的票据。银行汇票的出票银行为银行汇票的付款人。单位和个人各种款项的结算,均可使用银行汇票。银行汇票可以用于转账,填明"现金"字样的银行汇票也可以用于支取现金。

内部资金调拨是指商业银行内部资金的划拨,是商业银行日程运作中的重要组成部分。各个银行由传统的三级联行体制转变为更加科学、高效的实时清算系统,提高了资金运用效率。

网络银行业务是银行借助个人电脑或其他智能设备,通过互联网技术或其他公用信息网,开展的通过网络提供金融服务。业务类型一般包括信息服务、交易服务及其他增值服务等。

5.3 银行间清算

金融机构往来是指不同系统银行之间的账务往来,金融机构之间不论出于何种原因发生的相互占用资金的行为,均作为金融机构往来。具体来说,金融机构往来是商业银行与商业银行之间,商业银行和人民银行之间,商业银行与非银行金融机构之间,由于办理资金划拨、结算等业务而引起的资金账务往来。

5.3.1 银行间清算概述

与联行对比,不同系统的各银行之间则互称代理行或同业,人们习惯上把国内不同系统的金融机构称为同业。

同业间清算是金融机构之间为实现客户委办业务和自身需要所进行的债权债务清偿和资金划转。各国政府对银行间清算安排,包括制度建设、系统设计、操作规则等予以高度重视,并赋予中央银行管理监督行间清算的职权。商业银行或者其他金融机构之间进行的资金往来,必须通过中央银行或者商业银行联办的票据交换所进行结算,其差额一般通过中央银行在各商业银行账户上转账实现。

银行同业清算可以通过净额结算和全额结算两种形式进行。

净额结算是指结算系统在设定的时间段内,对市场参与各方账户上的余额进行相互冲减,之后才转移剩余资金的结算方式。净额结算是在指定时间段内只有一个结算净额,从而降低了市场参与者的流动性需求、结算成本和相关风险,也提高了市场参与者,尤其是做市商投资运用和市场运作的效率。但同时净额结算实际上是一个交易链,要求指定时间段内所有的结算都顺利进行,如果有某个参与者无法进行结算,则会对其他参与者的结算带来影响,甚至给整个市场带来较大的系统性风险。净额结算比较适合交易非常频繁和活跃的市场,尤其是在交易所撮合交易模式和做市商机制比较发达的场外市场,这种结算模式需要结算系统与资金清算系统紧密合作。净额结算也有不同的分类,按参与净额结算各方的关系区分,有双边净额结算和多边净额结算两种方式。在多边净额结算中,按照结算机构在结算中是否担当中央对手方,可以分为中央对手方净额结算和非中央对手方净额结算两种模式。

全额结算(gross settlement)支付系统对各金融机构的每笔转账业务进行一一对应结算,而不是在指定时点进行总的借、贷方净额结算。逐笔全额结算是最基本的结算方式,适用于高度自动化系统的单笔交易规模较大的市场。在全额结算过程中,结算机构并没有参与到结算中去,不对结算完成进行担保。全额结算的优点在于:由于买卖双方是一一对应的,每个市场参与者都可监控自己参与的每一笔交易结算进展情况,从而评估自身对不同对手方的风险暴露;而且由于逐笔全额进行结算,有利于保持交易的稳定和结算的及时性,降低结算本金风险。其缺点在于会对频繁交易的做市商有较高的资金要求,其资金负担会较大,结算成本也会较高。

5.3.2 中央银行在银行间清算中的地位

金融机构需要在中央银行开立账户(清算账户),中央银行拥有国家最终清算权威机构的特殊地位。中央银行要求金融机构在账户中保持一定的余额,用以保证清算的顺利进行,金融机构之间的债权债务和应收应付款项通过其在中央银行账户的借、贷记进行划转结算。

参与清算银行的资金来源包括在中央银行储备账户内的存款余额、中央银行信贷、通过货币市场接入的临时性资金、由于结算时隔所产生的在途资金。中央银行对银行的流动性管理有所要求,有些央行对其支付系统的总流动性、总转账规模、已转账规模等进行检测,有些央行则对每个银行的流动性状况进行监控。

中央银行在银行间清算中,既是清算体系的参与者,也是清算体系的监督管理者。

5.3.3 中央银行支付清算职责

中国人民银行作为全国金融业的清算中心,担负着为银行业金融机构提供以下清算业务的职责。

(1) 集中办理票据交换

在银行业的发展过程中,随着票据业务的发展,各银行都会收进客户交存的其他银行的票据,由此便产生了各银行之间的资金收付结算问题,人们在银行实践中发现,通过相互轧抵应收款项,结付其差额的方法结清债权债务,不仅使结算安全、省力,而且使结算更为迅速、方便,票据清算所便由此诞生。随着中央银行制度的建立和发展,票据清算所已成为中央银行业务中的重要机构。因此,集中办理票据交换就成为中央银行的清算业务之一。由于各商业银行和其他金融机构都必须将存款的一定比例向中央银行交存存款准备金,所以在中央银行都开设活期存款账户,因而商业银行和其他金融机构之间持有本行应收应付票据与其他银行收进的该行的票据进行交换,由票据交换产生的应收、应付账款,均可通过中央银行办理转账结算,票据交换后的债权债务差额也得以划转。

(2) 办理异地的资金转移

异地资金转移,如各行异地汇兑等都要通过中央银行办理业务,总体来讲可以分为两类,一是先由各银行通过内部联行系统划转,再由其总行通过中央银行办理转账清算;二是把异地票据集中送到中央银行总行办理轧差转账。

(3) 电子联行系统的发展

电子联行系统是目前在金融卫星通信专用网上运行的主要系统,其基本功能是中央银行能够迅速、准确、安全、方便地处理全国异地资金支付汇总的划转和清算,实现资金流动的及时监测调度,从而进一步实现全国资金的高效率运转,并为中央银行监测宏观经济提供有力的工具。

(4) 提供证券交易的资金清算服务

证券交易债券债务的清讫,在全国建有证券结算系统。中央银行对证券结算系统的运行十分重视。美国政府证券交易主要通过美联储的Fedwire簿记证券系统完成资金的最后结算;英格兰银行提供中央金边证券系统和中央货币市场系统的结算服务。中国银行间债券市场的债券系统是银行间债券市场的重要基础设施之一,由中央结算开发和运营。

5.3.4 银行间清算流程

1. 票据交换程序

票据交换,也称票据清算,一般指同一城市(或区域)各金融机构对相互代收、代付的票据,按照规定时间和要求通过票据交换所集中进行交换并清算资金的一种经济活动,如图5.1所示。它是银行的一项传统业务,票据交换业务不仅涉及银行间票据的交换与清算,而且还牵涉社会资金的使用效益等。

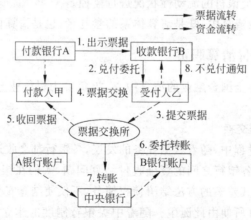

图 5.1 票据交换过程

同城票据交换指同城有关商业银行和金融机构之间相互代收代付款项的凭证按规定的时间和场次统一在某一场所进行交换,并札记往来行之间应收应付差额,由主办清算行(人民银行)以转账方式进行资金清算。

同城票据交换的具体做法主要有以下两种:

① 同城商业银行间本系统内票据交换。由同城商业银行的主管行牵头,对辖内各营业机构代收、代付本系统的票据组织交换,通过同城行处的往来科目划转,当日或定期通过联行往来科目进行清算。

② 同城商业银行间跨系统票据交换。根据各商业银行机构设置和在央行开立存款

账户的情况,采取三种不同的票据交换额。一是当时清算的办法。二是如果各商业银行的所属机构都直接通过在央行的存款账户进行资金清算的办法。三是对业务量不大的地区的跨系统票据交换,采取直接交换、当时清算资金的办法。

2. 异地跨行清算程序

异地跨行清算中的清算中心实际上就是大额支付系统,多数国家由中央银行拥有并经营清算中心,直接参与跨行、跨地区的支付清算。例如,我国的全国电子联行系统就承担了商业银行之间及商业银行内部一定金额以上的大笔结算,还有美国的FEDWIRE系统等。异地跨行清算程序如图5.2所示。

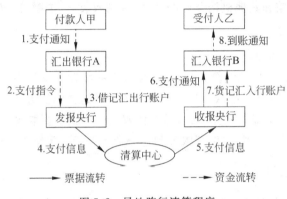

图5.2 异地跨行清算程序

5.4 国际结算

5.4.1 国际结算概述

1. 国际结算的定义

国际结算是指国际间由于政治、经济、文化、外交、军事等方面的交往或联系而发生的以货币表示债权债务的清偿行为或资金转移行为,分为有形贸易和无形贸易两类。有形贸易引起的国际结算为国际贸易结算。无形贸易引起的国际结算为非贸易结算。国际结算业务是通过两国银行办理的由贸易或非贸易引起的债权债务的清偿,它以国际贸易为前提,又是商业银行的一项基础业务类属中间性业务。

国际结算与国内结算的区别主要包括以下三点:

① 货币的活动范围不同,国内结算在一国范围内,国际结算是跨国进行的。

② 使用的货币不同,国内结算使用同一种货币,国际结算则使用不同的货币。

③ 遵循的法律不同,国内结算遵循同一法律,国际结算遵循国际惯例或根据当事双方事先协定的仲裁法。

国际结算的产生与发展与国际贸易、国际航运业、保险业、金融业以及国际通信技术的发展有着密切关系。随着商品经济的发展,国际结算的发展也是从低级到高级、由简单到复杂、从单一向多元化发展,结算工具由最初的现金结算发展到票据结算,银行介入到国际结算中,从原始的国际结算方式过渡到现代的国际结算方式。

2. 国际结算的分类

国际结算一般分为国际贸易结算和非贸易国际结算两大类。

国际贸易经常发生贷款外结算,以结清买卖双方间的债权债务关系,称为国际贸易结算,它是建立在商品交易货物与外汇两清基础上的结算,是国际结算的基础。

非贸易国际结算是指以货币结算国际间进出口贸易货款以外的债权和债务,内容包括贸易交往中的各项从属费用,如运输、保险、银行手续费等,以及其他与贸易无关的属于劳务性质的非实物收支,如出国旅游费用、侨民汇款、外币兑兑、国外投资和贷款的利润、利息收益、驻外使领馆和其他机构企业的经费、专利权收入、馈赠等,又称无形贸易结算。

3. 国际结算方式

国际结算有以下两种:

① 以商业信用为基础的结算方式,是指债权人的收款不是取决于银行而是取决于非银行的企业或个人的资信。汇款和托收是比较典型的这类结算方式。

② 以银行信用为基础的结算方式,是指债权人的收款主要取决于银行的资信。跟单信用证、银行保函、备用信用证、保理服务和包票业务属于这类结算方式。

5.4.2 国际结算工具

国际结算主要是非现金结算,使用的支付工具主要有票据,票据是出票人签发的无条件约定自己或要求其他人支付一定金额,经背书可以转让的书面支付凭证。票据一般包括汇票、本票、支票。

1. 汇票

汇票(Bill of Exchange/Postal Order/Draft)是由出票人签发的,要求付款人在见票时或在一定期限内,向收款人或持票人无条件支付一定款项的票据。汇票是国际结算中使用最广泛的一种信用工具。

汇票从不同角度可分成以下几种:

① 按出票人不同,可分成银行汇票和商业汇票。对于银行汇票(Bank's Draft),出票人是银行,付款人也是银行。对于商业汇票(Commercial Draft),出票人是企业或个人,付款人可以是企业、个人或银行。

② 按是否附有包括运输单据在内的商业单据,可分为光票和跟单汇票。光票(Clean Draft),指不附带商业单据的汇票。银行汇票多是光票。跟单汇票(Documentary Draft),指附有包括运输单据在内的商业单据的汇票。跟单汇票多是商业汇票。

③ 按付款日期不同,汇票可分为即期汇票和远期汇票。汇票上付款日期有四种记载方式:见票即付(at sight)、见票后若干天付款(at days after sight)、出票后若干天付款(at days after date)、定日付款(at a fixed day)。若汇票上未记载付款日期,则视作见票即付。见票即付的汇票为即期汇票。其他三种记载方式为远期汇票。

④ 按承兑人的不同,汇票可分成商业承兑汇票和银行承兑汇票。远期的商业汇票,经企业或个人承兑后,称为商业承兑汇票。远期的商业汇票,经银行承兑后,称为银行承

兑汇票。银行承兑后成为该汇票的主债务人,所以银行承兑汇票是一种银行信用。

2. 支票

支票(Cheque,Check)是出票人签发,委托办理支票存款业务的银行或者其他金融机构在见票时无条件支付确定的金额给收款人或持票人的票据。支票可分为现金支票和转账支票。支票一经背书即可流通转让,具有通货作用,成为替代货币发挥流通手段和支付手段职能的信用流通工具。运用支票进行货币结算,可以减少现金的流通量,节约货币流通费用。

支票包括很多种类,下面介绍几种支票。

记名支票是在支票的收款人一栏,写明收款人姓名,取款时须由收款人签章,方可支取。

不记名支票又称空白支票,支票上不记载收款人姓名,只写"付来人"(Pay bearer)。取款时持票人无须在支票背后签章,即可支取。此项支票仅凭交付而转让。

划线支票是在支票正面划两道平行线的支票。划线支票与一般支票不同,划线支票非由银行不得领取票款,故只能委托银行代收票款入账。使用划线支票的目的是为了在支票遗失或被人冒领时,还有可能通过银行代收的线索追回票款。

保付支票是指为了避免出票人开出空头支票,保证支票提示时付款,支票的收款人或持票人可要求银行对支票"保付"。保付是由付款银行在支票上加盖"保付"戳记,以表明在支票提示时一定付款。支票一经保付,付款责任即由银行承担。出票人、背书人都可免于追索。付款银行对支票保付后,即将票款从出票人的账户转入一个专户,以备付款,所以保付支票提示时,不会退票。

银行支票是由银行签发,并由银行付款的支票,也是银行即期汇票。银行代顾客办理票汇汇款时,可以开立银行支票。

旅行支票是银行或旅行社为旅游者发行的一种固定金额的支付工具,是旅游者从出票机构用现金购买的一种支付手段。

3. 本票

我国票据法第73条规定本票的定义是:本票是由出票人签发的,承诺自己在见票时无条件支付确定的金额给收款人或持票人的票据。第2款接着规定,本法所指的本票是指银行本票,不包括商业本票,更不包括个人本票。

本票按其出票人身份为标准,可以分为银行本票和商业本票。银行或其他金融机构,为出票人签发的本票,为银行本票。银行或其他金融机构以外的法人或自然人为出票人签发的本票,为商业本票。

① 商业本票(PROMISSORY NOTE):出票人为企业或个人,票据可以是即期本票,也可是远期本票。

② 银行本票(CASHER'S ORDER):出票人是银行,只能是即期本票。

5.4.3 国际支付清算系统介绍

支付清算体系是指由提供支付清算服务的中介机构和实现支付指令传递及资金清算

的专业技术手段共同组成,用以实现债权债务清偿及资金转移的一种金融安排。我国已经建立了一个以中央银行实时全额支付系统为核心、以商业银行等社会零售支付系统为基础的支付清算体系。跨国清算程序如图5.3所示。

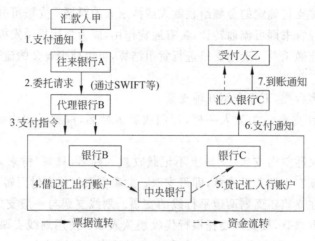

图5.3 跨国清算程序

1. 中国——境内外币支付系统

境内外币支付系统为我国境内银行业机构和外币清算机构提供外币支付服务的实时全额支付系统,它是我国第一个支持多币种运营的外币系统,2008年4月28日中国境内外币支付系统成功运行。

境内外币支付系统逐笔实时发送支付指令,全额清算资金,主要为境内银行业金融机构提供美元、欧元、港币、日元等8个币种的境内外币支付清算服务。系统有中国人民银行清算总中心负责对支付指令进行接收、清算和转发,由代理结算银行负责对支付指令进行结算。

为防范风险,中国人民银行发布了《境内外币支付系统管理办法》、《境内外币支付系统代理结算银行管理规定》等一系列规章制度,对系统相关各方在准入规则、风险管理、结算安排、收费策略等方面的权利和义务进行全面的规定。中国人民银行将依法对参与者、特许参与者、代理结算银行和清算总中心有关行为进行检查监督,以确保境内外币支付系统的安全、稳定、高效运行。

境内外币支付系统的建成运行,对于满足我国境内商品及劳务服务交易对安全、高效的外币支付服务的需求,适应和促进我国经济发展具有重要的意义。

2. 美国——联邦资金转账系统(Fedwire)

Fedwire是由美国联邦储备委员会管理与担保的资金转账服务系统,主要用于国家支付服务,是一个交叉清算系统。1913年建立,Fedwire将全美划分为12个联邦储备区、25个分行和11个专门的支付处理中心,它将美国联储总部、所有的联储银行、美国财政部及其他联邦政府机构连接在一起,提供实时全额结算服务,主要用于金融机构之间的隔夜拆借、行间清算、公司之间的大额交易结算,美国政府与国际组织的记账债券转移业务等。

1996 年 Fedwire 的用户达 9500 个,全年支付交易量 249 万亿美元,平均日支付量 9890 亿美元,平均每次支付金额为 300 万美元。

Fedwire 是一个实时的交叉性清算系统(RTGS),它由高速的全国性传输网络 FEDNET 连接金融机构和用户;所有的交易记录、基金管理均实现了计算机化管理。1997 年其支付报文格式有了进一步发展,可兼容 CHIPS 和 SWIFT 的格式,便于交叉清算和结算。

3. 美国——清算所银行同业支付系统(CHIPS)

CHIPS 是美国主要的大额电子支付系统之一,它由纽约清算所协会(NYCHA)拥有并管理。于 1970 年建立,是跨国美元交易的主要结算渠道。CHIPS 的参加银行主要包括如下三类:①纽约交换所的会员银行;②纽约交换所非会员银行;③美国其他地区的银行及外国银行。CHIPS 开创于 1970 年,作为替代国际性美元支票的电子方式的支付。CHIPS 主要用于与外汇交易相关的美元、欧元的支付。

1996 年底,有来自 29 个国家的 103 个单位使用 CHIPS 进行资金传输。这些参与单位主要是商业银行和投资公司。作为 CHIPS 参与单位,这个金融机构必须在纽约开设分行或办事处。如果一个非参与单位要通过 CHIPS 传输资金,它必须委托一家参与机构进行传输活动。

4. 英国——清算所自动支付系统

清算所自动支付系统(Clearing House Automated Payments System,CHAPS)处理大额同日英镑转移的主要支付系统,属于批发性支付系统。英国的 11 家清算银行和英格兰银行共 12 家银行通过此系统集中进行票据交换,其他商业银行则通过其往来的交换银行交换票据。

CHAPS 可分为 CHAPS 英镑(1996 年实施)和 CHAPS 欧元(1999 年实施两个系统),后者通过其与 TARGET(欧洲的欧元清算体系)的联系,便利英国国内与境外交易者之间的欧元批发性支付。

虽然 CHAPS 主要是一个批发性的支付系统,但 CHAPS 使用的最快增长却是由零售客户引起的支付。CHAPS 允许银行以自己的账户或代表客户对其他银行发放有担保的、不可撤销的英镑信贷,结算通过在英格兰银行持有的清算账户进行。

5. 日本——银行金融网络系统(BOJ-NET)

日本的银行间支付结算体系主要包括 4 个系统,其中三个由私人部门运营,分别是汇票和支票清算系统(BCCS,Bill and Cheque clearing system),用于对提交到同城清算所的汇票和支票进行清算;全银数据通信系统(Zengin Data Telecommunication System,Zengin System),用于零售贷记转账交易的清算;以及外汇日元清算系统(FXYCS,Foreign Exchange Yen Clearing System),用于外汇交易中日元部分的清算。另一个是由日本银行负责运营的日本银行金融网络系统(Bank of Japan Net Funds Transfer

System,BOJ-NET),主要用于结算银行债务,包括私营清算系统清算后产生的净债务。2001年该系统由传统的定时清算系统(Designated-time net settlement,DNS)升级为实时全额结算(Real Time Gross Settlement,RTGS)系统。

不同类型的证券在不同的机构存管。日本银行作为日本政府债券(Japan Government Bond,GJB)的中央证券存管机构(Central securities depository,CDS)参与证券结算系统的运行;日本证券存管中心(Japan Securities Depository Center,JASDEC)是股票的中央证券存管机构。其他类型的债券没有CDS,它们与为数众多的证券登记机构和日本债券结算网络(Japan Bond Settlement Network,JB Net)一起组成了公司债券和其他证券的结算系统。各种债券以及交易所股票交易的结算均采用券款对付(Delivery Versus Payment,DVP)的结算方式。

在零售支付中,小额支付大量使用现金。企业和个人之间则广泛使用电子转账服务,这类支付方式包括直接借记和直接贷记。虽然电子货币和借记卡的使用非常有限,但是信用卡的使用却非常普遍。由政府经营的邮政局提供的邮政储蓄账户和邮政转账服务也被公众广泛使用。

零售支付服务渠道出现多样化趋势,新的支付手段,如互联网和移动电话和传统支付渠道如银行窗口和自动柜员机等并行存在。便利店已经成为缴纳公有事业费最常用的地点。

5.4.4 S.W.I.F.T.

1. S.W.I.F.T.介绍

S.W.I.F.T.是一个国际银行同业间非盈利性的国际合作组织,成立于1973年5月,总部设在比利时布鲁塞尔,董事会是最高权力机构。S.W.I.F.T.组织为其会员提供安全、可靠、标准化、自动化的通信服务,所建立的金融通信服务系统可以满足国际间大量资金的安全、可靠、快速的传输需要。

S.W.I.F.T.组织在荷兰和美国设有两个运行中心,数据库设在美国,各会员国设有地区处理站,北京办事处于1999年成立。S.W.I.F.T.在香港、荷兰和美国分别建立了用户支持中心(Customer Support Center,CSC),负责培训用户、安装产品、并提供相关资料。

S.W.I.F.T.初期仅限银行使用,1989年开始服务于非银行金融机构,目前S.W.I.F.T.的用户包括银行、资金交易公司、投资管理公司、股票交易所等主要金融机构,并连接了国际上许多的支付系统、清算系统、结算系统及银行企业用户等。S.W.I.F.T.的业务也从最初的金融报文传输处理服务(简称FIN)扩展到全方位的金融信息传输、处理及服务,涵盖了支付、证券、债券和贸易金融4个方面。

S.W.I.F.T.在促进世界贸易发展、加速国际金融结算、促进国际金融业务的现代化和规范化等方面,发挥着重要的作用,在帮助顾客降低成本、简化操作程序、提高自动化处理水平和加强风险控制方面,取得了良好的效果。

2. S.W.I.F.T.服务内容

S.W.I.F.T.为金融市场提供4个方面的服务：支付、证券、债券、贸易金融，如图5.4所示。

S.W.I.F.T.支持金融机构的数据传递和处理，可为会员银行提供高效率的服务和日常事务处理功能，主要包括报文服务、接口服务、解决方案服务、信息服务等，具体服务内容见表5.2。

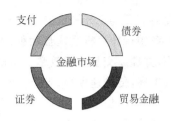

图5.4 S.W.I.F.T.为金融市场提供的服务

表5.2 S.W.I.F.T.服务内容

S.W.I.F.T.服务	支付(Payments)	证券(Securities)	债券(Treasury)	贸易金融(Trade Services)
报文服务	FIN：具有自动化处理能力的结构化金融报文传输处理 FIN Copy：应用于清算、结算支付、证券及其他金融的存储服务，第三方公证 FileAct：安全文件传输服务 InterAct：交互式报文传输服务 Browse：远程服务器浏览服务			
接口服务	SWIFT Alliance Access：大型用户使用，运行于UNIX平台 Entry：小型用户使用，运行于PC Windows NT平台 Gateway：高级用户使用，用于大量用户的接口 PC Connect：连接PC用户到S.W.I.F.T.报文处理系统的接口，用于业务量小的部门 WebStation：安全文件传输服务(FileAct)的接口 Messenger：交互式报文传输服务(InterAct)的接口 Starter Set：连接SWIFTNet产品到统一网络窗口的接口			
解决方案	Bulk Payments：批量支付	Data Distribution：数据发送	Accord：外汇交易确认 Affirmations：报文确认 Funds：开放式投资基金发行	CLS Third Parth Service：第三方持续连接结算服务 FIX：金融信息交换
	Banking Markets Infrastructures：银行业市场报文解决方案 Cash Reporting：现金报告 Payments Clearing：支付清算 MA-CUGs：封闭用户组			
信息服务	BIC Online：全球金融机构地址码在线查询 BIC Publication Portal：全球金融机构地址码查询入口 FileAct Directory：文件传输查询 SWIFT Solutions Directory：解决方案查询 SWIFT Watch Portfolio：金融机构S.W.I.F.T.使用情况在线报告和分析			
其他服务	全球用户服务：全年24小时支持服务 认证技术服务			

3. S.W.I.F.T.主要特点

目前，银行间信息的传递主要采用S.W.I.F.T.进行。S.W.I.F.T.系统提供的通信服务全部采用标准化的处理程序和报文格式，这些处理程序和报文格式由S.W.I.F.T.根据

第5章 电子清算与结算

业界需要制定并提供给会员银行及用户使用,因此 S.W.I.F.T. 系统的通信服务可直接由各银行计算机系统自动处理交易,中间不必经过转换和重新输入,这就可以减少出错率,并提高交易处理效率。与电传、电报相比,S.W.I.F.T. 通信方式具有标准化、自动化程度高,传输速度快,安全性好、节约成本等优点。

① 标准化、自动化程度高。S.W.I.F.T. 标准在金融通信领域占有主导地位。S.W.I.F.T. 根据金融市场的需求和实际运作,建立了标准化的处理程序和报文格式,如 MT 报文标准、XML 报文标准、操作和校验的程序代码等,它们从业务、逻辑和物理三个层面组成 S.W.I.F.T. 的标准。S.W.I.F.T. 与金融机构共同开发了 10 大类 MT 报文格式,处理金融机构间的客户汇款、金融机构汇款、债券市场、外汇交易、货币市场及衍生产品、托收与现金运送单、证券市场、贵金属与银团、信用证与担保、旅行支票、现金管理与客户情况等主要金融业务。通过运用这些标准化报文格式可以实现金融业务的自动化处理,减少会员银行之间由于对报文的理解不同而引发的纠纷,提高处理效率,简化处理程序。

② 传输速度快。以一份 S.W.I.F.T. 发报为例,只要收发报双方与 S.W.I.F.T. 联网,该份报文自发报方发出后,只需数秒即可到达收报方。

③ 安全性好。通过 S.W.I.F.T. 传递的所有金融报文均做全文加密并自动加押,S.W.I.F.T. 密押是在代理行之间交换的,仅供双方在收发 S.W.I.F.T. 报文时使用。与传统的电传密押相比,S.W.I.F.T. 密押的可靠性、保密性、自动化程度更高,可防止报文泄密或被篡改。同时,银行在发出报文后可以收到 S.W.I.F.T. 的确认,从而保障了金融报文的安全。此外,S.W.I.F.T. 还为银行承担因信息遗失而蒙受的损失。

④ 节约成本。主要体现在以下几方面:通过统一网络窗口,与不同金融机构交换信息;集中的信息流;共享、可重复使用的报文平台;可以低成本获得高扩展性能;开放式标准支持自动操作和直通式处理。

⑤ 清算风险低。S.W.I.F.T. 并不持有其机构的账户,因此不会产生直接的清算风险。此外,它的报文传输服务能够帮助持有账户的机构控制清算风险,比如 FIN Copy 服务支持部分支付信息被复制至一个中央系统供清算之用。

⑥ 核查和控制管理方便。S.W.I.F.T. 对发送和接收的报文都有详细的记录,以便核查。

4. S.W.I.F.T. 网络结构

最初 S.W.I.F.T. 网络使用 S.W.I.F.T. 专用连接协议,1995 年后全部改用 X.25 协议进行网络连接。S.W.I.F.T. 利用各国的公共分组数据网进行连接,形成世界范围的增值专用金融数据网络。

新一代的 SWIFTNet 网络使用 IP 协议,并逐步连接成为开放性公共网络(因特网)的一部分。SWIFTNet 的金融数据传输服务是对基于专用 X.25 传输网络的 S.W.I.F.T. 金融数据传输服务 FIN 的升级,它可以实现用户本地运行环境与 SWIFTNet 网络的无障碍连接。2004 年,欧洲已经完成了从 X.25 技术向基于 IP 协议的新平台 SWIFTNet 的迁移。

(1) 传统的 S.W.I.F.T. 网络结构

传统的 S.W.I.F.T. 网络基于 X.25 协议,采用四层结构。网络控制由设置在系统控制中心(SCC)的系统控制处理机(SCP)完成,它控制和监测网络的片处理机(SP);片处理机通过区域处理机(RP)发送和存储事务,区域处理机经过 S. W. I. F. T. 系统连接到用户终端。

- 系统控制中心(SCC)。系统控制中心设置有系统控制处理机(SCP),SCP 的管理系统和超级网络控制功能叠加到片网络控制级。
- 系统控制处理机(SCP)。SCP 的监督和控制功能,包括验证用户的登录、新软件和数据信息的引入,整个网络硬件、软件功能的监督,远程无人值守站、系统内任何点事故发生后的恢复和所要求处理的检测等内容。作为 S. W. I. F. T. 系统的关键设备,SCP 要求保证在发生问题时有 3 套备份设备可应用。
- 片处理机网络(SP)。所谓片网络,是指包含处理机系统,可以暂时脱离其他片而自行处理业务的计算机网络。它包括一个片处理机(SP),可以完成通常的金融事务处理功能和一个或多个区域处理机(RP),解决局域网和 S. W. I. F. T. 系统之间的不同通信规程之间的通信。片网络连接到 SP、RP 和其他设备(如合作处理机(COP))上需要适应当地要求或约束。片处理机主要对被处理事务信息进行传递或存储,同时也产生和处理系统报文信息。运行的 SP 数量取决于报文传输量,SP 由 SCC 控制。
- 区域处理机(RP)。RP 是 S. W. I. F. T. 的进出口。组成相同的各区域处理机的基本功能是验证成员和用户银行所接收的事务数据报文,然后安全地存储事务文件和原始的输入、输出数据,进行事务排队和交付输出。

CBT 是计算机终端设备,处理用户的连接要求,它通过 S. W. I. F. T. 的连接点(SAP)进入 S. W. I. F. T. 网络系统,发送和接收报文。CBT 可通过国家公共数据网络 X. 25、DDN、电话专线或拨号电话线等各种方式连接 SAP。

(2) SWIFTNet 网络结构

随着互联网技术的高速发展,S. W. I. F. T. 所构建的网络系统(X. 25 网)已不能满足用户的多层次需求。因此,在 2000 年 S. W. I. F. T. 组织的 SIBOS 年会上,S. W. I. F. T. 宣布将使用 SWIFTNet 的安全 IP 网替代当时的 X. 25 网,通过最新的互联网技术,为全球 S. W. I. F. T. 用户提供更具突破性的服务。在 SWIFTNet 网络架构下,金融机构仅需一个接口,便可与多个代理行和客户进行信息沟通、交易。

SWIFTNet 系统是开放的、基于 IP 网络连接方式的系统,分为四层,自底向上分别为 SWIFTNet 网络连接层、报文平台层、交易服务专用接口层和业务应用层。

- SWIFTNet 网络连接层。SWIFTNet 网络连接层是基于 IP 协议的、安全、开放、全球化的专用通信网络(SIPN,Secure IP Network),面向全球用户实现无缝连接,无论是大银行还是中小型金融机构都可以方便地连接。该网络通过用户设备 M-CPE 与 SWIFT Alliance Gateway 接口相连。
- 报文平台层。报文平台层的核心组件是 SWIFT Alliance Gateway 接口,中间件适配器负责与主机的通信,SWIFTNet Link 负责与 SWIFTNet 网络的通信。
- 交易服务专用接口层。交易服务专用接口层是可选的,其中 SWIFT Alliance WebStation 是图形用户界面的接口。应用软件可以根据需要自行选择接口,如金融数据传输服务接口、SWIFTNet 接口、文件传输中间件等。
- 业务应用层。业务应用层的应用软件可以生成、接收报文,包括支付、外汇和证券应用系统等。

5.4.5 S.W.I.F.T.在国内银行业的应用

1983年2月,中国银行作为中国外汇外贸专业银行在国内率先加入了S.W.I.F.T.组织,并于1985年5月13日正式开通S.W.I.F.T.通信。中国金融体制改革后,工商银行、农业银行、建设银行等也可以开展外汇外贸业务,于1990年先后加入S.W.I.F.T.组织。至此,四大国有商业银行全部成为S.W.I.F.T.会员。1989年交通银行经中国人民银行批准加入S.W.I.F.T.,成为国内第一家加入S.W.I.F.T.的股份制商业银行。从20世纪90年代开始,中国所有可以办理国际金融业务的股份制商业银行、外资和侨资银行以及地方银行纷纷申请加入S.W.I.F.T.组织,开通S.W.I.F.T.服务。

工商银行于1990年3月成为中国第二家加入S.W.I.F.T.组织的银行。1991年3月1日工行正式开通S.W.I.F.T.业务,成为中国第一家可以直联全国36个省、市一级分行的银行。工商银行系统支持所有FIN报文的收发,主要处理外汇汇款、头寸调拨、外汇买卖、信用证、托收代收、保函、证券市场等业务。

农业银行于1990年加入S.W.I.F.T.组织。经过努力,农行的S.W.I.F.T.报文日处理量由当初的每天几十笔,发展为现在的每天两万笔。S.W.I.F.T.标准在全行有了很大的发展和广泛的应用,采用S.W.I.F.T.方式进行收发报文已占到全行电信总收付量的95%。农行各省级分行的S.W.I.F.T.系统通过农行内部生产网络与总行Alliance系统实现实时的报文传输,通过开发的接口程序与分行业务处理系统(简称BIBS)连接。BIBS系统通过省域网络与各支行及营业网点进行S.W.I.F.T.业务传输。

中国银行作为中国外汇外贸专业银行,于1983年2月加入S.W.I.F.T.组织,并于1985年5月13日正式开通S.W.I.F.T.通信,成为中国第一家加入S.W.I.F.T.组织的银行。中国银行S.W.I.F.T.通信采取集中管理的架构,即总行与S.W.I.F.T.网络进行总连接,总行集中处理全辖的S.W.I.F.T.收发报。在这种管理架构下,形成了以总行为中心,各区域信息中心和省级分行为分中心的二级S.W.I.F.T.网络模式。

建设银行于1990年底加入S.W.I.F.T.组织,目前应用S.W.I.F.T.报文标准涵盖的业务包括国际结算、收付清算、外汇资金交易和QFII托管等。S.W.I.F.T.网络是建设银行从事国际业务的通信主渠道。在应用S.W.I.F.T.标准构建自身国际业务处理平台的过程中,建设银行致力于实现业务集中处理,提高系统自动化水平,降低操作风险。

5.4.6 国内银行的S.W.I.F.T.应用系统

1. 银行一

银行一总行使用SWIFT Alliance 5.5系统,通过SWIFT Alliance Gateway与SWIFTNet网络连接,应用S.W.I.F.T.的FIN报文标准,开发的应用系统能自动生成MTxxx报文,发送到SWIFT Alliance系统,并自动从SWIFT Alliance系统接收MTxxx报文,进行分析处理。

SWIFT Alliance 系统提供了两种接口方式，一种是通过文件拷贝的方式在应用系统和 SWIFT Alliance 系统之间传递 S.W.I.F.T. 报文，使用此方案的应用系统有 PCC 系统、QFII 业务托管服务系统、国际结算系统；另一种是通过接口的方式，实时在应用系统和 SWIFT Alliance 系统之间传递 S.W.I.F.T. 报文，使用此方案的系统包括 Globus 系统、外汇资金清算系统、国际结算单证中心系统。该银行的 S.W.I.F.T. 应用系统架构如图 5.5 所示。

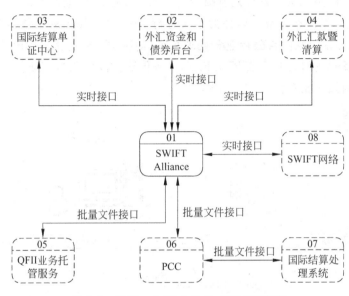

图 5.5　银行—S.W.I.F.T. 应用系统架构

系统实现过程如下：SWIFT Alliance 系统提供银行与 S.W.I.F.T. 的 FIN 报文的收发、密押交换，是 S.W.I.F.T. 报文的唯一出口，该系统与所有后台应用系统都有接口，包括国际结算处理、国际结算单证中心、PCC 系统、外汇汇款暨清算系统等。

(1) 外汇汇款暨清算系统

外汇汇款暨清算系统是银行一向社会各界提供境内、境外外汇汇款、B 股清算和境内、外银行内部外汇资金清算等功能的一个大型的网络应用系统，是在综合业务系统平台基础上，结合外汇汇款业务特点及相关国际惯例开发的全新国际化产品。该系统解决了原业务开办网点少，S.W.I.F.T. 报文业务处理与账务不联动，造成业务处理手工环节多，账务处理模式不统一和客户资金到账时间慢等一系列问题。系统提供个人、对公外汇汇入汇出、头寸调拨、资金清算等功能。

(2) 国际结算处理系统

国际结算处理系统是根据银行一国际业务部有关业务需求研制开发的，系统分成进口信用证、出口信用证、进口代收、出口托收、光票托收、保函、汇款等业务，向银行客户提供完善的国际结算金融服务产品。使客户既可在柜面办理上述国际结算业务，还可使用网络银行等电子媒介进行业务的办理和查询。该系统统一了该行国际结算业务的操作规范，标志着该行国际结算业务的服务水平已经跨入了"电子信息高速公路"的时代，为银行国际结算业务未来的发展开拓了广阔的空间。该系统的业务有进口信用证、出口信用证、代收、托收、光票、保函开立、保函通知、汇入汇款、汇出汇款等,同时还包括部分融资业务,如出口押汇处理、提过担保等,并将融资业务与单证处理过程联动处理。

2. 银行二

银行二的 S.W.I.F.T.应用系统总体上由两个部分构成,一部分是总行的 S.W.I.F.T.应用系统,另一部分是省级分行的 S.W.I.F.T.应用系统。各省级分行的 S.W.I.F.T.应用系统通过银行内部网络与总行 SWIFT Alliance 系统实现实时的报文传输,通过开发的接口软件与分行业务处理系统(简称 BIBS)连接。BIBS 系统通过省域网络与各支行及营业网点进行 S.W.I.F.T.业务传输。该行 S.W.I.F.T.应用系统总体的网络拓扑结构如图 5.6 所示。

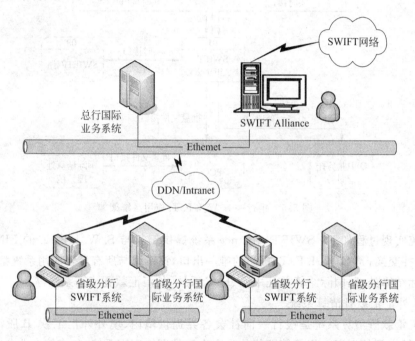

图 5.6　银行二 S.W.I.F.T.应用网络拓扑结构

银行二的 S.W.I.F.T.报文综合处理系统主要由以下几大模块组成。
- 报文处理模块:实现报文的编辑、复核、授权等功能。
- 报文管理模块:统计、查询、打印收发报文信息。
- 报文传输模块:实现与 SWIFT Alliance 之间的报文收发。
- 权限管理模块:管理用户信息及其用户授权信息。
- 系统管理模块:维护系统基本资料,如 S.W.I.F.T. Code、币种信息等。

这些模块以及总行和省级分行的业务主机共同构成了 S.W.I.F.T.应用系统,如图 5.7 所示。

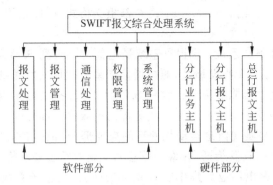

图 5.7　银行二 S.W.I.F.T.应用系统模块构成

3. 银行三

银行三使用的是 IBM 公司的主机系统 MERVA/390(VSE)。该系统可以处理大量 S.W.I.F.T.业务信息,内部提供多个接口与银行后台系统进行连接,外部有两个接口分别连接 S.W.I.F.T.网络和电传系统,这样就形成了以总行和各省市行为中心、总行一个 S.W.I.F.T.出口、一个电传出口,金融信息的收、发、转均经过总行处理后再送到 S.W.I.F.T.或国内各分行的系统布局。

来自各个后台业务系统的报文经过电信业务集中管理与风险控制系统的输入、复核、授权处理,转换成 S.W.I.F.T.标准报文,通过 S.W.I.F.T.或电传出口发送;来自外部的报文则经过电信业务集中管理与风险控制系统的解析并根据不同的业务类型进行裁剪后发送给总行和分行的业务系统。银行三的 S.W.I.F.T.应用系统架构如图 5.8 所示。

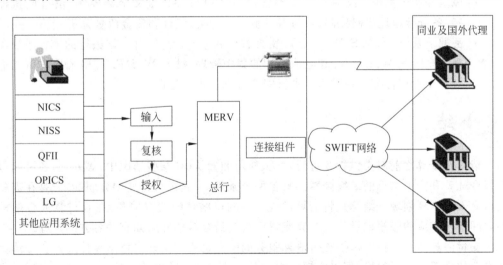

图 5.8　银行三 S.W.I.F.T.应用系统架构

银行三电信业务集中管理与风险控制系统主要包括以下子系统:业务子系统、收报及自动分报子系统、接口子系统、通信子系统、备份及查询子系统、电传子系统、风险控制子系统。

- 业务子系统:包括用户管理、报文录入、报文复核、报文发送、收发报回执、报文转发。业务子系统支持S.W.I.F.T.全部报文格式,可以根据不同业务部门和业务类型进行裁剪。
- 收报及自动分报子系统：收报子系统是电信中心收到S.W.I.F.T.报文后,自动分报处理,根据报文收发地址,通过通信子系统把报文发送到辖内的各级目的行。分报子系统是总行或各级分行收到S.W.I.F.T.报文后根据报文类型、业务编号和账号系统信息把报文分送到各业务部门的收报区和打印区。
- 接口子系统：是实现信息自动化处理的重要部分,银行各应用系统均通过接口子系统实现信息的收发传送,并检查信息格式是否符合要求格式。
- 通信子系统：是电信业务集中管理系统的核心,通信子系统采用了网络化、层次化多级结构,覆盖了总行、省行、地市行、县行,通过银行三的专网实现了实时的信息传送。各类金融信息均可在通信子系统中传输。
- 备份及查询子系统：采用光盘对数据进行定期备份,通过通信子系统把信息传送到备份子系统,并把信息存储在光盘上。总行有全国所有信息的备份,各省行负责备份辖内各行的信息备份。查询子系统可处理日常信息检索任务,如信息需要重新处理,可以反传信息至其他各应用系统。
- 电传子系统：由于全国只有一个电信出口,电传子系统只在总行运行。电传子系统负责判断总行及各分行发送的S.W.I.F.T.格式或报文是通过S.W.I.F.T.方式还是通过电传发送。如经由电传发送,自动经主机传送到电传盒子,经加押后发出。从电传盒子收到的报文经由电传子系统处理后转换成S.W.I.F.T. MT998格式,再经通信子系统发到目的地。
- 风险控制子系统：包括日志管理备份、用户权控制、报文金额控制、信息回执控制、各分行地址代码控制、及对各种业务的分类、统计和资金流量分析。
- 密押子系统：包括S.W.I.F.T.密押管理和电传密押管理。该银行的密押系统实现了全国S.W.I.F.T.和电传密押的集中管理,对S.W.I.F.T.格式报文可以进行自动加押合押。并对密押进行安全可靠的集中管理。

小结

清算是结算之前对支付指令进行发送、核对和确认(在某些情况中)等处理,还可能包括指令轧差和产生结算的最终余额。具备两个条件,一是银行行使中介职能,二是在需要银行介入的结算领域。结算是将清算过程产生的待结算的债权债务,在收付款人金融机构之间进行相应的账簿记录、处理、完成货币资金最终转移并通知有关各方的过程。

支付清算体系是指由提供支付清算服务的中介机构和实现支付指令传递及资金清算的专业技术手段共同组成,用以实现债权债务清偿及资金转移的一种金融安排。目前,我国已经建立了一个以中央银行实时全额支付系统为核心、以商业银行等社会零售支付系统为基础的支付清算体系。

联行往来是指同一银行系统内各行处之间,由于办理结算、资金调拨等业务,相互代理款项收付而发生的资金账务往来,是办理同一银行系统内异地结算业务和资金划拨清算的重要工具。同业间清算是金融机构之间为实现客户委办业务和自身需要所进行的债权债务清偿和资金划转。

国际结算主要是非现金结算，使用的支付工具主要有票据，票据是出票人签发的无条件约定自己或要求其他人支付一定金额，经背书可以转让的书面支付凭证。票据一般包括汇票、本票、支票。S.W.I.F.T.组织为其会员提供安全、可靠、标准化、自动化的通信服务，S.W.I.F.T.通信方式具有标准化、自动化程度高，传输速度快，安全性好，节约成本等优点。

思考题

1. 什么是清算、结算？二者有什么区别和联系？
2. 请列举支付清算体系包括的内容。
3. 中国的支付清算系统包括哪些？
4. 联行往来的定义是什么？联行往来分为几个层次？
5. 中央银行在清算中处于什么地位？有什么职能？
6. 国际结算的工具主要包括哪些？各有什么特点？
7. 请说明什么是 S.W.I.F.T.，S.W.I.F.T.在国内银行业是如何应用的。

参考文献

[1] 智库百科，http://wiki.mbalib.com.
[2] 褚伟. 国际金融中心支付清算体系比较及对上海的启示[J]. 上海金融，2007(1)：12-17.
[3] 央行监管外汇交易风险银行间市场清算所成立[EB/OL]. 中国新闻网，2009 年 11 月 28 日，http://www.chinanews.com.cn/cj/cj-gncj/news/2009/11-28/1989340.shtml.
[4] 城市商业银行资金清算中心，城市商业银行银行汇票处理系统介绍[EB/OL]. http://www.ccfccb.cn/bank/company_introduce.asp?classid=38.
[5] 农信银资金清算中心，农信银支付清算系统介绍[EB/OL]. http://new.nongxinyin.com/system.htm.
[6] 中国人民银行国际司，日本的支付结算体系[EB/OL]. http://www.pbc.gov.cn/detail_frame.asp?col=5944&id=110&isFromDetail=1.
[7] 中国人民银行国际司，欧元区支付结算系统[EB/OL]. http://test.pbc.gov.cn/publish/goujisi/725/1126/11268/11268_.html.
[8] 中国人民银行国际司，日本的支付结算体系[EB/OL]. http://test.pbc.gov.cn/publish/goujisi/726/1129/11295/11295_.html.
[9] 中国建设银行，中国建设银行电子汇划业务和联网传输管理规定（试行）[EB/OL]. 法律法规网，http://code.fabao365.com/law_82935.html.

第 6 章 网络银行服务

6.1 网络银行客户服务

网络银行的出现,使银行业服务手段产生巨大的变化,体现了金融业一体化服务的便利性,可以提供各种金融组合产品服务。对客户来说,只需接入网络便可使用银行服务,真正实现跨越时间和地理限制的银行客户服务。网络银行可以实现客户在银行各类账户信息的查询,及时反映客户的财务状况,为客户提供多种形式的交易服务,包括转账、信贷、外汇交易、股票买卖及自助理财等,并降低客户的成本。除此之外,网络可以进行不同国家语言文字之间的转换,这就为网络银行拓展跨国市场服务提供了优越的条件。可以确信,网络银行将会更有力地推动全球金融一体化,而全球化的金融体系又将以网络银行为基本存在形式。

6.1.1 网络银行的发展现状

(1) 国外网络银行的发展与现状

最早的网络银行出现在美国。1995 年 10 月,美国三家银行联合成立了全球第一家真正的网络银行:安全第一网络银行(Security First Network Bank,SFNB)。它的出现代表一种银行全新的业务模式和未来的发展方向。它主要提供基本储蓄、信用卡、支票业务等产品以及存款、账户、金融政策的查询服务。美国花旗银行随后在因特网上设立了站点,开展网上服务、主要提供"直接存取"服务,并在网上发布其市场推广信息;摩根投资银行在因特网上提供大量属于广告性质的信息;美洲银行在因特网上提供了建立客户自己的银行和家庭银行两大业务;大通曼哈顿银行在网上推出了汽车贷款项目,在网络上引入 IC 卡购物,并向客户提供免费网络银行服务等。美国是网络银行方面的领头羊,发展也最迅速。据统计,1997 年全美有 400 家银行及存款互助机构开展网络银行业务,1998 年增至 1200 家,1999 年则增至 7200 家。美国使用网络银行的家庭每年以四五百万的速度增长,2010 年后达到 4200 万。

在欧洲,网络银行业务起步较晚,但是发展极其迅速。市场调研公司 GMI 调查发现,现在欧洲至少有一半的银行已经能够提供网上业务,其中荷兰、德国和丹麦使用网络银行的比例最高。北欧最大的银行马瑞特银行(Merita-Nordbanken)是 1997 年由芬兰银行(Merita Bank)和瑞典银行(Nordbanken)合并而成。早在 1982 年,芬兰商业银行率先推出电话银行 Uewu,并于 1984 年将电脑引入银行业,后有加入移动支付业务。1996 年,在 PC 客户达到 25 万的基础上,芬兰银行推出了网络银行。合并后的 Merita-Nordbanken 银行可以说世界上最发达的网络银行之一。该银行通过应用无线应用协议(Wireless

Application Protocol，WAP)制定多渠道网络银行，如自动柜员机、电话、GSM 手机、电脑、网络电视，实现"在所有的设备上使用单一的服务协议和密码"。德国的 Entrium 直接银行(Entrium Direct Bankers)是高效、快速发展的直接银行。该银行最初通过电话线路提供金融服务，1998 年开辟网络银行系统，目前已经成为德国乃至欧洲最大的直接银行之一。成立于 1992 年的俄罗斯开发银行(Russian Development Bank)在网络银行方面的发展相对来说晚一些，但发展非常快。2007 年 4 月，俄罗斯开发银行为改善对企业客户的服务建立了远程银行系统(Remote Banking System)，其中包括互联网客户端、电话客户端、银行服务客户端，以及电子邮件保护系统 Mail-PRO Client。同年，该银行启动了多功能呼叫中心(Multi-Functional Call-Center)，并开始营业网络银行，通过银行的 ATM 开始提供市政财务支付服务，大大提高了移动通信和卫星电视等支付方式应用的可能性。

韩国网络银行的发展在亚洲地区处于非常先进的地位。韩国网络银行的发展从总体上可以分为金融渠道和商务收益两个阶段。在网络银行出现的初期，网络银行只作为传统银行的一个分行形式存在。CD/ATM、电话银行均属于网络银行的范畴。随着网络技术的日益完善，网络银行快速代替了其他类型的电子金融渠道。另外，从商业收益角度来看，网络银行是伴随着电子金融的高速发展出现的新型业务，其收益优势会随着网络银行继续发展而显现出来。

(2) 国内网络银行的发展与现状

中国网络银行发展处于初期发展阶段，中国最早的网络业务仅仅为电子商务提供在线电子支付，而现在，包括查询、支付、外汇买卖等在内的传统业务几乎都被"移植"到了网上。

1997 年，招商银行率先在国内推出电子银行品牌"一卡通"，成为国内第一家网络银行。目前，该行"一网通"个人网上客户已经超过 1000 万，企业银行用户突破 1 万户，众多国内知名企业都使用招商银行企业网络银行进行账户资金管理和网络转账等。中国工商银行于 2000 年 6 月 30 日起在深圳等 31 个城市正式开通网络银行业务。工商银行的网络银行是依托于具有国际先进水平的"新资金汇划清算系统"，利用因特网技术开发的面向广大客户的高新技术产品。中国银行于 1996 年就投入资金进行网络银行的开发，1997 年在网上建立了自己的网页。中国银行一向以起点高与标准高著称，并有较高的安全保障，比如在电子支付系统中采用 SET 标准。同时，中国银行也发展面向 B2B 的网络金融业务。

6.1.2 国外网络银行的客户服务品种

(1) 传统大银行网络银行的服务品种

对于传统大银行来说，如花旗银行、美洲银行和大通银行等，网络银行通常是其一个分支部门或由其控股的子公司。大银行通过发展其网络银行业务，以图拥有或保持其在网络经济发展中的领先地位，加强自身在金融服务领域的竞争力。由于有雄厚的实力支持，大银行的网络银行在提供服务的品种和质量上均要优于其他中小银行的网络银行或纯网络银行。一般来说，大银行的网络银行服务品种主要包括以下 7 个方面内容。

① 基本网络银行服务。大商业银行提供的基本网络银行服务包括联机查询账户余额、转账、下载数据、交易记录和电子支付等。国外网络基础设施建设较为完善，电子认证

(CA)及网络数据安全保障体系早已广泛应用,因此,所有的网络银行均提供这类基本服务。

② 网上投资。国外金融服务市场发达,可以投资的金融产品种类较多,国外网络银行自己或通过与其他金融投资站点合作的方式,提供包括股票投资、共同基金、期权投资和 CDs 购买等多种金融产品的买卖服务。

③ 网上购物。部分大商业银行提供网上购物服务,而且已经不局限于提供购物站点的链接或设立交易平台,而是利用其自身强大的研发力量,为客户提供多种人性化的网上购物协助服务。例如,美洲银行的电子钱包业务就是专门为网上购物和支付而设立的。花旗银行为网络银行设立的 Citibank Toolbar 更有特点,客户只要下载一个软件进行安装,就可以在个人计算机上安装 Citibank Toolbar 工具条。该工具条可以提供多个网络助理功能。

④ 个人理财助理服务。个人理财助理是国外网络银行重点发展的一个服务品种,各大银行将传统银行业务中的理财助理转移到网上,通过网络为客户提供理财的各种解决方案,提供咨询建议,扩大了商业银行的服务范围,降低了相关成本。在国外网络银行服务中,这类服务一般包括协助制定计划、理财建议、金融计算助理等若干内容。例如,美洲银行为客户提供一项存款目标服务,主要协助客户对未来某项支出制定相应的储蓄计划,提供教育、购车、结婚、购房、度假和退休等 6 项美国人主要支出的储蓄计划服务。又如,花旗银行在 MyCiti.com 中提供建议理财服务。客户只要输入自己的年龄层次和收入层次,就可以得到包括信用卡、选择银行账户、投资、保险、抵押和贷款等方面的建议。

⑤ 企业银行服务。企业银行服务是网络银行服务中最重要的部分之一,其服务品种比个人客户品种更多,也更复杂。企业银行一般提供账户余额查询、交易记录查询、总账与分账户的管理、转账、联机支付各种费用、透支保护、储蓄账户与支票账户资金自动划拨以及商业信用卡等服务。此外,还包括投资服务等,如美洲银行和花旗银行的企业存款账户均提供 CDs 的投资服务。部分网络银行还提供网上贷款业务,如花旗银行的信用账户服务,客户可以联机处理在花旗银行开设的信用账户,查看信用信息,或者进行借款与还款。在此基础上,不少网络银行还对金融服务产品进行挖掘。例如,花旗银行的世界通支付系统上,公司客户可以联机利用系统便捷地对各个国家供应商、发行人和代理人等进行不同货币汇兑支付。国外商业银行重视中小企业的发展,大部分网络银行都设有专门针对中小企业的虚拟金融服务产品。如美国美洲银行和加拿大帝国银行分别设有中小企业专栏。花旗银行设立一个称为 Bizzzed.com 的网站,为中小企业提供金融服务。

⑥ 其他金融服务。除了银行服务外,大商业银行的网络银行均通过自身或与其他金融服务网站联合的方式,为客户提供多种金融服务产品,如保险、按揭和抵押等,以扩大网络银行的服务范围。例如,加拿大帝国银行的 CIBC 旅行医疗保险服务,为旅行者提供旅行意外保险及旅行协助。

⑦ 其他服务。有些网络银行能够提供特色服务,提高网络银行对客户的吸引力。例如,花旗银行在 Myciti.com 提供的"我的账户"(My Accounts)增强了账户的管理服务。通过该项服务,客户可以统一管理所有的联机账户,包括花旗银行账户或非花旗银行账户、各种信用卡账户、投资账户甚至邮件账户等。

(2) 中小银行的网络银行业务

与传统大商业银行相比,中小银行在资产和客户资源等方面均显得比较落后,因此,国外中小商业银行的网络银行建设普遍落后于大商业银行,而且,它们提供的网络银行服务品种数量不多,质量也相对不高。一般来说,中小商业银行的网络银行主要提供基本网络银行服务,如账户余额查询、交易记录查询、转账和联机支付等几种产品。网络银行的服务主要是个人业务,基本没有提供面向企业的业务,也较少提供类似证券投资和网上购物等这类需要后台的综合性支持才能提供的服务产品。

由于中小商业银行的客户主要集中在某个地区,所以,中小商业银行的网络银行的战略目标通常在于为客户提供一个网上理财的服务机会,以防止流失客户。显然,与大商业银行的网络银行服务品种相比,中小商业银行的竞争力有限,它们主要依靠发展特色业务或具有强烈的本地化色彩的业务品种吸引原有客户。

(3) 纯网络银行业务

纯网络银行与上述两种网络银行有着本质的区别。纯网络银行完全是建立在网络银行之上的虚拟金融服务机构,没有对应的实体形态,而是虚拟存在的。这是一个新兴的金融服务行业。由于没有对应的实质形态,所以建立和经营纯网络银行的成本相对低廉。当然,同样是这个原因,纯网络银行提供的服务品种也受到相当的限制,一般只能提供对私服务,基本没有提供对公服务(面向企业服务)。而且,纯网络银行进入其他银行的交易系统也会遇到阻碍,从而影响到它们对私业务分销。例如,由于受硬件设施的限制,纯网络银行提供的 ATM 卡与信用卡均需要使用其他银行的提款机,所以要支付一定的费用。针对这种环境,不少纯网络银行都制定了相应的补贴标准,以减少客户在这个方面的支出。

纯网络银行一般提供账户余额查询、交易记录查询、转账和联机支付几项服务。与中小商业银行的网络银行提供的服务品种颇为相似,但这些基本服务的费用比较低,部分服务产品甚至是免费提供给客户,以吸引客户的注意力。同时,纯网络银行的存款利率也相对较高,对账户余额的要求较低,以保证客户使用纯网络银行的账户收益要比使用传统银行的账户收益高。

纯网络银行力求提高服务质量,如安全第一网络银行(SFNB)的财务报告服务,为客户提供收入支出流分析。具体的,SFNB 提供如下服务项目的支持:①统计支出分类总量;②跟踪与税有关的交易;③显示账户的现金流入与流出总量;④记录 18 个月以来的交易资料等,从而方便客户掌握其银行账户的活动情况。

在扩大服务品种上,纯网络银行利用与其他金融服务网络联合的方式,增加网络银行与中小商业银行的服务品种,如 SFNB 与 Prism Mortgage(全美最大的抵押公司之一)公司合作,通过 SFNB 的主页,直接链接到 Prism Mortgage 公司的主页上,由 Prism Mortgage 为 SFNB 的客户提供抵押服务。

总之,低费用、高收益、高质量的专业化金融服务,构成纯网络银行与中小商业银行,乃至大商业银行的网络银行竞争的主要手段。在这方面看,纯网络银行似乎要比中小商业银行的网络银行更有优势。

6.1.3　国内网络银行的客户服务品种

中国内地网络银行主要服务品种总体上讲主要有网上基本业务、电子商务业务和其他业务三部分,其中网上基本业务主要包括账户查询、转账和联机支付。电子商务业务主要包括网络证券、网上购物、企业银行服务和手机银行。具体讲,有以下品种:

① 信息服务:主要包括新闻资讯、银行内部信息及业务介绍、银行分支机构导航、外汇牌价、存贷款利率等,一些银行也提供一些特别的信息服务,如股票指数、基金净值等。

② 个人银行服务:主要包括账户查询、账户管理(存折、银行卡之间转账,活期、定期种类转换,利息试算等)、存折和银行卡挂失、代理缴费,外汇买卖等,中行还提供个人电子汇款服务,建行还提供小额抵押贷款服务。深圳发展银行开设第三方转账业务。

③ 企业银行服务:主要包括账户信息查询、企业内部资金转账、对账、信用证、信用管理、对外支付、代发工资、代理缴费等。除此之外,工行还提供同城结算和异地汇款服务,中行提供国际结算业务。

④ 银证转账:银行存款与证券公司之间的实时资金转移。这类服务既可以在银行申请,也可在证券公司直接申请,但都必须有书面协议。部分银行,如中行,已开始提供相关信息的查询。有一些银行,如招商银行北京分行、深圳分行等推出网络证券交易,建立委托平台,以便其客户可以直接在其网站上从事股票买卖、查询和投资管理等。

⑤ 电子支付:包括企业对企业支付(B2B),企业对个人支付(B2C)和个人对个人支付(C2C)三类,这种服务一般与网上商城相结合,一些银行设定了一些网上商城的链接,但国内还没有一家银行直接从事网上一般商业活动。

6.2　网络银行基本业务

6.2.1　网络银行主要业务概述

网络银行的出现,改变了金融服务的传统方式,即从过去的通过分支机构提供服务的方式转变为通过电子方式进行。因此,网络银行的业务范围与其他普通商业银行既有相同之处,也有很大的区别。

网络银行的业务可以分为三大块:一是传统商业银行服务,如账户查询、转账结算、汇兑、发放工资、代理收费等,以及证券结算、外币业务、消费信贷等新型商业银行服务。二是在线支付,既包括 B2B 商务模式下的网上采购等批发交易,也包括 B2C 模式下的购物、订票,证券买卖等零售交易,以及金融机构间的资金融通与清算。三是新的业务领域,比如集团客户通过网络银行查询子公司的账户余额和交易信息,在签订多边协议的基础上实现集团公司内部的资金调度与划拨,提供账户管理,财务信息咨询等理财服务。还可以进行国际收支申报,发放电子信用证等。

1. 国外网络银行业务

目前,世界上网络银行服务处于发展阶段,为了满足客户对于金融服务的不同需求,各国网络银行正在努力开展金融创新,新兴的在线金融服务层出不穷。大致来说,较为普及的服务包括电子支付、个人财务管理、公司会计账户管理、网络证券交易、委托投资、发布信息、咨询等。

自助银行是银行设置各种电子设备(ATM机、自动存款机、多媒体查询机),提供给广大客户自由使用、进行金融交易的服务方式。国外自助银行已成为网络银行的重要部分,体现在三个方面:一是自助银行成为网络银行现金存取的途径,且是必不可少的环节;二是自助银行设备与互联网连接,成为客户金融网络银行的有效通道;三是一些公共电信终端,如多媒体电话也成为自助银行的一个形式。

国外移动银行业务的发展主要分三种形式。一是在电信商提供给手机用户的智能卡上,加上银行的增值服务项目,此方法使银行业务将受到电信商控制;二是使用WAP(无线应用协议)手机直接与互联网连接,直接使用银行提供的各种网络银行服务,该方法摆脱电信商的控制;三是通过双卡手机,使用符合ISO(International Organization for Standardization)国际标准的银行IC卡,客户可以上网交易,而且成本降低,安全性提高。近年来在欧美国家,手机上网已经成为开展移动商务的重要手段,因而移动银行也日渐流行。

国外客户呼叫服务中心(Call Center)成为网络银行的一个重要组成部分,成为银行与客户一对一接触的重要途径,客户可以通过电脑屏幕在网上与银行服务小姐进行开户、对话、委托交易、接收业务指导,也可以通过电话获得语音服务,或者通过上网电视获得图像服务。

2. 国内网络银行业务

国内网络银行除了普遍提供一般信息服务外,大部分银行都能为企业和个人客户提供查询、资金转账、账户管理、代理支付、电子支付、银证转账、挂失等服务。一些银行对企业集团客户还能够提供资金监控、指令转账、财务管理、资金划拨等服务,对个人客户提供电子汇款、国债买卖、外汇交易等服务。个别银行已经开通了网上开户、网络银行卡申请、网上贷款、提醒服务等业务。

6.2.2 网络银行企业银行业务

企业网络银行业务仅面向网络银行系统的开户注册客户,所有数据均经过加密后才能在网上传输。企业网络银行系统在用户进入企业网络银行时,设置了登录密码及验证码,用户每次进入企业网络银行时,系统都会自动产生一个验证码,即用户每次进入企业网络银行的验证码都是不一样的。另外,企业网络银行自动记载系统日志,用户的每一个操作都会被记载下来,便于稽核和发现并排除异常,保障系统安全。

企业网络银行为客户提供丰富的产品,包括账户查询业务、内部转账、对外支付、活期定期存款户互转、工资发放、信用管理、公司集团财务查询、集团公司或总公司对子公司管理、金融信息查询等服务。

目前,国内各家商业银行企业网络银行的业务和功能都有了很大的发展。特别是工商银行、农业银行、建设银行、中国银行、招商银行等网络银行,随着近年来客户群的不断发展,其企业网络银行的功能模块不断完善、服务手段多样化发展。以下以工商银行、农业银行和招商银行为例进行详细介绍。

1. 中国工商银行

客户在注册工商银行"财e通",并申领了IC卡或U盾(USB Key)客户证书后,就可以登录工行企业银行。工行企业网络银行提供了包括账户管理、集团理财、贵宾室等多种特色服务,满足企业的资金管理需求。工行企业网络银行包括企业网络银行标准版、企业网络银行普及版、企业网络银行中小企业版、网银版银企互联、电子商务企业和企业电话银行等系列产品,以满足不同客户的需要。其中企业网络银行普及版和中小企业版是针对中小企业客户推出的网络金融服务产品;银企互联是工行提供高端客户的强大的电子银行产品;电子商务是工行与建有电子商务网站的企业合作;企业电话银行是工商银行使用计算机电话集成技术,利用电话自助语音和人工服务为企业客户提供金融服务。工商企业网络银行采用先进的证书认证、数字签名和多级授权等安全手段,以及强大的国际化资金管理功能为客户服务。其功能结构如图6.1所示。

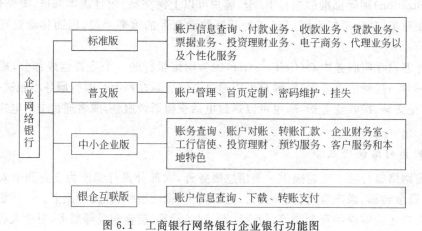

图6.1 工商银行网络银行企业银行功能图

2. 中国农业银行

农行企业网络银行根据企业客户的多样化需求推出的网上自助服务系统,分为标准版和普及版。标准版企业网络银行为企业客户提供了包括账户管理、收款、付款、集团理财、现金管理、代发工资、投资理财、自助循环贷款、预约票据、外币业务办理、功能菜单定制等在线金融服务;普及版企业网络银行则降低了网络银行的使用门槛,仅需简单的注册即可为企业提供账户余额查询、账户明细查询、网上交易状态查询和电子回单打印及验证服务。农业银行企业网络银行的最大特点是:农业银行为企业客户提供离线客户端工具的功能较强,付款功能支持及时时款和在未来十天内的某一天进行预约付款。农行标准版功能结构如图6.2所示。

3. 招商银行

"U-Bank"是招商银行在2008年5月发布的网上企业银行全新品牌,同时推出了U-Bank 6.0。"U-Bank"是招行网络银行"一网通"的重要组成部分,它通过因特网将客户的电脑终端连接至银行主机,实现将银行服务直接送到客户办公室、家中或出差地点的银行对公服务系统。新推出的U-Bank 6.0继承了网上企业银行稳定、安全、高效等诸多优点,整合了结算、融资、现金管理、投资理财、供应链金融五大业务平台,全新推出了网上保理、网上透支、网上公司卡、网上商务卡、贸易融资、网上公司理财、第三方存管、期货交易、网上外汇买卖、手机银行十项新产品,全面升级网上票据、网上离岸业务、网上国际业务三项服务,提供跨中港两地的资金管理与理财服务,并推出针对同业金融机构的专署版本,同时优化系统操作,提供个性化、高自由度的用户体验。

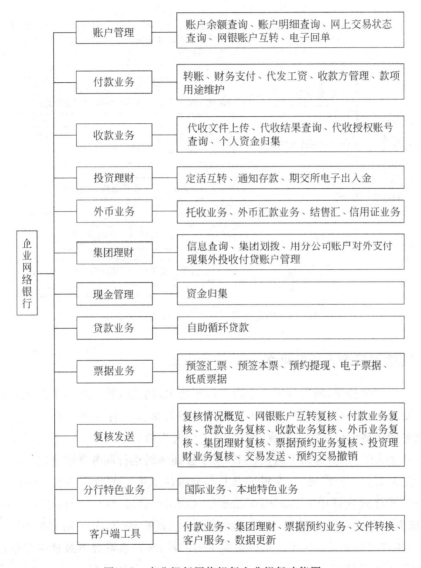

图 6.2　农业银行网络银行企业银行功能图

全面支持招商银行网上企业银行 U-Bank 6.0 的 SUPER-BANK 带来网络金融互动服务,提供跨银行、多账户、高综合性的财务管理和理财解决方案。通过开放易用的标准银企直联系统,搭建对接各商业银行网络银行服务的直联接入平台,提供跨银行账户管理、交易管理、资金归集等现金管理服务。凭借"一点接入、多点对接"的系统架构设计和统一的标准化流程管理模式,树立未来网络金融服务的标杆,为企业财务管理创造更多可能。SUPER-BANK 完整集成了招商银行 60 余种网络金融产品和服务,全面覆盖企业对结算、现金管理、供应链金融、理财、融资等多方面需求。同时提供电子回单、在线客服、用户社区等增值服务,充分契合现代企业财务管理的人性化需要。

招商银行功能结构如图 6.3 所示。

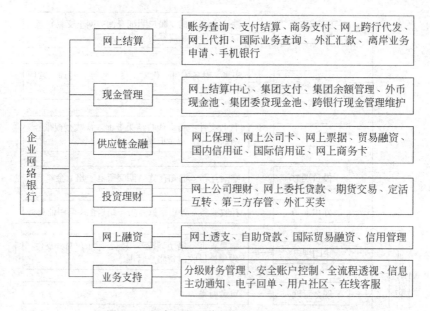

图 6.3　招商银行网络银行企业银行功能图

6.2.3　网络银行个人银行业务

随着因特网的普及,网上零售业务需求逐年增大,网络银行业务逐渐向私人开放。广大公众只要在网络银行开立账户,即可享受网络银行提供的各种个人银行业务服务。个人银行业务的申请可以在网上完成,即时申请,即时生效。

在申请个人银行时,需要下载根证书,用于验证网络银行服务器的合法性。以确保网络银行确实是真实的网络银行,在根证书上有金融认证中心的数字签名。国内网络银行一般采用中国金融认证中心(China Financial Certification Authority,CFCA)的认证系统,该系统为一个三层的 CA 结构,每一层都有自己的根证书,上一层 CA 为下一层 CA 颁发证书,共有三张证书。为了证书的可向上追溯性,客户也需要下载这三张根证书。下载完证书后,客户需填写个人银行申请表,系统将根据客户填写的账号、账号密码、身份证号码、信用卡有效期进行相互验证。填写申请表后,按导向提示操作,即可完成个人银行申请。

具体来说,网络银行个人业务如下。

(1) 账户查询业务

账户查询业务是传统银行业务中的基础性业务,也是网络银行最基本服务产品。客户可通过上网查询账户余额、当天交易和历史交易记录、下载交易数据等。

(2) 转账业务

客户可以将资金在同一银行不同账户之间进行划拨,有的网络银行已经实现了即时到账的跨行、跨省转账业务。个人网络银行提供的主要转账功能有个人名下活期账户互转、个人名下活期账户和定期账户间互转、网上速汇通等。

(3) 账户管理业务

网络银行账户管理一般包括。账户列表,列出个人在银行的所有账户;添加账号,将账户纳入网络银行进行管理、使用;隐藏账号,将已经纳入网络银行管理的某些账户隐藏掉;设置网络交易账号,用于网上购物、消费。

(4) 代理缴费业务

这是一种特殊的网上自助转账,客户进入网络银行的账户系统将自己账户里的资金直接转移到同行内开设的公共事业单位等特定的账户里,从而完成通信费、水电费等经常发生费用的缴纳。

(5) 个人理财业务

网络银行的个人理财主要是指个人账户组合、家庭理财计划、投资与保险等。个人账户组合是客户名下账户之间的交易。家庭理财计划包括收支计算器、理财计划等。保险与投资主要包括各种股票、基金、债券投资与保险计划。

(6) 网上购物业务

网上购物是网络银行推行电子商务战略最重要的服务品种之一,网络银行在这类服务上有两种不同的处理方式:一是网络银行自己设立一个网上购物平台,汇集各种网上销售商品的信息,让商家与客户在这个平台上进行交易;二是提供多个网上购物网站的链接,客户通过链接进入购物网站。

(7) 网络证券业务

网络银行与证券、保险等金融交易机构合作,推出了网络证券业务。网络证券保证金转账指客户通过网络银行的账户系统,将资金在自己名下的活期账户与证券账户之间进行互转。网络证券业务发展较为完善的银行为客户提供证券交易查询、委托、转账、智能配股信息、新股自动申购、修改密码、特别提示和制定交易等多项服务功能,较好地满足客户进行网络证券交易的需求。

(8) 网上外汇买卖服务

客户可以通过网络银行自己名下的外汇买卖账户,进行实时外汇交易。它包括个人实盘外汇买卖、多种外币之间的买卖、外汇行情、外汇交易锁定等。

(9) 其他业务

网络银行在提供网上基本业务和电子商务业务的服务外,还包括提供信息服务的项目。主要是为客户提供多种金融信息服务,如市场行情、股市动态和各项经济数据,另外还有根据个人情况向个人提供的经济金融信息。

6.2.4 网络银行国际业务

网络银行国际业务主要有企业签约管理、国际利率维护、外汇牌价维护、外汇买卖申请、信用证业务,业务查询回复等。这里主要介绍信用证业务。

进口信用证业务是指银行作为开证行,根据客户要求作出的第三人(受益人)满足信用证条件下保证向其受益人付款或承兑支付的约定业务。也就是说,受益人交来的单据在完全符合从银行为进口单位开出的信用证所列条款情况下,银行将如期承担付款责任。它的业务程序一般包括信用证的开立、修改、承兑、付款、撤销等。

(1) 网上信用证申请准备

① 申请人和受益人均需在银行开立一般结算账户,并开通网上企业银行的银行转账业务。

② 客户提出申请并填写相关申请书,提交银行所需资料。

③ 银行根据客户的资信情况给客户一个授信额度(可以是单项授信额度或综合授信额度),授信期限一般为一年。

④ 客户在额度允许范围内随时提交开证申请。

(2) 网上信用证操作流程

① 客户在网上填写开证申请书、承诺书及贸易合同通过电脑发送给银行,贸易合同也可以人工传递。

② 银行会计部门实时收到申请并交与信贷部门。

③ 信贷部门依据购销合同、开证申请书、开证申请人承诺书按照信用证有关规定进行审核并办理相关手续,提交风险控制部门。

④ 最终审批同意后再次提交会计部门办理开证,密押确认后电脑系统将按照通知行地址通过网络实时将信用证传递到同城或异地的通知行主机上。

⑤ 信用证一经开出,受益人即可在网上查到,确保了业务的高效快捷。

(3) 网上信用证的修改

① 客户在网上提交信用证修改申请书,须符合网上信用证修改申请条件。网上操作员要定时在网上查看是否有客户申请信用证修改。若有,则打印信用证修改申请落地单,同时发"已接受您的信用证修改申请"确认函给客户,并在信用证修改申请网络银行操作记录簿上准确记录接收时间。

② 网络银行操作员及时将信用证修改申请落地单交给业务人员,并要求相关人员在信用证修改申请网络银行操作记录簿上签收。

③ 根据信用证修改申请网络银行操作记录簿上的记录。

④ 经银行审核,若不接受客户申请,则退回客户并向申请人说明原因;若接受申请,则输入电脑并开出信用证修改。

6.2.5 网络银行的技术架构

网络银行系统一般由多个子系统组成,包括 CA 子系统、安全认证子系统、支付网关子系统、业务管理子系统、后台连接子系统等。网络银行系统作为银行后台核心业务系统,它并不是孤立存在的,而是与其他业务系统(如零售系统、信贷系统、会计系统)紧密联系、相互配合,提供在线的金融服务。典型的网络银行系统结构图如图 6.4 所示。

① CA 子系统,完成 CA 证书的申请和发放、证书的管理、已撤销证书列表的维护等。

② 安全认证子系统,对网络银行的用户身份进行确认,对客户发起的交易进行授权。

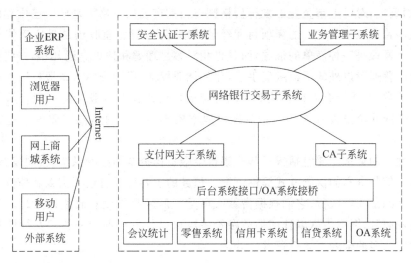

图 6.4 典型网络银行系统的逻辑结构图

③ 支付网关子系统，与商户的电脑系统连接，提供网上购物、电子商城等业务的在线支付接口，以及交易清算、对账等。

④ 交易子系统，完成网络银行交易逻辑的处理，如交易数据检查、交易流水记录、数据签名核对、账户检查等一系列检查。

⑤ 业务管理子系统，完成网络银行业务设置、交易处理、系统监控、后台处理等银行端的业务功能。

⑥ 后台连接子系统，是与后台的核心业务系统连接的模块。它将网络银行校验、初步处理过的交易资料、服务信息转发至后台系统和办公自动化处理系统。

6.3 网上电子商务融资

6.3.1 电子商务企业融资

1. 电子商务企业融资渠道

电子商务作为一个新型商务模式，它的特点决定了其发展必须得到金融市场的大力支持，电子商务的发展壮大过程是不断融资的过程。为电子商务提供金融安排的主体包括：风险资本与商业银行、投资公司、共同基金等机构的资金供给，政府金融手段的供给，股票市场资金的供给等。归纳起来，电子商务的股权融资渠道主要包括股权融资和债务融资。

股权包括多种形式，主要有所有者的股权，普通股和认股权证。许多像微软这样成功的电子商务企业都是由一个或几个人提供启动资金从事较小业务，然后将企业所获得的利润用于再投资。这些企业所有者带来的资金，就是所谓的所有者股权，它为企业业务的增长以及最终的成功奠定了基础。对公开上市的企业而言筹集股本的传统方法是以一个市场愿意接受的价格来发行普通股。新上市企业的发行价格一般由发行机构（如投资银行)估算而确定;对已上市企业的发行价格则以当前市场的价格为基础。已成立的企业并不经常使用普通股来为它们的新项目和经营活动筹资,但普通股仍是最广泛使用的筹资的手段。普通股是一种简单的证券,而且也相对容易理解和估价。近几年,一些企业开始将目光投向普通股以外的股权融资手段,比如认股权证、风险资本。认股权证是由企业发行的一种证券,赋予持有人在有效期内以固定的价格购买企业股票的权利。风险资本通常是由一个或几个投资者为私人企业提供股本资本,作为回报,他们取得企业的部分所有权。

债务性质的资本主要包括银行和非银行金融机构资本的金融供给,公司发行的债券,它们多通过信贷资本的供给方式提供资金。债务的主要种类有银行借款和债券。一般借款的最初来源是商业银行,它们根据借款人可觉察的风险程度对放款计息。对于公开上市的大企业而言,银行借款以外的债务融资手段可以是发行各种债券。发行债券可以使融资风险为众多的金融市场投资者所分摊。

2. 电子商务企业融资选择

债务融资需要还本付息的特点使电子商务企业很难选择债务作为创业资本。这是因为:一是电子商务企业在创业期是很难做到赢利的。电子商务企业作为一种创新企业,在创业阶段对资本的需求量很大。因为产品已生产出来,为了向市场推荐并保证交易成功,需花费大量生产和销售费用。电子商务的前期盈利与大量成本开销相脱钩。即使在产品的稳定成长期,由于网络营销所耗费的惊人的开支,许多企业的现金流量仍然是负值。电子商务的这一特点决定了它很难按常规向银行贷款是非常困难的。因为银行关心的是利润增长,对商业银行来说,他们更愿意投资在能很快实现利润,在短期内就能收回资金的企业。二是电子商务企业的风险高。首先是技术风险。特别是一些从事互联网基础设施产品的企业,其技术转化失败率很高。其次是市场风险高。电子商务企业面临着激烈的竞争,企业是否能够占领市场不确定。最后,财务风险高。对于一个新项目,投资预算往往很难完全确定,市场利率的变化,外部资金的可获得性都使投资回收的风险更高。如果企业采用债务融资的方式,到期还本付息的能力受到置疑。由于这些原因,在现实操作中,股权融资已经成为电子商务企业,尤其是网络公司首选的融资方式。

3. 电子商务企业的最佳融资结构探讨

根据现代财务学的观点,电子商务企业也应该存在最佳的融资结构。和传统商务一样,良好的融资结构取决于企业长期资金的成本需求。当负债资金的成本低于资产资本成本时,举债经营可以获取相应的财务杠杆收益从而增加企业的总资产收益。但是,当负债所占的比重达到某一限度继续增加负债资金来源就可能产生相反的效果,因为债权人会意识到继续投资的风险在加大,企业的偿债能力发生了变化,从而要求补偿额外风险所应取得的代价。于是,负债资金成本将会提高,并可能造成财务杠杆损失。最优的资本结构应当是一个可使公司股票价格达到最大的长期资金比例,而满足这个比例的条件就是加权平均资本成本的最低。

电子商务发展之初,获取资金虽然重要,但考虑融资成本,注意融资结构也很关键。适当举债应该是一般的选择,毕竟在适度增加风险的情况下还是为股东增加了利益。而且,随着电子商务逐步进入赢利的正常轨道,债券融资的避税效应(负债产生的利息不收税)更加突出,这时网络产业的风险进一步降低,适当增加债券融资比例带来的正面效应将超过负面效应。

融资结构中的税收追随者效应表明负债高的公司不易吸引大股东,在前面章节我们也谈到电子商务企业通过举债的方式取得资金的可能性较低,根据我国现阶段电子商务的实际情况最好能吸引著名投资机构的参股。从目前的实际情况来看,中国的电子商务获得资金方式主要来自于股权转让。通常,电子商务企业的股权融资分两步走,在初期阶段通过运用风险投资实现企业的起飞,然后通过在股票市场上市实现长期的融资目的。

4. 电子商务企业融资选择的实施

我国电子商务的风险投资来源基本是国外的风险投资公司,卓越网获得老虎科技基金的750万美元筹资、e龙获得老虎基金和蓝山科技基金1500万美元的风险资本、阿里巴巴四轮融资都是通过私募来实现,这些电子商务类网站都从外国的风险投资公司融到了大量资金。

电子商务利用风险资本筹资具有以下好处:一是通过风险资本筹资没有债务负担;二是通过风险资本筹资不用担心失去控制权,因为风险资本本身需要分散风险,不会集中投资于某一家创业公司,一般只占有公司股权的10%左右,不会影响公司的控股权;三是通过风险资本筹资不需要资产作担保,风险资本对公司进行投资是根据对公司前景的预期来投资的,并不需要公司提供抵押,有利于没有能力提供抵押的高科技中小企业获得资金支持;四是通过风险资本筹资可以获得在财务管理、商业发展等方面的相关服务,可以在上市方面得到帮助,同时风险资本的投资在一定程度上也说明企业本身具有较好的发展前景,具有一种广告效应。

投资国内电子商务的国外风险资本有两类:一是认为企业确实具有投资价值按照风险投资的正规程序进行投资,并在适当时机引入大规模资金,并最终完成上市等运作,使得风险资本获得高回报得以撤出的模式;另一种是将国内电子商务作为题材或资本退出的手段,也就是我们所说的"衍生"风险投资,这类风险投资多数在国外同行业投资了某家公司,准备上市,资金的运作人会根据国外企业上市所需要的条件进行选择,将我国的企业作为上市前的筹资条件或上市后的资金的运作方向,并完成第二次筹资。上市后的电子商务公司,通过发行股票来募集资金是最通用的方式。我国目前主板市场对上市公司的要求相对于电子商务公司而言过高,我国电子商务企业要通过上市进行筹资可以通过创业板上市。

6.3.2 网上融资

网上融资,是指发行主体与投资主体借助于因特网这一信息技术平台,相互寻找并配置金融资产的过程。今天,金融业的发展离不开信息技术平台的支持,围绕信息技术建立全新的融资观念,已经是金融创新的发展方向之一。

1. 国外网上融资

美国纳斯达克(Nasdaq)二板市场,尽管比一板市场放宽了条件,但对于初创企业来说,仍然可望而不可即。对他们来说,市场准入这道门槛挡住了很多创业者。风险投资缓解了部分难题,但信息不对称的问题依然存在。网上资本市场的出现,将极大地改变这一现状。今天的私人投资者利用因特网资讯,已大大缩小了与机构投资者在获取信息方面的差距,他们可以与机构投资者站在同一起跑线上,并依据自己对风险的偏好程度进行投资。突破空间距离和中介限制的因特网,使资金供需双方在网上相互见面而采取直接融资的方式。

1996年3月,美国一家小型啤酒公司老板,避开了华尔街投资银行的介入,首开了网上公开招股并获成功的先例。继而,他又于1997年9月创立了在线投资银行(WitCapital),提供在线的证券发售和交易服务。风险投资依靠因特网不再局限于封闭的小圈子,众多私人投资者都可以介入其中。澳大利亚证券交易所专为中小型企业新建了一个网上集资通道,称为企业市场(EnterpriseMarket),需要资金的中小型企业可在其网址上发布广告;而有兴趣的投资者可提出认购申请。来自美国加州圣马特奥 San Marteo 的 LiveCapital. com 网站,有一个可以为小企业贷款申请人与50家贷款人提供配对服务的站点。企业所有者在网上申请贷款,并有可能马上收到最高额达 75 000 美元的贷款。该站点不仅局限于传统贷款业务,还可以办理租赁、购买信用卡、保理业务及提供其他信用产品服务。借款人可以即刻在网上对利率、条款和抵押条件等作出比较。LiveCapital 网站每天受到几百个申请,其中近一半会经过批准程序,最后实际得到融资的不到10%。该系统以各贷款人确立的不同标准作为决策基础。其内设有对各公司所有者所做的评价数据,银行也可以用他们自己的信用评价体系和模型对公司所有者进行评价。金融机构可以将其全部小企业贷款的业务划转到 LiveCapital 网站。

2. 企业利用第三方电子商务平台的融资

(1) 第三方电子商务平台融资概述

第三方电子商务平台与银行深入合作,基于对行业供应链的深刻理解和对产品市场风险的预测能力,通过对物流中的货权动态监管及企业专用托管账号实现银行贷款风险控制,从而简化针对货款主体的审查,协助银行做好贷款风险的管理,双方合作为第三方平台的会员企业提供贷款,真正满足急需资金而又难以贷到款的商户的需求。

第三方平台在整个融资过程中作用如下:第三方平台拥有广泛的中小客户群,可以向银行提供需要贷款的客户资料,解决银行贷款信息不对称的情况。同时,向银行提供相关行业的市场分析,价格走势,为银行对贷款方的产品货物评估提供背景数据。此外,第三方平台拥有完善的电子商务平台系统,使贷款整个流程简洁明快,使整个贷款过程均可在网上完成,使得银行的授信额度大大增加,与银行直接对中小企业授信的额度不可同日而语。相比较以前是银行直接对企业评估,现在是第三方平台根据企业的交易情况和在某行业的声誉度对其评估,降低了银行贷款的风险系数,提高了贷款的速度。

(2) 第三方电子商务融资模式

第三方电子商务融资模式在帮助中小企业解决资金问题,促进中小企业快速发展的同时,将金融信贷与电子商务有机结合,发掘和培育以网上交易和网上信用为基础的网上交易融资市场,并推动和完善电子商务信用(线上信用)和金融信用(线下信用)体系的发展,使信用环境形成一个良性循环的生态圈。

电子商务信用融资服务模式运行的具体形式有网络联保贷款、供应链贷款、纯信用贷款,电子商务速贷通和卖家信贷等。

① 网络联保贷款。网络联保贷款是由电子商务企业联合银行共同推出的一种无抵押新型贷款服务,由3家或3家以上企业组成一个联合体,共同向银行申请贷款,同时企业之间实现风险共担。当联合体中有任意一家企业无法归还贷款,联合体其他企业需要共同替他偿还所有贷款本息。如联合体成员A、B和C各获贷款50万,则每个人承担的贷款责任都是150万。如果A到期无法归还贷款50万,则需要B、C企业的企业法人共同替A归还其50万贷款及利息。网络联保贷款不需要任何抵押,而是通过联合体的形式,企业之间互相担保,互相监督,实现共同发展。

网络联保贷款具有以下优势:无需提供任何抵押,即可获贷,贷款利率远远低于其他无抵押民间借贷,额度高门低,在规定地区的所有企业均可报名,方便快捷,随借随还,可循环支用,按日计息。

② 供应链贷款。在供应链中,竞争力较强、规模较大的核心企业处于强势地位,在交货、价格、账期等贸易条件方面对上下游配套企业要求苛刻。而上下游配套企业大多是中小企业,难以从银行获得融资,结果导致资金链十分紧张,整个供应链出现失衡。

供应链贷款是在供应链中寻找出一个大的核心企业,以核心企业为出发点,为供应链提供金融支持。电子商务企业与银行合作,由银行根据供应商(即贷款申请人)持有的买家未付款订单,向贷款申请人提供的一种无抵押信贷服务。具体流程如下:供应商在网上接到核心企业(采购商)的订单后,向银行提出中小企业融资申请,用于组织生产和备货;获取中小企业融资并组织生产后,向核心企业供货,供应商将发票、送检入库单等提交银行,银行即可为其办理应收账款保理中小企业融资,归还订单中小企业融资;应收账款到期,核心企业按约定支付货款资金到客户在银行开设的专项收款账户,银行收回保理中小企业融资,从而完成产业链金融的整套办理流程。

供应链贷款无需抵押,只需要借助供应链融资中采购商的信用,以卖家的订单作为放宽依据,该模式贷款的额度较高,在授信有效期内,贷款额度可循环使用。

③ 纯信用贷款。纯信用贷款是由电子商务公司与银行合作开发,针对中小企业的一种无需任何抵押,无需联保,完全依据信用的贷款服务。

纯信用贷款完全凭信用获取贷款,不用提供任何抵押、无需联保。此外,纯信用贷款利率远低于民间借贷,非常适合无法提供抵押和无法找到担保企业的广大中小企业使用。

④ 电子商务速贷通。电子商务速贷通是电子商务企业联合银行,为希望获得抵押物更高估值的企业提供的一种需要抵质押物,类似传统银行贷款的服务。电子商务速贷通贷款额度高,申请过程相对简单。

⑤ 卖家信贷。卖家信贷服务是电子商务公司与银行合作,以卖家信用为基础,以交易为质押的一种信贷服务。卖家信贷要求符合信贷标准的卖家,以其已成交而没收到货款的交易为担保,以卖家个人名义向放贷银行申请贷款,用于解决个人的短期资金需求。卖家信贷具有网络化的特点,贷款申请和归还贷款操作全部实现网络化。该贷款模式风险小,符合条件的个人卖家一般已在电子商务网站具有相当的商业价值,为了骗贷而产生虚假交易的成本高,另外电子商务公司还可以通过其监控体系来规避风险,进行有效监督。

(3) 第三方平台融资案例分析

① 阿里巴巴。阿里巴巴集团创立于1999年,致力为全球所有人创造便捷的网上交易渠道,希望将互联网发展成为普及使用、安全可靠的工具,以让大众受惠。阿里巴巴提供多元化的互联网业务,包括B2B国际贸易、网上零售和支付平台,以及以数据为中心的云计算服务。

中小企业网络融资,是阿里巴巴近两年来一直致力推动的一项业务。2007年开始,阿里巴巴陆续与建设银行、工商银行等合作,在B2B的商业模式中,引入银行小企业信贷业务。即借助其旗下的淘宝、支付宝会员的网络信用和网上交易情况等,对其进行信用评价,然后将优质的商户推荐给商业银行,银行为其提供短期流动资金信用贷款。

在阿里巴巴电子商务平台上,买家支付与商户收到货款之间会有一个期限,在这个过程中,对贸易量大的卖家的流动资金占压是很大的,所以流动资金的融资需求很强烈。卖家需要得到银行资金的支持,而对银行来说,如何在信用贷款中锁定风险是非常关键的。网络联保是主要方式之一,网络联保就是网上卖家之间自愿组成联保联盟,在联盟之间互保,以此降低银行的风险。同时,阿里巴巴也通过对商户的贸易流的监控来发现风险。另外,阿里巴巴旗下的支付宝与银行共建了风险池。当风险在某个百分点之下时,由银行和支付宝对等承担,但大于一定比例时,由支付宝承担超出部分。对客户的资信审核难和监控难是中小企业融资难的一个重要原因。而借助电子支付系统的信用评价体系,反而比传统的小企业信贷更有风险监控优势。目前该项贷款总额已经超过20亿元了。除了网络联保贷款,对于淘宝的客户还引入了小额卖单质押贷款。另外据悉,阿里巴巴集团旗下淘宝网近期正在酝酿向淘宝卖家提供一项叫做"订单贷款"的金融贷款服务。只要卖家当前拥有"卖家已发货"的订单,就可以申请贷款,且无需抵押。阿里巴巴与银行合作推出的中小企业网络融资服务如表6.1所示。

表6.1 阿里巴巴中小企业网络融资

产品	银行	企业年限	企业类型
网络联保	中国建设银行	工商银行注册满18个月以上	公司(企业);浙江省内有组织机构代码证的个体经营户
	中国工商银行	借款人须经工商部门核准登记并经年检;经营历史1年以上,省内注册;满足贷款行其他条件	公司(企业);有字号个体经营户
担保贷款	中国工商银行	不限	阿里巴巴诚信通会员或中国供应商会员
抵押贷款	中国工商银行	不限	阿里巴巴诚信通会员或中国供应商会员
	中国建设银行	工商注册满18个月以上	公司(企业);浙江省内有组织机构代码证的个体经营户
纯信用贷款	中国工商银行	诚信通会员第4年及以上或者中国供应商会员第2年及以上	公司(企业);有字号个体经营户
订单融资	中国建设银行	工商注册满18个月以上	公司(企业);浙江省内有组织机构代码证的个体经营户

② 金银岛。金银岛（www.315.com.cn）成立于2004年，目标成为中国乃至全球最大的大宗产品现货在线交易平台，为大宗产品产业链相关的生产商、贸易商以及终端用户提供网上交易全面解决方案；区别于人们印象中的小商品、制成品、消费品等，大宗产品是指石油、化工、钢铁、塑料、橡胶、化肥等大宗原料产品；区别于第一代电子商务的信息服务，金银岛提供的是在线交易。

金银岛已在2007年3月正式推出了"供应链融资"服务项目，该项目是由银行通过审查整条供应链，基于对供应链管理程度和核心企业的信用实力的掌握，对其核心企业和上下游多个企业提供灵活运用的金融产品和服务的一种融资模式。该网站的合作方为中国建设银行和中远物流，包含以下三种融资方式：

- e单通。建行金银岛"e单通"是金银岛与建设银行、中远物流三方系统对接，为金银岛交易商办理的全程在线融资服务。该业务合作三方分工明确，职责清晰。简单地说，就是依托物流平台，以产品为抵押，根据交易量达成货物与贷款的流量平衡。与传统质押贷款业务相比，"e单通"业务的审批快速、放款快速，综合成本低，全流程网上操作的特点和优势，为行业客户实现便捷融资节约了大量时间、精力与成本。这一创新的业务模式为中小企业融资带来了实质性的突破，实现了信息流、物流和现金流的三流合一。"e单通"业务和传统的货押业务的区别如表6.2所示。

表6.2 金银岛"e单通"业务与传统货押业务对比

	传统贷押业务	建行金银岛"e单通"	客户价值
目标客户	面向中大型企业，小公司难以获贷	欢迎中小公司，批发贷款，分散风险	更多中小公司获贷
承办单位	支行信贷部，逐级上报，分行审批	金银岛推荐，建行金银岛"e单通"绿色通道，专人快速审批	公关、成本、精力
授信过程	复杂、繁琐	过程透明、网上审批、5000万以内不用开会讨论审批	简捷、透明、省心
放款过程	麻烦、2~5天放款	不须预约，货入仓库当日放款，单据合同全部电子化不需审查，2小时放款	随用随放，不误急用，不须预约，不跑银行
解押出库	预约→等待监管方和银行盖章→传递纸质单据，时间不保证	网上自助办理→监管方和银行网上签章→2小时内解押→凭提货密码提货	销售不受监管影响，出入库方便
货物价格	银行评估	金银岛评估	估值专业、合理
自有货物	先有货后贷款	可先放款后买货	30%资金做100%生意
费用	须加隐形成本	定价透明，网上缴费，总体费用较低	节省成本，阳光付费
业务操作	人工办理	先进的供应链融资系统	省时省力，安全快捷便于掌控，一目了然

- 网络仓单融资。网络仓单融资指借贷人持银行认可的专业仓储公司出具的电子仓单进行质押，向银行申请贷款的融资业务。仓单融资实质是一种存货抵押融资方式，通过银行、仓储公司和企业的三方协议，引入专业仓储公司在融资过程中发挥监督保管抵押物、对抵押物进行价值评估、担保等作用，实现以企业存货仓单为抵押

的融资方式。网络仓单融资业务能够有效解决借款人生产经营过程中所需的临时性资金周转需求。表 6.3 和表 6.4 分别为金银岛"e 单通"融资产品的优势和特征。

表 6.3　金银岛"e 单通"融资产品优势

产品优势	说　明
针对性强	特别适合经营周转快、短期资金需求大的客户群体
流程简便	报名申请、合同签订、支付贷款、预约还款执行全流程网上操作,在家、在办公室即可轻松实现贷款
支用快捷	在仓单支用申请的 T+1 个工作日内完成支用审批及放款,并可在合同额度内循环支用
还款灵活	可通过网银预约还款,到期直接扣款还贷

表 6.4　金银岛"e 单通"融资产品特征

产品特征	说　明
单笔支用	最高不超过质押仓单价值的 70%
贷款利率	最低在人行的基准利率基础上上浮 15%
担保方式	持建设银行认可的专业仓储公司出具的电子仓单进行质押
贷款期限	最长不超过 6 个月
还本付息	按月付息、到期还本

(3) 网络订单融资。网络订单融资指借款人凭借金银岛确认的电子订单(借款人作为买方)向银行申请贷款的融资业务。

6.4　网络银行投资理财服务

6.4.1　个人理财业务

1. 网络银行个人理财概述

理财通常是指对资产的筹划、评估以及管理、代理等活动,理财服务的根本目的,是满足从"储蓄保本"到"投资保值",再到"运用财富"的理财观念转变的需求。从消费者角度讲,个人理财服务就是确定自己阶段性生活与投资目标,审视自己的财产分配状况及承受能力,在专家建议下调整资产配置与投资,并及时了解自己的资产账户及相关信息,以达到个人收益最大化。

银行个人理财业务是指商业银行以自然人为服务对象,利用其网点、技术、人才、信息、资金等方面的优势,综合客户的所有金融资源,通过设计不同的金融产品组合,以满足不同客户的风险偏好,达到其收益预期,实现其人生的未来规划。典型的个人理财业务主要包括理财咨询、理财分析、代保管业务、委托理财等。受到我国商业银行法不能进行信托业务的限制,就委托理财业务而言,仅可进行委托存款到期转存、委托存款转账、委托存款组合等。从广义上说,各家银行的个人理财账户其实都是一个综合户,集中了储蓄、投资、消费、贷款等多种功能。尽管不同的个人对不同的功能有所侧重,但归结起来,个人理财服务的目的主要有以下几种:一是居家生活的需要,例如储蓄、购物、消费、缴费、旅游、通信、保险等；二是人生规划的需要，例如申请贷款买房、买车、留学或者生意人现金周转等；三是投资增值的需要。

网络银行个人理财内涵很丰富，比如对汇率、利率、股价、期货、金价、基金等理财信息、金融信息的查询、分析；比如股票交易、外汇买卖、期货交易、资金划拨、存取款、黄金买卖。网上理财在国内刚刚起步，很多实质性业务都没有开展。

2. 国外银行个人理财业务拓展现状

自20世纪中后期以来，在全球经济一体化与现代科技发展浪潮的推动下，西方发达国家个人金融业务在经过数十年的发展后，已经取得了显著的效果。发达国家银行个人理财业务具有批量大、风险低、业务范围广、经营收益稳定等优势。从业务规模来看，个人金融服务一般占银行整个业务量的50%左右，最高可达70%；从经营范围来看，已经涵盖了从个人储蓄到消费信贷、证券与基金投资，再到保险、外汇、融资与租赁，还有个人理财、委托贷款、资产管理、财务咨询等众多领域的业务内容；从服务品种看，除了极个别的服务种类外，绝大部分种类的个人金融业务产品数量都不下数十种，多的甚至达到上百种。其中，尤以个人理财产品最为丰富，其服务品种可达200余项，是个人金融服务的核心产品；从利润收入看，一般占到银行利润总额的40%以上，最高可达到70%。

例如，全球个人金融业务规模最大的银行——美国花旗银行，该行一半以上的利润来自它所经营的个人金融业务。2002年，花旗银行为扩大金融业务，不惜高价收购了日本第三大消费公司。无独有偶，香港汇丰控股有限公司，同年也以140多亿美元的价格，收购了美国第二大消费融资公司家庭国际公司（Household International Inc.），以扩展其在美的个人金融业务市场。各种迹象表明，以个人理财、个人融资为主的个人金融服务，已逐步成为西方商业银行，特别是大型商业银行的"主业"。

根据有关资料显示，在过去的几年里，美国的银行业个人理财业务平均利润率达35%，年平均盈利率约为12%~15%，已成为美国商业银行利润的重要来源之一。在美国，成熟的个人理财服务是指银行利用掌握的客户信息与金融产品，分析客户自身财务状况，通过了解和发掘客户需求，指定客户财务管理目标和计划，并帮助选择金融产品以实现客户理财目标的一系列服务过程。美国的个人理财，不同于单纯的储蓄或投资，它不仅包括财富的积累，而且还囊括了财富的安排和保障。财富保障的核心是对风险的管理和控制，也就是当自己生命和健康出现意外，或个人所处的经济环境发生重大不利变化，如恶性通货膨胀、汇率大幅减低等问题时，自己和家人的生活水平不至于受到严重影响。美国银行业在混业经营模式下已经形成了集银行、证券、保险和投资银行业务于一体的多元化发展战略，可以为客户提供种类繁多、更为全面的金融产品和服务，满足客户多样化、个性化的需求。银行理财服务涵盖投资规划、现金管理、合理避税、遗产管理、旅游服务等众多方面。正是因为这种全面的金融产品服务，在最大程度上丰富并满足了美国社会各阶层不同人的投资理财需求。

3. 国内银行个人理财业务发展

（1）从单一网点服务向立体化网络服务转变

国内银行原来的服务基本上以网点为单位，服务渠道单一。个人理财的一个重要发展趋势就是由原来的单一网点业务渠道服务向网络化服务转变。从中国目前银行业的发展情况来看,各商业银行所能提供的金融产品其实基本上是一致的,从争夺客户的角度来讲,随着人们金融活动范围的扩展,健全的服务网络是今后商业银行竞争的一个焦点。银行个人理财服务渠道的发展走过了从单一、片面到整体、全局,再到多元、一体化发展的轨迹,不受营业时间、营业地点的限制,能提供24小时银行服务的自助银行、网络银行、电话银行等日益受到客户青睐。自助银行、电话银行服务、网络服务将进一步整合服务系统平台,拓展服务的深度和广度,通过联网联合,扩展服务范围,增加服务种类,并通过优化服务界面、提高服务设施运行的稳定性,进一步提高服务质量,向个人客户提供3A(Anytime,Anywhere,Anyway)的理财服务。

(2) 从单一的银行业务平台向综合理财业务平台转变

长期以来,国内个人理财业务的范畴单一,仅包括储蓄业务和十分有限的托收代理业务。随着国内金融市场的发展和个人金融需求的多样化,银行个人理财业务的范围逐步拓宽,品种逐步丰富,由单一的储蓄业务向多元化的银行资产、负债、中间业务一体化发展,并随着政策的逐步放宽,除向客户提供传统的银行业务外,通过与券商、保险公司、基金管理公司、信托公司等非银行金融机构合作,国内银行已经逐步向着为客户提供证券、保险、信托、基金,甚至黄金买卖等金融服务、各类支付结算业务以及理财规划服务等金融产品综合服务平台的转变,客户可以从银行获得一揽子金融服务。

(3) 从同质化向品牌化服务转变

金融品牌是为金融产品而设计的名称、术语符号,其目的是用来辨认金融机构各自的产品或服务,并使这一特色的金融产品与其他金融机构的产品和服务得以区别。作为金融业竞争发展新趋势的金融品牌竞争,正越来越受到各家金融机构的重视,成为现代金融企业竞争的着力点和核心所在。特别是个人理财,作为面向广大客户的服务,在金融产品易被模仿的市场背景下,一家银行要保持与众不同的竞争优势,品牌无疑是必须重视的竞争手段之一。个人理财品牌一旦在用户心中树立了良好的形象和声誉,就会大大提高金融品牌的附加值和银行的商誉。个人理财品牌形成的基础是创新、积累以及文化和服务。在创新、积累上,金融企业通过不断更新观念,采取各种新措施,推出各项新业务,不断形成自己独特的个人理财品牌。

4. 网络银行个人理财业务的主要内容

个人理财涉及的领域非常广泛,从消费领域到投资领域、从本币到外汇、从货币市场到资本市场,都与个人理财直接相关。目前,个人理财业务已经成为各商业银行不可缺少的服务项目。汇丰银行推出了汇丰"网络理财"服务,其与美林集团合营的网络银行业务主要针对10万美元以上的客户;渣打银行推出的网络银行业务叫"ME渣打网络理财";恒生推出的网络银行服务叫"e-Banking";美国运通银行香港总部推出的网络银行业务叫"掌上理财"手机银行业务;中国银行香港有限公司推出了"智达"网络银行服务;东亚银行推出的则叫"Cyber Banking Account"个人理财业务。以个人客户理财需求为导向的商业银行个人理财业务内容极其丰富,具体有以下几项。

① 网络理财咨询服务。在传统银行业务中,理财咨询一般是柜台服务或电话服务。此类业务运用比较广泛,但是客户往往需要亲自到银行的营业部门。专业的网络个人理

财资讯可以在线询问客户的个人情况,然后根据这些信息由理财专家系统提出理财建议。如果经济环境发生变化或者个人经济情况有所变动,网站也会及时提供相应建议。这种理财服务方式充分利用了互联网的互动性和现代计算机技术,将个人理财资讯的成本降到最低,从而使其为所有人提供个人理财计划成为可能。

② 网上理财分析。理财分析是理财顾问机构向客户提供的高级服务,一般为收费服务,理财专家根据客户的情况和要求,结合金融市场的动态设计的针对性个人理财计划。目前,商业银行已经开发运用了一套理财分析系统软件,只要设置初始化资料,就可以自动生成理财报告。这就为网上理财分析提供了条件,客户只要注册成为正式用户,就可以享受这种理财服务,并且可以通过电子支付费用。网上理财分析主要向客户提供以下服务:各种存款组合的回报收益;各种贷款利息支出预存款收益的比较;股票收益与风险分析;债券投资收益和风险分析;外汇汇率走向。

③ 委托存款到期转存、存款转账、存款组合业务。在传统商业银行业务中,有受理客户的委托,为客户办理各种到期存款变更存期、金额的转存业务。这种业务其实是一种通知业务,网络银行注册用户可以轻松地登录个人主页进行委托。与存款到期转存业务相同,商业银行可以利用网络平台初级客户的委托,办理各种个人储蓄存款账户间的转账业务。网络平台还可以事先根据不同利率设计的储蓄组合程序,按客户的意愿和要求,为客户设计组合最佳的存款方案,为客户办理委托组合业务。

④ 个人理财过程中的各种投资业务。网络银行提供的个人理财投资业务包括证券、外汇、基金、贵金属、期货、保险等。代理网络证券交易是指客户可以在线办理证券委托交易,管理资金账户、查询最新证券信息和股票行情。网上外汇市场是银行为客户提供的在线办理外汇买卖业务,查阅外汇市场信息和评论的服务。网上贵金属业务提供贵金属的实时行情,走势图,客户可以对账户贵金属、实物贵金属、贵金属递延和贵金属积存进行即时交易、获利委托交易、止损委托交易或双向委托交易。网络保险是银行与保险公司合作,为客户提供在线投保、查询保单信息、追加投保、投连险账户转换、部分领取/赎回、续期缴费等服务的一项银保合作金融业务。

6.4.2 企业理财业务

企业理财是企业价值增长的基础,是企业财务形象的基础。对于企业来说,既要开源,又要节流,还要提高资金运转速度,提高利用率。投资是个问题,融资也是个问题。不言而喻,企业财务管理的好坏是企业生死存亡的关键。但企业理财涉及证券、保险、银行以及企业间往来等,因此仅靠企业自身的财务人员还不够。银行可以发挥专长,根据企业需求量身定制一些富有个性化、多样化的理财产品,这样,就能够大大提高企业的财务管理水平和效率。

正是由于企业缺乏专业的理财人才,所以才委托专门银行对企业进行理财。而银行为了占领市场,也乐意根据企业需求,量身定制出一些适合企业自身特点的理财产品。双方的需求是彼此的,所以才有可能产生"银企互赢"的局面。

近年来,我国商业银行为了适应市场经济需要,逐步与国际金融市场接轨,在提高服务质量、开发金融产品方面不断创新,为企业生产经营与投融资理财提供了便利。

1. 资金管理业务

商业银行以资金结算和产品开放平台为后盾，考虑客户多样化的现金管理需求，提供从内部现金管理到外部现金流控制，从人民币现金管理到外汇现金管理的全面的综合化的现金解决方案。通过帮助企业集团高效管理应收、应付款，归集、调剂内部资金，及时、准确获取现金流信息，提供多样化投资机会，提高资本投资回报率，从而实现银企财富共赢。资金管理的产品包括账户交易管理，流动性管理和供应链金融，投资理财等一系列金融服务。商业银行利用电子银行系统和网络，为企业客户提供多样化的收款工具，帮助客户快速收回资金，优化现金流状况，为客户提供整合的支付解决方案，提高支付效率，确保资金安全。当集团客户对集团内部众多的账户进行管理时，商业银行可以为客户提供账户解决方案，协助客户建立满足现金管理目标的账户结构，实施灵活的账户支付控制，并以完整、可靠和及时的账户信息，全面支持客户财资管理决策，如图 6.5 所示。

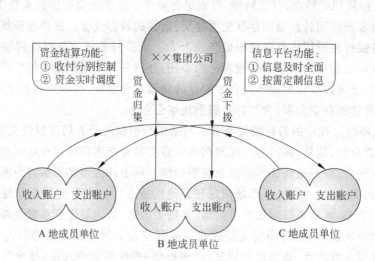

图 6.5　账户管理解决方案

针对集团客户资金集中管理的需求，银行可以为客户提供资金池解决方案，协助客户建立集团内部资金池，充分发挥内部资金潜力，降低对外部资金的依赖，达到客户现金管理的主要目标，如图 6.6 所示。

当集团公司设置了财务中心或共享服务中心后，公司将面临统一支付的课题。商业银行可以为客户提供集中支付服务，将原来分散于各成员单位的支付业务集中到集团财务中心或共享服务中心办理，实现了全国统一支付，为企业带来成本、效率、风险控制等全面价值，持续保持支付能力，避免流动性风险事关企业生存。商业银行协助客户应对临时性资金不足，为客户提供多样化临时融资选择，简化办理手续，实现快速融资，确保企业财务运行平安无恙。

稳定的供应链对客户的发展具有重要的意义，由此催生了供应链管理，对处于供应链核心地位的企业，银行提供供应链金融解决方案，协助客户进行供应链管理，通过为其上下游企业提供融资服务，协助企业对整个供应链实施集约化管理，巩固上下游企业合作关系，提升整个供应链的价值，提高闲置资金使用效率，实现资金收益的最大化，是企业现金

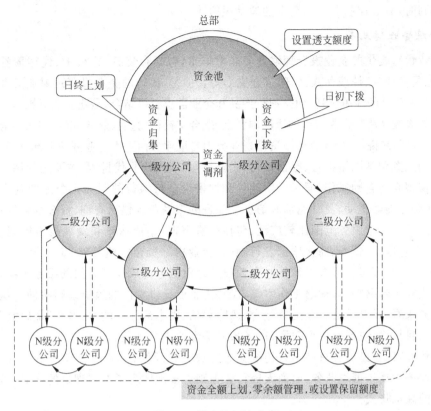

图 6.6 资金池解决方案

管理的重要目标,如图 6.7 所示。

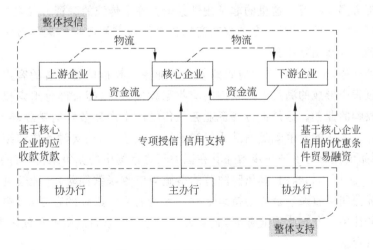

图 6.7 供应链金融解决方案

另外,商业银行为客户量身订制,短期投资解决方案。在保证资金安全性,流动性的基础上,提高资金收益,满足客户多样化的短期投资需求。汇率利率市场化,是企业财资与风险管理面临新的挑战,商业银行为客户提供风险管理解决方案,确保客户在确保资金收益的同时,有效控制汇率和利率的波动风险。

2. 投资理财业务

商业银行提供的企业投资理财业务非常丰富,包括存贷款、银行卡、代客债券买卖业务、外汇买卖业务、掉期存款、代理黄金交易等。但是,银行的企业投资理财业务并不仅仅是这些业务产品的简单罗列,而是银行产品和企业需求有机结合,是建立在对银行业务和操作的熟练掌握以及对企业运作的透彻洞悉上,融合了银行、企业、财务、市场和法律等各方面的知识。目前来说,银行的企业投资理财业务由自助业务商人银行业务两个部分组成。

自助业务包括网络银行、电话银行、企业终端、联网代收代付等,主要是利用先进的科技手段实现企业自助操作,通过专用软件和加密设备将银行的服务柜台延伸到企业的办公室,使企业能够主动、及时地掌握信息。先进的自助业务包括查询、资金划转等业务。

商人银行业务服务范围比较广泛,包括投资咨询,企业诊断和发展战略规划,企业购并策略,企业股票、债券、商业票据发行顾问,企业内部资金重组策略,资金风险管理方案设计,债务重组等等。很多银行针对企业投资理财服务都成立了专门的服务机构,比如一些银行成立了理财顾问、理财工作室等,能够为企业提供专门的投资理财帮助。从他们提供的服务来看,或是针对企业融资组合、风险评估、资本运作等的"一揽子"金融服务,或是为重点项目提供招投标、招商引资、市场预测等专业理财服务。

比较而言,自助业务只是银行传统业务的放大和延伸,服务内容较为单一,在企业投资理财业务中属于低端业务,而商人银行业务则更多地体现了专家理财的优势,是企业理财业务的高级形式。

3. 融资方面业务

银行针对企业融资方面的业务包括抵押或担保融资,国内保理业务,租赁业务,还有非常规性融资方案设计等。这里的非常规性融资指除了传统的融资方式之外的其他融资方式,如股权质押、收费权质押、专利权和商标权等知识产权质押等融资方式。这里主要介绍国内保理业务和租赁业务。

国内保理业务,也有人称之为应收账款收购业务。是指信誉卓著的客户可将其在实物商品销售过程中形成的满足一定条件的应收账款债权,以拥有部分追索权的方式由商业银行进行收购的业务。这是银行融资业务从传统的生产环节转向销售环节、消费环节的一种新业务。市场的竞争既是商品质量和价格的竞争,也是支付条件和结算方式的竞争。因此,商品供应商为了进一步增强其在国内买方市场中的竞争地位,有些公司在防范风险的基础上,采用了如赊销(其风险防范的措施为应收账款保险)这种较灵活的结算方式。但也造成公司应收账款余额的持续上升。大量的应收账款的存在,影响了资产负债表有关的财务比率。办理此项业务后,企业大量的应收账款将从资产负债表上消失,代之以现金或银行存款。

租赁业务,现代租赁业包括经营租赁和融资租赁两种类型。经营租赁又称营业性租赁,指出租人根据市场需求,购进通用设备,通过不断地租给不同用户使用而逐步收回租赁投资并获得相应利润的一种租赁形式。融资租赁是出租人根据承租人提供的规格,与第三方(供货商)订立一项供货合同。根据此合同,出租人按照承租人在与其利益有关的范围内所同意的条款取得工厂、资本货物或其他设备。并且,出租人与承租人(用户)订立一项租赁合同,以承租人支付租金为条件授予承租人使用设备的权利。由于这种租赁形式将出、承租双方利益关系有机地连接起来,所以它不但使出租方商业银行开拓资金运用与创效渠道,而且还为承租企业提供了全新的融资手段,对于迅速壮大企业实力,提高经营效益水平起到重要作用。

小 结

网上银行是现代银行业为适应互联网的迅速发展而产生的新的银行组织形式与运作模式,它的出现改变了银行业的运营与竞争态势。我国网上银行业务的发展前景极为广阔,随着国民金融意识的增强,国家规范网上行为的法律法规的出台,将会有更好的网上银行使用环境,能为客户提供投资理财,"3A 服务"(任何时间、任何地点、任何方式)的"网上银行"会赢得用户的青睐。

思考题

1. 中国银行、中国工商银行、中国农业银行、中国建设银行、招商银行的网上银行分别开展了哪些业务大类?哪几家银行可以进行在线注册?
2. 如果在因特网上开通第1题中的五家银行的网上银行业务,哪几家是需要进行首先注册的?哪些是使用银行卡号和密码可以直接使用网上银行业务的?你认为两种形式哪种形式更好?请说明理由。
3. 选择一家银行,在因特网上开通网上银行业务,该银行提供哪些服务项目?如果你到营业网点开通,又可以获得哪些增加的服务项目?如果你购买了客户证书,所获得的服务内容又会增加哪些?
4. 网上银行如何帮助集团公司解决账户管理、资金池管理、统一支付、供应链管理等问题?
5. 电子商务企业有哪些融资方式?试探讨电子商务企业的最佳资产结构。并用实证列举电子商务企业融资的实施。
6. 第三方电子商务平台通过与银行合作,为第三方平台的会员提供贷款。试以阿里巴巴为例,列举该平台的融资模式并进行评论。

参考文献

[1] 周鑫. 我国网上银行理财业务现状及发展建议[J]. 河南金融管理干部学院学报,2009(1):67-69.
[2] 李明. 2007中国网上银行调查报告——显示网银发展潜力[J]. 网络安全技术与应用,2008(1):6-7.
[3] 刘源,周永务,卢广彦. 银行主导虚拟供应链的电子商务模式初探[J]. 现代管理科学,2007(11):31-33.

[4] 梁笛. 银行资产规模与中小企业信贷——大银行和小银行比较优势研究[J]. 东南亚研究, 2007(3): 88-90.

[5] 郑绍庆. 现代物流与现代金融相融合破解中小企业融资难[J]. 浙江金融, 2006(11): 52-53.

[6] 张冬玲. 从客户服务渠道整合的角度看我国网上银行的发展[J]. 经济师, 2006(6): 247.

[7] 郑双怡, 张跃平. 网络企业融资方式及其比较选择[J]. 沿海企业与科技, 2003(4): 55-56.

[8] 戴艳红, 王稼琼. 一种新型的融资方式——网上银行业务初探[J]. 技术经济, 2002(6): 46-47.

[9] 付强. 网上银行与银行客户服务中心[J]. 中国金融电脑, 2000(11): 34-35.

[10] Wilhelm, William J. Internet Investment Banking: The Effect of Information Technology on Relationship Banking, Journal of Applied Corporate Finance (Spring). 1999: 28-29.

第 7 章 网络保险服务

网络保险起源于 20 世纪 90 年代中期,随着电子信息技术和互联网的飞速发展,传统保险逐步被电子商务所渗透,在国外发达国家,通过网上进行保险已经非常普遍。相对于传统保险,网络保险服务具有交易成本低、操作简便、速度快捷等优势,已经成为国外保险销售的主要发展方向。而在我国,虽然 1997 年就已经出现了保险网站,但是与国外发达国家相比,由于人们对网络保险安全性的质疑,以及保险市场本身发展较晚、社会认同度还不够等因素,网络保险还有待深入发展。

7.1 网络保险业务

7.1.1 网络保险概述

网络保险伴随着电子商务在保险业的渗透应运而生,网络保险也叫保险电子商务,是指:保险公司或保险中介机构以互联网和电子商务技术为工具来支持保险经营管理活动的经济行为。包含两个层次的含义:从狭义上讲,网络保险是指保险公司或新型的网络保险中介机构通过互联网为客户提供有关保险产品和服务的信息,并实现网上投保、承保等保险业务,直接完成保险产品的销售和服务,并由银行将保费划入保险公司。从广义上讲,网络保险还包括保险公司内部基于因特网技术的经营管理活动,对公司员工和代理人的培训,以及保险公司之间以及保险公司与公司股东、保险监管、税务、工商管理等机构之间的信息交流活动。[①] 因此,网络保险是一种全新的保险销售方式和渠道,同时也是一种全新的经营理念和管理模式。

从网络保险产品和服务的提供者和接受者来看,目前其产品和服务主要由保险公司和保险中介机构等提供,接受对象可分为企业客户和个人客户两个层面。①对企业客户:企业投保人通过互联网或各种专用商务网络向保险公司购买保险、支付保费并接受服务。涉及的产品主要包括货物运输险、责任险、财产险、工程险、信用险等企业项目和团体保险、员工福利计划等;②对个人客户:个人投保人或被保险人通过保险电子商务平台购买保险产品并接受服务。主要的产品包括人寿险、健康险、车辆险、家庭财产险等个人项目。

从网络保险目标来看,主要通过网络实现投保、核保、理赔、给付等。①投保。各个保险公司可以通过网络来介绍和推销相关保险产品和服务,使得投保人可以通过在网络上查询各个保险公司的险种、保费、保单利益以及公司的信誉状况等,做出适合的选择。保

---

① 赫倩倩.保险电子商务——互联网时代的新势力[J],山东纺织经济,2007(4):98-99.

险公司设有专门的咨询设备和咨询人员,投保人有任何疑问,都可以通过网络互动平台、电话或者 E-mail 进行咨询。决定投保时,可以通过网络进行保险邀约,填写保险信息,并将保费划入保险公司的银行账户。②核保。经保险公司核保之后,即可得到与保险公司签订的电子保险合同,即电子保单。如果是纸质的保单,将会通过邮寄等方式送到被保险人处。③理赔和给付。当被保险人发生保险事故,可以向保险公司进行网上报案、进行索赔,保险公司审核后,给付保险金。这过程中,保险公司需要联合相关部门对出险情况进行核实,之后可以通过电子账户进行保险金额的给付。

7.1.2 国外网络保险的发展状况

在以欧美为主的国外发达国家,网络保险已经成为保险销售的发展方向。其中,美国由于在计算机技术和网络技术的领先地位以及良好的综合市场环境,成为保险业 IT 服务发展较早的国家,并且发展迅速[①]。

美国从 20 世纪 90 年代中期开始发展网络保险,到 1997 年初,大约 81% 的美国保险公司至少有一个网站,但是还是停留在只提供有关保险市场和购买的信息,并帮助客户决定他们购买保险的内容阶段。到 1999 年有所突破,美国第一家所有业务活动都通过网络进行的公司——eCoverage 成立。之后有更多的保险公司将更多的资源投入到网络保险中。2000 年以后,网络保险开始快速发展。加入到网络保险超市的保险公司日益增多,而保险代理机构的数量则持续下降,规模小的代理机构关闭或合并到了大机构中。到如今,几乎所有的保险公司都已上网经营。在各种险种发展中,车险是增长最快和最主要的。根据美国独立保险人协会估计,今后 10 年内,31% 的商业保险和 37% 的个人保险业务将通过全球互联网实现。[②]

欧洲网络保险的发展在初期也比较缓慢,2000 年以后有了比较快速的发展。越来越多的人通过互联网购买车险、家庭保险和旅游保险等。

7.1.3 我国网络保险的发展状况

我国的网络保险业务起步较晚,应用水平也有限。1997 年,中国保险学会和北京维信投资顾问有限公司共同发起成立了我国第一家保险网站——中国保险信息网(china-insurance.com)。同年 11 月 28 日,由中国保险信息网为新华人寿公司促成的国内第一份网络保险单,标志着我国保险业迈入了网络的大门。之后,已经有为数不少的保险公司进行了初步的尝试。

时至今日,我国已经基本形成以网站平台为基础的网络保险电子商务发展框架。但是与日本、欧美等发达国家相比,我国的网络保险则还处于初级阶段,没有形成规模。

以 1997 年中国第一家保险网站——中国保险信息网,和中国保险信息网为新华人寿公司促成的国内第一份网络保险单,标志着我国网络保险业的开始。2000 年 3 月 9 日,国内首家电子商务保险网站——"网险"(www.orisk.net)成立,开始真正实现网上投保。

---

① 陈进,崔金红.电子金融概论[M].北京:首都经济贸易大学出版社,2009.
② 陈进,崔金红.电子金融概论[M].北京:首都经济贸易大学出版社,2009.

之后,中国人民保险集团公司、中国人寿保险公司、金盛人寿保险有限公司、泰康人寿保险股份有限公司、中国太平洋有限公司相继在国内推出不同的网络保险险种,允许网上投保。同年8月,国内首家集证券、保险、银行及个人理财于一体的个人综合理财服务网站——中国平安保险(集团)股份有限公司的"PA18"网站(www.pa18.com)在北京正式推出,其个性化功能突破了先河。几乎在同时期,泰康人寿保险股份有限公司推出国内第一家由寿险公司投资建设的、真正实现在线投保的网站——"泰康在线"(www.taikang.com),也是国内首家通过保险类CA认证的网站。中国太平洋股份保险有限公司网站"太平洋保险"(www.cpic.com.cn)也同期推出本公司的网络保险系统。

此外,保险中介机构也开始陆续出现,如易保网(www.ebao.com)、保网(www.ins.com.cn)等,为保险公司、保险相关机构和客户提供了专业网络保险平台。

但是到2005年之前,网上主要还是一些有关保险公司、产品及服务的简单介绍,还只是把网络作为一种提高公司知名度、宣传公司产品的渠道。有部分公司已经通过网络上客户服务等方式接受客户的咨询、掌握市场需求动态等;但是对网络销售的保险,仅仅限于车险、意外险等少量险种,而且消费者在网上选定险种后,在网上递交的还不是真正的保单,只是一些基本信息和选定的险种,实质性的操作还是在线下进行。而且,由于公众对网上交易的安全性和可靠性存在质疑,使得人们对电子保险的信心不足。

2005年4月1日,中国人民财产保险股份有限公司,在《中华人民共和国电子签名法》实施之日,推出国内第一张全流程电子保单,令客户投保更为方便快捷,实质性地实现了网上操作交易,使得网络保险在我国的发展有了重大的突破,不少人认为这意味着中国保险业真正进入了电子商务时代。而该法案的出台,为实现网络保险的安全,帮助保险活动当事人建立彼此间的诚信,提供了法律保障。到目前为止,我国已经基本形成以网站平台为基础的保险电子商务发展框架,不仅一部分网站已经实现了保险产品的网上销售,而且保险公司在利用网络为客户和代理人提供服务方面也积累了一些经验,网络保险业务已经有了一定的规模。保监会副主席李克穆在2010年举行的"第三届保险信息化高峰论坛"上指出,当前保险电子商务已进入高速发展期,截至2009年底,全国有32家保险公司开展了网络销售,36家保险公司开展了电话销售业务。2009年我国保险业网上实现保费收入77.7亿元,其中财产险保费收入51.7亿元,人身险保费收入26亿元。保险电子商务日益成为重要的营销渠道和新的业务增长点。险种也日益丰富,从意外险、车险扩展到家庭财产险、健康险等。但是业务范围和功能等还有一定的局限性,还不能满足多样化的保险需求。

从发展趋势来看,中国保险业的巨大市场和发展潜力不仅是我国金融体系和经济发展的重要支柱,更已成为全球最重要的新兴保险市场以及世界保险市场中的一支重要稳定力量。据瑞士再保险公司(Swiss Re)预测显示,中国在2025年将成为全球第三大保险市场,仅次于英美之后。而保险电子商务作为今后保险产业的发展趋势是任何一家保险公司都无法回避的,网络保险最终要通过网络实现投保、核保、理赔、给付等。但是在我国,网络保险的发展还有待进一步深入。

7.1.4 我国保险网站的经营模式

网络保险网站有多种分类,如以险种来划分,分为人寿险和财产险等;以所有制进行划分,分为国有、民营、混合、外国独资、合资等;而从经营模式来分,主要有以下三种。

1. 保险公司自行开发的网站

这类网站主要由经营传统保险业务的保险公司自己开发,在于通过互联网推广自己公司的险种产品和服务,在营销方式、服务内容和管理上基于网络进行创新。这类网站以公司为背景,有实体支撑,应该说它们是网络保险的主力军,目前几乎所有的保险公司都拥有自己公司的网站。但是具体来看,不同的保险公司网站在经营上还有不同的特点,与网络保险功能是否能完全发挥、是否还提供其他网上服务有密切联系。

(1) 中国太平洋股份保险有限公司网站"太平洋保险"(www.cpic.com.cn)

该公司网站中有对公司的介绍、社会责任相关报告之外,主要对浏览网页的人群根据投资者、个人用户和企业用户进行不同分类,既体现出了上市公司的特色,又对消费者有所细分。

从个人用户看,主要有产品目录、在线投保、客户服务、保险知识、投资知识、优秀代理人、电销专区等内容,除了必要的保险知识普及之外,主要就太平洋保险公司的寿险和产险两大块内容着重进行产品的介绍和说明,并有网上投保、理赔等功能。具体来看,产品目录中,财产保险分为机动车辆保险、家庭财产保险、责任保险、投资型保险、意外伤害保险等,人寿保险分为适合各人生阶段的四季人生保险,按专业分类的寿险、健康、年金、短意等产品,还有银行保险等。但是实际上,在线投保的产品范围比较有限,可选择的仅有两个产品,分别为 e-出行安心保和 e-自驾舒心保,着重在可标准化的保单上进行网上操作。之后,如果出险,该网站可以实现在线报案以及处理情况的在线查询。但是理赔和给付主要还是在线下进行。

从企业用户看,主要有产品目录、客户服务、经典案例等内容。财产保险包括企业车辆保险、货物运输保险、责任保险、工程保险、财产保险等产品,人寿保险包括团体年金保险、团体健康险、团体意外险、团体寿险、员工福利计划等。网上显示的服务,从投保到给付基本停留在介绍、推广和相关咨询、单据下载等功能,实质上的交易还是未能体现出来。

综合来看,此保险公司的功能还是着重在对传统保险的网上补充,着重文字性的说明和营销上的推广,而网络保险的交易等功能未能完全体现出来,基本还处在比较初级的网络保险业务模式。

(2) 泰康人寿保险股份有限公司"泰康在线"(www.taikang.com)

该公司已经实现了统一的客户管理平台,于2009年3月开始实施,2009年7月上线。基于统一客户管理平台,泰康人寿在其网络销售平台——"泰康在线"网上迅速推出了一系列新的服务和产品。比如客户即使通过营销人员购买的保险,也可以在线查询、缴费、进行理赔报案。客户在网上任何有价值的行为都会转换为积分,积分可以兑换礼品。从2009年8月至2009年11月底,泰康在线已有接近15万会员使用,网上缴费数额达到3亿元。2009年网络销售收入突破1亿元,比前一年增长130%。在客户中,已经出现了多份百万大单。电子商务经过多年市场培育后,终于有了一大批忠诚用户群。

该公司网站中有关于对公司的介绍、新闻中心、产品博览、在线购买、客户服务、乐活健康等栏目。与一般保险公司网站不同的是，该公司除了一般的网上产品、服务的介绍和推广之外，已经切实有了"在线购买"的功能。具体网上可购买的产品包括 e 爱家组合保险、养老保险、少儿教育金、旅游、签证保险、健康保险、意外险、定期寿险等，可网上投保的范围已经涉及比较广泛的领域。而且已经在网上推出自主组合产品，客户可以轻松组合自己希望的主险、附加险的类别，保额和交费方式，系统会自动计算保险费、演示利益。如果客户通过在线支付完成保险费缴纳，系统还会自动生成及递送电子保单。泰康人寿的网上投保项目，在规定的时间和范围之内，还可以在网上进行变更。

一旦出险，除了传统的方式报案，如电话、委托业务员或直接前往公司柜台等方式，还可以在网上提出报案。在线的理赔服务限于网上提出理赔申请。之后的审核、调查、结案等需要经过线下的系列流程，然后通过银行转账方式给付保险金。

从产品类型来看，网上可购买的保险以个人产品为主，团体产品几乎没有。因此，着重点还是在对个人产品的网上销售。

综合来看，泰康在线已经在传统保险营销方式之外，切实地设立了在线投保、在线理赔等实质性网上交易功能，拓展了传统的保险营销方式，切实地发挥了网络保险的功能。从网上可购买的产品内容来看，范围已经不仅仅局限在一两种比较单一的网上产品，涉及了各个不同的领域，甚至包括投资产品，以产品带动了市场。同时实现了按照个人的需求进行选择保险产品，并进行个性化保费测算等功能，比较好地实现了网络保险的基本功能。

（3）中国平安保险（集团）股份有限公司的"中国平安"网站（www.pingan.com[①]）

中国平安保险（集团）股份有限公司本身属于保险业界资本实力比较雄厚的企业，所占的市场份额度也比较大，作为国内第一家股份制保险企业，至今已发展成为融保险、银行、投资等金融业务为一体的整合、紧密、多元的综合金融服务集团。仅是保险系列的参股公司就包括中国平安人寿保险股份有限公司（平安人寿）、中国平安财产保险股份有限公司（平安产险）、平安养老保险股份有限公司（平安养老险）、平安健康保险股份有限公司（平安健康险）等公司。因此，其网站在保险产品和服务之外，还包括银行、信用卡、证券、期货、信托、理财规划等金融产品和服务，体现出了该公司综合经营的特色。

从网络保险产品的营销来看，个人用户产品范围包括汽车保险、意外保险、旅游保险、签证保险、家庭财产险、健康保险、综合保险等。从网上产品价格来看，普遍低于线下同类产品，显现除了网络保险交易费用低的特点。同时除了网络保险之外，还适时推出了手机保险，开展了移动保险业务。从企业用户的网络保险来看，平安保险通过一账通和保险卡等网上管理模式，使得团体用户也体现出了个性化的特征，突破了团体的限制。

综合来看，该公司依托其综合经营特色，提供给客户全方位的网络金融服务，使得保险与其他金融产品能够在一账通中一起使用，具有方便快捷的优势，其保险价格也体现出了网上直销保险的低价优势。但是比起专一经营保险的公司来说，网络保险的产品范围和提供的服务还是有一定的提升空间。

---

① 其 PA18 域名和 www.pa18.com 网址已经被自动更新为中国平安保险和 www.pingan.com。

2. 专业财经网站或综合门户网站开通的网络保险栏目

这类网站主要是保险公司与相关专业财经网站或综合门户网站合作,开通相应的网上栏目,其目的在于利用一些网站的客户资源和信息资源,满足客户群中网络保险消费群的市场需求[①]。例如和讯网(www.hexun.com)的保险栏目,网易(www.163.com)等门户网站为保险提供的空间,发布与保险相关的新闻咨讯,以及保险产品的介绍,如中国工商银行网站(www.icbc.com.cn)、中国农业银行网站(www.95599.cn)上的保险频道,直接把合作保险公司的保险产品作为银行金融超市的产品,在网上介绍和销售等。但是从这些网络保险栏目来看,门户网站中以新闻、介绍性的保险知识、产品内容和服务内容为主,网上销售不多,而银行这样的专业网站可以依托网银进行网上代销,其销售的网络保险产品相对比较丰富,但是后续的理赔等还是需要在保险公司进行。

综合来看,这些网络保险栏目为网络保险的发展起到了进一步拓展的营销作用,但是由于受到法律法规的限制,其网络保险的实质交易程序等还是需要依托保险公司或者第三方保险平台等来实现。

3. 第三方保险网站

第三方保险网站不属于任何保险公司或附属于某大型网站,它们可以是为保险公司、保险中介、客户提供技术平台的专业互联网技术公司,保险公司可以依托有成熟技术的第三方提供的网站平台进行保险产品的销售。第三方也可以是保险中介和兼业代理行业网站,为多个买方和多个卖方提供信息和交易等服务。第三方网络保险网站既为企业提供了高效的信息交流平台,又创建了良好的商业信用环境,集合了多方的信息流、资金流等,具有专业化和公用性强等特点。代表性网站有中国保险网(www.china-insurance.com)、易保网(www.ebao.com)、保网(www.ins.com.cn)、优保网(www.ubao.com)、慧择网(www.hzins.com)等。

其中,中国保险网作为中国最早的保险行业的第三方网站,自成立以来,与保险行业组织、学术、院校机构、保险传统媒体、大型综合、财经网站建立了广泛的战略联盟,该网站现有保险时讯、百姓保险、专业咨讯、法规大全、交易大厅、人才市场、险种大全、保险超市、保险大家谈(论坛)、寿险商铺、财险商铺、代理人社区、资料中心、汽车保险等栏目,设有保险专业资讯、论坛、社区等,而且还对保险产品实行网上导购等,实现部分产品的在线投保。其业务主要分为信息服务、技术服务和宣传推广等。其发展目标是希望通过国际互联网为保险消费者、保险机构和保险中介提供信息、咨询、电子商务和职业教育及展业辅助等服务,成为中国保险行业最大的信息交流平台(ICP)和第三方保险电子商务服务平台(E-Service)。

7.1.5 网络保险业务的内容和特点

1. 网络保险业务内容

目前,由网络保险公司、综合门户网站、第三方保险网站提供的网络保险业务侧重点

---

① 李蔚田,等.网络金融与电子支付[M].北京:北京大学出版社,2009.

各有不同,但是总体来说,基本的网络保险业务具体有以下几种类型。

① 网上宣传推广业务:一般保险网站主要通过网上针对个人客户和企业客户介绍保险的相关产品、服务、投保信息、经营理念,并对保险公司、保险中介机构和业务员进行介绍和宣传,比传统营销方式,不仅成本低,而且时间持续长,介绍清楚,而且可以对不同的个体保险需求进行针对性营销;不同的保险公司、保险机构也可以互相链接,相互推介,公司内部的业务员也可以通过个性化的保险网页,展示业务员的素质和特长;此外,第三方保险网站可以利用信息资源丰富和与相关保险协会机构良好的合作关系等优势,帮助会员策划、实施多种形式的宣传推广活动,包括图片广告、文字链接、网上直播、合作专题、多媒体立体宣传推广等。

② 信息咨询业务:保险网站可以向客户提供公司的历史介绍、管理经营理念、机构设置、财务数据报告、保险产品种类及费率等信息,提供保险新闻、政策法规、监管结构要求等信息,以及保险知识和课题探讨等信息,使客户对保险机构和保险行业有基本了解和认知;在与客户的交流咨询中,可以通过网页文字说明,分个人客户和企业客户,对客户的一些常见问题进行汇总解答,也可以通过网上在线交流,直接解决客户的问题。如泰康人寿的在线服务咨询,如易保网通过网上需求评估系统帮助客户选购产品;此外,第三方保险网站对保险公司、保险相关机构等提供丰富的信息资源、保险市场动态、数据统计分析、金融保险观点分析与研究、专题论坛、资料中心,以及相关保险机构和人才管理等服务内容。

③ 网上投保和网上理赔业务:该业务通过把传统的保险业务搬到网上,使保险业务的销售能脱离开保险业务员,使消费者直接面对保险产品,通过网上平台直接充分了解保险产品的特点和功能,并且在网上直接选购所提供的保险产品,甚至根据消费者的个性化需求,计算保费,投保下单,联合多种网络银行支付方式,完成电子支付,获得电子保单或者纸质保单,从而实现全流程的网上投保。其后,如果出险,客户可以获得网上报案、理赔单证下载和服务等理赔服务,由于网络的反应迅速,因此保险公司可以对客户出险之后的报案、理赔和给付及时作出反馈,使网络保险比传统保险营销方式拥有更快捷和更方便的服务。

④ 其他网上客户服务业务:网上客户服务内容广泛,从网络保险流程看涵盖了售前、售中和售后服务,除了以上业务之外,还包括保单和产品价格等查询服务,保全服务、续期缴费和咨询投诉等业务办理,保险法律法规、反洗钱等法律服务,以及各类单证下载、支付帮助、保单说明等服务。以此及时了解客户需求、意见,并稳定客户源;此外,第三方保险网站还针对保险业务员、保险公司、保险相关机构提供系列管理工具和应用服务,以提高工作效率及管理控制能力,实现业务系统之间的网上连接。有的保险网站客户服务还单独针对会员提供更优惠和更周到的服务。

2. 网络保险业务流程

由于网络保险有狭义和广义之分,使网络保险业务流程的内容也因此有所区分,但是从核心业务来看,其实网络保险与传统保险在保险业务的基本环节上并没有发生变化。因为电子商务实际上改变的并不是商务本身,而是利用现有的计算机硬件设备、软件和网络基础设施,在按一定协议连接起来的电子网络环境下从事各种商务活动的方式。因此,保险电子商务实际上是使保险销售的各个环节实现了电子化和自动化。

最关键的业务流程还是集中在图 7.1 中所示的展业、核保、承保和理赔上。传统保险由于是人工操作,需要经过代理人、契约部、财务部、报案部等多部门,时间长,速度慢,导致效率低。而网络保险业务由于依托电子商务,部门和部门间的沟通时间大大缩短,而对客户来说仅通过互联网就完成保险,不受时空的约束,效率大大提高。

另外,在以上业务流程中,有的保险公司,如泰康人寿、中国平安等保险公司还开通网上自助服务平台,这样可以在网上就实现变更个人信息、变更保单、续期缴费、查询理赔进度等,而保险公司也可以借这个平台做保险产品推广等网上营销等。

图 7.1 保险公司的基本业务流程

3. 网络保险业务特点

网络保险业务具有电子化、直接性、时效性的特点。

(1) 电子化

电子化表现在具体交易过程是通过互联网进行和完成的,采用的是电子单据、电子传递的方式,即使是支付也以电子化的形式完成。

(2) 直接性

直接性表现在客户与保险机构直接互动,不少网络保险产品采用直销的方式面向客户,而不需要通过代理人。同时,客户也可以根据自己的需求选择合适的保险产品,并通过网络在多家保险公司和多种产品之间进行多样化的比较和选择。

(3) 时效性

时效性表现在客户可以在保险公司等相关网站上及时更新自己的信息,便于保险公司与客户之间的沟通。而保险公司也可以及时通过网络公告、电子邮件和网络内容更新保险产品、保险咨讯等。

与传统的保险企业经营方式相比,利用互联网开展保险业务可以简化保险商品交易手续,降低成本,更方便快捷,突破时空限制,提高效率和竞争力,更能满足客户的需求,为客户创造和提供更加高质量的服务。

7.1.6 网络保险业务存在的问题

国内网络保险业务的发展还面临以下需要解决的问题。

(1) 由互联网的虚拟性等造成的道德风险和逆向选择问题

在网络保险实行过程中,理想的网络保险业务应该涵盖展业、投保、核保、理赔和支付的各个环节,整个过程都应该可以通过网络来实现。但是如果该流程中,由于保险公司工作人员不进行现场核保和事故勘察,可能会造成投保人和被保险人故意隐瞒事实,不履行告知义务,甚至编造保险事故,或者夸大保险事故造成的损失,或者伪造相关证明,而加深道德风险和逆向选择。网络保险在中国的进一步发展事实上依赖于诚信体系的发展。

(2) 网络保险交易安全隐患问题

网络保险虽然比传统的线下保险方式更方便迅捷,但是事实上,广大消费者对网络交易的安全性还存在着疑虑。根据中国互联网络信息中心(CNNIC)《第 25 次中国互联网络发展状况统计报告》数据(2010 年),有 56.6% 的网民遭遇过木马病毒的攻击,31.5% 的网民遭遇过账号密码被盗的问题,同时有 65.9% 的网民认为"网络交易不安全"。事实上,网络保险交易中,电子支付系统还不完善,网上安全认证的可靠程度不高,以上这些网络交易安全问题无疑制约着网络消费类应用的深度发展,阻碍了网络保险交易的进一步发展。

(3) 电子商务相关法律法规还不健全

虽然我国已经出台了《数字签名法》,但是到目前为止,还没有一个比较完整的电子商务法律框架,网上交易的法律效力及网上安全、客户隐私等法律问题仍无法解决,执行力度也比较薄弱,有待加强。

其他问题,如网络保险产品还不丰富,保险公司等相关保险机构的信息化水平不高等问题也都限制了网络保险的进一步发展。

从总体上来看,网络保险作为新兴市场,必然是未来发展的趋势,也必然促进我国保险公司的经营模式、理念和管理方式以及广大消费者购买保险的习惯的转变,其中既有挑战,也存在着发展机遇。

7.2 网上投保业务

网上投保作为网络保险业务中不可缺少的重要环节,虽然在我国还有待进一步推广和普及,但是由于其方便、灵活、高效等特点,必然成为未来保险行业发展的趋势。

7.2.1 网上投保概述

投保这一过程从广义上来说,从保险人展保,客户有意愿买保险开始,通过选择保险产品,保险人核保,直到承保、签单为止。简单来说,是保险机构卖保险产品和客户买保险产品的一过程。由于保险产品的性质特殊,是一种服务产品,消费对象的不同,保险公司所能提供的保险服务质量也有差异。因此,保险人对客户提出投保申请后需要进行审核,决定是否接受承保这一风险,并在接受承保风险的情况下,需要确定保险费率,也就是说要有保险核保这一过程。

把投保放到网络上,一方面由于保险产品符合网络的特性,都有无形性和服务性的特征,适合上网;另一方面,网上投保和传统的线下投保相比,不需要繁杂的手续和冗长的等待时间,可以自助完成投保操作,从而缩短了投保时间,提高了效率。同时由于缺少了保险代理人这一环节,在保险产品的价格上比较优惠。同时,由于透明度的提高,更有利于用户对各家保险公司的产品详情、价格、条款等进行深入比较,而且可以使用网站上的保费测算工具便捷地测算出某些投资产品的收益,从而帮助用户选择既满足需求且低廉保费高额保障的保险产品。但是由于网络投保还属于新鲜事物,所以在险种的种类上、自由选择程度上、保单变更等问题上,还不能和线下投保相比,存在一定的差距。

网上投保主要是以网上直销的形式，通过在线投保平台直接购买保险产品，也可以通过网上填写投保意愿单，或者使用网上的保险需求分析系统等，再由保险代理人通过在线交流系统或者网络保险产品定制系统，购买适合客户的组合保险产品，最终通过网络完成投保。但是严格来说，网上投保的全流程应该都通过网络完成。事实上，如果在过程中，保险代理人介入并最终没有在网上签订保单，而是仍然由保险代理人在线下人工操作的话，严格来说，因为投保的全过程并不都是通过网络完成的，那么仅可以说是通过网络促成了保单的签订，所以还不能完全称为网上投保。而从目前国内的发展来看，实行网上直销的保险公司还不多，而虽然有保险公司推出可以填写保险意愿单，或者进行需求分析，但是其后基本经由保险代理人完成交易。至于目前能够完全满足个性化需求，可以自由组合保险产品的网上投保形式还在探索当中，如"泰康在线"已经推出了自由组合的保险产品，但是在可选的种类上还比较受局限。

从我国网上投保的发展来看，1997年，中国内地第一份通过因特网促成的保单在新华人寿保险公司诞生，当时客户通过电子邮件表达了保险的愿望，然后在线下签单。但是之后却几乎用了长达13年的时间，直到2000年9月22日，有客户通过泰康人寿保险股份有限公司的网上平台"泰康在线"，完成了购买旅游险保险单的全过程交易，并确认成功，才完成了国内第一笔网上投保交易。但是其后，由于客户对保险产品消费习惯的滞后，上网主流人群与保险客户主流在年龄层次、收入水平、消费观念上的差异，以及保险网站技术体系的限制，使得网上投保的发展一直比较缓慢，产品内容也比较单一，使用人群比例也有限。直到2005年4月1日，中国人民财产保险股份有限公司推出国内第一张电子保单，又有了实质上的突破。不过，从总体上看，其发展程度还有待提高。

从网上可投保的保险产品来看，直到目前为止，网上投保由于其风险控制的复杂性，使得对保险产品的险种和对客户需求的满足性上有一定的限制，目前在网上销售的保险产品基本以核保简单、手续简便、容易标准化的保险产品为主。一般来说，车险这样易标准化的产品适合在网上直销。根据相关部门统计，在美国，车险是网络保险中最主要、同时也是增长最快的一个险种。其他如家财险、个人健康、意外险、货运险等也易在网上进行操作。但是对于需要搜集大量的资料或进行实地考察的险种，如工程险等则不适宜在网上销售。同时，面对风险过大的保险产品和面对有特殊保险需求的客户，则还是需要通过保险代理人进行线下接洽，在核实情况后，再签订保单。

从目前各大主要的保险网站来看，以保险公司为主的网站及其与第三方保险网站平台或者银行网站等合作情况分析，现在大部分保险公司在保险产品的销售上还是脱离不开代理人在线下的过程，网上基本还是以产品介绍和推广为主，即使有一部分交易过程在网上完成，如在网上填写投保意向书，或仅在网上实现网上缴费等，都还不能称得上网上投保。部分实力雄厚的保险公司，如中国平安、泰康人寿、中国太平洋等，已经实现了部分产品的网上投保，在产品种类上看，泰康在线和中国平安等比较多样，除了基本的车险、家庭财产险之外，还有意外险、定期寿险、签证保险等。在营销方式上，除了比线下购买保险更优惠的价格策略以外，泰康在线推出了丰富的在线保险产品，而中国平安则以一账整合服务吸引客户，并可以通过手机这样更方便的手段投保等吸引客户。但是整体上来看，保险产品基本还是以已经定制好的保险产品为主,重点面向个人客户,客户自己可选择的余地比较小,而要推出满足个性化的保险需求的保险产品及其组合还在探索之中。

7.2.2 网上投保流程

1. 网上投保基本流程

网上投保的基本流程一般来说都要通过选择保险产品,阅读投保须知,填写投保信息并确认,然后在网上完成支付,从而完成投保,获得保单。在这过程中,由于在线投保的所有电子签名、证书等都具有法律效力,所以用户须认真阅读相关的投保须知、保险条款,在完全理解的前提下确认相关信息,支付保费。中国太平洋股份保险有限公司网站"太平洋保险"的具体网上投保流程为选择e保险产品→阅读投保须知→进入在线投保(如果您不是注册客户,需注册后继续投保)→填写投保信息→确认投保信息→选择在线支付→等待保单送达;易保网的家财险联合中国人民保险公司、中国太平洋保险公司、华泰财产保险公司推出,网上投保流程为财产估值→选择保障→选择产品→确认保额→投保提交→收单付费;泰康人寿保险股份有限公司"泰康在线"的具体投保流程如图7.2所示。

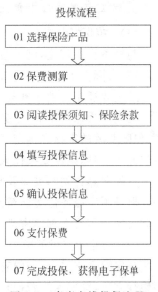

图 7.2 泰康在线投保流程

2. 目前各大保险公司在网上投保流程上的异同点

下面对各大保险公司网上投保流程进行比较分析。

从共性上看,有些流程几乎都一样,如在选择网络保险产品→阅读投保须知→填写投保信息→确认投保信息→选择在线支付。但是在具体的细节上还有一定的差异,具体差异在于是否有保费测算这一流程、选择不同保险产品所产生流程的差异以及是否使用电子保单。分别来看:

- 是否有保费测算。使用网站上的保费测算工具,可以便捷地测算出产品的成本收益,帮助用户选择既能满足需求而且保费低廉保障高的保险产品,而且有的已经具备组合保险产品的功能。如泰康在线的e顺综合意外保障计划,就有DIY保障的功能,实现了意外伤害造成的身故、残疾、烧伤保险金、意外伤害医疗保险金、意外伤害住院津贴之间的产品组合,保险金额也可以进行自由组合。而没有这一步骤的保险网站相对来说,所提供的保险产品标准化程度高,种类也比较单一,基本是固定保费,不需要有这一流程。
- 选择不同保险产品所产生的流程差异。在选择不同保险产品时,所需要面临的风险不一样,导致要考虑的因素也不一样,因此,在易保网上,针对家财险,专门有"财产估值"这一步骤,而在意外险中,就不需要有这项内容。
- 是否使用电子保单。纸质保单的获得通常需要通过邮寄、亲自去保险公司领取等方式,一旦遗失了或者需要更改客户信息、缴费频次等,需要再到保险公司门店办理,周期长,而且手续繁琐。如果网上投保后,即可以获得具有双方数字签名的电子保单,就可以大大简化投保手续,避免了不必要的麻烦。在有效性方面也完全不必担心,电子保单根据《中华人民共和国合同法》第十一条规定,数据电文是合法的合同表现形式,电子保单和纸质保单具有同等法律效力,而且有的网站如"泰康在线",提供电子保单验真的查询功能。但是电子保单对网络保险系统的安全性、技术性等要求比较高,所以到目前为止,也只有少部分保险公司使用,在客户支付成功后,即时生成电子保单,在投保成功后实时发送到投保人电子邮箱。而严格来说,也只有使用了电子保单,才能说是实质上实现了网上投保。

3. 网上投保流程中需注意的问题

(1) "核保"问题

与线下投保相比,网上投保过程中"核保"部分内容被纳入到理赔流程中完成。"核保"过程实际上主要是通过服务器完成了,采用的主要是实时核保,而具体实质意义上的"核保"主要还是被纳入到理赔流程的"复核"中。

在递交投保信息后,服务器应该运行核保系统进行初步核保,比如保险标的、保险金额、保险费率的审核和确定、投保人网上所填信息所反映出来的资格审核等。如果涉及身体状况的险种,则需要投保人自己在网上注明身体情况,如泰康在线的意外险之一"e顺综合意外保障计划",就需要投保人勾选病史,通过服务器的初步审核之后,才可以继续投保。但是由于服务器无法辨别网上投保人所填信息的真伪程度及其信誉这些关键因素,因此具体还需要在理赔中进一步审核。

(2) 保险费支付问题

在保险费支付上,一般有两种形式:①首、续期保险费均授权转账;②首期保险费网络银行支付,续期保险费授权转账。通过填写续期交费账户银行、证件类型、证件号码、交费账户号码,并同意保险费自动转账授权声明,就可以实行了。因此,具体的支付形式等需要根据保险公司等所提供的服务和客户的需求进行选择。

4. 以泰康在线为例演示网上投保流程(个人客户)

下面以泰康在线网站上投保"e顺综合意外保障计划"为例,进行演示。

第一步,选择保险产品。泰康在线将保险产品通过多种索引方式在网上展现,并可提供客户向导来帮助客户找到所需的保险产品。同时,在泰康在线的网站上提供留言簿功能,使客户能将自己的需求或疑问留下,泰康尽可能地回复客户。假设某客户已经选择了"e顺综合意外保障计划"。我们来看该产品的网上投保流程。由于该产品包含了因意外伤害造成的身故、残疾、烧伤保障、意外伤害医疗保障(100元免赔额,100%报销)以及因意外伤害住院日额津贴等多种保障内容,并针对客户的消费能力设置了不同的套餐,如全年基本保障型、全年爱家无忧型和高端商务专项保障等,年缴费额从117.8元/年开始到398元/年。如果客户对套餐不满意还可以进行DIY保障,来进行选择,具体如图7.3所示。

第二步,保费测算。如果选择在网上DIY,那么点击"我要DIY保障"按钮后,会弹出"e顺综合意外保障计划"的选择菜单。具体必选项目是"意外伤害造成的身故、残疾、烧伤金",可选项目是"意外伤害医疗金"和"意外伤害住院津贴",所有项目的保险金额都可以选择。假设都选择最低保险金额,项目全选之后,网上会自动生成保费。

图 7.3 保险套餐或者 DIY 保险产品内容

第三步,填写投保信息。按图 7.4 的"直接投保"按钮后,就可以填写投保信息,如图 7.5 所示。但是如果选择"会员投保"按钮后,就可以直接输入登录号码、密码和验证码后登录,享受会员服务,如在投保成功后使用证件号码、密码登录自助服务专区查询保单等。但是具体的信息还是要添加完整,并且需要在网上进行数字声明签字,说明已经了解保险条款、投保须知和投保声明书,并且同意等。

图 7.4 DIY 保障选择和保费自动测算

第四步,告知申明。由于该综合保障计划涉及被保险人的身体状况,但是又不需要体检,所以需要在网上对客户的身体状况做一个最基本的调查和审核。具体内容如图 7.6 所示。

第 7 章 网络保险服务

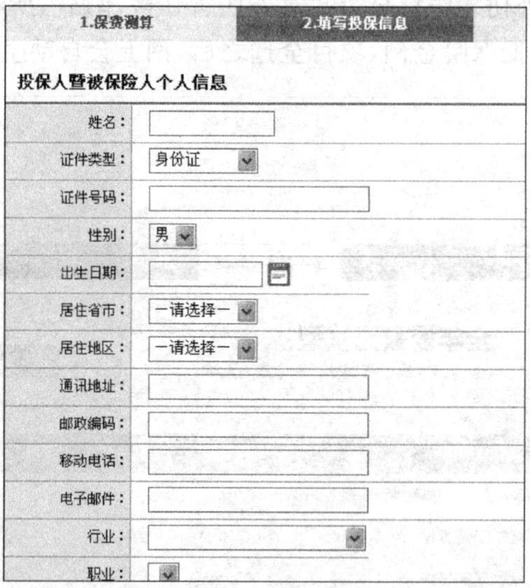

图 7.5　投保信息填写

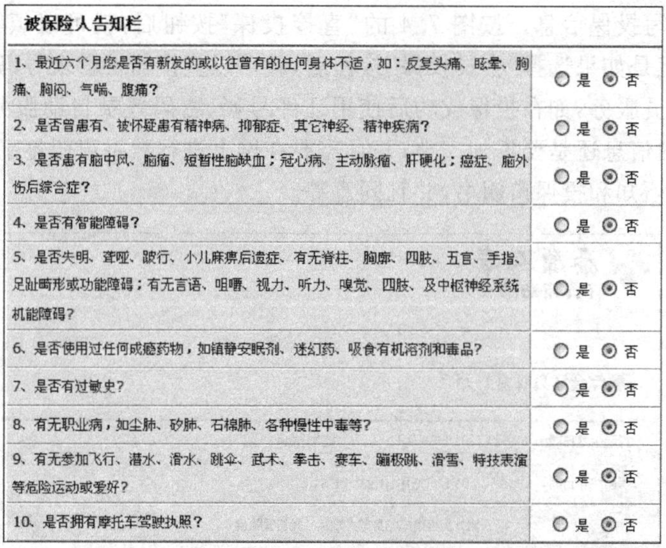

被保险人告知栏	
1、最近六个月您是否有新发的或以往曾有的任何身体不适，如：反复头痛、眩晕、胸痛、胸闷、气喘、腹痛？	○是 ◉否
2、是否曾患有、被怀疑患有精神病、抑郁症、其它神经、精神疾病？	○是 ◉否
3、是否患有脑中风、脑瘤、短暂性脑缺血；冠心病、主动脉瘤、肝硬化；癌症、脑外伤后综合症？	○是 ◉否
4、是否有智能障碍？	○是 ◉否
5、是否失明、聋哑、跛行、小儿麻痹后遗症、有无脊柱、胸廓、四肢、五官、手指、足趾畸形或功能障碍；有无言语、咀嚼、视力、听力、嗅觉、四肢、及中枢神经系统机能障碍？	○是 ◉否
6、是否使用过任何成瘾药物，如镇静安眠剂、迷幻药、吸食有机溶剂和毒品？	○是 ◉否
7、是否有过敏史？	○是 ◉否
8、有无职业病，如尘肺、矽肺、石棉肺、各种慢性中毒等？	○是 ◉否
9、有无参加飞行、潜水、滑水、跳伞、武术、拳击、赛车、蹦极跳、滑雪、特技表演等危险运动或爱好？	○是 ◉否
10、是否拥有摩托车驾驶执照？	○是 ◉否

图 7.6　被保险人告知信息表

第五步，支付信息填写。由于电子支付涉及转账和网络银行支付等方式，所以需要在网上选择支付方式，填写支付信息，如图 7.7 所示。

第六步，投保单确认。再一次对之前已经填写过的信息，如基本信息、投保人暨被保险人个人信息、身故受益人信息、账户信息等进行核对，如果有错误还可以进行修改。如果确认无误，则选择确认支付，如图 7.8 所示。

第七步，保险费支付。具体可以选择银行卡或者信用卡进行支付。如果不清楚哪种支付方式适合客户，可以点击红色字“哪种支付方式适合我”，查询网上说明，如图 7.9 所示。

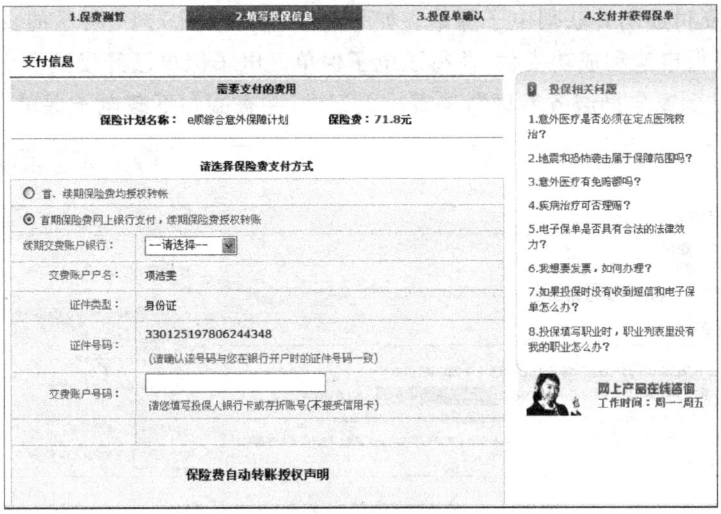

图 7.7 电子支付信息填写

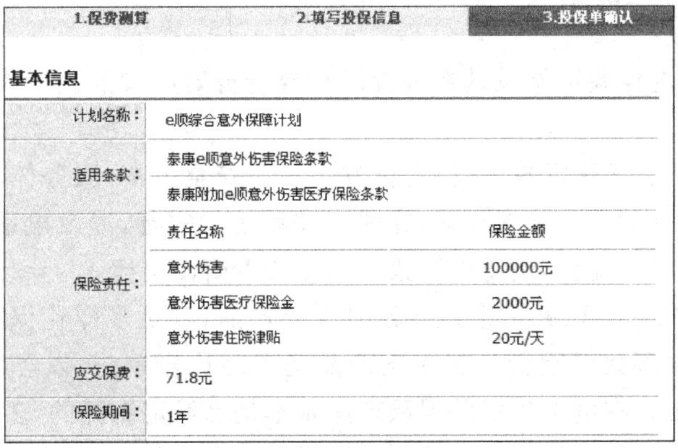

图 7.8 投保单确认

图 7.9 保险费支付

第八步,支付成功并获得电子保单。如果已经看到如图 7.10 所示的页面,说明已经成功提交了投保申请和成功支付,获得了电子保单。电子保单已经发到登记的邮箱,同时也可以到"e 站到家自助服务专区",查看投保记录,并查阅和下载电子保单。

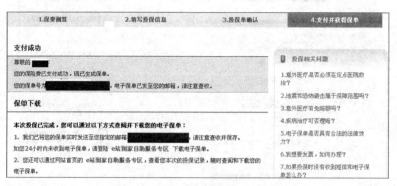

图 7.10 支付成功信息并获得电子保单

7.2.3 网上投保发展趋势

根据各大主要的保险网站及其在线投保平台所折射出来的网上投保趋势,主要有以下几个方面:

① 网上投保的手续更简便快捷,支付方式日益安全丰富,服务体系日益完善。主要通过支付方式安全性的提高和多样化,在线咨询系统的完善,以及电话咨询、传统营业网点咨询等多渠道服务的配合,使得网上投保的手续更简便快捷。

② 产品种类日益丰富,并可个性化定制保险产品,满足多样化保险需求。从网上投保产品来看,目前大多数保险公司提供的产品基本还比较单一,以车险和家庭财产险为主;而且即使已经可以在网上投保的保险产品基本是已经定制好的,多样化和个性化的保险需求并不能满足。因此,将来的发展可以通过丰富保险产品,提高网上投保系统的自由组合产品功能,达到该目的。

③ 保险产品价格日趋透明合理实惠。保险产品的价格目前由于保险代理人等存在,其透明度和合理实惠程度受到置疑。随着提供网上投保产品的保险公司的增多和竞争升级、产品的多样化、保险代理人介入的减少,产品价格会日趋透明、合理、实惠。

④ 网上投保的载体形式多样化,其优势更加突显。随着 3G 时代的来临,手机也可以上网,手机投保这种网上投保的新型载体形式将成为新的发展趋势。目前中国平安已经实现了手机投保,项目包括旅行意外险、交通意外保险、金万福自助保险卡等项目,体现出了随时随地购买保险的便利。随着手机投保产品的丰富,网上投保的优势将更加突显出来。

7.3 网上理赔业务

顺应网上投保的发展趋势,网上理赔作为网络保险产品销售之后的环节,也开始发展起来。但是网上理赔需要保险公司投入巨大的人力、物力,所以目前国内只有泰康人寿、太平洋保险、中国平安保险等少数几家保险公司开通了该服务,而且该服务的发展需要进一步提高完善。

7.3.1 网上理赔概述

理赔是指保险人在承保的保险事故发生后,被保险人提出索赔的要求以后,根据保险合同的规定,被保险人向保险人提出申请,经依据保险条款审核认定保险责任,给付保险金的行为。因此,理赔处于保险服务的核心环节,是保险公司兑现承诺,为客户提供保险保障的重要体现。

传统的线下理赔需要保险人在接到出险通知后,经过确定理赔责任、确定损失原因、勘察损失事实、赔偿给付、损余处理、代位追偿等程序。一般来说,由于需要经过的部门比较多,因此耗时比较长,及时性比较差,透明度比较低。推出网上理赔的目的是希望能够更方便快捷地为被保险人服务,使得理赔更透明,有利于提高保险的接受度。网上理赔可以方便被保险人报案,减少受理案件、索赔、审核在多部门之间沟通的时间,方便被保险人对理赔流程的跟踪,可以即使查询到出险次数、出险时间、出险地点、出险原因、案件处理状态、案件赔付金额,减少信息不对称造成的对保险的误解。

因此,与传统的线下理赔相比,在线理赔表现出更明显的便捷性和及时性。理赔案件发生后,用户只需在网上填写报案申请,保险公司的服务人员就会及时处理理赔案件,避免了用户诸多烦琐手续,加快了理赔的进度,提高了理赔效率。但在线理赔需要保险公司投入巨大的人力、物力,所以开设该服务的保险公司还不多。网上理赔在中国内地第一次出现是在 2001 年 8 月 16 日,"泰康在线"受理了我国第一例网络保险理赔案,对客户进行了救援治疗及快速理赔,很有效地体现出了网上理赔的优势。目前国内只有泰康人寿、太平洋保险、中国平安等少数几家保险公司开通了在线理赔服务。

7.3.2 网上理赔流程

网上理赔的流程基本和传统的线下理赔流程一致,如图 7.11 所示,主要就是通过报

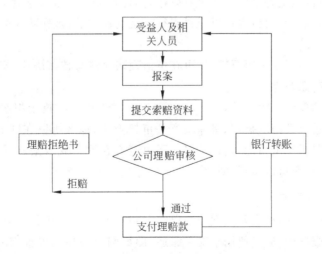

图 7.11 理赔流程

(来源:泰康人寿保险股份有限公司服务手册)

案、索赔、理赔审核、支付理赔款这几个步骤。

1. 网上理赔流程

网上理赔在具体的操作上主要通过网络完成，我们以"泰康在线"网上理赔为例来介绍其过程。

第一步，验证客户身份。报案人选择两种身份认证方式之一，输入出险人（被保险人）相关信息进行身份认证。认证方式有以下两种：

- 认证方式一：被保险人姓名、身份证件类型、身份证件号码。
- 认证方式二：被保险人姓名、出生日期。

如果身份认证未正常通过，系统将会提示"您没有通过系统认证，请您拨打客服电话95522报案"，请通过其他方式报案。

第二步，填写报案信息。报案人通过身份验证后，进入报案信息填写界面，按要求填写报案人姓名、报案人联系电话、与出险人的关系、出险人联系电话、出险地点、出险时间、出险经过、申请理赔的类型、选择理赔受理地点等信息。

第三步，提交报案信息。报案人提交报案信息后，系统根据申请理赔的类型，提示客户申请理赔所需的相应资料及其他注意事项；经确认无误后，点击"确定"按钮，网上报案操作完成。

第四步，电话回访确认。泰康人寿接到报案后将在两个工作日内对客户进行电话回访，确认报案信息并解答相关理赔问题咨询。

第五步，提交索赔材料。被保险人把相关资料准备齐全后，可以到泰康人寿申请索赔。其中理赔申请书或委托授权书可以在泰康在线→客户服务→理赔服务→单证下载中下载，当然除了网上下载之外，还可以通过向业务代表索取或在新生活广场领取。

第六步，理赔审核。由泰康人寿对被保险人提供的理赔申请资料进行审核和调查，并作出理赔决定。

第七步，给付保险金并结案。如果可以赔付，保险公司会通知被保险人给付决定，并会及时通知领款。其中，给付也可以通过银行。接到通知后，被保险人可凭本人身份证件到公司办理领款手续。

如果被保险人希望通过银行转账，可在申请理赔时填写转账协议，公司将把理赔款转到被保险人的银行账户上。

从泰康在线的理赔流程来看，第一步到第三步基本实现了"网上报案"；但是后期由于索赔过程中需要进行理赔审核，如果保险产品审核简单，那么可以在网上完成审核，大部分保险产品都需要提交纸质的材料，所以还不可能都在网上完成索赔；如果经过审核，可以进行给付，网上转账可以实现，因此，"网上给付"已经可以实现。

2. 网上理赔的其他相关服务

为了方便被保险人，推出网上理赔的保险公司还有其他的相关服务。如中国平安的意外险网上理赔服务中，通过使用平安一账通，即可网上办理保单查询和理赔进度查询。具体为可以通过在网上注册成为会员后，登录中国平安一账通，随时在网上查询被保险人自己的保单，对于出险后的理赔，也不需要到分支机构去或者电话询问，也只需登录中国平安一账通跟踪进度就可以了。

另外即使在线下进行理赔,也可以在网上下载理赔申请表,并且查询所需要准备好的理赔文件资料,以及理赔流程等。

7.3.3 网上理赔存在的问题和发展趋势

虽然网上理赔提高了保险理赔的效率,缩减了理赔周期,但是由于传统的线下理赔还存在诸多问题,以及网络的特点,网上理赔还存在一些问题需要解决:①存在一些虚假的网上客户信息,来进行骗保等,缺乏诚信系统支撑;②不少保险公司信息化管理系统还比较薄弱,而网上理赔更需要考验保险公司的信息管理系统运作能力、各部门的协调能力,需要提高信息化处理能力;③网上理赔的质量和时效存在一定的矛盾,如果一味追求时效,就会造成理赔风险加大,质量下降。

从发展趋势来看,网上理赔实现全流程"e化"是可能的,如引进影像处理系统保存承保、理赔等业务原始资料影像,实现长期存储、有效管理保单、快速检索等需求,但是实践发展需要综合社会的诚信度发展情况、诚信系统建设情况、保险公司的信息化管理能力、网上交易安全以及相应的法律法规建设等多方面的因素,从审核简单的险种做起,在保证质量的前提下,提高理赔的时效。

7.4 网络保险系统

到目前为止,随着互联网和信息化的发展,已经有不少保险公司建立了网络保险系统,形成了保险电子商务平台。但是从目前的中国网络保险系统发展水平来看,我国电子商务在保险中的应用还不发达,大部分保险公司网络保险系统还不能实现实质性网络保险交易,基本属于网上营销,网下支付;小部分已经实现了网上营销,电子支付。而已经实现网络保险交易的保险电子商务平台在功能上和产品范围上,还不丰富,有待深入发展。从信息化建设重点来看,目前,国外保险公司信息化建设的重点已开始应用在深层次业务优化支持和客户服务支持上,具有清晰的企业IT战略。IT投资具有可衡量的效益目标和很高的应用效率。美国、日本、韩国等的国际著名保险公司在业务流程优化、IT服务外包、客户关系管理系统建设等方面成效显著[1]。相比之下,中国保险行业正处于从IT基础架构设计实施,转向构建IT战略思路、制定发展规划、提升业务支持能力和客户服务能力的跨越式发展之中,与国外保险电子商务的发展还有一定差距。

7.4.1 网络保险系统概述

网络保险系统的发展实质上是基于为客户服务、满足客户需求的要求建立起来的。伴随着网络的纵深发展,有越来越多的客户希望足不出户就能办理保险业务,享受从投保到理赔给付的全流程网上服务。而保险公司基于客户的需求和保险市场发展的需要,也希望通过网络为客户提供方便、快捷的服务,降低展业成本,发展新兴市场,提高市场占

---

[1] 郝京.泰康人寿:奋力走在保险信息化建设的前列[J].中国金融电脑,2006(8):45-48.

有率。

因此，从本质上来说，网络保险系统是以保险交易处理系统为主，核心功能还是在保险业务流程中投保、签单、收付、理赔、查询、业务支持等业务的网上实现。同时网络保险系统要实现网上服务、网上产品、管理系统和网上交易等多方面的综合性网上应用，在这过程中，网络保险系统应该提供技术手段和业务规范保障网上交易的安全性和可靠性，在网上产品、网上渠道、网上服务的设计和推出上也要符合网络的特点和客户的需求等。

目前针对 B2B 和 B2C 运营模式的相应平台也已经成熟，这其中包括 IBM 的 Websphere、Sybase 的 EAServer、BEA 的 WebLogic 等。具体从 B2C 保险电子商务平台运行模式来看，应该是投保人、保险公司、银行及认证中心、相关保险机构和合作机构的有机统一体，其关系大致如图 7.12 所示。而网络保险系统的目的就是通过一定的电子商务运行模式，在保证安全的情况下提供尽可能方便快捷和周到的保险服务。

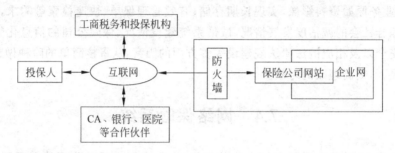

图 7.12　B2C 保险电子商务平台运行模式①

因此，网络保险系统需要在网上要有一个有效的服务与销售平台，并和公司的相关管理系统联合，具体可以分为业务经营系统和业务管理系统，如图 7.13 所示。业务经营系统可以包括在线销售系统和在线服务系统，可以为投保人、代理人、保险相关人员提供网上投保、电子支付、网上营销、保险精算、其他信息查询和反馈等服务；业务管理系统包括内部业务管理和外部协调管理系统等，可以提供给管理人员在后台所需要的业务受理、核保等服务，并掌握网上客户和合作机构的相关资料。就目前的电子商务相关技术而言，可供选择的技术平台主要有 Microsoft 公司的 .NET平台和 Sun 公司的 J2EE 架构，同时还需要有相应的安全机制，才能够构建安全性高的可靠的网络保险系统。

图 7.13　网络保险系统构成示意图

7.4.2　网络保险系统构成简介

从目前保险公司构建和应用网络保险系统的情况来看，相对比较成熟的基本还是大的保险公司，如泰康人寿、中国平安、中国人寿、太平洋保险等。从这些公司的发展历史来看，虽然各有特点，但是其网络保险业务的扩展，基本离不开公司的信息化建设。依托先

---

① 张敏.保险电子商务平台的建设要点[J].中国金融电脑，2005(11)：80-82.

进的信息技术,才能构架具有特色的保险电子商务平台,并开发出支持业务销售和服务的电子商务应用系统,基本实现了保险业务信息化、网络化。

从服务功能和系统内部、外部进行区分,网络保险系统基本包含和涉及以下内容:

1. 电子商务销售平台

目前,比较成熟的电子商务专业销售平台基于因特网/内部网(Internet/Intranet)开放式应用系统,整合保险业务的各主要环节,实现投保、核保、缴费、理赔、后续服务全过程网络化,具有高度安全性、可扩展性和可移植性,对保险公司的核心业务系统进行拓展和延伸。

从应用和实施情况看,目前国内泰康人寿、中国平安、中国人寿、太平洋保险的保险电子商务销售平台基本已经趋向成熟,能够在网上实现保险业务的销售和售后服务等,具体可以实现网上投保、网上投保意向、电子支付、网上报案等功能,为个人用户、企业用户提供多元化、人性化、全方位的客户服务。

2. 客户服务平台和客户自助查询系统

在线客户服务系统可以帮助保险公司和潜在客户进行多样在线沟通,为客户提供实时在线投保指引、保险咨询和其他帮助;网站客服专员也可主动邀请访客进行文字交流,开展主动营销。如针对国内保险业普遍专业经营水平不高,粗放式经营与销售方式单一等缺陷,中国人保使用了用友 ICC 在线客服服务;客户自助查询系统可以自己查询保单信息、更新个人信息、添加保单、在网上申请理赔、留言、与客服主动联系等,还可以有免费的增值服务,如免费邮箱、网上活动积分换礼品等,如太平洋保险运用友软件股份有限公司的 ICC 在线客服组建网上"太平洋保险自助查询系统",反馈比较好,其他如泰康在线、中国平安都在应用类似的系统。

其他,为了更好地为客户服务,不少保险公司都开通了电话销售和客户服务系统。如全国统一的太平洋保险 95500 客户服务电话自 2000 年底开通以来,已经过两次改版升级。目前,95500 客户服务电话提供的服务包括全天候咨询、查询(包括自查万能寿险个人账户即时余额)、出险报案、投保预约、售后服务预约、投诉受理、急难救助受理等内容。另外,其他保险保险公司也使用类似的客服电话,泰康人寿使用 95522,中国平安人寿和产险分别使用 95511 和 95512,中国人寿使用 95519,中国人保使用 95518 等客户服务电话。

3. 网上营销支持和管理系统

网络保险系统的目的是为客户提供更方便快捷的服务,因此很有必要在信息化建设过程中,加强对保险业务员的管理,加强对保单和理赔等流程的监控等。基于该需求,国内各大保险公司纷纷引进网上营销系统等,方便公司的保险业务人和保险经纪人能够直接使用网上业务系统,加强对客户的管理,提高为客户服务的能力,从而提高公司的工作效率,降低公司成本,实现更高的客户服务水平,提高市场竞争力。

2006 年,中国平安保险选择了基于 iAanywhere Solutions 解决方案开发的"金领保险行销系统"。该系统是我国保险行业中第一套为业务员提供较为全面电子行销支持的软件。它能够支持并流程化保险销售各阶段工作的移动销售自动化系统:笔记本 PC,配以移动销售自动化系统。这套移动销售自动化系统可以提供最新的客户信息和保险数据，使保险员可以在任何地点制订客户化的保险计划。该系统集以下功能：客户维护、保险资料、业务台账、日常业务、保费计算等于一体，并可实现现场签单，方便代理人工作。代理人通过有因特网连接的笔记本PC随时随地接入公司后台业务系统，与其及时交换业务数据，获得强大业务支持，如保单资料下载、公司政策查询、执行市场活动和为客户提供即时信息等，充分发挥移动销售自动化的优势。并使用Sybase数据同步技术，合理利用无线和有线连网的双重同步功能实现双向同步。应用该系统，使业务员可以根据个人设定的业务量目标，按每日工作量目标自动分解，然后系统会在每天工作结束的时候自动统计分析拜访量和业绩进度，并将业务员的每日业绩上传给公司的数据中心，使公司可以清楚地了解到遍布全国的保险员每天销售的保险计划，便于随时掌控公司业务状况；同时通过网络服务，可以突破时空限制，方便业务员在第一时间通过内部网或互联网下载总公司最新发布的保险新品，即时进行新险种销售，并根据客户的需求进行不同险种的个性化组合，提高了工作效率，降低了工作成本；为客户制定的销售计划也更符合客户的多样化需求，加强了客户的忠诚度，有利于提高市场竞争力。

  其他保险公司，如中国人寿应用互联网销售支持系统，泰康在线应用MSS(Marketing Support System)营销支持系统，都有类似的功能，为公司业务员日常工作提供服务支持。

4. 电子支付平台

  电子支付平台可以实现客户网上投保并实时支付、后台系统及时处理、保险金网上给付等功能，确保了网上投保、理赔的顺利实施。一般来说，网络保险电子商务系统可以直接支持接入招商银行、中国工商银行、建设银行、中国农业银行的支付接口，也可以和第三方支付合作伙伴，如支付宝、快钱等合作，进一步完善保险公司网上销售平台的服务能力。

  具体来看，各大保险公司直接选择银行进行合作，可选择余地比较小，基本以四大国有银行为主。因此，近几年，各大保险公司还纷纷引入第三方支付合作伙伴，进一步完善自己网上销售平台的服务能力。提供了包括银行卡支付、快钱账户支付、大额支付等在内的各种创新型电子支付工具，解决了保险客户在电子支付方面容易遇到的消费额度限制、银行卡支持较少、操作复杂等问题，大大提升了电子支付的效率。目前，平安保险、新华保险、太平人寿、人保寿险、华泰人寿、友邦保险、泰康人寿等多家保险公司和支付宝或快钱合作，开通了线上销售和缴费渠道。

5. 用于保证网上交易安全的CA认证系统

  一般来说，要实现可信/可靠/安全的基于因特网的网上交易，需要具备6个基本要素：对交易各方的身份认证、授权、数据保密性、数据完整性、交易的不可否认性以及对交易流程的审计控制等。CA(Certificate Authority)认证系统就是用于实现这些要素的解决方案。CA认证系统是一种基于公共密钥体系架构(Public Key Infrastructure, PKI)的安全认证系统。作为PKI的核心组成部分，在业界通常称为认证中心，它是数字证书的签发机构。数字证书用于对数据的加密和对交易方的身份认证，作为公开密钥体制的一种密钥管理媒介，它是一种权威性的电子文档，形同网络计算环境中的一种身份证，用于证明某一主体(如人、服务器等)的身份及其公开密钥的合法性。在使用公钥体制的网络环境中,必须向公钥的使用者证明公钥的真实合法性。因此,在公钥体制环境下,必须有一个可信的机构来对任何一个主体的公钥进行公证,证明主体的身份以及它与公钥的匹配关系。CA 正是这样的机构。PKI 必须具有权威认证机构 CA 在公钥加密技术基础上对证书的产生、管理、存档、发放以及作废进行管理的功能,包括实现这些功能的全部硬件、软件、人力资源、相关政策和操作程序,以及为 PKI 体系中的各成员提供全部的安全服务,如实现通信中各实体的身份认证,保证数据的完整,抗否认性和信息保密等[1]。

泰康在线 CA 系统用于 Web 服务器的 SSL 公开密钥证书,也可以为浏览器客户发证,在 SSL 协议的秘密密钥交换过程中加密密钥参数。今后会开发其他的密码服务,并在国家有关部门规定下开展公开密钥认证服务。通过使用 CA 认证,网络保险交易可以获得以下保障:①身份认证,允许泰康人寿与营销员、可信赖的客户等在网上实施电子商务活动;②授权,可以制定和保险相关的可以控制的商业规则,使得被授权的用户在满足一定条件的基础上使用指定的资源;③保密性,保证被存储或被传送的敏感信息的保密性;④完整性,防止交易被篡改;⑤不可否认性,保证保险电子商务交易各方在交易行为后,不能否认电子交易;⑥审计控制,提供对电子交易的审计跟踪与电子交易回退。

6. 信息整合和数据处理系统建设

数据库系统建设能力是网络保险系统不可或缺的一部分,可以实现信息的集中存储、分析和发布,从而提高企业在风险控制、产品经营、决策支持等能力。中国保险业数据管理应用面临的普遍问题在于缺乏统一管理,信息整合能力不够,数据挖掘程度不够。提高信息整合能力和数据处理能力可以帮助保险公司进行信息处理和提高决策能力。为提高决策支持水平,增进商业智能(BI),保险公司可以建设数据挖掘(DM)为基础的数据仓库(Data Warehouse)、应用信息整合软件和决策支持系统(DSS)等。

泰康人寿在 2003 年率先引进了 IBM 的 DB2 Information Integrator 信息整合软件,建立了亚洲第一个应用 IBM 最先进架构及信息整合技术的信息服务平台,有效整合了个险、团险、银行保险及财务系统的数据,建立了统一的客户视图和统一客户号,提升了泰康人寿公司各系统各部门间的协同工作能力。在信息服务平台的基础上,又建立了集中式电话中心系统和保单打印系统等应用,提高了客户服务品质,优化了公司系统资源。同时,基于先进的信息服务平台,泰康人寿还完善了公司的技术标准。信息服务平台的建立使得泰康人寿获取信息的能力大大加强,帮助泰康将不同数据库系统整合到一套中心系统中,使对公司和客户相关数据的访问有了一种集中化的简便方式,利用该系统强大的信息处理能力和互操作能力,提供了对各种数据的实时访问,同时可以为客户提供更方便和个性化的服务。

在数据整合的基础上,泰康人寿利用先进的保险数据仓库模型建立了企业级的数据仓库,并在此基础上建立了服务公司各级管理层的决策支持系统。利用决策支持系统,公司管理层可以随时了解公司业务发展的各项实时数据,包括最新的业绩数据、财务数据、

---

[1] 刘知贵,杨立春,蒲洁,张霜.基于 PKI 技术的数字签名身份认证系统[J].计算机应用研究,2004(9):158-160.

人力资源数据等,系统还提供关键指标的预警和业绩预测功能,以及各种深入分析功能。决策支持系统已经成为有效支持公司经营管理的中枢神经系统。

7. 客户关系管理系统(CRM)

CRM(Customer Relationship Management)的概念由美国 Gartner 集团率先提出。我们认为,CRM 是辨识、获取、保持和增加"可获利客户"的理论、实践和技术手段的总称。它既是一种国际领先的、以"客户价值"为中心的企业管理理论、商业策略和企业运作实践,也是一种以信息技术为手段、有效提高企业收益、客户满意度、雇员生产力的管理软件。

CRM 可以最大程度地改善、提高整个客户关系生命周期的绩效。CRM 整合了客户、公司、员工等资源,对资源有效地、结构化地进行分配和重组,便于在整个客户关系生命周期内及时了解、使用有关资源和知识;简化、优化了各项业务流程,使得公司和员工在销售、服务、市场营销活动中,能够把注意力集中到改善客户关系、提升绩效的重要方面与核心业务上,提高了员工对客户的快速反应和反馈能力;也为客户带来了便利,客户能够根据需求迅速获得个性化的产品、方案和服务。

CRM 是一种手段,它的根本目的是通过不断改善客户关系、互动方式、资源调配、业务流程和自动化程度等,达到降低运营成本、提高企业销售收入、客户满意度和员工生产力的成效。企业经营以追求可持续的最大赢利为最终目的,进行好客户关系管理是达到上述目的的手段,从这个角度可以不加掩饰地讲——CRM 应用是立足企业利益的,同时方便了客户、让客户满意。

在中国,随着各保险公司规模的不断扩大,如何管理现有客户,不断挖掘和扩展新的客户资源,提高效益,增强公司竞争力成为亟待解决的问题,众多保险企业已经认识到建设客户关系管理系统的重要性,部分保险公司已经着手客户关系管理系统的建设,泰康人寿北京分公司在市场竞争日趋激烈的环境下,近几年,已经在公司内部开始进行 CRM 客户关系管理系统的建设。

除以上各系统以外,为了确保网上业务系统安全运转,有效降低风险,近几年,不少保险公司纷纷引进灾难备份体系,如泰康人寿总公司建立了双机热备体系并开始建立灾难备份方案;建立不同运营商备份线路,建立新的全国病毒防护体系,有效预防和控制计算机病毒。这些建设为信息技术整体架构及日常运作提供了灾难备份和安全保证功能,以确保在大多数风险发生时仍可确保系统安全运转,将风险降至最低;随着业务的细分,各大保险公司专门在网上使用单独的团体客户或企业客户行销系统、中介代理行销系统等,在后台也专门引进先进的管理信息系统进行运营,确保网络保险系统的高效运行。

综上所述,我国网络保险系统随着电子商务和信息化的发展,保险市场的不断规范,国家保险法规的逐渐完善,网络保险业务的扩展以及运营模式的不断优化,网络保险系统发展也将愈趋向成熟。

小 结

网络保险作为新兴市场,必然是未来发展的趋势。由网络保险公司、综合门户网站、第三方保险网站提供的网络保险业务侧重点各有不同,但是总体来说,基本的网络保险业务具体有以下几种类型：网上宣传推广业务、信息咨询业务、网上投保和网上理赔业务、其他网上客户服务业务。网络保险业务具有电子化、直接性、时效性的特点。网上投保作为网络保险业务中不可缺少的重要环节，顺应网上投保的发展趋势，网上理赔作为网络保险产品销售之后的环节，也开始发展起来。虽然网上投保和理赔在我国还有待进一步推广和普及，但是由于其方便、灵活、高效等特点，必然成为未来保险行业发展的趋势。从目前保险公司构建和应用网络保险系统的情况来看，相对比较成熟的基本还是大的保险公司，如泰康人寿、中国平安、中国人寿、太平洋保险等。从这些公司们的发展历史来看，虽然各有特点，但是其网络保险业务的扩展，基本离不开公司的信息化建设。依托先进的信息技术，才能构架具有特色的保险电子商务平台，并开发出支持业务销售和服务的电子商务应用系统，基本实现保险业务信息化、网络化。

思考题

1. 请分析网络保险与传统保险的不同之处。
2. 网络保险的经营模式有哪些？
3. 网络保险业务具有哪些内容？请举例说明。
4. 网上投保和线下投保相比，有哪些特点？请举例说明。
5. 网上理赔和线下理赔相比，有哪些特点？请举例说明。
6. 网络保险系统具体可以分为哪些？作用分别有哪些？请举例说明。

案例 7.1： 通过易保网买保险[①]

目前很多消费者的保险意识日益加强，不少人在社会保险之外，会再购买商业保险作补充。但是在购买时，不少消费者一方面害怕被业务员骚扰，另一方面又希望能对不同保险产品和不同的保险公司有所了解后再购买。这种情况下，第三方保险网站等就成了比较好的选择。

其中，易保网络保险广场（www.eBao.com）就是第三方保险网站之一。该网站由上海易保科技有限公司开发并运营，致力于为保险买、卖双方及保险相关机构和行业提供一个中立、客观的网上交流、交易的公用平台；帮助客户轻松了解、比较、购买保险；帮助保险公司和保险代理人通过网络新渠道开发客户资源、提高工作效率、提升服务质量；帮助保险相关服务机构和行业降低服务成本，提高服务质量。从对不同客户的服务来看，对个人客户提供的服务有：可以使用易保的专业保险需求评估工具系列来客观了解测算自己的保险需求；可以通过寿险产品导购来详细了解比较各保险公司相近产品的特点；可以通过车险、家财险直销平台来了解、比较各公司产品并进行网上订购；可以通过网上招标形式来公开征集适合自己的保险建议书；可以使用业务员搜索来找到最适合自己的资深保险业务员。

---

① 该案例来源于易保网网上案例库。

以下以某女士通过易保网买保险为例,来介绍易保网为个人客户提供的服务。

北京某大医院主任医生杨女士,平时爱上网,就先在网上查询保险的相关内容。她输入了保险两个字后,马上跳出了所有的保险网站,其中易保网络保险广场吸引了她,因为它是中立的保险网,可以比较各种保险产品,并能免费招标获取个性化的保险方案,比较符合她的心意。于是她就抱着试试看的想法贴了一份招标申请。因为易保网对客户资料是保密的,所以她在网上留下的个人信息真实且全面。

第二天该女士上网打开邮箱后,发现已经收到了十几份标书。但由于她对保险一无所知,有些标书又太专业,实在看不太懂,所以一下子也难以辨别保险标书的好坏。直到她打开友邦保险公司一位保险代理人的方案时,发现该方案首先对她的需求进行了分析,并针对性地提出了一些建议,并且方案非常通俗易懂,简洁扼要。同时由于该保险代理人还介绍了自己的状况,如出生在军人家庭,且有8年社会保险工作经验,因为给女儿买保险而认识到保险的意义和作用,并投身保险业等,使杨女士感到该保险代理人应该是非常有责任心和爱心的人,比较符合她的心意。而且还在网上可以查找到该保险代理人的照片等信息,也是一位女性,看着也比较面善老实,而且又是北京人,她认为可靠程度比较高。于是她开始用电子邮件与该代理人交流,每次交流她都能及时认真地回答一大堆问题,使她体会到了真诚而专业的服务。

经过一番前期沟通,她们终于见面了,见面后该代理人给杨女士详细地介绍了友邦公司以及她个人的情况,然后针对她的需求耐心细致地讲解为她设计的方案的优势,如怎样补充现有社会保险的不足,如何把她的每一分钱都花很明白也很节省。而且最后该代理人告诉她保险是关系到今后十几年乃至几十年的大事,一定和爱人商量好了再作决定,否则将来退保对她损失很大。整个见面的过程,该保险代理人给她的感觉是专业素质很高但又不急功近利,真的像和家人在一起挑保险的感觉一样,使她彻底改变了她对保险代理人的印象。经过多方比较,杨女士最终选定她做了她家的保险代理人,并购买了适合她需求的保险产品。

问题

1. 易保网络保险广场在杨女士具体购买保险的过程中起到了什么作用?在易保网买保险产品比在保险公司自己创办的网站购买保险产品有什么优势和劣势?

2. 这种购买方式属于网上投保吗?如果不是,请说明原因和理由。

案例7.2:中国平安一账通服务[①]

中国平安保险(集团)股份有限公司(以下简称"中国平安")于1988年诞生于深圳蛇口,是中国第一家股份制保险企业,至今已发展成为融保险、银行、投资等金融业务为一体的整合、紧密、多元的综合金融服务集团。中国平安的愿景是以保险、银行、投资三大业务为支柱,谋求企业的长期、稳定、健康发展,为企业各相关利益主体创造持续增长的价值,成为国际领先的综合金融服务集团和百年老店。

---

① 该案例来源于中国平安网相关介绍和说明等。

中国平安电子商务平台内容涉及面广,功能强大。综合来看,该公司依托其综合经营特色,提供给客户全方位的网络金融服务,使得保险与其他金融产品能够在一账通中一起使用,具有方便快捷的优势。

以下具体介绍"平安一账通"的内容、功能、安全性以及相关保险服务等。

平安一账通是平安推出的创新的网上账户管理工具。通过一账通,客户只需要一个账户、一套密码、一次登录,就可管理所有平安账户和常用的其他机构网上账户,轻松实现保险、银行、投资等多种理财需求。目前已经和平安个人网银融合为全新的一账通,新一账通可为客户提供平安个人网银及一账通的全面服务。

平安一账通的功能主要有以下几方面:

① 可以管理名下所有的平安账户和产品。可以将名下的平安网银、信用卡、保单、证券、基金、信托等平安账户添加到一账通,只需登录到一账通,就能查询到客户的所有平安账户的最新信息,办理平安的各种网上业务,并且可以清晰查询到客户在平安的资产负债、投资、保险保障情况。

② 可以管理50多个其他机构的网上账户。除平安账户外,客户还可以管理众多账户,将其他机构的网银、信用卡、证券、基金、第三方支付、社保、通信、航空、电子邮箱等50多个网上账户添加到一账通。免除客户多次访问不同网站,多次输入用户名、密码的麻烦。通过登录一账通查看所有账户的最新信息,办理各种网上理财业务,并可以清晰查询到在其他机构的资产负债、投资、保险保障情况,甚至积分/里程、各个邮箱的未读邮件数量等。

③ 快速登录所有网站系统,轻松实现一站式理财。账户添加到一账通后,客户还可以直接从一账通快速登录各个账户的网站系统办理各种理财业务,而不需要输入用户名、密码,从而可以一站式搞定多种理财业务。

④ 其他功能。如可以通过平安一账通账户数据更新功能轻松完成所有平安账户和其他机构账户的数据更新,从而可以随时查询到所有账户的最新信息;如将客户名下的各种线下资产负债,如现金、房产、汽车等,添加到一账通,从而方便客户更全面管理资产、负债;如设置短信、邮件提醒服务;如汇集了所有的主流银行网银及第三方支付网站,只需通过一账通,就能到达各网站的登录页面,从而方便客户登录网站进行缴费。

平安一账通的功能越强大,也就使得其安全性越重要。平安的安全策略主要有以下几方面:

① 个人信息保护。为了防止恶意程序非法获取客户的重要隐私信息,在注册、登录等重要信息输入界面采用了图形码技术或手机验证码验证技术,并且对重要信息均采用加密处理,以防止被盗用。

② 更安全的用户名密码设置。平安一账通用户名可以是英文字母(不区分大小写)、数字、"-"、"_"的任意组合,长度为4~30位字符。密码须包含英文字母(区别大小写)和数字,至少8位,不超过16位。相比较纯数字的用户名密码设置而言,平安一账通用户名密码安全级别更高。密码一旦被客户设置好,将进行加密处理,其他任何主体或个人均无法通过任何方式获知您的密码。

③ 防火墙监控。防止恶意程序非法攻击,平安一账通采用防火墙技术,提供24×7

网络安全监控。登入平安一账通时,如果同一用户名在一个自然日(24小时)内连续5次输入错误密码,则系统锁定该用户名,并在24小时后自动解锁。

④ 操作超时或忘记退出。当用户登入平安一账通后,我们时刻监控系统是否正常运作。如果客户操作超时或操作结束后忘记退出,我们的系统检测到客户端在一段时间内无任何操作后,会自动退出,以保证客户的账户安全。

⑤ 成熟的安全技术,双重网银级别安全防护。平安一账通采用国际成熟的、超过10年市场验证的安全技术来保护用户的账户安全:平安一账通采用三重密钥DES算法、128位SSL安全嵌套层加密通信协议技术对数据存储及传输进行加密,达到网银级别安全;同时,在进行转账、缴费等交易时,还需要对方金融机构网站的安全认证,等同于双重网银级别的安全防护;添加到平安一账通的非平安账户,其账户信息及登录信息加密存储在用户的电脑,平安也不能查看到,确保用户的账户信息只有用户自己可以查看;采用国际流行的单点登录技术,本地电脑直连金融机构,无第三方存储,防止登录连接中产生的信息泄露危险,确保所有账户信息只由用户本人掌握。

平安一账通保险服务的使用也比较简便。在注册、登录平安一账通后,将名下的所有平安保险保单都添加一账通,其中平安个人寿险保单、健康险保单需要验证保单号,其他平安保单(车险、家财险、意健险、团体寿险、年金、理财宝)在注册完成后,将自动添加到一账通。其服务主要包括保单信息查询,包括实时查询保单基本资料、分红险红利、投连万能收益、续期交费等;保单联系信息变更;投资转换和电子函件订阅等。

问题

1. 中国平安一账通属于哪一种网上服务?和专业保险公司同类服务比较,该服务具有哪些优势和劣势?

2. 使用平安一账通,您认为客户最担心哪方面的问题?具体该如何解决?

参考文献

[1] 泰康人寿保险股份有限公司"泰康在线"网站,www.taikang.com.
[2] 中国平安保险(集团)股份有限公司的"中国平安"网站,www.pingan.com.
[3] 中国太平洋股份保险有限公司网站"太平洋保险"网站,www.cpic.com.cn.
[4] 易保网网站,www.ebao.com.
[5] 陈进,崔金红.电子金融概论[M].首都经济贸易大学出版社,2009:162.
[6] 李蔚田,等.网络金融与电子支付[M].北京大学出版社,2009:252.
[7] 赫倩倩.保险电子商务-互联网时代的新势力[J].山东纺织经济,2007(4):98-99.
[8] 郝京.泰康人寿:奋力走在保险信息化建设的前列[J].中国金融电脑,2006(8):45-48.
[9] 张敏.保险电子商务平台的建设要点[J].中国金融电脑,2005(11):80-82.
[10] 刘知贵,杨立春,蒲洁,张霜.基于PKI技术的数字签名身份认证系统[J].计算机应用研究,2004(9):158-160.

第 8 章 网络证券服务

随着证券行业和 IT 技术的发展,网络证券交易正日益成为全球证券市场交易委托的发展主流,改变了投资者和券商的活动方式,所提供的网络证券服务也日益丰富而周到,节约了成本,提高了效率,进一步促进了证券市场的繁荣,也必将在 21 世纪发挥更加重要的作用。

8.1 网络证券服务概述

8.1.1 网络证券服务的概念

1. 网络证券服务定义和优势

网络证券是电子商务条件下的证券业务的创新。网络证券服务也称之为广义的证券电子商务,即利用各种 IT 和电子手段,依托因特网、GSM、有线电视网的数字媒介传送交易信息和数据资料,以在线方式开展传统证券市场的各种业务,并在此过程中实现诸如在线路演、虚拟经纪人业务等一系列业务创新。因此,网络证券服务实际上是把数字化技术应用到证券活动的各个环节,如网络证券发行、网络证券经纪业务、网络证券支付以及网上信息服务等全过程[1]。网络证券服务事实上需要各个成员通过各种数字化技术实现证券活动的各个环节,并不局限在某一个环节或特定的对象之间。

网络证券服务与传统的证券服务相比,减少了交易的中间环节,不受时空限制,节约了成本,速度、效率也大大提高,信息共享效果好,互动性强,提供的服务更优质。

2. 网络证券服务提供者和参与者

证券市场参与者主要包括证券发行人、证券投资人、证券市场中介机构、自律性组织及证券监管机构。网络证券服务的提供者、参与者和传统的证券市场基本相同,但是由于网络的特性,提供者和参与者及其职能还是有所区别的。

(1) 证券发行的主导者和实施者

证券发行的主导者和实施者是证券公司和相关服务机构。证券公司是指依照《公司法》和《证券法》设立的经营证券业务的有限责任公司或者股份有限公司。其可以作为承销商帮助证券发行人筹集所需资金;作为经纪商接受投资者委托,代理买卖有价证券;作为自营商自行买卖证券,从中寻求差价回报。因此,证券公司的主要业务范围广泛,有证券承销与保荐业务、证券经纪业务、证券自营业务,大的证券公司还可以开展证券投资咨

---

[1] 杨青.电子金融学[M].上海:复旦大学出版社,2008.

询业务、与证券交易投资活动有关的财务顾问业务、证券资产管理业务、融资融券业务等。

证券公司通过互联网并利用网络技术推广其投资信息、进行投资咨询、网上承销并开展网上经纪业务。当然在通过互联网来进行以上业务时,网络的虚拟性可能会造成不确定性,因此要求证券公司在网上提供相关服务的同时,还要能够确保证券交易的安全性、稳定性和准确性。

由此,证券公司及其相关服务的开展需要网络产业服务商参与,作为服务机构,专为网络证券提供网络空间和软硬件设备。一方面网络产业服务提供商(ISP)向客户提供互联网接入服务,同时为证券公司的行情服务器提供场地和维护服务;另一方面需要供应设备、软件并提供维护服务,其中主要是网络证券信息系统,该系统是证券公司在网上开展证券业务活动中所采用的由相关网络设备、计算机设备、软件及专用通信线路等构成的信息系统,包括网络证券服务端、客户端和门户网站。网络证券客户端是证券公司提供给投资者使用的软件,而网络证券服务端是证券公司向客户提供接入、身份认证、行情、交易、查询等服务的信息系统,投资者的信息和数据是从客户端流向服务端再到柜台系统,或者反向流转。

(2)证券发行人

证券发行人是公司企业、政府和政府机构、金融机构等。他们是证券市场上证券公司提供证券交易经纪或证券发行服务的对象。上市公司可以利用证券公司网站开展网络证券发行和网上路演等,包括发布招股说明书、披露财务信息、传递重大信息等。

(3)证券投资人

证券投资人是买卖证券的主体。分为个人和机构投资者,其中机构投资者可以分为政府机构、企业和事业单位、金融机构和各类基金等。投资人买卖证券的基本途径主要有两条:一是直接进入交易场所自行买卖证券;二是委托经纪人代理买卖证券。在我国证券交易所交易中,除了按规定允许的证券商自营买卖外,投资人都要通过委托经纪人代理才能买卖。

证券公司提供证券交易经纪服务,提供即时网上信息和降低交易费用,吸引投资人积极使用网络进行证券交易。而个人和机构投资者可以通过网络证券信息系统,不受地域和空间限制进行证券交易,既节约了投资成本,又提高了投资效率。

(4)证券监管机构和自律性组织

证券监管机构在中国主要是中国证券监督管理委员会,执行监管,依照法律、法规,统一监督管理全国证券期货市场,维护证券期货市场秩序,保障其合法运行。

自律性组织分为证券交易所和证券业协会。根据我国《证券交易所管理办法》证券交易所是指依本办法规定条件设立的,不以营利为目的,为证券的集中和有组织的交易提供场所、设施,履行国家有关法律、法规、规章、政策规定的职责,实行自律性管理的法人。证券交易所由中国证券监督管理委员会(以下简称"证监会")监督管理。证券交易所的主要职能为:提供证券交易的场所和设施;制定证券交易所的业务规则;接受上市申请、安排证券上市;组织、监督证券交易;对会员进行监管;对上市公司进行监管;设立证券登记结算机构;管理和公布市场信息;证监会许可的其他职能;证券业协会是非营利性组织,旨在对协会会员提供有关服务,协调会员之间的关系。

通过互联网,以上机构通过建立网站和电子交易系统发布公告、传送信息、处理数据、自动撮合、联网交易、监控等,发挥相应的作用。

(5) 其他证券服务提供者

在网络证券交易过程中,需要商业银行参与证券市场上为证券结算提供服务,为个人和企业客户提供转账汇款、交易结算和电子支付以及开户服务等。其相关证券结算通过网络证券交易的相关系统,可以实现在网上进行银行和证券公司之间的合作转账或支付,如银证转账等。

8.1.2 国内外网络证券服务发展简介

1. 国外网络证券服务发展

美国是最早开展网络证券服务的国家。随着电子交易及电子通信网络开始兴起,从20世纪70年代初开始,第一个面向全球的完全采用电子交易的股票市场——NASDAQ(National Association of Securities Dealers Automated Quotation,全美证券商协会自动报价系统)诞生;到20世纪90年代初,少数券商开始利用专用电脑网络下达交易指令。1992年,美国E-trade公司作为最先采用全电子化模式的经纪商,开始通过美国在线提供网上交易服务,开拓了证券与网络相结合的新纪元。1995年,客户首次通过互联网完成交易委托,1996年,美国建立了第一个网上电子公告版系统,利用互联网上的专用软件发行股票,从而创造了利用网络进行证券发行的新方式。1997年,美国还成立了网络证券经纪行,以便于股票发行与交易;1999年,传统的证券公司开始全面转型,利用互联网进行交易。到2000年,网上交易已经成为一种非常重要的网络证券交易方式,大约有160家证券经纪商提供网上交易服务,网上交易量每天超过50万笔,约有25%的散户经纪量通过互联网经纪完成。美国网络证券交易模式以嘉信理财(Charles Schwab)、E-trade公司、美林证券(Merrill Lynch)最具代表性。

继美国之后,其他工业化国家如英国、加拿大、日本等近年来也相继推出网络证券交易。英国于1986年在伦敦证券交易所建立了交易商自动报价系统(Stock Exchange Automated Quotation System,SEAQ)。1997年10月20日,伦敦证券交易所正式引入电子订单竞价交易方式;加拿大多伦多证券交易所从1977年起使用自动交易体系——计算机辅助交易系统(Computer Assisted Trading System,CATS);日本东京证券交易所仿照多伦多的CATS系统,于1982年建立计算机辅助下单程序和交易系统(Computer Assisted Order Routing and Execution System,CORES)。1999年4月30日,东京证券交易所关闭了交易大厅,全部证券交易均经电子交易系统交易。

亚洲网络证券交易起步较晚,但是发展比较快,尤其是1997年亚洲金融危机以后,韩国、新加坡等国家政府希望通过证券市场融资来推动经济发展,网络证券交易发展迅速。韩国1998年12月网络证券交易量仅占全国证券交易量的3.7%,但随着国内外经济形式的好转,1999年韩国网上交易成爆炸式增长,1999年12月占41.2%,2000年3月占51%,2000年5月占56.9%,2000年7月已占到61%,已是国际领先水平,其二板市场KOSDAQ网上交易比例高达71.8%。① 随后两年,韩国五大证券公司的网络证券交易比重持续上升,2001年为65.87%,2002年为73.38%。韩国证券电子商务以大宇证券、教

---

① 费鹏,屠梅曾.国外网络证券交易对我国券商的启示[J].财经理论与实践,2002,23(116):43-45.

保证券、Kiwoom.com 公司最具代表性。

2. 中国网络证券服务发展

我国的网络证券服务主要从证券交易所开始。我国有上海和深圳两家证券交易所。上海证券交易所于 1990 年 11 月 20 日正式宣告成立，然后于同年 12 月 19 日正式开业。交易所采取了先进的电脑交易系统，使交易的流程高效运作。开业当日半小时后，前市收市时已成交 49 笔，成交额近六百万元。当日上交所有 30 种证券上市交易，其中包括飞乐股份、豫园商城等 8 支股票。上海证券交易所成立后不久，深圳证券交易所也挂牌营业。此后，证券营业部门开始在全国兴起开设。国家设立了中国证券监督管理委员会。随着两地证券交易所的相继成立，通过信息化手段，我国证券实现了无纸化的电脑集中竞价交易。

上海证券交易所市场交易采用电子竞价交易方式，如今所有上市交易证券的买卖均须通过电脑主机进行公开申报竞价，由主机按照价格优先、时间优先的原则自动撮合成交。上交所新一代交易系统峰值订单处理能力达到 80 000 笔/秒，系统日双边成交容量不低于 1.2 亿笔，相当于单市场 1.2 万亿元的日成交规模，并且具备平行扩展能力。截至 2009 年年底，上海证券交易所拥有 870 家上市公司，上市证券数 1351 个，股票市价总值 184 655.23 亿元。

我国的网络证券交易自 1999 年开始，进入实用阶段，并逐步推开。2000 年 3 月中国证监会颁布了《网络证券委托暂行管理办法》，规范和推动了网上交易的发展。随后网上交易系统迅速发展。到 2000 年 6 月，我国的网络证券交易开户数已有 25 万户，网络证券交易额占证券交易总额的 1%。2001 年 3 月末，104 家证券公司中正式开通网上交易业务的约有 71 家。根据中国证监会信息中心数据，到 2006 年 6 月，证券公司网上委托交易量约为 4506.31 亿元，占沪、深证券交易所 6 月份股票（A、B 股）、基金总交易量 18 296.02 亿元（双边计算）的 24%；网上委托的客户开户数达 627.20 万户，占沪、深交易所开户总数一半 3763.01 万户的 16%。为了保障网络证券业务系统的安全、可靠、高效运行，提高行业信息化水平，保护投资者的合法权益，2009 年 6 月 23 日证券业协会发布了《证券公司网络证券信息系统技术指引》，有利于证券公司网络证券业务健康有序发展。

8.1.3 网络证券服务内容和类型

网络证券服务内容包括三大部分：网络证券发行服务、网络证券交易服务、网络证券信息服务，具体内容包括：网上路演、网上信息披露、网络证券咨询、网络证券行情、网络证券交易、网上基金投资与网上理财等。其中，网络证券交易服务是主要内容，专门以一节内容来单独进行介绍。在此，先来看网络证券发行服务和网络证券信息服务。

1. 网络证券发行服务

1）定义和特点

证券包括股票、债券、基金、金融衍生工具等。下面主要通过股票的网上发行分析网络证券发行的相关内容和程序。股票网上发行是利用证券交易所的交易网络，新股发行主承销商在证券交易所挂牌销售，投资者通过证券营业部交易系统进行申购的发行方式。

和传统证券发行市场相比,网上发行具有经济性和高效性的优点。表现在减少中间环节,可以通过互联网直接向广大投资者筹资,节约了证券交易与发行的代理成本;通过网络提高了信息交流、证券交易的及时性和交互性;同时也减少了对有形的证券交易场所的依赖,提高了发行效率。

2) 类型

股票网上发行的基本类型有两种:网上竞价发行和网上定价发行。

网上竞价发行是指主承销商利用证券交易所的交易系统,以自己作为唯一的"卖方",按照发行人确定的底价将公开发行股票的数量输入其在证券交易所的股票发行专户;投资者则作为"买方",在制定时间通过证券交易所会员交易柜台,以不低于发行底价的价格及限购数量,进行竞价认购的一种发行方式。除了具有网上发行的优点之外,还具有"市场性、连续性"的优点;缺点是股价容易被机构大户操纵。

网上定价发行是事先规定发行价格,再利用证券交易所现金的交易系统来发行股票的发行方式,即主承销商利用证券交易所的交易系统,按已确定的发行价格向投资者发售股票。我国主要就采用了这种形式。

3) 股票上网发行资金申购程序

通过深圳证券交易所交易系统采用资金申购方式上网定价公开发行股票,适用《资金申购上网定价公开发行股票实施办法》;通过上海证券交易所交易系统采用上网资金申购方式公开发行股票,适用《沪市股票上网发行资金申购实施办法》。

(1) 基本规定

申购单位及上限:上海证券交易所,每一申购单位为 1000 股,申购数量不少于 1000 股,超过 1000 股的必须是 1000 股的整数倍,但最高不得超过当次社会公众股上网发行数量或者 9999.9 万股。深圳证券交易所,申购单位为 500 股,每一证券账户申购委托不少于 500 股,超过 500 股的必须是 500 股的整数倍,但不得超过本次上网定价发行数量,且不超过 999 999 500 股。

申购次数:除法规规定的证券账户外,同一证券账户多次申购委托(深圳证券交易所包括在不同营业网点各进行一次申购的情况),除第一次申购外,均为无效申购;其余申购由交易所交易系统自动剔除。新股申购一经确认,不得撤销。

申购配号:申购配号根据实际有效申购进行,每一有效申购单位配一个号,对所有有效申购单位按时间顺序连续配号。

资金交收:如果结算参与人发生透支申购(即申购总额超过结算备付金余额)的情况,则透支部分确认为无效申购。

(2) 操作流程

操作流程如下:T 日投资者申购;T+1 日申购资金冻结、验资及配号;T+2 日摇号抽签、中签处理;T+3 日公布中签结果,申购资金解冻;结算与登记。

不过,根据《证券发行与承销管理办法》的规定,新股资金申购网上发行与网下配售股票同时进行。发行人及其主承销商可以向证券交易所申请资金申购上网定价发行流程缩短一天。如 2007 年交通银行的股票网上发行资金申购流程就缩短了一天。2007 年 4 月 23 日,上海证券交易所发布通知称,经交通银行股份有限公司及其保荐机构书面申请,上证所同意交通银行的网上发行采用缩短一个交易日的特别流程。交通银行网上发行申购资金冻结的时间比沪市新股网上发行的常规冻结时间缩短一个交易日,具体时间安排如下:4月25日,网上资金申购;4月26日,确定发行价格和网上网下最终发行数量,网上申购验资,网上申购配号;4月27日,公告网上中签率,网上发行摇号抽签;4月30日,公告网上资金申购摇号中签结果,网上申购资金解冻。

(3) 网上发行与网下发行的衔接

网上发行与网下发行的衔接主要包括发行公告的刊登;网上发行和网下发行的回拨;网下股份登记。

4) 网上增发新股的申购

增发新股价格的确定方式一般有两种:一种是先向网下机构投资者询价,而后再于网上定价发行;另一种是采取网上和网下同时累计投标询价,即先确定一个价格区间,在网上(一般投资者)和网下(机构投资者)同时由投资者在公布的价格区间内自主出价申购。

投资者的申购报价须在规定的询价区间且等于或高于最终确定的发行价时,方能最终确定其收购权。

2. 网络证券信息服务

网络证券信息服务从内容上包括信息、行情和互动交流等内容,提供证券实时行情、财经信息、投资指导、参与投资论坛等。

① 信息:从板块上可以分为公司资料、财经新闻、证券市场、研究参考、公告速递、新股快讯、统计分析等;从证券种类上可以分为股票、权证、基金、中小板、三板、债券、期货、外汇等信息内容。

② 行情:主要包括行情显示和行情分析两块内容。行情显示一般来说可以按照股票分类、股票排名、综合排名等进行报价,具体有代码、名称、涨幅、开盘、最高、最低、收盘、成交量、总金额、换手率%、MA1-4等内容,根据不同的标准进行分类和排名。其他还包括行情预警功能,可以根据市场条件等进行设置雷达和预警开关等。

行情分析一般来说可以分为以下功能:走势图,具体可以按照上证和深证指数、时间、买卖盘、最新价格等再进行走势细分;实时分析,包括分时走势分析、每分钟成交明细、分价成交明细、内外盘统计等;技术分析,可以运用多种技术分析工具进行分析,如K线分析、均线分析、均量分析、KDJ\MACD\RSI\BIAS\OBV\ARBR\PSY\CDP\MTM等;其他还有已经分析好的研究报告等,汇集了对不同公司、行业、证券种类的研究等。

③ 互动交流:主要包括对投资者进行线下和线上的理财指导、疑难问答、培训等内容,根据投资者的风险偏好和投资需要提供不同的理财产品推荐和信息服务,通过实用的个人理财工具,协助投资者管理账户资料,使投资者能获得适合的专业化理财服务。

8.2 网络证券交易

8.2.1 网络证券交易概况

1. 网络证券交易定义

证券交易是指已发行的证券在证券市场上买卖的活动。网络证券交易是指投资者利用互联网资源,获取国内外各证券交易所的及时报价,查找国际、国内各类与投资者有关的经济、金融信息,分析市场行情,并通过互联网进行网上委托下单,实现实时交易。

目前国内的网络证券交易只是一种网上委托交易,因为证券经营业务的准入制,最终交易的实现要在证券交易所。目前所指的网络证券交易,通常是指券商或证券公司利用互联网等网络技术,为投资者提供证券交易所的及时报价、查找各类与投资者相关的金融信息、分析市场行情等服务,并通过互联网帮助投资者进行网上的开户、委托、交付/交割和清算等证券交易的全过程,实现实时交易的活动。

2. 我国证券交易制度和相关服务

1) 经纪服务制度

在证券交易市场中,投资者买卖证券,应当按交易所指定的登记结算机构的规定,以实名方式在会员处开立证券账户和资金账户,并与会员签订证券委托买卖协议。协议一经签订,投资者即成为该会员经纪业务的客户。投资者通过证券经纪商买卖证券,证券经纪商为投资者提供的各种服务,统称为经纪服务。目前我国的证券交易制度在两大证券交易所有所区别:

- 上海证券交易所的指定交易制度。指定交易是指投资者与某一证券经营机构签订协议后,指定该机构为自己买卖证券的唯一交易点。上海证券交易所自1996年开始试行可选择指定交易制度。从1998年4月1日起,上海证券交易所开始实行全面指定交易制度。

投资者办理指定交易的登记手续和确认程序为:首先,投资者向证券经营机构提出申请,经证券经营机构同意后,双方签署"指定交易协议书";其次,证券经营机构按协议通过其场内交易员向上交所电脑主机申报证券账户的指定交易指令;再次,交易所电脑主机接受申报当日收市后发出指定交易确认回报并附确认编号,该证券账户的指定交易自下一个营业日即可生效。

证券经营机构应为指定交易客户建立完整的交易数据库,并提供以下服务:

① 交易查询服务;

② 办理自动领取股票现金红利业务,在收到上海证券交易所划拨的现金红利资金后,相应地将现金红利资金记入各指定交易客户的资金账户;

③ 按季或按月提供对账服务,对账服务必须包括证券账户及资金账户的期初余额、期末余额、本期发生额等项内容;

④ 在与客户签订"代理客户办理配股协议书"后,为客户办理配股业务;

⑤ 若客户遗失证券账户需挂失、补办或办理证券的非交易过户等,可为其出具确无

交易交收等违约责任的证明书,证券登记结算公司予办理相关手续。

证券经营机构对指定交易客户提供有关服务项目,须严格为客户保密,维护投资者合法权益。已选择指定交易的投资者,有权撤销指定交易或变更指定的证券经营机构,证券经营机构不得以任何理由拖延或拒绝,除非投资者有未履行交易交收责任等违约情况。

- 深圳证券交易所的托管券商制度。托管券商制度是指深圳市场的投资者持有的股份需全部托管在自己选定的证券经营机构处,由证券经营机构管理其名下明细股票资料。所谓转托管,就是投资者将其托管股份从一个证券经营机构处转移到另一个证券经营机构处托管,可以是一只证券或多只证券,也可以是一只证券的部分或全部。投资者在原托管证券经营机构处递单报盘转托管,交易所当天(T日)收市后即处理到账,同时将处理结果转送给转出转入证券经营机构,投资者于T+1日(第二个交易日)就可以在转入证券经营机构(新的托管证券经营机构)处卖出证券。

2) 竞价成交机制

证券交易一般采用电脑集合竞价和连续竞价两种方式。集合竞价是指对一段时间内接受的买卖申报一次性集中撮合的竞价方式。连续竞价是指对买卖申报逐笔连续撮合的竞价方式。交易所认为必要时,经证监会批准,可以采用其他交易方式。

证券交易按价格优先、时间优先的原则竞价撮合成交。成交时价格优先的原则为:较高价格买进申报优先于较低价格买进申报,较低价格卖出申报优先于较高价格卖出申报。成交时时间优先的原则为:买卖方向、价格相同的,先申报者优先于后申报者。先后顺序按交易主机接受申报的时间确定。

集合竞价时,成交价格的确定原则为:成交量最大的价位;高于成交价格的买进申报与低于成交价格的卖出申报全部成交;与成交价格相同的买方或卖方至少有一方全部成交。两个以上价位符合上述条件的,上交所取其中间价为成交价,深交所取距前收盘价最近的价位为成交价。集合竞价的所有交易以同一价格成交。

连续竞价时,成交价格的确定原则为:最高买入申报与最低卖出申报价格相同,以该价格为成交价;买入申报价格高于即时揭示的最低卖出申报价格时,以即时揭示的最低卖出申报价格为成交价;卖出申报价格低于即时揭示的最高买入申报价格时,以即时揭示的最高买入申报价格为成交价。

集合竞价未成交的买卖申报,自动进入连续竞价。

3. 网络证券交易的特点和优势

与传统的证券交易方式相比,网络证券交易以网络为平台,具有无纸性、虚拟性、技术性和即时性的特点。因此,网络证券交易具有以下优势:

1) 成本节约

由于通过网络,不需要占用过多的营业场地,而且不少交易通过网上自助完成,减少了交易成本、人工成本和营运成本。

2) 提高了服务质量

通过网络证券交易系统,使投资者能够利用网络平台获得股票等实时行情、上市公司的基本情况和国家政策的宏观信息等,使得信息传递渠道比较畅通,信息服务到位,交易平台相对公正公平,人为的交易差错率下降,投资者能够有效获得证券市场的信息并正常交易。

3) 扩大了客户群体

随着互联网的普及,网上交易突破了时空限制,投资者可以利用互联网进行网络证券交易并获得相关服务,这也使得原本受时间和地点约束的人都有可能成为证券投资者,时间成本和费用成本也都降低了。

4) 比传统证券交易更方便快捷

通过网上使用电脑买卖证券,委托信息可在2秒内到达营业部,相对传统证券交易方式,速度更快,比起电话委托等方式,也基本不存在占线、断线的问题。

8.2.2 网络证券交易模式和流程

1. 网络证券交易模式

在美国,一般存在三种网络证券交易模式:综合服务的券商经营模式、折扣经纪商模式和纯粹的网上经纪商模式。综合服务的券商经营模式以美林证券为代表,实质上是传统的经纪商兼网上经纪商,利用公司专业化的经纪人队伍与庞大的市场研究力量,通过网络为客户提供全面和高附加值的证券服务。实际上这些老牌公司主要是在竞争压力下进入网络证券交易领域,将网上交易和传统证券服务相结合,手续费相对比较高。折扣经纪商模式以嘉信证券为典型,通过技术创新有效降低成本,进而降低服务价格,突出市场优势,迅速扩大市场份额,以此与综合服务型券商竞争,也是比较早就使用网络的形式向客户提供证券服务的公司之一,同时结合店面、电话等形式提供多种选择和服务。纯粹的网上经纪商模式以 E-Trade 等在线经纪商为典例,以纯互联网战略进入市场,完全以网络方式提供纯虚拟的投资与服务,交易完全通过网上进行,公司营业成本低,因此能够以低廉的交易费用取得成功。

在我国,虽然网络证券交易尚处于起步阶段,但是也已经形成了一定的特点,目前从证券公司经营的角度分类,可以分为两种模式,分别为证券公司的网上交易中心模式、财经网站和证券公司营业部的网络金融合作经营模式。由于目前中国内地没有放开网络证券经纪业务资格,因此,与国外相比,我国还缺少纯粹的网络证券经纪公司模式。证券公司的网上交易中心模式以华夏、银河、中信、光大等各大证券公司为代表,即传统证券公司通过建立自己的网站为所有的营业部客户提供网络证券交易服务,满足客户的多样化选择。其证券交易服务包括网上交易、股票行情、财经新闻、投资分析等;财经网站和证券公司营业部的网络金融合作经营模式,以赢时通、和讯、证券之星等网站为代表,以财经类网站和证券公司营业部进行合作,提供网络证券交易网页。

2. 网络证券交易流程

网络证券交易流程与传统证券交易的流程基本一样,包括登记开户、委托交易、交易撮合和清算交割4个步骤。只是网络证券交易基本通过数字化手段实现而已。

1) 登记开户

我国目前还不能够在网上直接开户,但是可以预约开户。如国泰君安证券就在网上开设了此服务,分为"30秒预约开户"和"传统预约开户"两种。其中,"30秒预约开户"只需要通过在网上填写开户地区、拟开营业部、姓名、电子邮件、电话号码等信息,再点击"提交"按钮就可以了;"传统预约开户"相对要填的个人信息比较多,涉及证件号码、性别、学历、生日、籍贯、以往开设资金账户等信息。再预约之后,携带身份证件(如有证券账户卡一并携带)于交易日9:00~15:00到营业网点,按法规要求签署相关协议,现场确认身份即可开户。网上预约开户为投资人节约了时间。国泰君安证券具体的网上预约开户流程具体见图8.1。

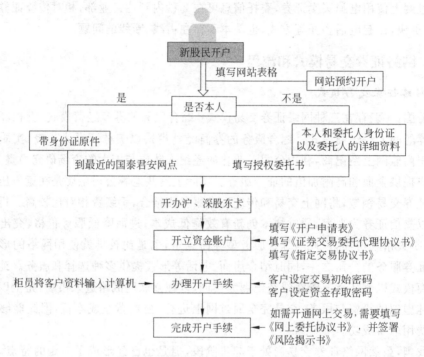

图8.1 国泰君安网上开户流程

具体去营业网点办理A股账户的流程如下:如果以前从没有办理深、沪股东代码卡,需要现场办理,填写开户资料后,需要与营业部签订《证券交易委托代理协议书》,同时签订有关《指定交易协议书》,由营业部为投资者开设资金账户①;然后办理开户手续,客户设定交易初始密码和资金存取密码;在开户的同时,需要对今后自己采用的交易手段、资金存取方式进行选择,并与营业部签订相应的开通手续及协议。例如,电话委托、网上交易、手机炒股、银证转账等。如需开通网上交易,需要填写《网上委托协议书》,并签署《风险揭示书》。

从个人开户和机构开户的区别来看,个人投资者只需要本人有效身份证及复印件;委托他人代办的,还需提供代办人身份证、复印件及《授权委托书》;而机构投资者需要持营业执照(及复印件)、法人委托书、法人代表证明书和经办人身份证办理。从开户费用上来

---

① 资金账户:用于投资者证券交易的资金清算,记录资金币种、余额和变动情况。资金账户目前在上交所系统,资金账户在证券机构处开立且仅在该机构处有效。证券经营机构按银行活期存款利率对投资者资金账户上的存款支付利息。

说,机构投资者的费用也远远高于个人投资者。

如果之前已经是其他证券公司客户,要转为证券公司,需要在原开户营业部撤销市场指定交易,并在原开户营业部将账户股票转托管到就要开户的证券公司营业部席位号,然后再执行以上所描述的开户程序。

如果还需要开通B股账户、基金账户、代办股份转让,则开户手续还有所区别。如以国信证券公司开通B股账户为例。对个人投资者来说还区分境内和境外。其中境内个人投资者需要金额7800港元以上的外汇资金进账凭证及其复印件,境内个人投资者办理B股开户必须是本人亲自办理,不得由他人代办,境内法人不允许办理B股开户。境外个人投资者可委托他人代办,每个投资者只能开立一个账户。对境外机构投资者,开立B股证券账户须提供:商业注册登记证、授权委托书、董事身份证明书及其复印件、经办人身份证件及其复印件。收费也高于A股账户开户费。

2) 委托交易

委托交易的实现既可以通过交易软件操作,也可以通过网络直接登录操作。

① 通过交易软件操作:证券投资者在进行网络委托交易之前,首先必须安装网络证券交易系统。目前各大证券公司所提供的网络证券交易系统各有不同,但是基本都可以在证券公司网站上免费下载和安装,进行委托交易。如国信证券在网站上提供了多款网上交易软件下载,投资者登录国信证券网站(http://www.guosen.com.cn)后,有金太阳网上交易专业版V6.28安装程序、金色阳光网上交易客户端(繁体版)、金太阳手机炒股软件等免费软件下载。此外对股指期货和融资融券交易感兴趣的客户,国信证券提供了仿真软件进行模拟操作,可以下载国信证券股指期货仿真交易V6.27版和融资融券仿真交易客户端V6版本。为了保证交易的稳定性、安全性和可靠性,网上提供了MD5码计算器、128位SSL高加密包、微软Java虚拟机For Windows XP等辅助软件。具体下载软件后,如国信金太阳网上交易专业版V6.28安装程序,点击后,看到免责声明中点击"接受协议"按钮后,按照提示进行安装即可。

② 通过证券公司等网站的网上营业厅直接登录操作:以国信证券网站为例,从"网上营业厅"直接登录,不需要下载安装、不受代理服务器限制、可以穿越防火墙在局域网内使用,相比交易软件,网上营业厅能够提供更全的服务,包括开放式基金的开户、定投,以及账户登录方式设置、各类增值服务办理等交易服务。不过弱点是支持高并发流量的能力不如专业交易软件,一旦碰上交易高峰,网速流量会受到限制。

其次进入网上委托交易系统后,如需委托,需要由投资者在网上发出委托指令,内容包括证券账户号码、证券代码、买卖方向、委托数量、委托价格、交易所及会员和要求说明的其他内容,如日期、品种、买卖方向、数量、价格、时间、有效期等。具体操作为:输入资金账号和密码,选择安全方式之后登录进行交易。可以进行股票操作有买入、卖出、撤单、查询、银证业务、ETF业务、其他业务等操作,具体涉及证券代码、证券名称、报价方式、价格、资金、数量等;如果开通了基金业务,则可以进行基金认购、申购、赎回、撤单、转换、分红设置、查询等。会员可以接受客户的限价委托或市价委托,如图8.2和图8.3所示。

图 8.2　国信证券金色阳光网上交易软件委托交易

图 8.3　国信证券网上营业厅委托交易

需要注意的是日期、时间、有效期等自动由电脑生成。在委托未成交之前，委托人有权变更和撤销委托。证券营业部竞价成交后，买卖即告成立，成交部分不得撤销。撤单的具体程序是证券营业部的业务员或委托人可直接将撤单信息通过电脑终端告知证券交易所交易系统电脑主机，办理撤单。

在委托执行时，投资者的委托指令经证券营业部电脑审查确认后，由前置终端处理机和通信网络自动传送至证券交易所交易系统电脑主机；或是由证券营业部业务员在进行委托审查后，将委托指令直接通过终端机输入证券交易所交易系统电脑主机。

3）交易撮合

上海和深圳证券交易所均采用计算机撮合交易方式。当投资者通过选定的委托方式向证券交易所申报买卖股票时，所有的申报单均需输入各交易所的电脑主机，由计算机进行买卖撮合，成交后将交易结果发送给交易所会员。

具体的处理方法是：股票买卖双方分别将买价和卖价通过计算机终端输入所在证券营业部的计算机系统，该系统先根据申报的价格和时间进行排队，传送到各交易所的电脑主机，电脑再根据申报者的申报价格和申报时间对申报单进行排队，按照"价格优先、时间优先"，自动将其配对撮合。

成交的原则是，所有的买单均应以等于或低于申报买价的价格成交，而所有的卖单均应以等于或高于申报卖价的价格成交。

4) 清算交割

证券清算业务,主要是指在每一营业日中每个证券经营机构成交的证券数量与价款分别予以轧抵,对证券和资金的应收或应付净额进行计算的处理过程。在证券交易过程中,当买卖双方达成交易后应在事先约定的时间内履行合约,买方需交付一定款项获得所购证券,卖方需交付一定证券获得相应价款,这一钱货两清的过程称为交割。从时间发生及运作的次序来看,先清算后交割,清算是交割的基础和保证,交割是清算的后续与完成;从内容上看,清算与交割都分为证券与价款两项;从处理方式来看,证券经营机构都是以交易所或清算机构(如结算公司)为对手办理清算与交割,即结算公司作为所有买方的卖方和所有卖方的买方,与之进行清算交割。

而清算交割主要在证券登记结算机构与证券经营结构进行,证券经营机构与投资者之间,往往只进行资金结算。证券登记结算结构与证券经营机构之间的清算交割通过计算机网络进行。各类证券按券种分别计算应收应付轧抵后的结果进行交割,价款则以统一的货币单位计算应收应付轧抵净额后交割。投资者的证券往往有证券经营机构集中保管,投资者的证券交割由证券经营结构自动划转。证券经营机构与投资者之间的资金清算,一般通过证券营业部的计算机系统或与该营业部联网的结算银行计算机中心进行处理,当客户证券卖出成交返回后,计算机系统即时将资金增加到用户的账户上。当客户证券买入成交后,则即时将所需资金从用户的账户中划去。

8.2.3 网络证券交易存在的问题和发展对策

虽然网络证券交易与传统的现场交易方式相比,有不少优势,但是网络证券交易也有很多缺点和不足,主要有以下这些问题:

1. 交易费用问题

网上交易投资者要承担的全部费用包括交易佣金、印花税和通信费用三个部分。交易佣金居高不下是目前我国发展网上交易的最大障碍。而在网络证券交易最活跃的美国,投资者通过互联网买卖股票可获得诱人的交易佣金折扣。可以这样说,低廉的交易手续费促进了美国网络证券交易的迅猛发展。

我国证券交易实行固定佣金制度,投资者很难从网上交易中获得直接利益,即使部分券商以佣金返还来吸引客户,但毕竟不公开、不规范,并且返还比例还要视客户的资金量、交易量而定,并不是所有客户都能享受到。这样就大大降低了客户对网上交易的兴趣,使得网上交易规模难以扩大。

2. 网络安全性与稳定性问题

客观地说,网上交易的安全系数要高于一般传统的委托方式,如电话委托等。在传统交易方式中,客户委托数据在到达券商交易服务器之前的传输过程中是透明可读的,只要截获这些数据,就能够解读并获取客户的密码以及其他交易数据等信息。而在网上交易中,客户的私有信息以及交易数据都是经过较长位数的加密,只有交易服务器才能正确识别这些数据,但还不能完全排除某些手段高超的网上"黑客"盗窃交易情况。账号和口令一旦被盗，就可能发生盗买盗卖，给投资者造成直接经济损失。

3. 个性化程度低，网上服务未能及时跟上

许多券商只是在自己或是他人的网站上建立了一个交易平台，互联网强大的信息服务功能并未发挥出来。虽然大部分券商网站在构建时也都设置了实时新闻、网上交易、专家在线等一整套非常有吸引力的栏目，但实际运作中，网站提供的服务内容非常有限，原创信息很少，信息重复率高，个性化程度低，对客户的交易决策并未起到多大的作用。因此，大部分券商网站实际上只是为其网络证券委托提供了一个技术平台，距离真正意义上的证券电子商务还有很大差距。此外，网络时代是信息爆炸的时代，各种信息充斥网络，如何帮助投资者有针对性地选择使用网络信息而不浪费时间，这也是一个有待解决的问题。

4. 规范和监管问题

首先，我们还没有建立起一个适应网络证券交易特点的监管体系。在这一监管构架中，不仅组织结构、参与部门可能会有别于传统的证券监管体系，而且监管工具和手段也会明显不同。从目前我国的情况看，虽然证监会和相关部门对网上交易的准入和安全问题出台了一些规则，但法规制度建设还远远不适应监管的需要。有关网上交易的资格审查、网上交易的技术标准和技术体制、网上交易的信息资源管理、网上交易的市场监管都还缺乏明确、公开、统一且可操作性强的具体标准，网上安全设施也还只是由各个券商自行设定。其次，对网上交易的开放性认识不足，尚没有形成全球化的协调监管机制。

针对我国网络证券业发展的现状，在我国网络证券业未来的发展中应注意采取以下策略：

① 降低运行成本，提高网络运行速度。当前我国网络交易运行成本较高，如果再考虑到股票交易本身的印花税、向券商交纳的佣金费用等，在当前股市状况和国内经济状况下，的确制约了不少投资者采用网络交易方式。而且，我国当前网络速度跟不上，网上行情与信息发布的速度和营业部相比还是有很大的差距。

② 提高网络安全性。在互联网上做网络交易的风险比在营业部做交易的风险大，因为客户不得不通过更多的中间环节，也比较容易产生问题。从技术上讲，现在国内使用的网上安全技术已经基本可以保证上网营业部的安全，但还不能完全排除某些手段高超的网上"黑客"盗窃交易情况。这一现象，不仅是我国网上交易系统中亟待解决的问题，而且是一个全球性的问题。

③ 壮大网上用户队伍，提高投资者素质。由于网上交易的客户数量和互联网用户的数量有很大的关系，电脑及网络使用的普及程度以及投资者对电脑及网络的掌握程度也影响着网上交易的扩大。美国网上交易市场比较成熟，它是建立在有2.4亿名网上用户的基础之上的。而我国网上用户的分布，主要集中在大城市和沿海地区，知识分子在所有用户中占很大比重，这些和发达国家和地区证券营业网点多、网上用户层次广泛的特点还具有一定的差距。要想使我国的网络证券业有较大的发展，就必须提高我国投资者的素质，壮大我国网上用户队伍。

④ 扩充网上有效信息的内容和质量。当前互联网上有价值的经济、金融信息、上市公司信息、公司研究报告信息等有些缺乏。理论上来说，通过网络，大至一个国家甚至全

球的宏观经济和股市的长期走势,小至股市的某个特定板块和特定题材、某特定股票的实时行情,包括各种数据的发布、分析和研究,投资者都应该可以很便捷地获得。但目前我国的证券机构、投资咨询机构提供的这类服务还不规范,有待于进一步开发,并且发布信息的真实性也有待加强。

⑤ 有关各方应大力支持。首先,政府应该为发展网络证券交易营造一个良好的经营环境,主要是要引入竞争,打破现行互联网市场中电信部门一家独揽的局面,并制定法律规范竞争行为。证监会则应给予网上交易宽松的市场准入,同时完善监管措施,使网络交易在适度竞争而又规范有序的环境中得以充分发展。作为网上交易的发展主体———证券公司,则应为发展网上交易设计全面的方案。由于知识分子在我国网上用户中占很大比重,业务设计应针对这一特殊情况来进行。同时,要注意我国网上商业尚未起步的情况,在业务设计中整合其他商业服务,使两者相互促进,共同发展,做到全方位发展网络证券事业。①

8.3 第三方存管服务

8.3.1 第三方存管概况

1. 第三方存管在我国出台的背景和推行的意义

在实行第三方存管以前,我国相继采取了证券公司存管模式和独立存管模式,使得证券公司不仅实际控制保证金银行存管账户,而且还单独掌握客户资产明细。存管银行和监管部门难以掌握客户资产明细,无法对保证金汇总账户和明细账户进行钩稽核对,使证券公司挪用客户保证金现象屡禁不止。给客户造成了巨大经济损失,严重损害了证券公司的行业形象,挫伤了客户的信心。

为了挽回行业信誉和客户信心,督促证券公司规范发展,从制度上杜绝挪用客户证券交易结算资金的行为,2001年发布《客户保证金管理办法》(3号令)和《关于执行〈客户保证金管理办法〉若干意见的通知》,要求证券公司和营业部必须将保证金全额存放在已报备的专用银行账户和在结算公司开立的清算备付金账户,监管部门通过各报备账户之间的钩稽关系实施监控。但证券公司仍然可以通过设立非报备账户和修改上报数据等方式掩盖挪用客户保证金,逃避监管。2003年末,证监会在设计南方证券股份有限公司风险处置方案时,提出实行客户证券交易结算资金第三方存管制度,但是其应用一直还在探讨之中。之后,根据新修正的《证券法》第139条规定"证券公司客户的交易结算资金应当存放在商业银行,以每个客户的名义单独立户管理"的要求,第三方存管制度受到重视,到2006年5月8日,证监会"149号文件"(《关于落实〈证券法〉规范证券经营机构经济业务有关行为的通知》)出台,各地证监局依据此文件纷纷开始了大规模叫停"银证通"新开户的行动,中国证监会明确要求证券公司在2007年全面实施"客户交易结算资金第三方存管"。根据证监会的时间表,所有证券公司均需在2007年8月底之前实施"第三方存管业

---

① 王珩. 网络证券交易问题与对策[J],合作经纪与科技,2008(13):49-50.

务",2007年12月底前全面完成上线工作。这种方式作为从源头上、制度上保证客户资金安全、保护客户利益、控制证券行业风险、维护市场稳定的一种全新的客户交易结算资金管理制度,其推出是顺应了市场发展的需求和新《证券法》的要求。

2. 第三方存管定义

第三方存管业务是"客户交易结算资金第三方存管"的简称,是指证券公司负责将客户的证券交易以及根据交易所和登记结算公司的交易结算数据清算客户的资金和证券;而由存管银行负责管理客户交易结算资金管理账户、客户交易结算资金汇总账户和交收账户,向客户提供交易结算资金存取服务,并为证券公司完成与登记结算公司和场外交收主体之间的法人资金结算交收服务的一种客户资金存管制度。第三方存管是一种新的保证金管理模式,是为了落实《证券法》和监管要求而在证券全行业限时实施的一项客户交易结算资金管理制度。第三方存管以每个客户名义在存管银行单独立户管理为基础,通过封闭式、集中式银证转账以及银证渠道查询与银行监督机制等手段,保障客户资金安全。核心是"券商托管证券、银行监管资金",投资者必须选定一家存管银行。第三方存管的证券公司不再向客户提供交易结算资金存取服务,只负责客户证券交易、股份管理和清算交收等,符合我国证券业与银行业实行分业经营和商业管资金存取等要求,投资者、证券公司和存管银行三者之间的责任清晰。客户可以通过电话银行、网络银行、银行柜面、券商自助委托、电话委托、网上交易等多种方式进行银证转账,并通过银行账户办理资金存取。

3. 相关概念和第三方存管模式中的三方职责

客户证券资金台账,又称"证券资金账户",是指甲方在乙方开立的专门用于证券交易用途的资金账户。在第三方存管模式中,投资者的证券交易结算资金由证券公司在存管银行开立专户集中管理,证券公司对投资者证券资金台账中的证券交易结算资金安全负责。证券公司通过该台账对投资者的证券买卖交易进行前端控制,进行清算交收和计付利息等。

客户交易结算资金管理账户简称"管理账户",又称"簿计台账",指存管银行为投资者在业务管理系统中设立的与其在证券公司证券资金台账一一对应的簿计台账,用于记录投资者在证券资金台账中的证券交易结算资金的变动明细。该管理账户不构成存管银行对投资者的负债义务。管理账户根据投资者成功的证券交易结算资金存取记录,以及证券公司在当日营业结束后提供的投资者证券交易轧差清算数据、结息数据进行更新。存管银行需按照国家法律法规以及与证券公司签署的相关协议规定存管证券公司客户交易结算资金。

客户银行结算账户指投资者在存管银行开立的,用于资金往来结算的存款账户。投资人证券资金台账与其银行结算账户、管理账户建立一一对应关系。

客户交易结算资金汇总账户指证券公司在存管银行开立的,集中存管客户交易结算资金的银行结算账户。

对于证券交易等事项,场内、场外交易的清算和交收均由证券公司负责。而存管银行不提供证券交易代理有关的服务。

投资人依法享有证券交易结算资金存取自由。证券交易结算资金存取须通过银证转账服务办理。投资人提取其证券交易结算资金,只能通过转账方式将该资金存入其银行结算账户。投资人存入证券交易结算资金,只能通过其银行结算账户转账存入。

4. 第三方存管特点和优势

1) 第三方存管模式特点

① 客户资金封闭运行。在该模式下,证券公司将客户存取款功能移交给存管银行,证券公司端不再办理任何形式的客户资金存取业务,所有的存取款行为均由客户自行通过银证转账方式发起,客户支取的交易结算资金只能够回到事先指定的同名银行结算账户,进而实现交易结算资金封闭运行,防范客户资金挪用风险和客户洗钱、套现等风险,提高了客户交易结算资金的安全性。

② 存管银行总分核对。在该模式下,存管银行为客户开立映射其证券公司端资金台账余额的管理账户,从而可以掌握客户明细账,通过该明细账汇总后与证券公司客户资金总账进行核对的方式,一定程度上防范了证券公司在总账层面上的挪用行为。

③ 客户另路查询对账机制。在该模式下,存管银行将为客户提供管理账户另路查询服务,客户借助存管银行和证券公司提供的查询手段和对账机制,通过对比存管银行端管理账户和证券公司端资金台账数据的一致性,有效监控客户资金安全。

④ 全方位客户资金监管体系。在该模式下,通过合理的业务分工和制度安排,证券公司、存管银行、客户和监管机构共同构建了一个全方位的客户资金监管体系,保障客户资金安全。其中存管银行不直接对客户负债,也不直接控制证券公司的法人交收等业务操作,只是负责总分核对和为客户提供另路查询,在相当程度上起的是协助监管职责。

2) 第三方存管模式优势

① 安全性有效提高。有效防止证券公司挪用客户保证金,提高了客户交易结算资金的安全性,同时,可以有效地防范非实名开户、违规套取现金等违法违规行为,促进证券经营机构合法经营。有利于控制行业风险、防范道德风险、保护投资者利益、维护金融体系稳定。

② 方便快捷。可以通过电话银行、网络银行、银行柜面,券商自助委托、电话委托、网上交易多种方式办理该项业务,便于进行证券交易资金查询和管理,提高了使用效率。

③ 优化资源配置,推进证券经营机构和银行的共同发展。推行该模式,有利于证券经营机构为客户提供更丰富的金融产品和更优势的服务,提供标准化的服务;有利于降低监管成本,直接可以让监管部门掌握相关数据;有利于银行与证券公司进一步发展业务合作和创新,为客户提供各项增值服务。

8.3.2 第三方存管和其他银证合作主要模式比较

1. 第三方存管和其他银证合作的主要模式比较

1) 银证合作简介

实际上第三方存管属于银证合作的方式之一。而银证合作简单来说就是银行与证券公司在各方面的合作,其合作内容可以包括非股权关系的合作,也有股权关系的合作。其他银证合作方式还有银行同业拆借和国债市场回购业务、证券抵押融资、银证转账、银证通、集合理财发售与托管等。

一般来说,银行与证券机构之间的合作包括非股权关系的合作和股权关系的合作。在股权合作的基础上,证券公司与银行相互参股或者直接在组织结构上合二为一,比如成为金融控股公司,目前这种形式与我国现有的分业经营管理体制有一定的冲突,因此还处于试点阶段;而在非股权关系的合作形式上,银行和证券机构双方利用各自的专业优势,进行业务的分拆、组合和相互代理,通过发展新业务或将现有业务进行交叉形成新的分工合作关系。目前我国已经开展的银证合作主要停留在第一和第二个层次上,与国外相比较,我国银证合作关系还比较松散,深度和广度也还不够,制度上也不够规范,法律法规也未提供有效的支持,还有待深入发展。

2) 银证合作模式简介

银证合作主要模式包括银证转账和银证通。

① 银证转账。银证转账是将证券营业部资金核算电脑系统与银行储蓄网络系统实现联网,投资者可在银行开立储蓄账户,申领借记卡,并在向证券营业部和银行申请开通银证转账功能后,通过银行的 ATM 机或电话功能和证券营业部的电话委托或网上委托功能,实现证券交易结算资金账户和银行储蓄账户之间的转账。客户的现金存取则通过其银行储蓄账户完成。

银证转账的优势是方便快捷,避免了投资者在银行和证券公司之间奔波,投资者可以在相关银行办理存取资金,然后通过电话、网络等形式进行转账,方便了投资者的投资活动。

② 银证通。银证通业务是指在银行与证券公司联网的基础上,投资者直接利用在银行网点开立的活期存款账户卡(折)作为证券保证金账户,以电话、手机、互联网等作为介质,通过银行或证券公司的委托系统进行证券买卖的一种金融服务业务。银行负责资金的管理、冻结、划拨、解冻等,证券公司负责股票的交割、清算等。实质上是将投资者在银行的活期储蓄账户和证券交易的保证金账户合二为一,既具备银行账户资金存取、转账、消费、支付的全部功能,又自动挂接证券保证金账户,一个账户,储蓄、炒股两用。

银证通的优势也是方便快捷,避免了证券公司和银行之间相互调拨资金的不便,利用通存通兑系统,到银行联网网点存取交易资金,也可利用电话银行系统或证券公司提供的电话委托、手机炒股、网上委托等多种交易手段,享受在线理财和个性化服务,方便地进行证券投资。

3) 第三方存管和银证转账、银证通的异同

第三方存管和银证转账、银证通有相同点,也有不同点。不同点主要包括:

① 证券账户与证券保证金账户的管理形式不同。银证转账是在以往非银行存管模式下为客户提供的一种银行资金与保证金账户划转的途径,没有为每个客户单独立户进行管理证券交易保证金;银证通的资金是由银行管理,客户直接利用其银行卡账户上的资金,通过银行与券商的相关渠道主要是银行渠道进行证券买卖,也没有为每个客户单独立户进行管理证券交易保证金。

第三方存管与银证转账、银证通不同处在于为每个客户单独立户进行管理证券交易

保证金,由存管银行负责投资者交易清算与资金交收,证券公司将不再接触客户保证金。将投资者的证券账户与证券保证金账户严格进行分离管理,从源头上杜绝了券商挪用客户保证金的事件发生,更好地体现了国家监管机构对于投资者的保护。

② 法律基础不同。"银证通"业务模式中,投资者、券商、银行的法律关系不清晰,不符合现有新《证券法》的要求。"银证通"业务模式中,证券公司、商业银行、投资者三方签订证券交易委托协议,由商业银行审核证券投资者的身份和证件,代理客户开立证券交易账户并保管客户有关开户资料,违反了《证券法》第111条"证券公司与投资者签订证券交易委托协议,并在证券公司开立证券交易账户"、第147条"证券公司应当妥善保存客户开户资料"、第44条"证券公司必须依法为客户开立的账户保密"的规定。客户通过银行系统发起买卖委托,违反了《证券法》第111条"投资者应当委托证券公司代其买卖证券"的规定。客户的资金交收是银行端完成,违反了《证券法》第112条"证券公司承担清算交收责任"的规定。上述行为表明在银证通业务中,商业银行已经实质介入证券业务,而国家对此并无"另有规定",因此,也违反了《证券法》第6条"证券业与银行业实行分业经营"的规定。

在第三方存管模式中,券商负责投资者证券交易买卖、清算交收、计息,为客户开立的证券资金台账能详细记录客户存放在券商端的资金变动及余额,证券资金台账所对应的实际资金头寸存放在证券公司的汇总账户中,证券资金台账余额之和等于汇总账户余额。存管银行接受证券公司委托,保管证券公司委托的客户交易结算资金,负责客户的资金存取和客户资金的总分平衡检查。投资者、券商、银行的法律关系清晰,符合新《证券法》第139条规定"证券公司客户的交易结算资金应当存放在商业银行,以每个客户的名义单独立户管理"的要求。

③ 操作方式不同。第三方存管和银证转账的主要区别在于银证转账是第三方存管一项重要功能,在此基础上,还为投资者增加了查询其客户保证金的余额和变动情况的渠道,以便投资者及时自主监督其存放在证券公司的客户保证金;第三方存管和银证通的主要区别在于在第三方存管模式下,证券公司不再向客户提供交易结算资金存取服务,只负责客户证券交易、股份管理和清算交收等。存管银行则负责管理客户交易结算资金管理账户和客户交易结算资金汇总账户,向客户提供交易结算资金存取服务,并为证券公司完成与登记结算公司和场外交收主体之间的法人资金交收提供结算支持。同时,客户银证转账的信息会同步到银行为客户单独开立的客户交易结算资金管理账户。客户可以在更广泛的银行范围中选择银行作为存管银行建立银证转账关系。

第三方存管和银证转账、银证通的相同点主要表现在投资者的交易习惯和委托方式不变。如客户资金实施"第三方存管"后,客户资金的转账方式及资金流转路径与现有"银证转账"相同。如第三方存管和银证通都可以通过银行提供的查询服务,查询到客户交易结算资金的变动明细(变动明细含资金转账变动明细和证券买卖变动引起的资金变动轧差数)和余额。

2. 我国目前第三方存管的主要模式

目前,国内第三方存管主要有以下几种分类方法:从证券公司与银行对接级别来看有"总对总"、"分对分"、"总对分";从证券公司和银行数量来看有"单银行模式"、"一对多多银行模式"等。下面分别以较具代表性的南方证券、国泰君安、广东证券模式为例进行分析、研究。

1) 单银行模式

一家证券公司只能选定一家银行作为存管银行，典型案例有"建行—南方证券"模式。单银行模式的优点在于证券公司只与一家银行单点连接，清算路径简单，一家银行即可完成对客户保证金的管理与监控。缺点是证券公司和投资者只能选择一家存管银行。此外，银行直接从登记公司获取清算数据进行资金清算，难以界定银行和证券公司的责任，因此受到普遍质疑，除早期试点的风险处置类券商，已基本停用。

2) 多银行模式

① 多个存管银行。如国泰君安就采用这种模式。证券公司选定多家银行作为存管银行，同时选定一家银行作为主办银行负责法人资金清算交收。证券公司与各存管银行建立"总对总"的系统连接方式。该模式优点有：一是满足了不同客户的需要，引入了存管银行的良性竞争机制，有利于提升客户服务水平；二是改变了单银行模式下银行参与资金清算的情况，清算数据由证券公司直接从登记公司获取，再计算出客户的交易买卖差数，存管银行根据证券公司发来的数据进行日终资金清算对账。三是支持多品种证券业务。该模式的缺点有：一是需要将清算数据发送到不同银行才能完成资金清算，对客户资金的监控需要多家银行相互配合（一般选定主办存管银行进行监控）才能完成，效率相对低；二是受地域、成本的限制，证券公司与银行间"总对总"的连接模式较难建立。

② 单存管银行＋多银行转账。如广东证券就采用这种模式。证券公司所有第三方存管经纪客户的客户保证金管理账户交由一家银行管理，同时根据客户需要选定多家银行作为协办银行开立转账备付金账户，方便客户通过银证转账办理客户保证金存取款业务。

广东证券模式主要优点有：一是支持他行银证转账。为客户资金存取提供了多种选择，客户可通过托管行以外的其他银行转账存取存管在托管行的保证金。二是自动传送客户交易信息，保证及时调整清算备付金余额。收市后的广东证券交易信息自动传送给建设银行，建设银行据此及时调整广东证券清算备付资金余额。三是支持多品种证券业务。四是证券公司自主维护添加资金汇总交收对象功能，公司可以各种创新金融服务或产品，在与建设银行传送的日终清算文件中，自主添加针对不同创新金融服务或产品的资金交收对象，如场外交收对象。五是投入成本相对较低，这对于中小型证券公司更有现实借鉴意义。该模式的主要缺点是必须选定一家存管银行管理客户保证金管理账户，难以调动协办银行的积极性，同时增加了存管银行清算、对账的压力。

随着客户保证金第三方存管工作在全国各证券公司中的逐步推开，各证券公司也在逐步探索更符合公司实际、更具优势的三方存管新模式。例如，长江证券在吸收国泰君安和广东证券模式基础上，探索出"多银行存管"＋"多银证转账"的存管模式，真正实现了客户选择的"多银行"。[①]

---

① 广东监管局.浅议客户保证金第三方存管[EB/OL]，2008年1月9日，http://www.csrc.gov.cn/pub/guangdong/ztzl/yjbg/200801/t20080109_86459.htm。

8.3.3 第三方存管业务开通和使用流程

1. 第三方存管业务开通流程

在网上办理第三方存管业务,首先需要到证券公司指定存管银行,在证券公司营业部开立证券保证金账户,指定资金存管银行,并签署相应的《客户交易结算资金银行存管协议书》;之后可通过网络银行自助注册或通过银行网点办理业务注册,再进行网络银行第三方存管银证转账交易。

2. 证券交易结算资金的存取流程

1) 个人客户存取

可通过存管银行提供的电话银行等方式办理银证转账业务;也可以通过证券公司提供的电话委托、网上交易、自助委托等方式办理银证转账业务。投资人证券交易结算资金的存入,只能先存入银行结算账户,再通过转账的方式转入其在证券公司开立的证券资金台账;投资人证券交易结算资金的取出,只能通过转账的方式转入其在存管银行开立的银行结算账户,再通过银行结算账户办理资金的提取和划转。

2) 机构客户存取

不能与任何自然人储蓄账户建立证券交易结算资金银证转账对应关系,只能与机构客户在存管银行开立的银行结算账户之间办理银证转账。具体流程为:

① 机构客户的证券交易结算资金存入业务,须至其银行结算账户开户存管银行网点办理,办理时,应向存管银行提交加盖预留银行印鉴的支付凭证,同时须在凭证上注明所办理的业务为第三方存管银证转账以及收款人,否则由此产生的风险和损失,由甲方自行承担。

② 机构客户办理取出证券交易结算资金业务,须在其银行结算账户开户银行网点办理,办理时,应向银行提交加盖预留银行印鉴的支付凭证,同时须在凭证上注明所办理的业务为第三方存管验证通过的由银行系统发送的机构客户证转银交易申请,即证券公司以授权银行将其客户交易结算资金汇总账户相应资金划至客户银行结算账户。

3. 以中国工商银行开通和使用第三方存管业务为例

1) 个人客户开通流程

在个人客户未开通中国工商银行(以下简称"工行")银证转账业务,第三方存管业务开通流程如下:

(1) 个人投资者需到证券公司,指定存管银行

需携带本人有效身份证件在证券公司营业部开立证券保证金账户,指定工行为资金存管银行,并签署相应的《客户交易结算资金银行存管协议书》。

(2) 客户到工行确认建立存管关系

柜台办理方式:需携带本人有效身份证件、证券资金卡、工行储蓄卡或存折(如无储蓄卡或存折可到工行营业网点开办)、与证券公司营业部签署的《客户交易结算资金银行存管协议书》到工行营业网点填写《第三方存管开通申请书》,确认建立存管关系,即可开通业务功能。

自助注册方式：工行为已经在证券公司开立了证券账户的客户提供在线自助注册第三方存管业务，与银行账户绑定。客户只需通过网络银行签署第三方存管三方协议，自助完成客户交易结算资金第三方存管开通手续，建立证券资金台账与银行结算账户的绑定关系。

说明：如果客户已开通工行银证转账、银证通、单银行第三方存管业务，根据证券证监会要求，原银证转账、银证通、单银行第三方存管存量客户均要通过批量转换方式分期开多银行模式第三方存管服务；办理时间为券商的服务系统开放时间。

2) 企业客户开通流程

(1) 证券公司预指定

企业可授权代理人本人持有效身份证件、证券资金卡、证券账户卡、账户开户证明、加盖客户公章和预留印鉴的营业执照副本复印件、法人机构代码证复印件、法人授权委托书、法定代表人身份证复印件、第三方存管预指定申请表、第三方存管开通申请表、第三方存管客户协议到××证券公司开户营业部。××证券公司柜员校验客户身份、预留印鉴、证券资金台账和证券资金密码合法后，进行存管银行预指定交易。

(2) 存管银行确认

柜台注册方式：机构客户授权代理人本人持有效身份证件、证券资金卡、证券账户卡、账户开户证明、加盖客户公章和预留印鉴的营业执照副本复印件、法人机构代码证复印件、法人授权委托书、法定代表人身份证复印件和加盖××证券公司营业部业务章的第三方存管开通申请表、第三方存管客户协议到存管银行营业网点，办理存管银行确认手续。银行柜员校验客户身份、银行结算账户和印鉴合法后，由存管银行进行确认交易。

自助注册方式：可通过企业网络银行点击"投资理财"进入"第三方存管"，选择"第三方存管自助注册"功能，自助实现第三方存管业务存管银行确认注册交易。

办理时间为券商的服务系统开放时间。

中国工商银行第三方存管业务网上操作流程如图8.4所示。

8.3.4　第三方存管问题和发展趋势

第三方存管推出以后收到了很大的效果，但是同时也出现了一些问题，表现在商业银行技术系统及风险控制制度不完善，在设计上银行承担更重要的责任并面临可能更大的信用风险；银行和证券公司的分工合作使得证监会的监管权缩小，银监会将起到更大的作用，监督管理委员会之间能否相互融合还是未知数；证券公司和银行之间的利益均衡关系被破坏，证券公司的筹资能力进一步弱化，其经纪业务也有边缘化趋势；银行和证券公司可能会形成竞争关系，证券市场的系统风险有可能增加。

面临以上问题，我国应该吸取国外第三方存管的经验和教训，完善监管机制，明确各监管部门的职责；加强证券公司和银行的合作，保证客户利益；完善证券市场和相关市场的法律法规，进一步明确各方的职责和利益。使我国银行业和证券业能够互相发挥自身的业务优势，强化双方在具体业务和产品上的合作，使得第三方存管这种银证合作业务规模持续扩大，更适应市场的发展。

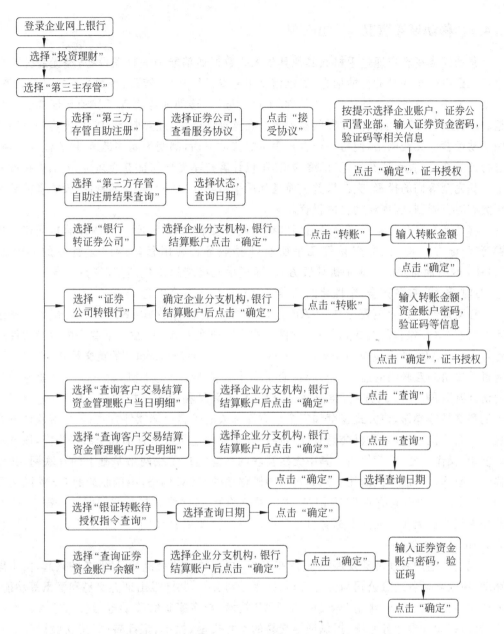

图 8.4　中国工商银行第三方存管业务网上操作流程
(来源：中国工商银行网站)

8.4　移 动 证 券

　　随着互联网和无限通信技术的发展，人们不再满足于在固定地点上网，而是希望随时随地、不受空间限制地获得和处理需要的信息，移动电子商务也因此发展起来。移动证券也成为近几年迅速发展起来而且应用广泛的移动电动电子商务之一。

8.4.1 移动证券概况

移动证券指客户通过手机或其他具备无线数据通信能力的移动设备,经无线公众网络获取证券公司提供的行情信息、资讯信息服务或进行交易、转账、查询等证券自助业务。主要通过手机这种形式炒股,因此俗称"手机炒股"。移动证券实现了移动与证券的全面整合,构建一个跨行业横向发展的新平台。在这项业务中,证券服务的信息内容提供商利用移动运营商无线网络,使每一位客户手中的移动电话,都变为能够迅速"接收证券行情、进行证券交易、查看证券资讯"的终端机,不仅让客户享受到与证券交易所、电话委托或网上委托完全等同的投资、交易权益。而且利用手机随时、随地、随身的特性,投资者能够真正突破时空限制,实现移动自由投资。

移动证券平台是基于当今最通用的移动通信技术(GPRS、KJava、IVR 等),涵盖了证券行情、证券咨询、证券交易等几乎所有证券业务。利用移动网络运营商的 GPRS/CDMA 网络而研发的无线手机炒股方式,通过手机终端提供包括实时行情,各种报价信息、分时、K 线、排名齐全,个性化的证券资讯和在线交易等功能。

移动证券平台:主要分为 WAP 方式和客户端软件方式,WAP 方式指直接登录 WAP 网站进行操作的方式,客户端软件方式指客户在 WAP 网站上下载手机炒股软件进行操作。WAP 是"无线应用协议(Wireless Application Protocol)"的英文简称,它提供了通过手机访问互联网的途径。只要拥有了一个支持 WAP 的手机,就可以随时随地随身地访问互联网。WAP 方式,类似网页交易,只要登录相应的手机网站,就可以进行行情查询和交易等操作,该方式速度和安全性方面都或逊于客户端软件方式;客户端软件方式是指下载手机客户端(手机交易软件),通过登录软件进行行情查询和交易等操作,该方式速度快,操作方便,推荐使用。其中无线互联网是建立在无线网络基础上的互联网,又称移动互联网。目前中国的无线网络包括中国移动的 GSM 网络,中国联通的 GSM 网络和 CDMA 网络,中国电信的 PHS 网络,中国网通的 PHS 网络。与互联网网址一样,一个企业如果想要在无线互联网上拥有自己的展示空间需要要移动网址,如国信证券移动网址为 http://wap.guosen.cn。

我国内地的移动证券发展始于 1999 年"手机证券"或"手机炒股"业务的兴起,由中国移动、中国联通各地分公司与证券公司、技术公司合作,共同推出证券交易和资讯等功能。如赢时通公司在 2000 年基于 STK 和 WAP 技术,与多家省级移动电信公司签署合作协议,推出移动证券业务系统,提供证券交易的委托交易、撤单、银证转账,持仓股评等证券交易业务功能,行情查询、证券资讯、资讯广播、大众娱乐、客户服务等多种信息服务功能。但是从整体上看,当时该业务本身存在界面不直观、安全稳定性差、基于 GSM 网络的 WAP 速度慢,并且按时间计费等诸多不合理因素,该业务的使用人群不多,甚至很多股民在开通后又停用了该业务。直到 2002 年,中国移动率先和证券公司在手机证券方面进行合作。之后,中国移动推出"移动证券"业务,通过短信、彩信、WAP、客户端等多种承载方式,提供交易和资讯等功能,并对软件和业务进行不断提升。中国联通作为两大移动运营商之一,影响力虽然比不上中国移动,但是移动证券业务也是中国联通着力发展的领域。整体来说,移动证券现在发展很快,目前主要有移动通信运营商主导运营、IT 开发商主导运营和证券公司自主运营的三种模式,前两种模式发展得较早较快,随着3G的发展,移动证券可能成为新的重要的交易通道。

8.4.2 移动证券系统和基本流程

以下我们主要以中国移动和中国联通两大运营商提供的移动证券系统及其基本流程为例进行分析。

1. 中国移动"手机证券"系统介绍

(1) 系统介绍

中国移动"手机证券"(原"移动证券")是中国移动、北京掌上网科技有限公司、各券商等三方合作推出的手机炒股业务。提供移动证券(KJava)应用和移动证券声讯(IVR)应用。为中国移动用户提供实时证券行情、资讯咨询、在线交易等证券相关服务业务。

具体运作方式为:由中国移动提供完善的GPRS移动通信网络系统,由掌上网完成整个系统的技术平台搭建、业务平台构架和业务平台发展,并由中国移动、掌上网和接入的券商共同保证系统日常的正常运营。移动证券作为中国移动的一个开放式业务平台是面向所有证券公司开放的。合作券商接入移动证券平台后,有义务完成最终客户的业务处理等工作,大力发展客户,并利用自身资源为客户服务。目前中国移动证券已经和昆仑证券有限责任公司和国信证券有限公司等多个券商进行合作,享受看行情、交易等服务。

"移动证券"在设计中使用了多项技术,系统客户应用程序采用KJava技术,该程序很容易地被移植到其他遵循J2ME或MIDP并且符合CLDC规范的设备商。J2ME API为呈现功能更强的GUI提供了更大的可能性,这些增强的功能包括了诸如事件处理和更丰富的图形等方面。

该平台包括三大部分内容:证券实时行情、证券交易网关和证券咨询服务。该平台的行情服务器,都部署在移动证券机房,与移动通信公司之间使用专线接入。在移动通信公司本身的网络上,通过KJava计费平台统一计费,在技术实现上,不需要具体的设备投入——手机从各地通过GPRS上网,通过CMWAP,访问移动证券的行情服务和证券咨询服务;交易服务网关放在不同区域的移动总部机房,客户通过手机接入后,转到交易服务网关。通过安全加密协议打包数据,由交易服务网关连接不同的券商的交易前置机,由前置机与证券公司柜台进行交易。投资者便可以通过移动证券平台实现证券交易。

目前通过中国移动进行手机炒股,凡是中国移动GPRS信号覆盖的地方都能使用,在手机兼容上,基于KJava、Symbian、Windows Mobile、Palm等平台的手机终端都支持手机证券业务。用户可以享受以下服务:第一,实时行情服务,界面清晰,提供强大的图表分析功能(走势图、日/周/月等K线图),操作简便,同时提供自选股等个性化管理功能。提供深沪两市A、B股及基金、债券的实时行情查询。第二,股市资讯:为用户提供及时、全面、权威的财经资讯、个股点评、大盘分析,汇聚名家策略、要闻分析、热点透视、潜力股推荐、投资组合等权威资讯。第三,在线交易:通过手机进行深沪两市各种证券品种的交易、查询等各项业务,支持多家券商交易,可以选择指定交易的券商,操作和在证券营业部一致,简单易用,兼容性强。

(2) 开通方式

中国移动"手机证券"开通方式有以下几种：

方式一：中国移动在自己集中采购的手机上预装了"移动证券"，直接点击手机主菜单下的"移动证券"程序图标即可使用。

方式二：发送"ydzq"到10086获取wap地址，点击进入后根据提示下载安装移动证券客户端，安装完成后选择"移动证券"项目即可进入。

方法三：请通过手机登录"移动梦网"，选择"百宝箱"→"商务百宝箱"→"移动证券"→"确认下载"。下载后"移动证券"客户端即可在手机上自动安装完成，选择"移动证券"项目即可进入。

方法四：登录"掌上网"WAP下载中心下载移动证券客户端，具体操作为先登录"移动梦网"，再调出书签输入新的地址，输入网址链接：http://mstock.handinweb.com/dlmstock/mstock.wml。确认后进入下载主页，选择手机品牌即可。

如果客户还没有开通证券交易账户，需要按照正常手续，携带携带股东代码卡、身份证、手机收费的银行存折或借记卡、开通全球通手机（号码），到"移动证券"的合作券商、合作银行网点之一填写《证券交易委托代理协议书》开通证券交易账户，以及开通银证转账等业务，办理资金存取，申请开户后的第二个工作日，即可使用该系统进行证券交易。

另外需要注意的是，对手机也要有一定的要求，一般来说操作系统需要支持手机炒股软件；能支持GPRS或CDMA等方式上网；内存足够大，系统处理速度快，程序运行足够快。

2. 中国联通"掌上股市"系统介绍

"掌上股市"是中国联通提供的基于CDMA网络的手机炒股业务，提供股市行情查询、资讯服务、在线交易等服务；在业务模式上与中国移动"移动证券"一样也采取三方合作形式，技术服务商为联通华健。在和券商的合作上，联合国信证券、招商证券、广发证券、联合证券等多家券商合作推广。以中国银河证券为例，中国联通和中国银河证券在2003年12月18日正式宣布推出了基于CDMAIX的"联通——银河天王星"业务，开通了基于WAP的"银河资讯"服务。股民使用"钻石版"软件可以随时随地上网，实现股票的实时买卖交易、查询大盘和个股的走势、行情、K线图等。

用户可以选择掌上股市短信版、行情版和交易版三种方式查询沪深股市股票的即时行情信息，但是在线交易主要还是通过交易版进行。以下以交易版为例进行介绍。

"掌上股市"交易版开通和退订方式：选择进入"互动视界"，选择"掌上股市"，点击"掌上股市交易版"，根据屏幕提示下载、安装并购买使用，如图8.5所示。使用"掌上股市"交易版，无须退订。如用户当月不使用，不扣除用户信息费。

"掌上股市"交易版使用方法：由主菜单界面负责调用程序的所有功能模块，其功能模块如图8.6所示。用户也可以通过各个页面中下方的快捷图标访问行情、交易、资讯等信息，点击各按钮调用相应功能。在系统设置中，用户可以选择营业部和券商进行交易。

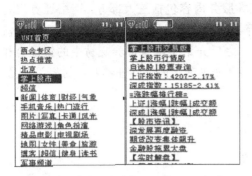

图 8.5　中国联通"掌上股市"开通方式

图 8.6　中国联通"掌上股市"交易版使用方法

8.4.3　移动证券发展的问题和趋势

移动证券有不少优势,但是从目前的发展来看,其发展还有不少瓶颈,问题主要集中在以下几个方面:

第一,终端手机的限制。目前手机不可能像电脑一样有很强的 CPU 处理能力和存储容量,屏幕大小和电池持久能力都是本身的限制,会影响手机上接受实时行情和操作证券交易的速度、看 K 线图的效果、是否能正常进行证券交易。从长远来看,手机的 CPU 处理能力、存储容量和电池持久力有很大的提升空间。

第二,服务提供商和手机使用的安全性存在隐患。一方面涉及数据的传输是否安全,另一方面涉及账号和密码的安全问题,从目前来看,都还存在着一定的漏洞,严重威胁安全性使用。同时,还存在他人利用移动通信设备进行欺诈的案件。

第三,支付费用方式有待创新和价格过高问题。要使移动证券为广大百姓所接受并使用,支付费用是必须要考虑的问题,按时间和流量收费的方式会影响到价格,除了套餐之外,还可以考虑推出更合理和更灵活的收费机制。

第四,网络速度过慢、稳定性较差问题。移动证券业务的网络延迟时间、链路稳定状况、信号衰减程度等风险因素,对行情或交易数据可能出现明显滞后或产生数据丢失的情况,已经严重影响了正常的手机证券交易和实时行情的接收。其问题有望在 3G 时代得以改进。

从未来发展趋势看,随着手机的普及和手机上网用户的增加,移动证券必然面向海量用户,也必然是移动电子商务不可缺少的一部分。而且,随着法律法规的进一步健全和信息技术的提升,如中国证券业协会于 2009 年 6 月 23 日发布《证券公司网络证券信息系统技术指引》,对移动证券系统提出了一些技术要求:"证券公司应使用安全、可靠的移动证券系统。移动证券系统宜自主运营,实现数据从用户终端到网络证券服务端之间的加密传送和控制,并随着技术的发展,不断提高加密强度,完善认证算法。"如 3G 的出现等,移动证券系统的安全性和可靠性也必将提升。

小　结

随着证券行业和 IT 技术的发展,网络证券交易正日益成为全球证券市场交易委托的发展主流。网络证券服务通过各种数字化技术实现证券活动的各个环节,并不局限在某一个环节,或仅在特定的对象之间。网络证券服务内容包括三大部分:网络证券发行服务、网络证券交易服务、网络证券信息服务等。本章重点对网络证券交易特点、模式、流程,还存在的问题和未来发展趋势进行了介绍。之后介绍了网络证券交易中的银证合作的新形式第三方存管业务,以及随着移动电子商务发展起来的移动证券业务的相关情况。

思考题

1. 请分析网络证券交易与传统证券交易的异同。
2. 网络证券服务包括哪些内容?
3. 网络证券交易的模式和流程是怎样的?请举例说明。
4. 第三方存管和银证转账、银证通等银证合作方式相比,有哪些不同点?
5. 移动证券有哪些优势?请举例说明。

案例 8.1: 国信证券"金太阳"手机证券交易系统[①]

国信证券股份有限公司(以下简称"国信证券")是全国性大型综合类证券公司。公司的经营范围为:证券(含境内上市公司外资股)的代理买卖、代理证券的还本付息和分红派息、证券保管和鉴证、代理登记开户、证券自营买卖、证券(含境内上市外资股)的承销(含主承销)、证券投资咨询(含财务顾问)、客户资产管理、直接投资、融资融券、股指期货IB业务以及中国证监会批准的其他业务。

2007年,国信证券自主开发"金太阳"手机证券系统,并于2008年2月通过以中国证监会信息中心领导为组长的专家组的技术评审,总体技术性能和应用性能居国内领先水平。国信证券因此成为行业内唯一一家自主开发手机证券技术的证券公司。

国信手机炒股是国信证券集资金、技术优势倾心打造的又一电子交易方式,能为证券投资客户提供全方位的证券行情、证券买卖、账户查询、证券资讯等服务,可以让客户随时随地进行投资。

1. 主要功能

"金太阳"国信手机证券系统的主要功能如下:

① 实时行情。提供及时清晰的实时行情和图表分析功能(走势图、日/周/月等K线图)及自选股个性化管理功能,提供深沪两市A、B股、权证及基金、债券各类证券品种实时行情、个股基本财务指标、公告信息等查询。

② 在线交易。能够提供深沪两市各种证券品种的交易、账户查询、业务办理等各项证券投资业务功能,包括买入、卖出、撤单、各类资金股份、成交查询、修改密码等。

③ 研究资讯。提供国信证券研究团队动态研究观点摘要、上市公司评级、市场分析等投资咨询参考信息以及国信证券精选财经要闻、公司公告等。

---

① 资料来源于国信证券网站。

④ 其他增值服务。如银证转账,在手机上实现证券和银行之间资金的转移;我的股票,客户可以对自己感兴趣的股票选定后查看行情;软件升级,实现软件功能的升级等。

2. 软件优势

① 运行稳定。国信证券的雄厚技术实力、多年的非现场交易运行管理经验确保手机交易系统在任何流量下运行稳定。

② 操作便利。国信证券手机炒股根据客户的手机操作习惯、客户熟悉的网上交易习惯设计买卖、账户查询、业务办理等操作流程,让客户轻松完成投资交易。

③ 完全免费。国信证券手机炒股提供的行情、账户查询、资讯等服务完全免费,国信证券只按国家规定收取证券交易佣金。交易软件全方位覆盖市场上主流品牌手机,满足客户个性化、品位、享受的需求。

④ 服务周到。国信证券为手机炒股客户配备一支专业服务队伍,总部及各分支机构有专业的手机炒股专业服务人员能在第一时间响应客户服务需求。

⑤ 覆盖面广。国信证券手机炒股针对不同手机品牌和操作系统平台定制了 KJava、Symbian、Windows Mobile 等 11 个版本的软件。

3. "金太阳"手机证券软件下载和使用

① 首先是需要下载"金太阳"手机证券软件,目前国信证券提供了多种方法。

下载方法一:通过客户接收免费短信,点击下载软件,具体可以在国信证券网站上选择手机品牌、手机型号,填写手机号码和验证码,发送,然后就可以直接用手机下载软件了。

下载方法二:可以在方法一列表中选择手机品牌、机型,将对应的"金太阳"软件下载到电脑;然后,将软件用数据线导入手机进行安装。

下载方法三:手机登录国信"金太阳"(wap.guosen.cn)网下载。

其他方式:虽然网站上可供选择的机型比较多,有多普达、诺基亚、摩托罗拉、索爱、三星、厦新、联想、天语以及其他品牌,但是如果还没有找到相关机型,可以登录国信"金太阳"网(参照下载方法一)下载"金太阳"软件通用版 KJava 2.0。

② 在软件下载并安装到手机上以后,点击"金太阳"软件图标后,选择接入网络,就可以登录使用。首次登录金太阳,输入注册手机号码验证。客户在第一次登录界面输入自己之前发过注册短信的手机号码,按确定登录即可。

③ 登录进去后,有多种功能,具体有:我的股票、行情走势、资讯中心、银证转账、在线交易、软件升级、软件设置、股民学校、退出系统等服务。需要相关服务只需要点击相应的按钮就可以实现。

如点击"在线交易"按钮后,会出现买入股票、卖出股票、委托撤单、资金查询、股份查询、委托查询、成交查询、历史成交、修改交易密码、退出交易登录等多种功能。如再次点击"买入股票"按钮,需要输入营业部代码、账号类型、账号、交易密码和认证口令,然后就可以在线操作。

4. "金太阳"手机证券系统费用说明

手机上网费包含信息费和上网流量费两部分,信息费由提供信息的内容提供商制定;

上网流量费是指手机上网所发生的信息通信流量费用,就像客户使用电脑上网要交宽带费一样。目前国信证券"金太阳"提供的服务如行情和交易等是免收信息费的,但是通过手机查看需要收取上网费。如果通过中国移动"手机证券"和中国联通"掌上股市",除了上网费之外,还要收取一定的信息费。

问题

① 手机证券服务与一般的网络证券服务相比较,有哪些优势和劣势?

② 国信证券提供的"金太阳"手机证券系统服务有哪些特色?

案例 8.2:"证券之星"网站简介[①]

"证券之星网"(www.stockstr.com)始创于 1996 年,纳斯达克上市公司——中国金融在线(C.F.O.)旗下网站,中国互联网最早金融服务专业网站之一,是专业的投资理财服务平台,是中国著名的财经资讯网站与移动财经服务提供商之一,同时也是中国领先的互联网媒体。2000 年"证券之星"率先通过了 ISO 9001 国际质量体系认证的互联网企业,在中国互联网络发展状况的历次各项权威调查与评比中,"证券之星"多次获得第一,连续六届蝉联权威机构评选的"中国优秀证券网站"榜首,是国内注册用户最多、访问量最大的证券财经站点之一。它以开放、创新、互信、共赢的作风,在国内开创证券资讯行业之先河,首次提出个人投资理财产品概念,是中国领先的互联网媒体及电信增值服务运营商,也是国内唯一拥有 IDC 机房的财经信息服务商和金融理财类网站。

"证券之星"以金融理财产品为核心,拥有完善的信息发布和服务渠道,包括互联网(浏览器、专用客户端)、移动短信、WAP、IVR、固网短信、声讯、PDA、电视媒体、地铁多媒体终端等;拥有完善的支付体系,公司提供网络银行、ADSL 收费、声讯电话、邮局汇款、上门收费、POS 机终端、盛大娱乐卡等国内最为丰富的用户缴费渠道。依托中国领先的理财产品研究分析专家团队,以及国内强有优势的理财技术创新开发团队,为中国理财用户提供专业、及时、丰富的财经资讯,个人理财应用工具和无线智能移动理财产品等多方位专业理财信息服务。

"证券之星"提供的产品和服务有:

① 财神道"三屏合一"(电脑屏、电视屏、手机屏)金融营销解决方案是"证券之星"凭借多年的金融服务经验,将独有的网站、无线、互动电视、行情软件、支付等通路渠道进行资源整合,为金融机构客户提供精准、互动、低成本的全套电子营销解决方案。

② 资讯服务,应用国内最先进的数据分析系统和专业化的新闻采编发布平台,提供财经资讯信息、行情图表服务。

③ 理财服务,中国最早就推出基于互联网的行情分析软件,全天候推出丰富、及时的资讯与股评信息,通过实用的个人理财工具,协助客户管理账户资料,度身定制个性化理财工具。

④ 无线服务,作为中国最大的无线移动财经服务商,拥有高认知度的全网特服号

---

① 资料来源于"证券之星"网站。

(10665188)和短信、WAP、IVR、PDA、小灵通五大应用平台,具备完善的计费发布与数据监控系统,提供股评、行情服务、财经资讯、理财提示等最新、最强的无线理财服务,同多家全球知名手机制造企业就无线理财产品进行紧密合作,支持诺基亚、摩托罗拉、索爱、明基、东信、TCL、波导、三星等所有主流手机,并每月提供详尽的用户行为分析报告。

⑤ 广告服务,作为国内注册用户最多、访问量最大的证券财经站点,每天有2000多万超过200万的活跃用户进行网页浏览,是企业展示品牌与产品最具投资价值的广告服务平台。

⑥ 提供多种金融投资产品,包括"证券之星"行情分析软件和决策信息软件。前者提供多种适合手机、电脑和电视使用的行情分析软件,有证券之星高速行情专业版、财富Level-2、财富版、黑马营、傅吾豪版、天机版、手机行情软件(KJava)、手机炒股软件(PDA)等;后者有证券之星第一内参A版和第一内参AA版。

问题
① "证券之星"网站服务有哪些特色?
② "证券之星"网站建设依靠的是哪些优势?

参考文献

[1] 国信证券网站,http://www.guosen.com.cn.
[2] 证券之星网站,www.stockstar.com.
[3] 杨青.电子金融学[M].上海:复旦大学出版社,2008.
[4] 费鹏,屠梅曾.国外网络证券交易对我国券商的启示[J].财经理论与实践,2002,23(116):43-45.
[5] 王珩.网络证券交易问题与对策[J].合作经纪与科技,2008(13):49-50.
[6] 广东监管局.浅议客户保证金第三方存管[EB/OL].2008年1月9日,http://www.csrc.gov.cn/pub/guangdong/ztzl/yjbg/200801/t20080109_86459.htm.

第 9 章　网络金融超市

9.1　金融超市

9.1.1　金融超市概述

所谓金融超市,是指金融机构将其经营的各种产品和服务进行有机整合,并通过与保险、证券、评估、抵押登记、公证等多种社会机构和部门协作,向个人客户提供的一种涵盖众多金融产品与增值服务的一体化经营方式。

金融超市的基本思想就是把各种各样的金融业务都集中到营业网点,做到产品丰富、功能齐全、操作专业、服务高效,使得消费者可以在这里很方便、快捷地"购买"到所需的各种银行产品,并享受所有服务。当消费者进入集储蓄、信贷、中间业务、投资和保险等多种业务于一身的"金融超市"后,如同进入大型超级商场,可以随心所欲地购买到所需商品,从信用卡、外汇、汽车、房屋、旅游贷款到保险、投资基金、债券以及缴纳税费等各种金融需求都可以一揽子得到满足。比如某客户要办理一笔汽车贷款,如果不在金融超市,客户需要跑汽车经销商、保险公司等单位办理相关手续,但在金融超市不必出门,就能一站办完所有手续。

相对于传统银行业而言,金融超市有着以下一些特点:

① 金融超市的经营范围较大,较容易实现规模经济。金融超市提供的是具有债券、信托基金、资产管理、信贷咨询、投资组合、理财等服务功能的个人金融业务。

② 金融超市由于业务复杂程度提高,交叉业务增多,将会加大外部监管与内部管理的难度,使监管成本和内部管理成本增加。但同时由于综合经营可以增加银行服务手段,减少交易环节,从而降低银行的交易成本。因此,对于金融超市而言,只有当交易成本降低的额度足以补偿监管成本和内部管理成本增加的额度时,总的比较利益才为正,对社会才有利。反之,则比较利益为负,对社会不利。

③ 金融超市是名符其实的"金融超级市场",其业务综合度大,复杂程度高,对其监管的难度大,监管成本高,对监管当局提出了新的挑战。

9.1.2　西方各国金融超市发展的特点

1929 年股市崩溃后,美国一直实行的是银行、保险和证券分业经营。20 世纪 70 年代后,由于美国金融业竞争加剧,各金融机构设计出多种金融产品以满足用户的需要。如储蓄、股票、债券都可以由相似的产品(银行推出的互惠基金、保险公司设计的有储蓄计划的人寿保险、证券回购协议交易等)替代,金融产品界限越来越模糊,功能也愈趋相似。而随着电脑和通信技术的普及,快速有效地处理大量数据变得可行,加之 20 世纪 90 年代以来金融业全球化迅速发展,欧洲一些国家容许金融业混合经营,在1999年10月《金融服务现代化法》终于出台。新法案的通过,对金融产品创新、降低成本以及提高竞争力都有正面作用,它加快了银行业、保险业和证券业的大购并。美国金融机构可以名正言顺地进行各式各样的购并,新一轮购并潮即将展开。这项重大改革不仅会对美国金融业产生深远影响,而且也将使整个国际银行业乃至国际金融体系、金融制度发生重大变化。

德国一直实行的是全能银行制度。20世纪90年代以来,银行集团的经营规模进一步扩张,并进行了一连串的并购活动。由于金融资本与产业资本的紧密结合,在德国形成了以银行为核心的财团。其主要特征是业务多元化,提供一条龙金融服务。全能银行可以涉足金融领域所有的金融业务:商业银行的存、贷、汇业务,投资银行的债券、股票发行及各类证券、外汇、期货业务,衍生金融产品如项目融资、证券经纪、基金管理、投资咨询、抵押、租赁、保险等业务。德国全能银行的多元化经营是一种以金融业务为基础的内在相关多元化,这可以保证银行资金来源具有广泛性,因而收益的稳定性也较高。

英国在传统上是实行专业化银行制度的国家,金融机构种类繁多,而且分工细致。20世纪80年代中后期,在国际金融改革与创新浪潮的推动下,英国开始实行金融体制改革。这次改革全面推垮了英国本土及英联邦国家金融分业经营的体制,促进了投资银行业务与股票经纪业务相融合,以及商业银行与投资银行的相互结合。英国的商业银行纷纷并购证券经纪商,以致形成了没有业务界限,无所不包的多元化金融集团,业务领域涵盖了银行、证券、保险、信托等各个方面,已成为全能银行集团。

20世纪80年代中期以来,经合组织国家及金融体制与英国类似的其他欧洲国家也开始了以"自由化"为核心的金融改革。一些国家政府对金融业的经营范围采取放松限制的政策,允许不同类型金融机构间的所有权发生联系和结合。欧共体曾于1992年颁布银行法令,决定在欧共体范围内全面推广全能银行制。目前,银行、证券、保险、信托四位一体的大型跨国金融集团公司在西欧国家到处可见。

1998年6月日本国会通过了一揽子法案,解除了银行机构不能经营证券、保险业务的限制,扩大了银行的经营范围。在准许部分银行从事投资银行业务的基础上,继续推进日本银行业向全能银行过渡,全面实现银行、证券公司和保险公司业务的相互交叉经营。

9.1.3 中国金融超市的现状

当今越来越多普通老百姓开始涉足股票、外汇、房地产等投资,原来提供单一服务的金融企业越来越难以满足消费者多样化的需求,这就促成金融企业打破传统,根据消费者对各种金融产品的偏好来细分市场,突出各自的业务特色,在这种情况下,提供"一站式"金融服务的各种"金融超市"竞相亮相,并显示巨大的生命力。

目前金融超市在我国初具规模,北京、上海、浙江、大连等地纷纷建起了金融超市。有了金融超市,办理保险、缴纳所得税、炒股等都可以在一家银行的网点办理。另外,一些银行推出的一卡通、一网通等新型业务实际上都是金融超市的表现。农行上海分行提出这样的服务理念:只要您结缘于农行,便可在该行的金融超市货架上得到包括食住行、生儿育女、投资理财、置业等全方位的金融配套服务。同时上海市各大银行还建立了"自助理财金融超市",为聋哑客户提供手语服务的"无障碍银行"以及凭银行存单就可办理的个人小额贷款业务。工行浙江省分行推出了"个人金融理财",使原来单一存取款的储蓄所发展成为集存取款、贷款、咨询、委托代理等功能为一体的金融超市。工行大连分行等亦通过创建自助银行,提供24小时服务,使客户只需通过一些简单操作,便可像在超市购物一样实现取款、转账、查询、兑换外币等多项业务操作,满足了客户的实际需要。另外,平安、新华、太平洋、中国人寿保险公司的保险产品,都在部分商业银行和邮政储蓄所设有代理点。银保一体化,从长远来看,对于银行、保险及消费者三方均是利大于弊的。对于银行而言,因其现有的网络可获得保险公司给予的报酬,并进一步向客户提供全方位的金融服务,从而既加强了客户对银行的依赖和信任,又使客户与银行的联系更加密切,巩固了银行相对其竞争者的地位。对于保险公司而言,通过银保一体化,可更快捷地进入银行强大势力影响的网络中。而且通过银行分销产品的费用,实际上也较其他方式(如保险代理人)更为低廉;对于消费者而言,他们将获得连锁式的金融服务,从而使综合费用大大降低。

但是,目前中国的金融超市仍处于初级创建阶段,其主要形式仍主要局限在银行服务方式的电子化、服务内容的全能化方面,而在跨行业经营、扩大规模以及网络化服务方面仍有待寻求进一步发展。

9.1.4 金融超市的发展及对我国金融业的影响

1. 业务全能化

力图实现业务上的全能化。由于高科技的应用和金融创新在金融业中发挥的作用日益重要,银行业务的内涵和外延发生了重要的变化,号称"金融超市"的全能银行已成为国际金融业发展的一大趋势。银行开始涉足资本市场或金融衍生品市场,大量非银行金融产品及其衍生品已成为现代银行的主要产品。从收益上来看,传统业务给银行带来的收益不足40%,从银行业的发展历史来看,银行服务的综合化、全能化已经成为现代银行的发展趋势。证券市场是金融市场的一个重要组成部分,通过银行联合,银行扩大了业务范围,开设了金融超市,为客户提供一揽子服务的设想成为现实;而券商除了得到银行资本的支持外,又获得了跨国银行的全球网络和客户基础。因而,取消分业经营、构建金融超市正日益成为国际上发达国家金融机构发展与变革的一个重要内容。

一些研究确实支持企业多元化具有降低风险的效应,然而近期研究总的结论是,银行扩张到非传统金融活动导致了风险的增加和收益降低。在《金融现代服务法案》实施后,美联储经济学家通过研究发现,银行与证券、保险的混业经营并不能改变银行控股公司的风险,反而可能提高破产概率。特别是在金融危机时,正常时期相关度低的业务却表现出高度关联,如次级抵押贷款违约率上升,直接导致次级贷款抵押证券及其衍生品价格剧挫,同时引起流动性紧缩,冲击所有固定收益类证券,导致信用收缩拖累实体经济,并传导给权益类金融产品,失业率的上升使得信用卡、车贷等所有贷款的违约率上升,最终波及的范围越来越大。

2. 规模大型化

通过金融各行业内部及其之间的购并,实现规模上的大型化。银行规模化使金融超市将成为未来国际金融业的流行模式。当前欧美国家的金融业普遍认为,金融机构越大,成本与收入之比越低;市场份额越集中,经营效益越佳。近年来,国际银行业的兼并重组浪潮迭起,对银行业的格局产生了深远的影响。通过银行之间的兼并重组,银行业分散化的格局正在结束,银行业的集中度大大提高,少数大银行所占的市场份额迅速提高。通过兼并重组所产生的规模效应与协同效应,使兼并者降低了经营成本,增强了抗风险能力,提高了综合竞争力。

在金融各行业内部及之间购并的背景下,中国许多金融机构形成争先恐后申办或试办金融控股公司的热潮。2007年8月初光大集团在其财务重组方案获批的同时还获得了国内第一张金融控股集团牌照,该集团的金融子公司有光大银行、光大证券、光大永明人寿和光大保德信基金等,类似的还有中信集团、平安集团。就在光大获准成立金融控股集团之后,上海金融控股集团(新国际集团)已经开始运行。邮政集团在成立中邮人寿保险公司后,也正快速搭建集银行、保险等多项业务于一体的金融控股平台。此外,一些金融机构,如商业银行也在境内外以合资或独资形式设立投资银行、保险公司、基金公司、信托公司等机构。

9.1.5 案例分析:花旗银行金融超市

花旗集团,1998年由旅行者集团(Travelers Group)和前花旗银行合并而来,率先实行金融超市模式,这个模式虽然为花旗带来空前利益,同时也创造了不稳定又无法管理的金融怪兽。

花旗曾倾力打造"金融超市"。花旗银行的前身是纽约城市银行,由于美国银行法规定银行与证券业实行严格的分业经营,商业银行不允许购买股票和经营非银行业务,开设分支行也受到严格限制。为了规避限制,花旗银行于1968年成立花旗公司,该公司是一家银行控股公司,99%资产属于花旗银行,20世纪80年代后虽有所下降,但仍在85%左右,其他13家子公司所提供金融业务如证券、投资信托、保险、融资租赁等占比很小。多元化金融服务发展使得花旗集团在1984年成为美国最大的单一银行控股公司。

1998年,花旗银行与旅行者集团的巨大合并,就是因为当时旅行者集团的董事长桑迪考虑到,合并将使两个公司拥有一个独一无二的机会向各自客户进行"交叉销售":旅行者集团利用花旗庞大的信用卡客户来销售美邦公司的共同基金,而花旗集团可以通过旅行者集团巨大的股票经纪人和保险代理商网络销售它的支票账户和Visa卡等。这次合并则是真正意义上的跨行业、全方位经营。花旗集团意在把银行、理财和保险产品打包成一站式购物,从而期待能达成客户资源共享的规模效应,同时还可降低运营成本。与旅行者集团合并成立的花旗集团则在当时和此后数年间成为包括中国在内的世界金融界混业经营的样板。

然而,当花旗银行面临由美国次贷危机引发的全球性金融风暴时却不堪一击,为获得生机不得不重组拆分,并最终将非核心业务全部剥离,回归与旅行者集团合并之前的花旗银行控股模式。花旗混业经营的失利并非个案,意味着提供一站式服务的"金融超市"模式存在内在问题。其一,承载着"金融超市"梦想的花旗集团经营不善,这十年来旅行者集团和原花旗银行的整合效果相当差。直至现在,公司内部的不同部门有时还会出现彼此争夺相同客户的情形,而管理人员也时时要小心翼翼地提防公司各个角落可能冒出的风险。大型的兼并收购一直是大买卖,但之后的整合才是真正的超大"买卖"。据统计资料显示,90%的兼并收购最终以失败告终,收购 IBM 个人电脑公司后深陷泥潭的联想,收购中国雅虎整合失败的阿里巴巴,都是鲜活的例子。其二,"金融超市"模式看似一种能带来收益的创新模式,可一旦身处经济危机,这种模式的风险将被无限扩大。低风险、低收益的商业银行业务将被高风险、高收益的消费者金融业务,诸如证券、保险、投资银行业务所拖累。银行与证券业混业经营存在以下弊端:首先,商业银行参与证券业务有损其安全与稳定,这是由证券业的固有风险所造成,当证券市场低迷时,作为投资者的商业银行会遭受直接经济损失,从而降低其清偿能力,最终导致存户损失;其次,银行作为存户利益的保护者与作为证券投资者的利益之间存在冲突,这会使公众怀疑银行动机,并丧失对银行的信任。

9.2 网络金融超市客户服务

9.2.1 网络金融超市客户服务概述

网络金融超市是以银行门户网站为载体,集各种金融产品展示、营销推荐、自助选择、所购产品一次性付款和综合信息服务等于一体,销售银行自由产品和代理产品,为用户提供全方位、更加方便快捷的金融服务。网络金融超市可为用户提供基金、外汇、保险、理财、黄金和国债等投资理财产品信息查询、选定产品、确定购入数量、集中购买支付,以及所购产品管理等一站式自助服务。金融超市主要实现以下两方面整合。

① 产品的整合,即金融超市作为一个零售的金融产品销售平台,用户能够自助完成多种金融投资产品的交易。

② 服务的整合,即金融超市通过与门户网站相关频道(基金、理财、黄金、外汇、债券、保险及网上论坛)和个人网络银行的协同,为用户提供从资讯获取、学习研究到产品选购、交易支付、交易管理的全方位服务。

金融超市参照商品超市的经营模式,引入"以人为本"的理念,以客户为中心,改变了银行与客户之间传统的沟通方式,将各类产品集中组合给客户自主选择,使客户在金融超市便可办理所需的金融业务,并且能够得到优质、安全、高效的服务。根据客户不同需求实行个性化服务是金融超市的最大特点,它可以提供理财建议或向社会公开授信等;也可与律师、保险、公证等中介机构配合,直接代客办理法律咨询、资产评估、公证、抵押登记、保险等手续;还可以联系住房开发商和汽车经销商到大厅展示推介商品。实行开放式经营和各项业务"一站式"流水作业是金融超市的主要特色,客户业务随到随办,减少中间环节,简便快捷。开办金融超市,能够有效加大全行资源直接经营的力度,通过在负债、资产及中间业务方面为客户提供优质、安全、高效、便利的个性化金融服务,有效增强市场竞争力,促进各项金融业务的快速健康发展。

从金融业发达的国家和地区来看,金融超市是一种面向社会大众、集多种功能于一身,全面办理资产业务、中间业务和负债业务的经营方式,其范围还涵盖包括本、外币汇兑比率及债券、信托基金、资金管理、信贷咨询、投资组合等。银行的一切经营行为都围绕着以客户为中心,只要客户有要求,银行就千方百计开展业务来满足,堪称为"金融百货公司",其经济效益、社会效益都非常好。

金融超市作为一种人本化的经营运作,其经营模式应该是多种多样的。诸如中国银行深圳分行成立的"私人理财中心"、中信实业银行广州分行设立的"私人银行部"、招商银行郑州分行的"金融投资超市"、光大银行最近在河南推出的面积达600多平方米的金融超市都不失为我国金融超市的经营模式。综观我国及各国商业银行金融超市的发展,其经营模式也在不断发展和完善。

9.2.2 金融超市客户业务

1. 国内外网络金融超市

目前,网络金融超市提供各种不同类型的金融产品,包括银行自身产品以及作为代理销售机构提供的第三方产品。主要有理财产品、基金理财、黄金理财、银保理财、银证理财、外汇理财等类型。

欧美等发达国家和地区网络金融超市发展较早,可承接几乎所有的常规金融业务。从信用卡、外汇、汽车、房屋贷款到保险、债券甚至纳税等各种金融需求都可以得到满足。在日本,很多银行都为消费者提供集银行、寿险、其他代理服务为一体的交叉业务的一站式金融服务。在美国,老百姓通过金融超市可以购买开放式证券投资基金,股市行情、汇市行情也能见到,如果要进行交易,所有的结算都可以一次性办妥。据统计,中国香港的汇丰银行,其金融超市已成为银行收入的主业务。

我国工商银行"金融超市"开始上线,投资者可在线自主选择基金、外汇、保险等多种理财产品并一次性结账。随着该行金融理财产品的发展,未来金融超市售卖的产品也将不断丰富。目前平安银行的个人网银将升级为"平安一账通",一个账户、密码便可管理众多账户,购买多种类型理财产品。"平安一账通"是将平安集团客户的集团账号和其他账号整合到一起,个人通过一个账户,也可以实现银行理财产品、基金、保险等多种理财产品的一站式理财。有些银行,如建行、招行,虽然没有明确打出"超市"口号,但产品信息呈现同样清晰、直观,功能入口直观,操作流程方便,产品种类丰富,俨然也是网络金融超市的架势。目前农业银行、交通银行、兴业银行、民生银行等多家银行都有自己的网上基金超市,有些银行,如民生银行,还有网络保险超市。

2. 网络金融超市产品介绍

目前,由于网络银行、手机银行等能减少柜面人员压力,并且降低用地成本,已经成为各大银行力推的业务,而其中又以发展更为成熟的网络银行为重。伴随着网络银行平台不断成熟、功能不断发展,各种网络金融超市也与个人网银相结合,将个人网银中的各种功能不断纳入金融超市售卖理财产品的范围内,加以整合,实现"一站式"理财,通过便捷的购买渠道、清晰直观的产品呈现,服务客户,争战网络金融超市领域。

金融超市配合"一站式"服务力求达到最佳的效果,一般来讲,综合金融服务的内容包括以下几个方面:

① 获得家庭财务分析、理财规划、产品组合、投资理财建议等专业化服务。

② 获取汇率、股市、保险、证券、黄金、期货、房地产、艺术品投资等各种金融信息服务。

③ 参加财富理财沙龙及新产品、新业务推荐会。

④ 投资顾问服务。除了银行自身的专业理财经理服务,还可以获取金融领域专家顾问团的投资理财建议,包括股票、基金、保险、房地产、实业等方面的建议。

网络金融超市提供的"一站式"的金融解决方案是将金融产品进行合理搭配、组合,而不是简单地对某一种产品进行销售。单一的销售产品虽然在短期内能够满足客户某一方面的需求,同时也给银行带来利益,但是从长期来看,客户的综合需求仍无法得到满足。银行要做的首先是从多个角度分析客户,深度了解其多方面的需求,最终才可能提出适合的全面方案。

1) 按客户的风险承受能力

对于风险偏好类型为"非常保守型"的客户,主要业务涵盖了低风险产品,包括理财产品、货币市场基金、保障型保险等,是安全性最高的一种理财组合。本方案在确保投资安全的基础上,帮助客户设计中长期的财务规划,构建更全面的金融方案。

对风险承受能力为"稳健保守型"和"中庸型"的客户(或其家庭),包括理财产品、债券基金、分红型保险等,具有收益稳健、兼具流动性等特点,并在此基础上追求较中长期的财务规划,构建更全面的金融方案。

对风险承受能力为"温和成长型"和"积极成长型"的客户,包括理财产品、股票型基金、理财型保险、股票等。具有收益高、较好流动性的特点。该方案的产品多与全球资本市场紧密结合,与经济周期关联性强,多为客户投资所关注的热门品种,并在此基础上追求中长期的财务规划,为客户设计较积极的组合配置。

2) 按客户家庭生命周期

对于年龄在20～30岁,正处在职业奋斗和家庭组建阶段的客户群体,围绕其各个财务目标提供相应的金融方案。

对于年龄在30～40岁,正处于经济、职业的上升阶段的成长家庭的客户群体,围绕家庭的各个财务目标提供相应的金融方案。

对于年龄在40～50岁,正处于经济、职业的稳固上升阶段的成熟家庭的客户群体,围绕家庭的各个财务目标提供相应的金融方案。

对于年龄在50岁以上,已逐步进入"家庭退休期"的客户群体,围绕保持正常的、较高品质退休生活的主要目标,提供相应的金融方案。

9.3 网上租赁服务

9.3.1 网上租赁概述

租赁是承租方和出租方之间的一种合约。承租方是资产的用户,而出租方是资产的业主。出租方在一定时期内把租赁物借给承租人使用,承租人则按租约规定,分期付给一定的租赁费。而网上租赁则是电子商务发展到一定阶段的产物,租赁的产品在形态上可以分为有形产品和无形产品,像汽车这样有形产品的在线租赁在国内已经发展得比较成熟。

目前,租赁行业还没有一个统一、成熟的操作原则,行业急需开发新的安全可靠又高收入的租赁方式。网上租赁的做法,不仅开发了新的融资租赁业务方式,还可以启示行业的其他公司借鉴先进的租赁操作模式。

简单地说,网上租赁就是在网上开展全面的租赁业务和相关服务。

1. 委托租赁的商务平台

网上租赁的经营模式并不是在网上直接提供融资租赁服务,而是在互联网络上建立一个规范化的融资租赁平台,提供委托租赁服务。网站不是商家,而是这个商场的硬件设施和管理软件。网站以高科技手段为投资者、生产企业和消费者提供了新的投融资模式、经营模式和消费模式。

每个成为网站出租会员的生产厂商利用这个平台的展示中心,在网上展示、销售或出租自己的产品;每个访问网站的企业或个人,按照网站的要求办理手续后,都可以成为会员承租人。想使用某个租赁商品时,利用这个平台自助将商品租入。一旦在网上成交,由网站的配送中心将租赁物件送到用户手中。网站的维修中心还为用户进行租后服务,或利用配送中心收回租赁物件。实现在网上选择租赁物件,在网上签订租赁合同,再电子支付租金,形成名副其实的"网上在线租赁",成为一个网上超级租赁市场。

2. 网络技术与租赁技术的结合

网上租赁是将电子网络技术和租赁技术结合起来的一种新的经营方式和理念。租赁本身就是涉及多学科、多专业的边缘经济。它对信息,对管理的要求都有很高的标准。借用网络技术后,自动化地完成租赁交易,可以克服人为的不确定因素,充分发挥租赁的特长,使它成为高科技金融服务网络。

3. 多门类服务的结合

由于租赁属边缘经济的特点,因此网上租赁不仅是开展租赁业务,还同时可以进行销售、展示、回收、二手销售、维修、咨询、金融服务和人才服务等一整套现代营销模式。一个商品在网站上,卖不出去不等于租不出去,租不出去不等于二手处理不出去。由于信息快捷流畅,它的促销功能远大于普通方式的租赁业务,能更好地促进商品的流通和物资的使用效率,发挥综合效益,降低流通成本。

4. 电子支付与信用体系的建立相结合

网上租赁必须做到电子支付,而支付必须超脱出租赁网站自身,使用社会公众认可的网络银行作为支付工具,确保交易安全。不仅限如此,更重要的是通过入会申请,建立信用体系。

会员的信用调查主要部分是通过网络银行来进行,他们掌握着租户的资料,掌握着企业的信用级别,能提供一些信用基本的情况。入会调查还要通过其他部门了解的情况综合分析、评定后,作为商务网站的信用体系。该体系使得租赁双方都在会员的规则下受到监督和约束,以保证出租商品质量和得到租(售)后服务。

5. 虚拟与现实相结合、逐步过渡

网上租赁以虚实结合以实为主的方针,稳步发展成适合网民需求的商务网站。"实"的方面是成立一个租赁公司作为实体,为租赁网站经营作经济后盾和提供服务保障。"虚"的方面是在国际互联网上建个租赁网站。公司依靠网站的信息传递迅速的特点,及时掌握商机。

9.3.2 网上综合租赁平台

1. 网上综合租赁平台简介

全球市场的动荡和萎缩,让人们的消费逐渐趋于保守。然而即便如此人们原有的生活方式很难改变。除了经济和环保的考虑,物品的迅速贬值,公司的快速成长和消亡,让人对购买变得异常谨慎,于是越来越多的人开始选择租赁作为应付短期急需的首选。短期租赁正渐渐在欧洲市场形成一股风潮,租赁的物品无所不包。欧洲的短期租赁已经形成每年1600亿美元的市场,而且还在不断增长中。市场虽然很大,但是成熟的规则和交易平台并没有建立起来,特别是现代物流和网上交易的结合,让租赁市场陷入了尴尬的境地中。

网上租赁面临着两个最大的挑战。第一是建立覆盖广泛的交易双方资源,浏览网页的潜在顾客如果没有太多的选择余地是不会敲定交易的。同样,没有太多顾客的市场是吸引不到出租商的。如何与传统的出租公司达成合作,把出租物品展示到网页上,利用资源吸引第一批顾客,吸引到顾客后才能进一步扩展更多的出租公司作为自己的供应商。怎样开始这个循环是非常重要的。租赁网站的第二个难题是租赁中的信誉问题,怎样让人相信租赁的诚信度。这毕竟是一个虚拟的市场,即使出租能赚更多的钱,谁能完全放心地出租自己的东西?因此,租赁网站需要某种信用评级制度。此外,建立租赁网站,既要扫清距离和法律上的障碍,也要建立活跃的市场。在每一个地区的网上市场都应该形成租赁和物流的完整体系。

Erento 网站是在 2003 年诞生的,总部在德国,穆勒和他的同伴乌维从创立这个网站起,陆续获得了超过两千万欧元的风险投资,并将自己的租赁渠道迅速扩张到欧洲,还扩张到美洲和澳洲。Erento 提供超过 100 万种、2200 种类的租赁商品,每天的成交客户大约 5 万。Erento 网站主页如图 9.1 所示。Erento 的创始人之一、现任 CEO 穆勒认为,人们在租赁以后会发现,对比购买物品,出租是一种新奇方便的生活方式,更是一种新的投资方式。全欧洲已有超过 8000 家的出租商将 Erento 作为交易平台,这意味着新的网上交易方式已经日趋成熟。

Erento 就像一家"一站式"商店,在这里客户可以找到自己想租的任何东西:苹果的 I-phone、汽车、婚纱、音响甚至重型工程设备。

Erento 的方式简单来说,就是和本地的大型出租服务公司建立共生的关系,比如 Erento 在英国就和 Hire Station,一家专门出租工具的公司签订了合同,Erento 向这家公司提供全球市场和网上销售渠道,而 Hire Station 公司提供的则是遍布英伦三岛的 89 家提供工具及设备出租的连锁店。出租公司不用管理网上的销售业务,不用花费高额的管

理费用,借助 Erento 就可以打开全球市场。

图 9.1　Erento 租赁网站主页

出租公司向 Erento 提供自己的出租单品:包括实物图片、详细资料、租借周期和收费说明。顾客根据所在地区和价位搜索自己想租的物品。其中,顾客所在地区是最关键的,因为要考虑当地是否有提供和物流成本的问题,另外还有归还的问题。当顾客找到需要的物品时,根据租赁时间的长短详细填写合同所要的信息。出租商结束网上交易,确认并提交给 Erento。Erento 作为中间管理者,在出租物品整个交易过程中起物流配送、调解沟通的重要作用,交易成功后,获取一定的佣金。整个交易是在归还物品之后才结束的,这种双向的、中间持续一段时间的交易过程会有诸多不便,一旦发生问题,如果缺少中介的调解沟通,势必会使交易失败。所以 Erento 总是尽量向顾客提供当地或距离最近的出租公司,这样可以确保上述问题得到合理的解决。

个人出租物品的管理被统一纳入此人所在地的出租公司管理,或者由 Erento 管理,以避免出现虚假信息和诈骗情况。

2. 网上综合租赁平台实例——租赁宝

国内很多租赁市场非常火爆,房产、汽车、机械、婚庆庆典、会议展会等都是当下炙手可热的租赁行业。然而与西方发达国家相比,中国租赁渗透率仅达到万分之三。例如,国内资产在 3000 万元以上的从事工程机械租赁的专业租赁公司只有 80 多家,其余均为中小企业和个体户,而在发达国家具有相当规模的工程机械租赁企业就有数千家。中国工程机械年需求量为 2000 亿～3000 亿元,而租赁业务只占需求量的 10%,与高达 80% 的国际平均水平相差甚远。面对如此庞大的市场,中国租赁市场具有较大的潜力和价值。

信息分类全面,提供信息发布展示平台,成为当下租赁网站运营的主要模式。租赁宝网是以满足人们多样需求的综合性租赁网站。租赁宝网于 2009 年 10 月 14 日正式上线,通过一站式多媒体、跨平台、多行业的形式,为租赁个人和企业机构提供服务。租赁宝网按租赁需求将将目录分为 20 个大类,200 多种小类,数以千万条的租赁信息,并以日均数千的速度不断更新。租赁宝网站主页如图 9.2 所示。

图 9.2　租赁宝网站主页

租赁宝网首先为租赁双方搭建起最有效的交流平台。"送站内信"功能可以向对方发送你的需求和信息;"加为好友"功能可以增加互动,增进彼此的关系,从而获得更多的关注与成交机会;"收藏该租铺"、"收藏此物品"则提醒用户将感兴趣的租铺或物品加入收藏,下次直接在其后台"我的收藏"便可轻松查看;利用"我要租用"功能,求租者可以直接向出租者发送求租需求,而省去电话联系的麻烦;"客户留言"功能为用户提供表达问题或看法或不满的窗口。

其次租赁宝网对网上交易风险的考虑体现了其前瞻眼光。租赁宝网拥有的"实名认证"功能,目前全部为线下审核。租赁宝工作人员详细核实用户提交的资料真实无误后方才通过认证,因此,真实度可达百分之百。租赁宝网拥有"消费者保障服务"功能,其审核标准相当严格,用户的投诉成功率最高不大于 1% 的用户才有资格申请提供消费者保障服务。为了保障消费者的安全,租赁宝还将对违规参与某项保障服务的租赁机构及个人给予相应的惩罚。租赁宝网通过"实名认证"和"消费者保障服务"功能,解决目前租赁行业电子商务因无第三方监督与约束带来的风险与不便。另外,租赁宝网加入信用评价体系,在安全保障方面,又向前迈了一步。

再次,租赁宝网络平台为个人创业者提供了新的契机,租赁宝网将个人出租业务作为一项重要服务内容,并为个人提供免费租铺,在租铺信用与租赁宝专业性的支撑下,商家信息真实性得到了保障。租赁宝网鼓励个人将其闲置的物品出租出去,也鼓励更多的人利用这一平台注册个人租铺,经营租赁业务,赢得更多的租赁生意。

9.3.3　网上房屋租赁

随着酒店以外的住宿成为一种时尚的出游选择,在线房屋交换或租赁业务也不断走红。从网站经营者到风险投资(Venture Capital Investment,VC)对在线房屋租赁市场都抱有相当的热情。最近的例子便是,2008 年 11 月,主营在线度假屋租赁业务的

Homeaway.com 获得了 2.5 亿美元的风险投资，成为自 2000 年互联网泡沫以来互联网企业获得的最大单笔投资，足见这一市场的发展潜力。2005 年成立的 Homeaway.com 在收购了 10 家在线房屋租赁的网站之后已经成为该行业的全球翘楚，2008 年全年出租单位超过 32 万，年收入逾 1 亿美元。除了 Homeaway.com 以外，其他租赁网站也在探索着可行的商业模式。

1. AirBnB——在线房屋租赁的 Ebay

创立于 2007 年 10 月的"充气床与早餐"(www.airbnb.com)以为旅行者提供酒店以外的廉价住宿选择而起家，两位创始人从出租自己公寓床位供出差人士应急中得到启发，从而打造了这个网站，专门提供在线房屋租赁服务。它被 Web 2.0 创业公司数据库 CrunchBase 称呼为"住房中的 Ebay(Ebay for space)"。两位创始人也被《商业周刊》评为 2009 年最佳 80 后科技创业者。AirBnB 自己的定位是：Find a place to stay，帮助用户使用 a new way to travel。目前，该网站可以在 73 个国家、830 个城市提供这种服务，甚至还包括一些家具租赁服务。

AirBnB 的房屋租赁方式如同我们的日常租房模式十分类似：有房的与租房的借助 AirBnB 这个中介平台进行交易；不同之处在于其"房源"绝大多数是类似气垫床或沙发之类廉价的短期需求。这种短租房服务借助了网络服务的方便快捷，包括价格对比、区域位置、信誉保证、付费等方面。

AirBnB 网站非常注重信誉审查，包括用户注册、验证等手续，同时 AirBnB 还提供直接的网上交易平台(主要是 PayPal 和信用卡方式，便于直接扣除属于自己的盈利部分)，成为一个提供在线房屋租赁服务的中介。

在搜索或是浏览了网站的出租广告后，求租者通过信用卡支付向房主预订，而网站就会给房主发出通知邮件，房主在查看了求租者的个人资料后决定是否出租。一旦确认出租，双方的联系方式和行程安排就会通过系统自动交换，而网站提供的线上交易平台则会帮助双方解决支付问题，并同时划取一定的中介费用。廉价的选择、便利的服务让"充气床与早餐"很快赢得了"驴友"甚至是想节省费用的商旅人士的青睐。

为了满足越来越多样化的客户需求，2008 年 8 月，"充气床与早餐"正式更名为 AirBnB，并开始经营所有传统类型的房屋出租，但廉价仍是其不变的主题。尽管 AirBnB 的收费模式已经从向租赁双方收佣改变为单方面向求租人收取 5%～12% 的佣金，但由于交易量的猛增，AirBnB 的收入在短短数月内增长了 50%，并且实现了盈利。

虽然，AirBnB 的业务升级意味着它将与其他的线上房屋租赁网站进行正面的交锋，但由于低价"房源"仍是其业务的主要组成部分，并且传统的公寓出租也主要瞄准低端市场，因此即使是在如今经济不景气的大环境下，AirBnB 的前景依然十分乐观。

2. 沙发冲浪

根据 Alexa 的统计，2004 年上线的"沙发冲浪"(www.couchsurfing.org)是一家非营利性网站，已经成为同类网站中访问量最大的一家。截至 2009 年 3 月，其注册用户遍布全球 232 国家，人数已经突破了百万，并且以每周超过 1.2 万人的数量继续增长，网站的成功已经让"沙发客"成为了一个热门词汇。事实上，"沙发"只是一个泛称，它可以就指一张沙发,也可以只是一个睡袋加一块地板或者是一张豪华大床。被称为"冲浪者(Surfer)"的旅行者在出发前与愿意提供"沙发"的主人在"沙发冲浪"上完成双向匹配,并就借住时间、旅行性质等细节达成共识。这样,在"冲浪者"到达目的地时,不仅有了一个稳妥的落脚点,并且还多了一位免费的当地导游,可以充分领略当地的风土人情。

"沙发冲浪"的想法最早源自其创始人美国人芬顿(Casey Fenton)的一次出行经历。由于既要节约成本又不想住青年旅社,芬顿在出发去芬兰前随机给当地的 1500 名大学生发电子邮件寻求借住,结果出人意料地获得了超过 50 个正面回应。在回程的飞机上他就产生了把这种自助游的经验推广开来的想法。于是,就有了"沙发冲浪"的诞生。从本质上看,"沙发冲浪"是一个社交网络平台,只不过所有在其网站上注册的会员都有一个共同的爱好:旅行,在借宿的同时实现了低成本旅游、广交朋友的目的。除了借住信息的发布与搜索外,"沙发冲浪"的网站上也有组群讨论、聚会组织等功能设置,帮助会员间加强了解与沟通,延续旅途中的友情。

在经历了 2006 年由于用户数据丢失导致的短暂关闭之后,重新出发的"沙发冲浪"通过"三重认证"系统来提高安全性,在不到三年时间内赢得了大批"沙发客"的信任。其网站上的统计数据显示,截至 2009 年 5 月初,发布的"沙发"位接近 80 万,周新增数量约 8500 个,不仅有接近 8 万人通过"沙发冲浪"的平台结成了好友,并且"沙发客"的借住满意个案接近 300 万,满意率高达 99.809%。

用户在注册成为"沙发冲浪"会员时会被要求提供尽可能详尽的个人信息,以供"冲浪者"查阅。在此基础之上,借住双方的评价也是考查信誉度的重要指标。为了进一步加强用户对"沙发冲浪"的信任度,网站开发了一套个人担保系统,最初只有创立人和管理员才有资格对熟悉的会员提供担保。随着时间的推移,这些获得担保的个人也获得了为他人提供担保的资格。除此以外,"沙发冲浪"还推行了收费的官方认证系统,用户在使用信用卡付费后会收到网站提供的对当事人姓名和所填地址的认证,提高自己的信用度。

与其他提供类似服务的网站相比,"沙发冲浪"最大的不同在于,它是一个不以营利为目的慈善组织,网站的工作也完全由志愿者来承担(网站的个别负责人有一定的报酬)。"沙发冲浪"不仅用户免费注册,也不从借住双方抽取任何中介费用,更没有挂出任何广告,除了选择性的认证收费补贴极小部分的支出外,"沙发客"的捐款覆盖了服务器、数据的储存和维护以及其他必需开支。"沙发冲浪"的网站上还有专门的页面公布自创立以来每年的财务收支状况,除了 2006 年以外,其他 4 年均有不同程度的盈余。

9.3.4 网上汽车租赁

1. Dollar Rent a Car 道乐国际租车网站

Dollar Rent a Car 国际租车集团公司成立于 1965 年,是一家全球性的公司,在全球 26 个国家有超过 400 多个站点,尤其在美国有 260 个,其网站主页如图 9.3 所示。服务地区包括加拿大、加勒比地区、中美洲、墨西哥、菲律宾、塞班岛、南美和美国。Dollar Rent a Car 的车队规模达到 188 000 辆,Dollar 作为全球最大的租车公司之一,以最优的服务和低廉的价格,满足着来自世界各地不同需求、丰富多样的旅行计划。无论是从签证办理、机票折扣到酒店预订,到完美的驾、游、吃、住、购信息都能够在 Dollar 上获得一站式解决方案。并且 Dollar 还打算把国外的大型酒店的后台人员数据库接入到他们的站点中来。

图 9.3　Dollar Rent a Car 网站主页

客户通过 Dollar 网站可以选择提车还车地点、日期、时间，选择价格代码，车组类型。其中价格代码有三种类型：轻松之旅，自由之行和动心之旅。在选择价格代码和车组类型后，会显示车型详细信息、站点信息/地图、实时租车价格、所含项目、站点政策、其他附加项目（类似 GPS(Global Positioning System，全球定位系统)导航设备、PASS24 高速一卡通)等。预订后，生成订单详细信息，并在电子邮件中收到详细的订单信息及支付方式（可选择在线支付或汇款支付）。网站确认收到在线支付款项或汇款到账后的两个工作日内，会将提车凭单和收据寄到客户邮箱。最后，客户在当地出租车站点出示提车凭单和相关证件签订租车协议并办理提车手续。

Dollar 全球有 400 多个站点，而在美国就占到 260 个，各个主要城市的机场、酒店都有站点。繁华的城市有很多站点，即便不繁华的地方，机场也有道乐的站点。所以它实现了异地还车，并且异地还车的价格也是很低的，这也得益于 Dollar 的运营机制很好，公司对异地的车可以随时进行调配。

为了帮助客户控制预算，节约开支，Dollar.com 每天更新特价租车费用，提供低价优质的服务。除了特价租车服务外，Dollar 也提供高档车的出租服务，从而满足不同客户群体的需求。

2. 租车在线

租车在线(http://www.zc85.com/)是由中国最大的汽车租赁行业电子商务平台，多家汽车租赁企业联合打造的、为广大租车客户提供电话、网络租车预订、汽车租赁服务的现代物联网企业。租车在线利用现代信息技术、通信技术和网络技术，整合现有的汽车租赁资源，满足个人自驾租车、公司租车、商务接送、旅游包车、陪练租车、婚庆租车及以租代购等租车需求。立足于为租车的供求双方提供了一个网络交易平台。

租车在线借助日益成熟的信用体系建设，提高汽车租赁服务的品质。其中包括 GPS 免费监控和"租车管家"管理。GPS 免费监控服务内容包括车辆监控、区域管理、地图导航、报警设置、远程控制等全部的 GPS 监控功能，大大降低公司车辆出租风险，为公司顺利开展租车业务保驾护航。租车在线为租赁企业低价提供 GPS 硬件终端设备，免费赠送 GPS 监控软件平台。"租车管家"管理系统内容包括业务订单、交易管理、黑名单共享、车辆管理、客户管理、报表管理、公司内部管理、业务推广等服务，为租赁企业节约运营与管理成本，提高工作效率。

租车在线作为新兴的汽车租赁专业网络媒体，平台综合分析了报纸、电视、广播等传统媒体的优缺点，结合网络本身的优点，考虑到消费者本身对汽车租赁信息的需求特点，网站无论在内容定位还是在页面风格上都形成了自己的风格和特点。

此外，租车在线以市场为导向，为商家与消费者提供国内外最新的汽车租赁资讯，通过深入的分析和翔实的报道，为厂商打造的销售前景，为消费者带来实用性、知识性、技术性、前瞻性为一体的专业汽车租赁资讯。因此吸引了众多的消费者，也与许多汽车租赁公司建立了亲密无间的合作关系，形成了强大的品牌影响力。

小 结

银行在人们金融生活里的中心地位已经被资本市场日渐取代，资本市场发展及金融新产品的层出不穷，消费者已经把目光投向了金融衍生产品。金融超市时代正在加速到来，金融超市是银行对它经营的产品和服务进行整合，并通过与同业机构，如保险公司、证券公司、房地产公司、租赁行业等的业务合作，向顾客提供的一种涵盖了多种金融产品与增值服务的一体化经营方式。网络金融超市业务的日益丰富得益于网络金融创新，而后者正在技术进步的推动下不断深化和发展。

思考题

1. 试述金融超市定义及产品特点。
2. 工商银行网上金融超市提供哪些业务？
3. 简述客户在工商银行网上金融超市购买产品的操作流程。
4. 探讨花旗集团金融超市黯然拆分带给我们的启示。
5. 什么是网上租赁？网上租赁业务相对于传统租赁业务有哪些自身的特点？

参考文献

[1] 左金辉，李艳红. 浅谈客户一站式金融解决方案[J]. 金融理论与实践，2009(11)：111-112.
[2] 何光辉，杨咸月. 从花旗集团拆分反思"金融超市"模式[J]. 财经科学，2009(6)：11-16.
[3] 翁清. 租赁方式与我国房屋租赁市场发展研究. 现代商贸工业，2009(1)：309-310.

[4] 苏玉玲. 浅谈金融超市的发展及对我国金融业的影响[J]. 大庆社会科学, 2005(4): 41.

[5] 丁长军, 韩世群, 丁长征. 西方金融超市对我国银行业的启示[J]. 现代管理科学, 2004(1): 97-98.

[6] 吴兴旺. 我国金融超市的管理创新策略研究[J]. 中国金融电脑, 2004(12): 26-28.

[7] 郑莹. 农业银行开展金融超市的理论解说[J]. 金融理论与实践, 2004(3): 16-17.

[8] 陈芝. 银行发展的新趋势——金融超市[J]. 现代情, 2004(3): 216-217.

[9] 王新江. 金融超市进门来[J]. 银行家, 2002(1): 92-94.

[10] 舒志军. 全球网络金融超市的崛起[J]. 国际金融研究, 2000(6): 61-66.

第10章 网络金融服务案例

10.1 支付宝案例

10.1.1 支付宝简介

阿里巴巴集团成立于1999年,迄今已10年,一直致力于为中国的中小企业和创业者提供电子商务服务,并在全球范围的电子商务领域中形成较为显著的竞争优势,为中国互联网产业自强于世界互联网版图,做出了力所能及的贡献。支付宝作为阿里巴巴的子公司之一,经过过去短短5年的发展,目前已成为全球用户规模最大的互联网支付公司,致力于为网络交易用户提供优质的安全支付活动。

2003年10月,支付宝首先在淘宝购物网上出现。当时支付宝还只是淘宝的一个业务部门。支付宝的推出是作为淘宝的一个促进网络交易的重要手段而产生的,它的意义在于解决了当时网络购物市场中存在的支付瓶颈问题。2003年,中国的网络购物市场还处于萌芽期,网络交易之间的付款主要依赖银行间转账或是同城面对面的交易付款。采用银行转账形式,不仅繁琐,而且买家的利益难以得到很好的保障,买卖双方难以达成很好的信任。支付宝率先创造性地推出了"担保交易模式",买家先把款打到支付宝,支付宝通知卖家发货,买家收到货后确认收款,再由支付宝将款打给卖家。这一担保交易的推出,解决了网上交易及付款中的信任问题,从而为网上信任文化的普及打下了基础。

2004年12月08日,支付宝(中国)网络技术有限公司成立,12月30日支付宝网站(www.alipay.com)正式上线并独立运营。随后,支付宝根据网购市场的需求不断改进和完善自身的产品,随着越来越多的人使用支付宝在淘宝上购物,随着人们一次次从网购中享受到便捷和实惠,支付宝倡导的信任文化也在网购用户中逐步普及。

2005年,支付宝与银行之间的合作关系得到了迅猛的发展,从与工商银行的战略合作开始,支付宝与工行、招行、建行、深发、民生、兴业和农业银行等达成了从网银接入到资金提现的全方位合作,拉开了支付宝与银行合作关系的大幕。同时,支付宝全面停止了线下银行柜台的汇款业务,坚定了与银行在电子支付市场全面合作的决心,为电子支付市场也为银行网络银行业务的发展带来了强劲的动力。此外,支付宝在国内率先提出"你敢付,我敢赔"的口号,也极大地增强了用户使用电子支付的信心。

2006年,支付宝与银行继续深化合作,支付宝龙卡的发行标志着支付宝"卡通"业务正式上线,在网银之外,支付宝与银行开始了又一项重要的合作关系。"龙卡"除了拥有传统银行借记卡存取款的功能外,使网上交易更加快速便捷。"龙卡"在银行系统后台有特殊接口,网购客户如果对商品不满意可以申请办理退款。"龙卡"的发行极大地拓展了网购的用户数,让很多非网银用户也可以在网上购物。支付宝还与邮政合作,联合推出了e

邮宝,专为中国个人电子商务设计,采用全程陆运模式,其价格较普通 EMS 有大幅度下降,大致为 EMS 的一半,但其享有的中转环境和服务与 EMS 几乎完全相同,而且一些空运中的禁运品将可能被 e 邮宝所接受。e 邮宝的推出从物流角度为电子商务提供了更多的保障。

此外,针对用户存放在支付宝内的资金,支付宝采取一个透明化的方式予以公示——将这些资金完全托管在中国工商银行总行,并每个月出具托管报告,公布在支付宝网站的首页,这样让用户对他们的资金充分地放心。支付宝也是国内第一家也是唯一一家将用户资金托管在银行的第三方支付公司。

2007 年开始,支付宝在拓展外部商户方面进行开拓。在机票、游戏虚拟物品、传统 B2C 行业等众多细分市场都建立了遥遥领先的市场地位。支付宝还将合作商户的范围拓展至海外,2007 年 8 月,支付宝在香港宣布拓展海外业务,莎莎网等成为支付宝首批合作的海外商家。支付宝与建设银行、中国银行等合作的海外业务第一次解决了直接用人民币在海外网站购物的问题。

尽管之前支付宝已经协助淘宝网建立起一套比较完整的信用体系,保障了淘宝用户的交易安全,但是在淘宝之外的广大网络购物市场,一直缺乏一套比较有效的信任体系来维护用户的网购体验。支付宝从自身的使命感出发,推出互联网信任计划,这也是支付宝推动网络诚信体系建设的重要一步。

2008 年支付宝继续加大了在外部商户方面进行拓展,与巨人网络、深圳航空、E 龙和卓越亚马逊、戴尔等行业巨头的合作都是作为这些细分市场拓展的标志,这些合作不仅为支付宝带来了交易规模的大幅增加,也极大拓展了支付宝用户的使用场景。截至 2008 年底,支付宝的用户数突破 1.3 亿,日交易额突破 5.5 亿元,日交易笔数 250 万笔。易观国际、艾瑞咨询等知名调查机构分析师根据这些数据认为,电子支付已经成为普及的互联网基础应用。

到 2009 年 7 月,支付宝注册用户数突破了 2 亿,日交易额突破 7 亿元,日交易笔数 400 万笔。2008 年引起强烈关注的公共事业缴费业务从上海拓展到杭州、北京、天津等地区,预计 2010 年内会覆盖全国 20 多个城市。支付宝还同时开通了信用卡还款功能,这些都进一步加快了支付宝向民生领域扩展的速度。银行合作方面,支付宝与包括中行、工行、农行、建行、邮储、交行六大国有银行在内的 19 家全国性银行,32 家区域性银行和 1 家外资银行达成广泛合作,合作银行总数达到 52 家。支付宝成为合作银行数量最多、合作形式最多样化、联合创新产品和服务最多的第三方支付公司。

2010 年初,支付宝与中国银行合作,发行中银淘宝信用卡,可以说是"龙卡"的升级版。现在已经有了 50 万的数量,属于贷记卡。截至 2010 年 3 月,支付宝注册用户突破 3 亿。

支付宝的愿景是成为"全球最大的电子商务支付服务提供商"、"人人都用支付宝"。具体来说,就是支付宝要成为所有人必不可少的生活助手,要为企业向电子商务方向发展提供支付等重要解决方案,支付宝要建设全球最大的电子商务用户信息数据库和信用信息数据库,并逐步建成能促进电子商务迅速发展的基础信用体系。

10.1.2 支付宝网上诚信体系的建设

网上交易面临的一个很大的问题是诚信。由于电子商务中的商家与消费者之间的交易不是面对面进行的,而且物流与资金流在时间和空间上也是分离的,这种没有信用保证的信息不对称,导致了商家与消费者之间的博弈:商家不愿先发货,怕货发出后不能收回货款;消费者不愿先支付,担心支付后拿不到商品或商品质量得不到保证。博弈的最终结果是双方都不愿意先冒险,网上购物无法进行。

而使用支付宝的"担保交易",买方选购商品后可使用支付宝提供的账户进行货款支付,然后由支付宝通知卖家货款到达、进行发货;买方检验物品后,就可以通知付款给卖家,支付宝再将款项转至卖家账户。这样,通过支付宝的"中间账户担保"在商家与消费者之间建立了一个公共的、可信任的中介,一举解决了买卖双方互不信任的难题。而且,通过基于 E-mail 或者手机号码的支付宝账户完成支付可以使商家看不到客户的银行卡信息,同时又避免了银行卡信息在网络上多次传输而导致信息泄露。因此支付宝的"担保交易"同时满足了电子商务中商家和消费者对信誉和安全的要求,它的出现和发展在推动电子商务产业发展的同时,也大大推动了相关信任环境和安全机制的建设。

目前支付宝核心业务模式的基础是信用担保交易,在立足淘宝网庞大消费者客户基础上,支付宝采取积极措施吸引更多商家使用支付宝产品,与此同时,也继续加大不同行业的外部商户拓展力度。支付宝"消保服务"是大淘宝消费者保障服务的一个重要组成部分,主要是针对支付宝外部商户提供支付宝消费者保障服务。通过把支付宝消保和淘宝消保的服务进行合并,成为大淘宝的消保服务,就是定位于为所有支付宝用户提供购物保障服务。支付宝开展信任计划,推出了"支付宝信任商家",其目的之一就是将大量淘宝之外的独立网商和中小企业纳入到信用体系中来,推动中国网络购物和电子商务的发展。

10.1.3 支付宝的支付产品和发展业务

支付宝经过 5 年发展,目前服务领域包括网上购物、保险行业、彩票行业、机票旅游、网游、基金、网络虚拟服务等领域。近年来支付宝还一直加速向便民生活服务领域发展,已在上海、重庆、南京、成都、杭州等多个大中城市开通网上公共事业缴费,并在部分地区,开始试点开通使用支付宝缴纳医保费用。通过支付宝,市民足不出户就能缴纳水、电、煤气、通信等日常生活费用,大大方便了居民的日常消费和生活需求。

仔细分析支付宝的支付产品,大都具有以下显著特点:

① 降低支付成本,支付宝与银行的合作互利共赢。支付宝努力将多种银行卡支付方式整合为一体,通过集中交易结算,使网上购物更加快捷、便利。消费者和商家不需要在不同银行开设多个账户,可以减少消费者网上购物成本并帮助商家降低运营成本;同时,还可以帮助银行节省网银收单费用,并为银行带来大量客户及收益。

此外,支付宝作为银行长期的合作伙伴,只有不断推出能使双方互利的创新产品,彼此才会共有持久合作、共同发展的空间。支付宝卡通就是这样的产品,它是支付宝与工行、建行、招行等 36 家银行联合推出的一项电子支付服务,具有安全、方便、定向支付等安全特性,开通支付宝卡通后就可直接在网上付款,而无需使用网络银行。支付宝卡通产品推出至今已经发展了700万会员,没有发生过任何资金风险。同时卡通产品的推广还大大提升了银行卡的使用率,为商业银行拓展了网银业务,增加了收入。

以建行为例,用户在办理了建行卡通之后,明显提升了网上购物的频率和金额。图10.1和图10.2中的两组数据对比说明了卡通对于会员使用电子支付业务的提升情况。对比建行网银用户和卡通用户在两个月的使用情况,卡通组会员的建行资金流入笔数提升了2.2倍,而网银组会员只提升了1.2倍;而流入金额方面,卡通组提升了1.7倍,网银组提升了1.3倍。卡通组明显优于网银组。

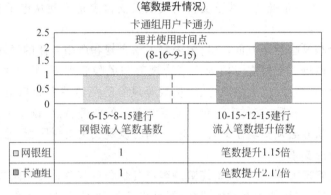

图10.1　建行用户中卡通组和网银组用户的笔数提升情况

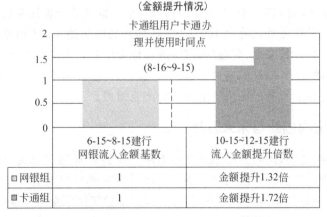

图10.2　建行用户中卡通组和网银组用户的金额提升情况

② 简化了支付流程。较之SSL、SET等支付协议,利用支付宝进行支付操作更加简单而易于接受。SSL是现在应用比较广泛的安全协议,在SSL中只需要验证商家的身份。SET协议是目前发展的基于信用卡支付系统的比较成熟的技术。但在SET中,各方的身份都需要通过CA进行认证,程序复杂,手续繁多,速度慢且实现成本高。通过支付宝,商家和客户之间的很多支付环节可由第三方来完成,使网上交易变得更加简单。

③ 增强了交易安全。支付宝通过设立中间担保账户为买卖双方同时提供第三方交易担保，因此解决了网上交易中的信用缺乏等问题，有利于推动电子商务的快速发展。

从支付方式上来看，围绕上网用户实际需求，支付宝推出了语音支付、移动支付等新型产品。支付宝和中国邮政合作推出网汇 e 产品（邮政电子支付汇款），该业务在全国 3 万多个邮政汇兑联网网点陆续上线，正式在全国范围内推广。网汇 e 业务是通过邮政汇兑联网网点进行现金充值以实现电子支付，它有效地解决了由于网银交易限额给大额电子支付带来的不便，突破了用户必须以网络银行为基础进行电子支付的限制，降低了大众参与电子商务的门槛和线下直接汇款的危险性。此外，支付宝又与拉卡拉等线下支付终端运营商合作，进一步推动了线下支付的发展。支付宝也由此从电子支付走向了全方位的支付市场。

在业务安全和风险控制方面，支付宝采取主动合规和严格自律的经营方针开展业务、开发客户及培育市场。支付宝专门成立了合规部和风险管理部，并开发了 CTU 支付监控系统，在商户准入监控、反金融欺诈、反洗钱等风险防范监控方面积累了大量经验。结合国内电子商务发展实际，支付宝针对小额多笔支付的业务特点，制定了付款交易方允许非实名制但对收款方必须实名制的规则要求，同时设置相关支付限额，兼顾了方便客户和履行反洗钱义务的要求。

在客户资金管理方面，支付宝始终坚持客户资金和自有资金互相隔离、分不同部门交叉管理的原则，绝不占用挪用客户的资金，而且也从不动用客户资金产生的利息，以最大限度地保证客户权益。目前支付宝账户里的客户资金都存放在银行的专门账户中，并请工商银行定期出具托管报告监督客户资金管理情况。

截至 2009 年 12 月，多达 46 万多家国内独立电子商务企业使用支付宝作为电子支付工具，由此实现了日交易笔数峰值 400 万笔，日均交易峰值达 12 亿元的交易规模。在经济危机下，电子支付以其安全、高效的特性，成功地帮助企业与消费者压缩成本，成为国内产业转型核心推动力之一，目前支付宝合作商户也进一步涵盖了包括服装、电子、机械、家居、文化等在内的几乎所有已应用电子商务的产业领域。

10.1.4　支付宝的创新与未来发展

在支付宝诞生之前，国内的第三方支付市场一直被外资第三方支付企业垄断。但经过五年的发展，支付宝已经在国内第三方支付市场拥有半数以上的市场份额。支付宝的出现打破了外资企业垄断国内第三方支付的格局，维护了国家金融安全，同时引领着国内第三方支付行业的健康、规范发展。

并且，随着市场规模的迅速扩大，深耕市场、业务模式创新与多元化已成为中国第三方支付公司发展的共识。支付宝的创新主要体现在两个方面：一方面是电子支付技术的提高，另一方面是延伸业务增值服务的拓展。在支付宝的未来发展规划中，除网上购物的支付业务得到进一步发展外，行业 B2B 应用、旅游机票、数字产品销售、缴费、充值业务等细分市场日益成为市场新的增长点。另外，电话支付、手机支付等创新支付模式都极大地拓宽了支付宝的发展空间。随着支付宝应用领域的不断增多，未来的支付宝业务将融合银行卡支付、互联网支付及其他创新支付，形成全面的支付服务解决方案，比如通过整合互联网、银行卡网络、现金支付渠道而推出的卡通、网汇e及网点支付等支付产品。为用户提供全面支付解决方案不仅是企业赢得市场竞争的先决条件,也是未来电子支付产品的普遍特征。

支付宝的发展推动了电子商务的发展,同时又拉动了一系列相关新兴行业的发展。以物流业发展为例,目前,全国网购人数已超过1.2亿,其中90%的用户选择了快递服务。2008年,中国电子商务带动的包裹量超过5亿件,全国快递服务1/3的业务量是由电子商务牵动完成的。

支付宝是一家具有强烈社会责任感和使命感的企业,"让信任简单起来"是支付宝不变的终极使命和社会责任。围绕这一点,支付宝未来业务发展的核心目标是为电子商务用户提供简单、快捷的支付服务。在未来的发展中,支付宝将进一步以客户需求为导向开拓应用场景,在加强支付安全的基础上,通过优化会员管理,建立公平安全的信用体系来推动公司业务的进一步发展。

10.1.5 支付宝操作

1. 支付宝激活

申请淘宝会员名后,系统快速生成支付宝账户,登录支付宝网站 www.alipay.com,输入淘宝的注册邮箱及登录淘宝的初始密码。填写支付宝账户和密码,密码尽可以英文和数字结合,如图10.3所示。

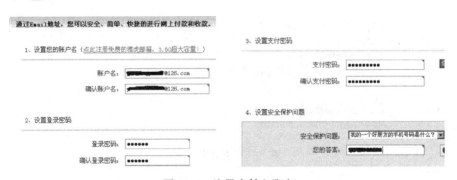

图10.3 注册支付宝账户

填写好个人信息后,注册成功,进入邮箱激活账户,如图10.4所示。

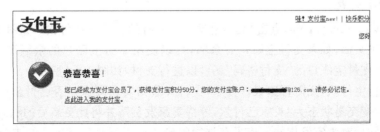

图10.4 激活支付宝账户

2. 支付宝充值

进入支付宝充值页面，如图10.5所示。

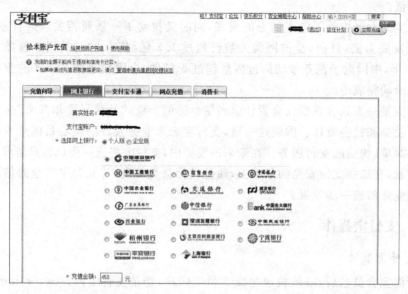

图10.5　支付宝充值页面

按照提示写清楚要充值的金额，点击"下一步"按钮，出现如图10.6所示界面。

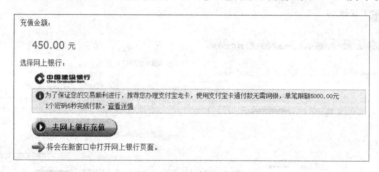

图10.6　支付宝充值

点击"去网上银行充值"按钮，就进入开通的网络银行，之后按照银行网站上的要求填写，只要密码正确就可以完成充值。

3. 支付宝付款

登录www.alipay.com，点击"交易管理"→"所有的交易"→"付款"，如图10.7所示。

进入付款页面，如果支付宝账户有余额，可以使用支付宝账户的余额进行支付交易款，只要输入支付宝账户的"支付密码"就可以进行支付，如图10.8所示。

使用支付宝付款，无需再跑银行查账，支付宝通知卖家买家是否已付款；支付宝收到货款后，会改变交易状态为"买家已付款，等待卖家发货"，并将此更新后的状态通知卖家。卖家收到通知后对买家发货并等待买家收货的确认。买家收到货后通知支付宝，支付宝收到买家的确认并付款给卖家，该笔交易结束。

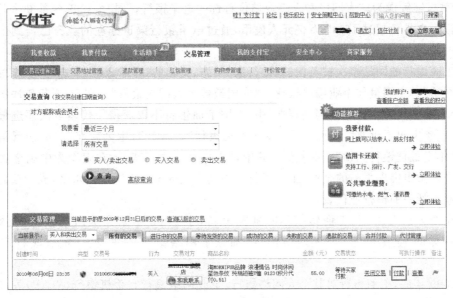

图 10.7　支付宝付款页面

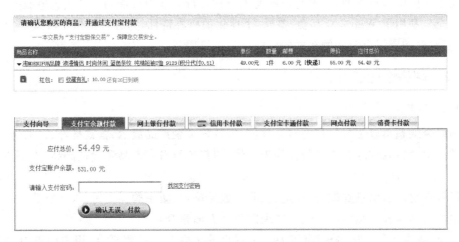

图 10.8　支付宝付款

10.2　工商银行网络金融超市

10.2.1　工商银行网络银行简介

　　自 2000 年 2 月工商银行在北京、上海、天津、广州等 4 个城市正式开通网络银行以来，工行电子银行业务交易额一直呈几何级数发展。2000 年交易额为 2 万亿元，2007 年成为国内首家电子银行交易额突破 100 万亿元大关的银行，2008 年进一步提高到 145.3 万亿元，较 2000 年增长了 71 倍。

　　截至 2009 年 9 月底，工商银行个人和企业网络银行客户总数分别达到 7080 万户和

186万户,继续成为广大网民和企事业单位首选的电子银行。同时,2009年前9个月该行电子银行交易额超过了140万亿元人民币,通过电子银行渠道办理的业务已占到全部业务量的48%。

工商银行的网站多次被英国的《银行家》杂志、美国的《环球金融》杂志评为"全球最佳银行网站"、"中国最佳企业网络银行"、"中国最佳个人网络银行"。在2009年年底揭晓的"第十届中国优秀财经证券网站评选"中,中国工商银行不仅获得了代表本次评选最高荣誉的"十年突出贡献奖",还收获了"最佳手机银行奖"、"最佳自主创新奖"、"最佳营销推广奖"、"年度最佳银行网站"4项大奖。其中,"十年突出贡献奖"旨在表彰为中国金融网络发展进程做出突出贡献的企业,工商银行凭借其出色的电子金融服务水平,成为获此殊荣的企业中唯一的银行业代表。

在个人服务方面,工商银行不断推陈出新,于2003年率先推出集银行、投资、理财于一体的"金融@家"个人网络银行,加强了网络银行品牌建设,重点改善产品和服务。

2009年底,工商银行对其个人网络银行、企业网络银行和手机银行(WAP)等电子银行产品进行了全面升级,并推出金融超市、集团境外资金调拨等在内的多款创新产品。

在个人网络银行方面,金融超市则是工行在银行同业中首创的一站式金融服务平台,该平台充分利用了Web 2.0互动、差异、个性化的核心特性,为客户提供了种类丰富的产品、全面实时的资讯以及购物车式的便捷支付结算服务。

10.2.2 网络金融超市介绍

1. 业务简述

网络金融超市以工行门户网站为载体,集各种金融产品展示、营销推荐、自助选择、所购产品一次性付款和综合信息服务等于一体,销售工行自有产品和代理产品,为用户提供全方位、更加方便快捷的金融服务。目前可为用户提供基金、外汇、保险、理财、黄金和国债等投资理财产品信息查询、产品选定、购入数量确定、集中购买支付,以及所购产品管理等一站式自助服务。金融超市主要实现以下两方面整合:

① 产品的整合,即金融超市作为一个零售的金融产品销售平台,用户能够自助完成多种金融投资产品的交易。

② 服务的整合,即金融超市通过与门户网站相关频道(基金、理财、黄金、外汇、债券、保险及工行学苑、网上论坛)和个人网络银行的协同,为用户提供从资讯获取、学习研究到产品选购、交易支付、交易管理的全方位服务。

2. 适用对象

工商银行网络金融超市针对不同的客户开放了不同的功能。对于访问网站的普通客户来说,可进入金融超市查询工行金融产品信息。如客户已开通该行个人网络银行,则除了查询金融产品信息外,还可进行选购并进行即时支付结算。而已注册该行网站会员并开通个人网络银行的客户,除了可以使用以上服务外,还可以通过"金融超市"及个人网络银行查询所购金融产品的历史订单明细。

3. 主要功能

① 会员注册：用户进入"金融超市"前，通过门户网站"会员注册"功能自助注册网站会员；进行会员登录后，系统可记录网站会员购物信息及历史订单明细并提供用户历史订单明细查询功能。

② 信息查询：用户可查看相关投资理财产品信息、热销产品排行，并可比较产品特点、了解产品销售状况。

③ 产品购买：用户可连续将多项购买指定数量的所需投资理财产品放入"购物车"，以便一次性"去银台"进行支付结算。

④ 会员绑定：网站注册会员用户通过个人网络银行"金融超市—维护会员绑定关系"功能，将门户网站注册会员与个人网络银行用户进行绑定操作，用户完成绑定后，可通过金融超市（通过会员身份登录）和个人网络银行进行历史订单明细查询。

⑤ 支付结算：系统根据用户"去收银台"操作自动链接至个人网络银行登录页面，并将用户"购物车"内的产品形成订单信息集中通过网络银行"金融超市—收银台"功能进行逐笔支付结算处理，并可在支付结算前"撤销订单"，即取消购买操作。

⑥ 产品管理：网站会员用户可以通过"金融超市"及个人网络银行进行查看历史订单明细和进行订单管理；非网站会员（游客）用户只能查看到当次支付的产品的订单，无法查询到历史订单明细。

4. 操作步骤

用户使用工商银行网络金融超市购买金融理财产品的操作步骤如图10.9所示。

图10.9 使用工商银行网络金融超市购买金融理财产品的操作步骤

具体操作如下：

登录中国工商银行(http://www.icbc.com.cn)主页，如图10.10所示。

点击左侧"金融超市"按钮，进入"金融超市"页面，如图10.11所示。

选择自己感兴趣的理财产品类型，比如"基金"。点击"基金"选项，进入基金产品介绍页面，如图10.12所示。

用户可查看相关投资理财产品的行情报价、产品对比、销售情况等动态实时信息。之后可选择产品频道进入交易页面，点击需购买金融产品旁的"加入购物车"按钮将其放入我的购物车。此时系统将弹出"网站会员登录提示"框。如用户已注册网站会员则可直接选择"立即登录"，在系统跳转的"网站会员登录"页面输入用户名、密码、校验码等信息，如用户为非网站会员，可点击"立即注册"按钮，如用户不愿以会员身份登录金融超市，则可点击"暂不登录"按钮。登录提示页面如图10.13所示。

完成网站会员登录后，系统自动返回至"我的购物车"页面，并显示用户已选购产品信息，点击"继续购物"按钮可继续选购其他金融产品。

图 10.10　中国工商银行网站主页

图 10.11　金融超市主页

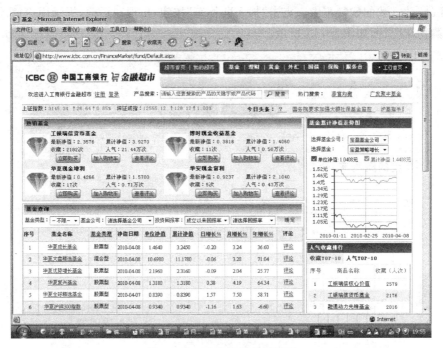

图 10.12 进入基金介绍页面

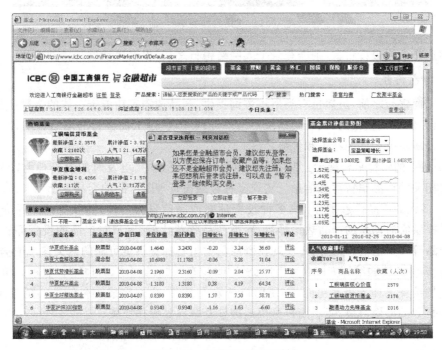

图 10.13 "是否登录"对话框

在"我的超市"相关产品项下选择"加入购物车"操作进入"购物车"页面,点击"继续购物"按钮可继续选购其他金融产品;点击"去收银台"按钮可完成支付结算。选择需购买的

第 10 章 网络金融服务案例

金融商品,放入我的购物车中。点击"加入购物车"按钮,出现对话框,提示用户登录与否。"我的购物车"页面如图10.14所示。

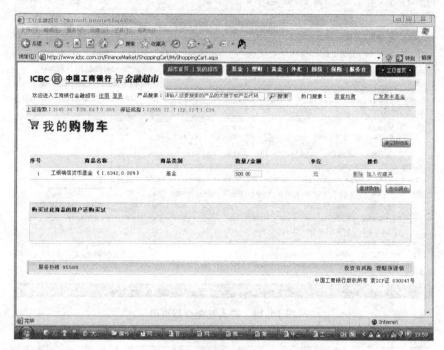

图10.14 "我的购物车"页面

如选择去收银行付款,则需登录个人网络银行之后,根据提示进行付款操作。

5. 特色优势

在工商银行之前,虽然也有类似集咨询提供、产品选购等功能于一体的金融产品网络服务平台,例如钱生钱网、钱袋网以及中国基金网等,但是工商银行的网络金融超市也有其他平台所不能相比的特色和优势。

① 独立的销售平台展示:为用户提供更专业、更集中、更及时的投资理财产品介绍及与之相关的产品销售动态信息。实现多种金融投资理财产品的交易。

② 多元的产品信息集合:集多种投资理财产品信息为一体,除独立的产品介绍外,向用户提供实时动态的产品热销排行、同类产品收益比较、客户对产品的投资评价、组合销售产品等多渠道信息,为用户实现投资保值增值目标提供更可靠的购买参考依据。

③ 集中的选购结算方式:为用户提供"购物车"、"收银台"、"订单"、"撤销订单"等购买及支付结算工具及相关功能,方便用户选购产品、一次性完成支付结算。延续了客户"网上购物"的操作习惯,便于用户更快地理解及掌握其操作要领。

④ 灵活的客户互动机制:提供用户对产品评价及购买建议的机制,包括客户互动、产品热销排行榜等功能。

⑤ 便捷的一站式服务模式:为用户提供连续性的信息获取、选购产品、支付结算以及所购产品管理等操作,确保了产品购买的一站式服务。

10.3 泰康保险网上系统

10.3.1 泰康人寿保险股份有限公司简介

泰康人寿保险股份有限公司(以下简称"泰康人寿")系1996年8月22日经中国人民银行总行批准成立的全国性、股份制人寿保险公司,公司总部设在北京。发展13年以来,泰康人寿主动把对经济社会发展的宏观思考融入公司发展战略之中,形成了战略清晰、经营稳健的独有特色。在专业化、国际化的管理团队领导下,泰康人寿组织建设与员工队伍建设发展迅速,一个以个险为核心,团险、银行保险、续期业务齐头发展,专业寿险集团和专业资产管理为框架的大型保险金融服务集团初步形成。目前,泰康人寿共有19家股东,包括中国对外贸易运输(集团)总公司、物美控股集团有限公司、中国嘉德国际拍卖有限公司、瑞士丰泰人寿保险公司、新政泰达投资有限公司等著名中、外资企业。旗下共有两家控股子公司,分别为泰康资产管理有限责任公司、泰康养老保险股份有限公司,一家全资子公司,为泰康资产管理(香港)有限公司。已在全国设立了北京、上海、湖北、山东、广东等32家分公司,265家中心支公司,成功完成全国性经营网络的搭建。总公司由个险事业部、员工福利计划事业部、银行保险事业部、健康险事业部、创新事业部、运营中心等部门组成,形成管理功能强大的指挥中心。

经过多年的发展,泰康人寿业务迅速发展,即使在2008年国际金融和资本市场极为动荡的时候,依然取得了辉煌成绩,实现风险控制、品质管理与价值增长的全面丰收。2008年全年实现保费收入577.45亿元,同比增长69%,继续保持内地寿险市场第四位;资产总额为1919.77亿元,实现税后利润16.87亿元。2009年上半年,在复杂多变的经济环境下,泰康人寿坚定转型,稳健发展,实现总规模保费收入343.7亿元,偿付能力充足率达到237%,远超保监会充足Ⅱ类公司150%的标准。2008年12月,泰康人寿荣获"年度最佳中资人寿保险公司"。在2009年中国企业500强排名中,泰康人寿排名大幅跃升,首次跻身前100名,以2008年全年实现营业收入650.77亿元的良好经营业绩分别荣列"2009中国企业500强"第84名,中国服务业企业500强第33名,创泰康人寿在500强评比中的最好排名。跻身百强是泰康人寿连续三年做大做强又好又快发展的体现,成为迈向大型保险金融服务集团进程的标志性节点。

公司成立伊始,公司领导层就意识到发展保险电子商务的重要性。2000年8月,泰康人寿保险公司决定走向电子商务转型,建立起了保险业电子商务门户网站"泰康在线"。2000年9月22日,其网站"泰康在线"(www.taikang.com)在北京全面开通,是国内第一家由寿险公司投资建设的、真正实现在线投保的网站,也是国内首家通过保险类CA认证的网站。其后,泰康人寿顺应保险电子商务的发展趋势,对网络保险进行大力发展,使泰康在线成为新经济时代下行业领先的客户服务平台、电子商务平台、信息披露和品牌传播平台,不断创新,提升网络保险的潜力。

10.3.2 泰康人寿保险股份有限公司网络保险平台的建设

泰康在线是泰康人寿全资投建的一个网站,属于泰康人寿的一个部门。从 2000 年 9 月上线到目前为止,泰康在线电子商务系统已经实现了从网上展示、咨询投保到保货支付、保单保全、理赔给付以及内部的代理人管理等从交易到服务和管理的完整的网络保险业务。

基于认识到未来保险公司的发展离不开信息化的发展,泰康人寿把网络保险的发展作为一个有别于传统市场的一个有着巨大空间的新兴市场。这家国内最早开展网络保险业务的电子商务网站,其宗旨就是借助先进的网络技术架构一个全新服务和业务平台,利用科技创新树立竞争优势。而泰康在线能够成为国内第一家由寿险公司投资建设的、真正实现在线投保的网站,也是国内首家通过保险类 CA 认证的网站,与泰康人寿从 1996 年组建开始,就重视保险电子商务的信息化发展有关。而之后,网络保险又取得了不少突破,泰康人寿始终把信息技术作为公司核心竞争力的重要一环,其信息技术团队始终把"利用领先的信息技术创新服务、创造价值,建立和提升公司的竞争优势"作为目标和使命有关。正因为保险电子商务的发展处于整个公司的信息化架构中,并有了相关信息化建设的支撑,"泰康在线"在国内名列前茅。

泰康人寿信息化建设始于 1996 年公司筹备期,在开业前公司就完成了核心业务系统中的承保、核保子系统的开发,保证了公司开业后第一张保单便由计算机系统处理和出单。公司开业后,信息化建设主要是围绕核心业务系统开展各项工作,包括系统功能的增强和完善等。早期开发的核心业务系统较好地满足了公司初期的业务发展。具有以下几方面的措施:

1. 引进国际先进的寿险软件包

随着公司业务规模和机构的不断扩大,早期开发的核心业务系统开始出现无法满足业务快速发展需要的情况。为满足公司未来迅猛发展的需要,并利用信息技术提升业务管理水平,实现管理和业务的跨越式发展,经过深入的分析、评估和选型,以董事长兼首席执行官陈东升为首的公司管理层决定引进国际先进的寿险软件包——美国 CSC 公司的 Life/Asia 系统。经过 14 个月紧张的开发和实施,新的个险核心业务系统于 2001 年 5 月顺利上线,泰康人寿因此而成为国内第一家成功引进国际先进的寿险软件包的国内保险公司。

2. 在全国范围进行信息大集中管理,建设先进信息服务平台

伴随新的 Life/Asia 系统的成功上线,泰康人寿率先在中国保险业实现了数据和业务处理的全国大集中,赢得了领先的科技优势。随后,公司相继完成了新团险系统、银行保险系统、财务系统、人力资源系统等的开发和上线工作,全国大集中管理模式得以全面确立和加强。实现信息的集中存储、分析和发布,从而提高企业在风险控制、产品经营、决策支持等能力。

在完成全国大集中后,信息技术平台得以全面升级。利用以客户为中心的新核心业务系统的优势,泰康人寿于 2002 年在业界率先推出了"一张保单保全家"的新险种组合,彻底改变了传统保险一对一的销售方式利用全国大集中的科技优势，泰康人寿于2003年在全国又率先推出保单"通存通兑"业务，从此，泰康的客户可以在泰康人寿的任何一家分公司或中心支公司进行缴费、退费和大部分的保全变更等业务，打破了以往只能在当地投保当地办理保险业务的局限性，大大便利了客户。利用科技优势进行业务创新极大地支持了公司发展并提升了公司的整体竞争力。

2003年，泰康人寿又率先引进了IBM的DB2 Information Integrator信息整合软件，建立了亚洲第一个应用IBM最先进架构及信息整合技术的信息服务平台，有效整合了个险、团险、银行保险及财务系统的数据，建立了统一的客户视图和统一客户号，提升了泰康人寿公司各系统各部门间的协同工作能力。在信息服务平台的基础上，又建立了集中式电话中心系统和保单打印系统等应用，提高了客户服务品质，优化了公司系统资源。同时，基于先进的信息服务平台，泰康人寿还完善了公司的技术标准。信息服务平台的建立使得泰康人寿获取信息的能力大大加强，同时可以为客户提供更方便和个性化的服务。

3. 构建企业级保险数据仓库，建立决策支持系统

在数据整合的基础上，泰康人寿利用先进的保险数据仓库模型建立了企业级的数据仓库，并在此基础上建立了服务公司各级管理层的决策支持系统。利用决策支持系统，公司管理层可以随时了解公司业务发展的各项实时数据，包括最新的业绩数据、财务数据、人力资源数据等，系统还提供关键指标的预警和业绩预测功能，以及各种深入分析功能。决策支持系统已经成为有效支持公司经营管理的中枢神经系统。

4. 建设24小时差别化信息系统

泰康人寿为了让使用者享受到信息化带来的便利服务，着手建立了全天候差异化服务体系，对客户、内勤员工、营销业务人员、合作机构等不同用户，根据他们的不同需求，提供24小时的差异化服务。已经实行了为营销人员提供全天候服务的在线网络助理系统、为内勤员工服务的办公自动化系统以及提供给决策层的管理信息系统。同时，为了使其目标用户在最短的时间接受这些系统并且熟练地使用，泰康人寿使用营销支持系统（MSS系统），使营销人员可以利用这一系统通过手机和上网随时随地获取客户、保单等展业服务信息，从而为客户提供及时、专业和优质的服务。

5. 泰康在线的安全交易保障——CA认证

在信息化建设促进泰康在线发展的同时，解决网上安全问题是必然要考虑到的。泰康在线采用的是Entrust PKI综合安全平台，这是目前世界上电子商务领域最先进、最完善、最成熟的CA认证技术。它与CFCA不同的是信息搜集的内容和方式不同。银行的安全问题实际上只是一个交易的安全问题，但是保险业却涉及更加复杂的信息识别问题，正是由于保险业务要求承担更大的人身信息识别风险，它对客户个人信息的准确性、合法性就提出了更高的要求，其认证体系要求更为深入、审慎，比金融类认证具有客观、全面、权威的特点。

实际上电子商务中的CA技术采用了加密、数字签名的公开密钥技术，特别是用于电子支付的PKI CA技术建立起了对密钥和证书进行安全管理的平台，这一技术充分保证了电子商务的安全性，以技术方式有效地解决了互联网交易可能存在的非法访问、非法篡

改、拒绝服务、抵赖等安全问题,保证了客户信息、网络交易、电子商务网络系统的安全。

6. 应用统一客户管理平台,进行精准营销

随着泰康人寿保险公司规模的不断扩大,如何管理现有客户,不断挖掘和扩展新的客户资源,提高效益,增强公司竞争力成为急需解决的问题。在泰康人寿内部,其北京分公司自2005年3月份首先开始在团险业务部内正式使用客户关系管理系统(CRM),实现业务高效管理,加强团队合作共同开拓和管理客户资源的能力,提高与客户的互动,为客户提供更人性化的服务。泰康人寿应用金和软件公司提供的ICRM网上客户关系管理系统实现了对客户关系和客户服务的管理。在客户关系管理上,通过联系记录和事件记录功能,详细记录员工的业务拓展全过程,方便公司掌握客户的所有资料,同时领导可以随时对销售人员的销售环节进行指导,促成销售的成功;在客户服务管理上,将对所有销售业务进行全程的记录与跟踪,并且可以通过该平台实现任务的转交和协同。通过任务的转交和协同等手段,可以协调多人加入对某一大客户的拓展,从而发挥团队的优势,创造更多更好的业绩。并且可以在该系统中添加附加功能,比如短信平台,实现保险公司定时、定制向客户发送问候的目标,体现出服务行业应有的人文关怀,增加客户的认同感。

通过以上信息化建设,使泰康在线的发展基于整个泰康人寿的统一管理之下,如通过各种渠道(包括销售人员渠道、电话渠道、柜台渠道和互联网渠道)购买保险的客户都有唯一的身份认证,使"泰康在线"的客户即使通过营销人员购买的保险,也可以享受在线查询、缴费、进行理赔报案的网上服务。而且泰康在线也基于网上销售等特点,在网上开设e站到家自助服务专区,实现了从投保到理赔、给付的网上一站式服务,还可以进行账户价值查询、交易记录查询、账户转换、退保领取、追加投资、撤单、服务评价、积分管理等服务,如图10.15所示。泰康人寿推出了新的服务和产品,更具人性化和个性化,如在网上推出自主组合产品,客户可以轻松组合自己希望的主险、附加险的类别、保额和交费方式,系统就会自动计算保险费,演示利益。如果客户通过在线支付完成保险费缴纳,系统还会自动生成及递送电子保单。为了吸引客户,凡是客户在网上任何有价值的行为都会转换为积分,积分可以兑换礼品;其他还有一些增值服务,如免费邮箱服务等,但是开通邮箱的前提是要先添加保单。

图10.15 泰康人寿e站到家自助服务专区

泰康在线保险系统已经实现"在网上解决保险的全过程"。从2009年8月至2009年11月底,泰康在线已有接近15万会员使用,网上缴费数额达到3亿元。2009年网络销售收入突破1亿元,比前一年增长130%。

10.3.3 泰康人寿保险股份有限公司网络保险业务

泰康在线目前已经成为集在线咨询、投保、保单债息查询、保全、续期交费、理赔和投诉等全过程、全方位保险服务为一体的网络保险信息交流平台和电子商务平台,为泰康在线投保的用户提供便捷完整的人性化电子化服务,实现真正全天候的网络保险服务。泰康在线提供的主要保险产品和服务分个人客户和团体客户。其他服务,如对代理人也在网上提供服务支持,包括网上业务查询、了解公司的通知通告、个人业务管理;做个人主页、个性化推介自我;通过BBS互通信息和分享经验等。但是泰康在线主要还是面对客户的网上平台。

1. 个人客户

泰康人寿为个人客户提供的产品有保险顾问渠道、网上直销、银行保险、电话直销。

(1) 保险顾问渠道

保险顾问渠道主要在网上为客户提供了泰康人寿各种保险产品的介绍,但是具体销售还是要通过保险顾问。产品内容包括家庭保障计划、养老保险、健康保险、长期寿险、意外保险、理财保障计划。

(2) 网上直销

网上直销分为投资理财、e爱家组合保险、少儿教育金、旅游和签证保险、健康保险、意外险、定期寿险等,养老保险目前还未推出。

① 投资理财产品。该产品特点以投资为主,有5%(非意外身故)和10%(意外身故)的额外基本身故保障;投资者所缴保费在扣除初始费用后进入投资账户投资增值,随时可以退出。在网上可以选择保底收益型万能险账户、货币避险型投资账户、进取型投资账户、稳健收益投资账户、积极成长投资账户等产品,在债券、基金和意外险等之间进行多种投资保险组合,符合客户的多样化需求。此外为了帮助客户作出适合的选择,网上提供了理财险大家谈、泰康市场快讯、投资分析报告以及具体帮助客户投资账户选择的系统工具等。重点来看其选择软件,针对投资者个人状况、风险偏好不同的状况,泰康在线提供了网上客户风险矩阵量化分析系统,对客户的家庭负担和主观风险偏好,通过衡量客户的风险承受能力和风险承受意愿,以此来建议客户选择资产配置比例来实现客户的理财目标。该系统具体可以依据客户的年龄、就业状况、家庭负担、置产状况、投资经验和投资知识估算得出。图10.16为一客户使用后估算得出的结果和投资组合建议。

② e爱家组合保险。泰康人寿e爱家保障计划涵盖了意外、医疗、重疾、定期寿险等多种保障,客户可根据家庭的实际保障需求,自主选择需要的保险责任和相应的保障程度,另有"满期返还保费"、"转换养老年金"选择,让客户老来无忧,真正满足客户个性化的保险需求。

③ 少儿教育金。泰康在线主要提供了"阳光旅程教育金保障计划",该产品是专为少年儿童而设计的教育金保障计划,可以自由选择初中教育金、高中教育金、大学教育金和

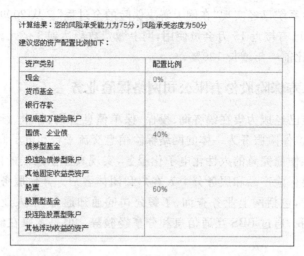

图 10.16 网上客户风险矩阵量化分析系统

婚嫁创业金,并具有红利分配功能。在以上选择之外,可以新增"附加少儿白血病保障"。

④ 旅游和签证保险。针对旅行保障计划,泰康在线提供了 e 顺旅行保障计划,可提供旅行意外伤害保障,还可选择意外医疗、意外丧葬费用或者紧急救援、紧急门诊的保障。并分境内和境外旅行保险责任,境外旅行保险责任除了意外伤害保障必选以外,还可以选择紧急求援保障。在进行保费测算中,可以同时选择成年人、未成年人和老年人一起参保;针对出国签证需求,泰康在线提供了 e 顺"签证宝"旅行保障计划,设计了出国旅游过程中对意外、医疗和救援的三重保障,联合全球三大援助公司之一的法国优普环球援助公司提供全球 24 小时救援服务。

⑤ 健康保险。泰康在线针对未成年人和成年人,针对重大疾病和住院等,结合提供意外伤害、意外医疗、住院津贴、手术津贴等多重保障,提供了世纪泰康个人住院医疗保险、亿顺天使呵护综合保障计划、亿顺无忧呵护综合保障计划、储值型大病保障计划等。

⑥ 意外险。泰康在线针对乘客和驾驶者,老年人和未成年人,针对保险的单项需求和综合需求,在发生意外时,根据不同情况,提供因意外伤害造成的身故、残疾、烧伤保障;意外伤害医疗保障;还提供因意外伤害住院日额津。具体保险产品为 e 顺综合意外保障计划、e 顺综合意外保障计划、航空意外保障计划、老年人意外保险和少儿意外保险等。

⑦ 定期寿险。泰康爱相随定期寿险,使客户可以享受寿险保障,并可以结合意外身故额外保障;储值型寿险保障计划由泰康 e 理财终身寿险(万能型)的可选身故保障功能包装而成,具备身故保障和增值的功能。

在以上网上产品的介绍、网上投保、网上理赔的主要功能之外,泰康在线对网上直销产品涉及的保费、利率、理赔、支付等问题,专门在网上辟出专栏进行介绍,如以购买 e 理财万能险为例,在产品介绍中,还提供客户收益试算、结算利率、保费运作演示、如何领取、费用明细、定期定投等服务。个别涉及流程还以视频的形式进行说明,图 10.17 为保费运作演示。在问题与解答中,对 e 理财万能险保险产品、理赔、支付、网络安全和服务等客户可能会碰到的疑问进行了一一解答。网上服务功能在直接投保之外,还有投保须知、保险条款下载、案例分享和网上 e 站到家自助服务等。对于不是很清楚保险产品特点和自身需求的客户,在网上提供了投保意向书,填写好发送后,可以获得来自保险代理人的专业保险建议。此外,网上还提供了投保流程、支付说明、保单服务以及营销推广等查询和推广服务等。

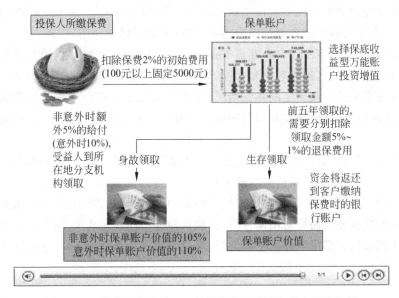

图 10.17　保费运作演示——以保底收益型万能账户投资为例

(3) 银行保险

主要在网上为客户提供了通过银行、邮储代理销售的保险产品介绍。相关产品有分红型保险产品,如泰康金满仓 B 款年金保险(分红型)、泰康金满仓两全保险(分红型);养老型保险产品,如安享晚年养老计划,由《泰康安享晚年年金(分红型)》和《泰康附加高残豁免保险费定期寿险》两个条款组合而成,具备养老、保障、抵御通货膨胀的功能;投资型保险产品,如泰康赢家理财投资连接保险等。

(4) 电话直销

电话直销主要在网上为客户提供了通过电话渠道销售的保险产品介绍。基本以健康型保险为主,以两全保险为主,附加重大疾病保险、住院津贴医疗保险、意外伤害保险等。

2. 团体客户

泰康人寿主要为团险客户提供了基础产品和员福套餐两种类型,目前对团险客户的销售主要还是通过客户经理和客户进行约访的形式在线下完成,网上服务还是以查询为主。

(1) 基础产品

在泰康在线上主要提供了定期寿险、意外保险、医疗保险三种险种为主的产品介绍。定期寿险包括了寿险、意外身故、疾病身故等保障内容,被保险人的配偶和子女可以作为连带被保险人,体现了团体福利;意外保险包括团体意外伤害保险、短期意外伤害保险(C 款)、综合意外伤害保险、旅行意外伤害保险、学生平安意外伤害保险、建筑工程施工人员团体意外伤害保险、燃气用户意外伤害保险等种类;医疗保险主要也是针对不同类型的团体,如学生,针对不同种类的医疗保险需要,如重大疾病、意外伤害医疗、住院、社会统筹补充等,设计了不同的医疗保险种类。

(2) 员福套餐

员福套餐分创业型和发展型员工福利保障计划,涵盖了死亡、残疾、医疗责任、意外住院每日津贴、重大疾病等多方面的保险内容,在网上做了详细介绍。

针对团体客户,网上专门有企业员工福利计划自助查询系统可以进行查询,分个人、单位和集合客户等类型,提供客户号和密码后可以进入查询,既可以帮助企业通过网络及时了解企业的保单信息和员工的参保情况,也方便员工了解自己的相关保单信息等。此外,也可以通过短信、邮件等定制即时通知,对理赔、保全等除了书面报告外,也提供电子版报告。

综合来看,目前泰康人寿主要还是针对个人客户提供了一站式网络保险服务,保险产品种类丰富,并且有部分产品已经实现了根据客户自己的需求和选择进行产品项目和保费的DIY,非常人性化和个性化。还提供了相关的产品介绍、查询、推广、个人客户网上自助系统等特色性服务。而针对团体客户,虽然目前还不能实现在网上投保团体保险产品,但是产品的相关信息都可以在网上查询到,单位和单位个人等也可以通过网上查询系统查询相关信息。

10.4 银河证券公司

10.4.1 公司概况

中国银河证券股份有限公司(以下简称银河证券)是经中国证监会批准,由中国银河金融控股有限责任公司作为主发起人,联合北京清源德丰创业投资有限公司、重庆水务集团股份有限公司、中国通用技术(集团)控股有限责任公司、中国建材股份有限公司4家国内投资者,于2007年1月26日共同发起设立的全国性综合类证券公司。银河证券公司收购了原中国银河证券有限责任公司的证券经纪业务、投行业务及相关资产,注册资本金为60亿元人民币。

银河证券公司的经营范围包括证券经纪,证券投资咨询,与证券交易、证券投资活动有关的财务顾问,证券承销与保荐,证券自营,证券资产管理。

银河证券公司总部设在北京,下设192家证券营业部和22家服务部,总计214个营业网点。营销网络分布在全国29个省、自治区、直辖市的62个中心城市,直接为近500万客户服务,客户总资产2600多亿元。旗下拥有银河期货经纪公司。

10.4.2 银河证券的网络证券交易

中国银河证券是中国第一批开展网络证券交易的券商之一,从1997年其前身之一的华融信托首次开展网上交易业务至今已有十年的时间。在这十年中,网上交易的比重在逐年增加,2003年底,中国银河证券全年网上交易量达645亿元,占公司总交易量的

16.60%。2004年9月,中国银河证券网上交易成交量突破1000亿元,占公司总交易量的25.56%以上,网上交易有效开户数为80万人。截至2006年12月31日,中国银河证券网络证券交易开户数累计达到10 639万户,约占公司总开户数308万的34.23%。占公司交易总量的49.66%。到2007年2月网上交易占公司股票基金交易总量的55.74%,9月,网上交易所占比例已达到70%左右。

银河网络证券交易操作是以广大客户的需求为导向,兼收并蓄了众多市场流行的智能分析软件的优秀功能,同时融入银河证券多年积累的独到的研发成果和专业经验,在智能化分析方面实现了多项重大创新和技术突破。

目前,中国银河证券已成功推出了中国银河证券网,"海王星"、"双子星"、"天王星"三套具有不同特点的网上交易系统,为不同的客户需求提供了多种选择的网上交易服务系统。与此同时,为了适应不同的人群还推出了网上交易的硬件设备"易阳指"产品。

中国银河证券网(如图10.18所示)创建于2001年,经过近6年的摸索和发展,目前中国银河证券网已发展成为我国著名的金融类网站,并入选2003年度《中国互联网周刊》举办的全国最具商业价值的"百强"网站。银河证券网站于2001年12月首次上线,定位为以网上交易业务为核心,包括财经资讯信息服务、在线专家咨询服务、理财服务、社区互动、在线客服务等功能的营销与服务平台。截至2007年,网站注册客户达103万,其中交易用户19万,理财用户7万。每日访问量280万页面,并发请求为3万~4万人。目前每天有1.8万人通过此网站进行证券交易和查询。

图10.18 银河证券首页

2006年由国务院新闻办发起、中国互联网协会主办的非盈利性网站流量统计中,中国银河证券网列中国金融证券机构分类流量排名第一。

下面对银河证券网上交易系统框架、网上交易的安全技术、网上交易软件的功能、网上交易的网络硬件——"易阳指"进行介绍。

1. 银河证券网上交易系统框架

中国银河证券有限责任公司是目前国内最大的综合类证券公司之一,其代理股票基金交易量全国排名第一。银河证券的信息化建设一直走在证券行业的前列,目前,中国银河证券建成了全国最大的网上交易系统。其网上交易网络系统架构如图 10.19 所示。

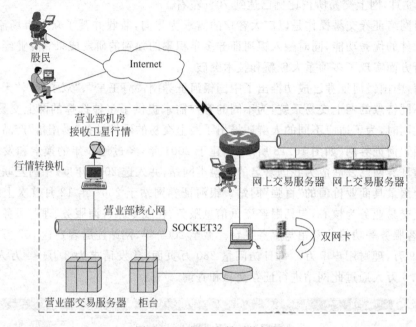

图 10.19　网上交易系统框架

2. 银河证券网上交易的安全技术

目前中国银河证券在网上交易的安全技术上有两大措施,一是认证系统,二是采用了 128 位单密钥的加密体系(也称对称加密)和 1024 位双密钥的加密体系(也称非对称加密)全程加密技术,具有超强的加密性,对网上交易的全程加密。

3. 银河证券网上交易软件主要功能介绍

银河证券网上交易在有了很好的硬件保证基础上,针对不同客户的需求成功推出了三款不同特色的网上交易软件以及手机版炒股软件。

① "海王星"系统安全、快速、方便,重点突出了"小、快、灵"的特点,其软件登录界面如图 10.20 所示,可以选择"行情＋交易","独立交易"和"独立行情"三种不同方式进行登录,"行情＋交易"方式登录后界面如图 10.20 所示。"海王星"行情交易界面如图 10.21 所示。

② "天王星"系统稳定、可靠、功能强大。"天王星"软件是中国银河证券推出的面向专业投资客户、大客户及机构投资者使用的专业分析软件。它综合基本面、技术面及资产管理各项智能化分析功能,形成了一套行之有效的投资分析和决策支持体系。中国银河证券还在该软件中首创了交易警示、财务智能量化分析、财技短线、智能解盘、资产管理等独特功能,其功能界面如图 10.22 所示。

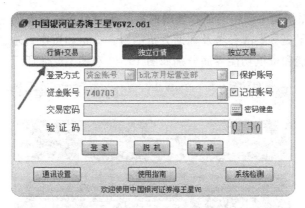

图 10.20 "海王星"系统的登录界面

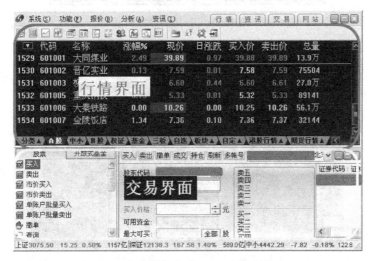

图 10.21 "海王星"行情交易界面

图 10.22 "天王星"操作界面

第 10 章 网络金融服务案例 245

③"双子星"系统是中国银河证券推出的第二代网上交易系统,继承了"天王星"系统的优势,同时提供了更具实战参考及辅助分析的财务分析和资产管理、"小财神"等多种独特功能,其行情功能和资讯功能界面分别如图10.23和图10.24所示。

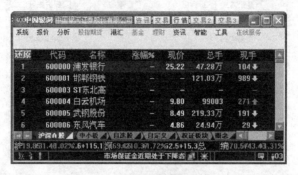

图 10.23 行情功能界面

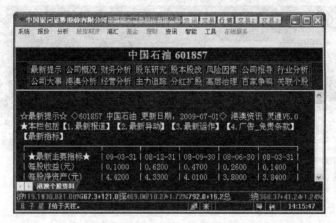

图 10.24 资讯功能界面

④"财神通"是银河证券提供给用户的手机证券交易软件,为客户提供全新模式的证券应用服务,包括自选股票、行情走势、银河资讯、在线交易、银证转账、好股网、个性设置、服务中心、帮助说明等服务。其下载方式如图10.25所示。

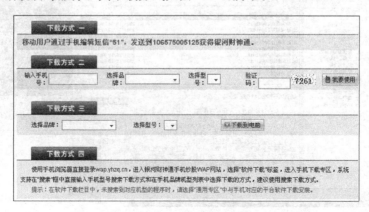

图 10.25 "财神通"下载

4. 网上交易的网络硬件——易阳指

"易阳指"（EasyU）是中国银河证券与2007年推出的一种创新性网上交易随身工具。它以硬件保护和交易管理系统为基础，以自动运行的USB便携设备和人性化操作界面为表现形式，是一款使用方便、安全的随身信息工具。"易阳指"具有自动运行功能，带高速USB接口，即插即用。该产品采用了移动存储芯片解决方案，对数据进行加密存储，确保了重要信息及数据的安全；集成了"双子星"、"天王星"、"海王星"等证券行情分析及交易软件，客户无需下载、安装，即点即用且自动升级；每次使用后，客户不会在所操作计算机上留下任何交易记录及操作痕迹，极大保护了客户的信息安全和个人隐私。

10.4.3 银河证券发展前景

遍布全国的营业网点，丰富完整的金融产品平台，不断创新的技术手段，庞大的客户群体，确立了银河证券公司在国内经纪业务市场上的领先地位。银河证券公司经纪业务收入位于行业排名第一。股权融资方面，公司股票承销业务连续多年位居行业三甲，先后完成南方航空、中国银行、中国国航、中国人寿、中国平安、交通银行、中国神华、中煤能源和中国铝业等多家大型企业的融资保荐工作。截至2008年末，公司累计实现主承销金额超过2600亿元，完成了近百个具有一定市场影响力的财务顾问项目，得到市场广泛认可。债权融资方面，公司连续5年蝉联券商债券主承销量全国第一，完成了铁道部、国家电网、南方电网、华电集团、国电集团、中电投、中国石化、首都机场、北京地铁、上海久事等几十家企业债券主承销项目，并在业务创新方面首家推出了东元不良资产证券化项目，首次作为券商担任交行250亿元次级债的独家主承销及簿记管理人。

10.5 中国银联公司

10.5.1 概述

1. 成立背景

中国银联是经国务院同意，中国人民银行批准设立的中国银行卡联合组织，由80多家国内金融机构共同发起设立，注册资本为16.5亿元人民币。中国银联成立于2002年3月，总部设在上海，目前已拥有近300家境内外成员机构。

作为中国的银行卡联合组织，中国银联处于我国银行卡产业的核心和枢纽地位，对我国银行卡产业发展发挥着基础性作用。各银行通过银联跨行交易清算系统，实现了系统间的互联互通，进而使银行卡得以跨银行、跨地区和跨境使用。在建设和运营银联跨行交易清算系统、实现银行卡联网通用的基础上，中国银联积极联合商业银行等产业各方推广统一的银联卡标准规范，创建银行卡自主品牌；推动银行卡的发展和应用；维护银行卡受理市场秩序，防范银行卡风险。

中国银联的成立标志着"规则联合制定、业务联合推广、市场联合拓展、秩序联合规范、风险联合防范"的产业发展新体制正式形成，标志着我国银行卡产业开始向集约化、规模化发展，进入了全面、快速发展的新阶段。

中国银联成立以来,充分发挥银行卡组织的职能作用,积极携手商业银行和专业机构等银行卡产业相关各方,探索出了一条中国特色的银行卡产业发展之路,有力维护了国家经济、金融安全,推动我国银行卡产业实现了超常规、跨越式发展,使中国快速发展成为全球银行卡产业发展最快、最具潜力的国家之一。

2. 银联卡

为顺应我国经济社会发展需要,履行国家赋予的产业使命和社会责任,中国银联积极联合商业银行建设中国银行卡自主品牌——银联卡。2003年8月,中国银联正式推出了具有自主知识产权,符合统一业务规范和技术标准的高品质、国际化的自主品牌银行卡——银联卡。随着银联卡的普及应用,银联品牌在我国民众中的知名度日益提高。根据国际权威调查机构 A.C. 尼尔森的调查显示,银联品牌在国内的认知度高达99%,持续领跑中国银行卡市场。

为满足中国人日益增长的境外商务、旅游、学习的用卡需要,以及把境内商业银行的服务通过银联网络延伸到境外,中国银联积极展开国际受理网络建设。现在,银联卡受理网络已经延伸至境外90个国家和地区;与此同时,中国银联还积极推动境外发行银联标准卡,为境外人士到中国工作、旅游、学习提供支付便利,目前已有10多个国家和地区的金融机构正式在境外发行了当地货币的银联标准卡。银联卡不仅得到了中国持卡人的认可,而且得到了越来越多国家和地区持卡人的认可。

为满足人民群众日益多元化的用卡需求,中国银联大力推进各类基于银行卡的创新支付业务。人民群众不仅可以在 ATM 自动取款机、商户 POS 刷卡终端等使用银行卡,还可以通过互联网、手机、固定电话、自助终端、数字电视机等各类新兴渠道实现公用事业缴费、机票和酒店预订、信用卡还款、自助转账等多种支付。围绕着满足国人多元化用卡需求,在中国银联和商业银行等相关机构的共同努力下,一个范围更广、领域更多、渠道更丰富的银行卡受理环境正在逐步形成。

中国银联的基础性作用在于,建设和运营银行卡跨行交易清算系统这一基础设施,推广统一的银行卡标准规范,提供高效的跨行信息交换、清算数据处理、风险防范等基础服务。同时,联合商业银行,建设银行卡自主品牌,推动银行卡产业自主科学发展,维护国家经济、金融安全。

10.5.2 业务描述

中国银联采用先进的信息技术与现代公司经营机制,建立和运营广泛、高效的银行卡跨行信息交换网络系统,制定统一的业务规范和技术标准,实现高效率的银行卡跨行通用及业务的联合发展,并推广普及银联卡,积极改善受理环境,推动我国银行卡产业的迅速发展,力争把银联品牌建设成为国际主要银行卡品牌,实现"中国人走到哪里,银联卡用到哪里"。

公司的主要经营范围包括:

① 建设和运营全国统一的银行卡跨行信息交换网络;
② 提供先进的电子化支付技术和与银行卡跨行信息交换相关的专业化服务;
③ 开展银行卡技术创新;

④ 管理和经营"银联"标识；
⑤ 制定银行卡跨行交易业务规范和技术标准，协调和仲裁银行间跨行交易业务纠纷；
⑥ 组织行业培训、业务研讨和开展国际交流，从事相关研究咨询服务；
⑦ 经中国人民银行批准的其他相关服务业务。

带有银联标识银行卡的主要特征：
① 带有银联标志的信用卡，银行卡正面右下角印刷了统一的银联标识图案；
② 卡片背面使用了统一的签名条；
③ 贷记卡卡片正面的银联标识图案上方加贴有统一的全息防伪标志；
④ 银联标准卡的卡号前六位银行识别码（BIN）为622126-622925。

10.5.3 业务简介

1. 信用卡还款

信用卡跨行还款业务可以让用户方便使用他行借记卡为信用卡还款，免去每月账单日在银行网点间奔波之苦，不需支付跨行转账手续费，轻点鼠标，安心享受信用卡免息还款期带来的乐趣。

银联在线支付网站最新推出同名还款功能。即用户必须首先通过借记卡和信用卡实名验证，确认为同名卡，才可发起还款，让用户的还款更安全更放心。

信用卡还款的快捷通道如下：如果用户已经是注册用户，点击"用户登录"按钮；如果用户还未注册，请先点击"注册"按钮进行注册。同名还款流程如图10.26所示。

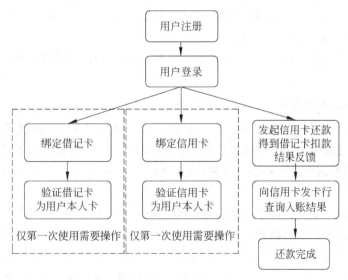

图10.26 同名还款流程

2. 网上跨行转账简介

网上跨行转账是由中国银联支持开展的银行卡跨行交换业务，通过银联的互联网跨行转账平台,向持卡人提供实时的银行卡网上跨行转账服务。可实现银行卡(账户)间资金的实时划拨;网络银行卡余额查询;银行卡网上跨行转账交易明细查询;手机短信服务等功能。

网上跨行转账的优点主要有:

① 方便:用户无需为存、取款而辛苦奔波,更不需要为携带大量现金而提心吊胆。点击 www.Chinaunionpay.com 即可轻松完成个人理财工作,不受时间、地域限制。

② 安全:基于商业银行网络系统以及中国银联电子支付平台的个人理财服务,注重安全管理。

③ 快捷:实时交易、实时到账,瞬间即可完成在不同银行卡账户之间的资金划拨。

④ 业务覆盖面广:目前已实现上海地区银行的基本联网和部分异地银行的全国联网,全国范围内中国银联下属的各成员银行将陆续开通此项业务。

3. 商户支付服务

商户支付服务依托银联强大的跨行转接结算网络和 CUPSecure 安全支付系统,面向企事业单位提供各类代收和代付服务,让商户充分享受低成本、高质量、安全便捷的贴身支付服务。

(1) 低成本、多选择接入方案

针对商户不同需求,为商户提供多种接入方案灵活选择。银联提供标准化插件,商户网站植入后即可快速接入;商户也可不建设网站,配置参数即可直接接入。

(2) 一站式、人性化管理功能

商户登录后可进行一站式交易管理。不仅可提供交易明细查询、数据报表下载、销账等核心管理功能,更可进行批收、批扣、电话支付发起等后续交易提交操作。

(3) 高安全、多渠道支付功能

银联在线支付服务从业务、技术多层面保证系统稳定性、可用性和安全性。并提供互联网、电话等多渠道交易发起功能。

4. 银联安全支付简介

中国银联互联网安全支付服务是中国银联自主创新、拥有知识产权、符合当前国内电子支付现状的互联网安全支付体系标准,建立了持卡人、发卡机构、收单机构和商户四方统一的操作流程、服务流程和结算流程,为互联网消费者提供安全、有效、便利的支付环境和服务。

银联互联网安全支付的系统核心是 CUPSecure 和 CUPS 系统,它们提供了互联网渠道跨行转接和清算的支付服务。对于有网银系统的发卡行,银联互联网安全支付系统引导持卡人在发卡行网银界面直接进行安全认证并且由发卡行进行授权;对于没有网银系统的中小发卡行,银联安全支付体系还提供了 SC 服务,即银联的 SC 服务器代替发卡机构收集持卡人身份验证信息并且交由发卡行验证,持卡人在银联的 SC 界面进行身份信息输入和认证。因此银联提供的是可以服务于所有发卡行和互联网商户的非常安全便捷的支付系统。

在发卡行方面,截至 2010 年,银联互联网安全支付服务涵盖了几乎所有的全国性银行、工商银行、农业银行、中国银行、建设银行、交通银行、邮政储蓄、兴业银行、民生银行、光大银行、华夏银行、中信银行、浦发银行、招商银行、深发银行、平安银行、北京银行和上海银行已经接入或者加入银联安全支付系统；数十家区域性银行（农信社、城市商业银行）也已经加入银联安全支付系统。银联还在继续拓展更多的发卡行加入银联互联网安全支付体系，争取能够为所有银行提供安全可靠的互联网跨行转接服务。

在收单机构方面，收单银行有交通银行、民生银行、邮储银行和上海银行；境内网上收单专业机构有好易联和CHINAPAY、富友等第三方支付公司；境外有日本三井住友、韩国BC、美国PAYPAL、港澳永亨、Asianpay等收单机构已经加入银联安全支付体系。

在互联网商户方面，截至2010年，已经有政府教育、C2C百付宝、通信、保险航空等数千家互联网商户加入。

银联安全支付体系提供了非常强大和多样化的电子支付产品：

① 网上购物。银联为各大网上商户提供支付服务，如网上订购机票、移动电信网上营业厅充值等。

② 网上缴费。为商户提供定向的支付服务，如公务员考试报名、缴纳水电燃气费等。

③ 信用卡还款。在线支付网站可以实现网上跨行在线还款。目前招商、中信、兴业、农业、光大、民生、深发、浦发、深圳平安、宁波等银行的信用卡均可支持。

④ 基金及银行理财产品直销业务。基金直销业务是中国银联与子公司合作，利用银联互联网安全支付平台推出了互联网安全支付特色应用，为基民提供了第三条道路。目前已连接42家基金公司，覆盖了大部分开放式股票型基金。理财产品直销业务是基于目前大部分区域性银行没有理财产品的现状，利用银联的网上跨行支付功能实现本行持卡人在他行购买理财产品的目的，业务模式和基金直销类似。

⑤ 企业代收代付业务。客户群广泛，有着长期的持续支付行为的企业，由企业向持卡人主动发起扣款（付款）。目前主要应用于保险行业。

⑥ 企业ERP集成支付业务。把企业ERP软件和银联电子支付系统结合起来，实现企业间以及企业与个人间的银行卡电子支付，目前已获得江西省电子商务电子支付中心的建设和运营权。

5. 银行卡便民支付网上平台

（1）注册

注册：如果是第一次访问便民平台进行缴费，需先进行新用户注册。注册界面如图10.27所示。便民平台所有支付缴费功能仅对注册用户开放，可以点击"注册"按钮进行免费注册。注册过程中，应尽可能详细准确地填写注册信息，其中标注"＊"的为必填项。为了使用户能够及时获得平台信息以及快速进入用户所需要的缴费页面，"省/市"项需设置为所居住的省/市。

（2）登录

用户可持有效账户登录平台，登录后系统会自动导向到用户注册时所设置的省/市页面。登录界面如图10.28所示。

为了用户的个人信息不被泄露，请操作完毕后退出登录或者关闭浏览器。

图 10.27　点击"注册"按钮

图 10.28　登录界面

假设用户是上海的居民，并且注册时在"省/市"栏中设置了"上海"，则登录后的页面如图 10.29 所示。

图 10.29　以上海居民身份登录

（3）缴费

登录之后用户可以使用平台上所开通的所有缴费服务，如图 10.30 所示。为了用户的银行卡安全，请尽量不要在网吧等公共网络区域使用此服务。

为了用户的缴费顺畅，请尽可能使用 IE 浏览器进行。

按照页面提示输入对应账单的条形码，如图 10.31 所示。

确认用户的账单信息，如图 10.32 所示。

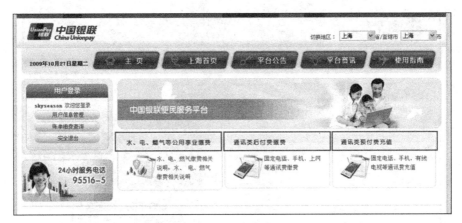

图 10.30　缴费服务界面

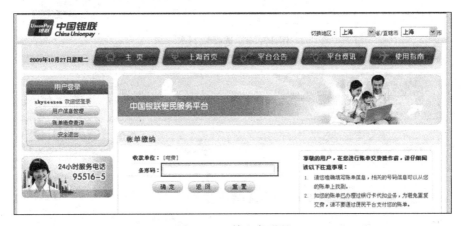

图 10.31　输入条形码

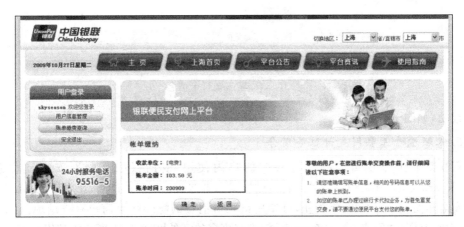

图 10.32　确认用户的账单信息

选择用户所持有的银行卡,如图 10.33 所示。

按照页面提示输入银行卡信息,如图 10.34 所示。

图 10.33 选择银行卡

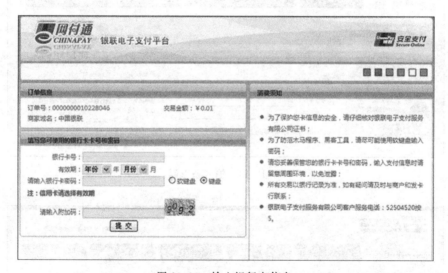

图 10.34 输入银行卡信息

缴费成功,如图 10.35 所示。

6. 银联境外互联网支付服务简介

现在银联卡不仅可以在境外实体商户内使用,借助银联互联网安全支付系统(CUPSecure),用户还可以在境外购物网站以银联卡购买正宗海外产品,让用户足不出"境",尽享安全和便利。到 2009 年为止,可使用银联卡消费的海外网上商户有香港地区三十多家、日本网上商城"佰宜杰"一家。2010 年将有更多的海外网站、网上商户受理银联卡。

(1) 境外网上商城简介

香港地区目前有包括莎莎、周生生、皇悦酒店、万福旅行社等网上商城提供银联卡跨境电子支付服务。

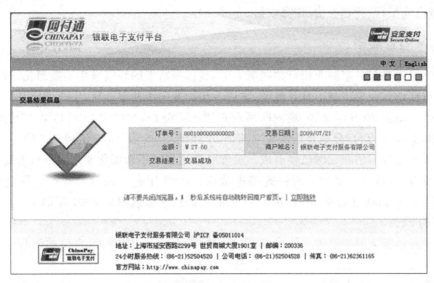

图 10.35　缴费成功提示

佰宜杰网络商城是日本知名商家,是直接面向中国消费者的购物平台,由日本 SBI VeriTrans 股份公司经营,将有多家知名零售商和制造商在此商城开设网上店铺。未来将有 100 家日本零售商和制造商参与,出售超过 10 000 种日本商品,包括深受中国人青睐的数码产品、电器、化妆品、服装等。在佰宜杰 www.buy-j.com,用户可以尽情选购最正宗的日本直销商品。

(2) 网上商城购物流程

网上商城购物流程如图 10.36 所示。

图 10.36　网上商城购物流程

第一步,选购商品,登录网上商城选定商品,用户可使用关键字或按类别搜索所需商品。

第二步,完成支付,目前客户可在支持银联互联网安全支付的网上商城进行在线支付。

第三步,商品配送,在完成支付后,网上商城会告知客户大致的出货日期。并在预告的时间内完成货品的配送服务。

(3) 银联卡电子支付人民币结算

境外网上商城所列商品均以外币标价,境内客户用银联卡完成支付后,将根据当日汇率直接从持卡人的银联卡账户扣除人民币。结账实际使用的汇率请咨询各发卡银行,网上商城页面上的外币/人民币换算功能仅供参考。

(4) 境外网上商城受理的银联卡种类

境外网上商城支持以下发卡行的电子支付业务:工商银行、农业银行、中国银行、建设银行、交通银行、华夏银行、中信银行信用卡、武汉商业银行、哈尔滨银行、潍坊商业银行、晋城商业银行、尧都农信、珠海农信、宁波银行。

10.5.4 前景展望

在中国银联与多家商业银行共同努力下，我国银行卡的联网通用不断深化，银联网络不仅在东部地区和大中城市日益普及，更进一步加速向中西部地区、中小城市和广大农村地区延伸。截至 2009 年年底，境内联网商户达 157 万户，联网 POS 机达 241 万台，联网 ATM 机达 21.5 万台，分别是银联成立前 2001 年的 10.5 倍、10.5 倍和 5.7 倍，一个规模化的银行卡受理网络在我国已经形成。随着联网通用的不断深化和国内银行卡受理环境的不断改善，银行卡交易额呈现快速递进增长。2009 年全国银行卡跨行交易金额达到 7.7 万亿元，是银联成立前 2001 年的 83.7 倍。银行卡渗透率由 2001 年的 2.7% 上升到 2009 年的 32%。

一个日益强大的中国需要强大、自主的银行卡产业，一个强大、自主的银行卡产业需要中国银行卡产业界的共同努力。中国银联将充分发挥卡组织职能，联合各商业银行牢牢掌握我国银行卡产业的话语权和主导权，维护国家经济、金融安全，进一步推动我国银行卡产业又好又快发展，为人民群众提供优质、安全、高效的银行卡服务，并最终把中国银联建设成为在国内具有权威性和公信力，在国际上具有竞争力和影响力的国际性银行卡组织，把银联品牌建设成为具有全球影响力的国际主要银行卡品牌。

小结

网上交易面临的一个很大的问题是诚信。支付宝的"担保交易"在一定程度上解决了这个问题。支付宝的服务领域包括网上购物、保险行业、彩票行业、机票旅游、网游、基金、网络虚拟服务等。支付宝的支付产品具有降低支付成本，简化了支付流程，增强了交易安全的特点。

工商银行网上金融超市为用户提供基金、外汇、保险、理财、黄金和国债等投资理财产品的相关服务，并实现产品和服务两方面的整合。针对不同的客户开发了不同的功能。金融超市是一站式金融服务平台，充分利用了 Web 2.0 互动、差异、个性化的核心特性，为客户提供了丰富的产品、全面实时的资讯以及购物车式的便捷支付结算服务。

泰康在线是泰康人寿保险股份有限公司全资投建的网站，泰康人寿在信息化建设的过程中采取了引进国际先进的寿险软件包、建立决策支持系统、建设 24 小时差别化信息系统、CA 认证等多项措施，围绕核心业务系统开展各项工作。泰康人寿为个人客户提供的产品包括保险顾问渠道、网上直销、银行保险、电话直销等服务。

中国银河证券是中国第一批开展网上证券交易的券商之一，目前，已成功推出了中国银河证券网，"海王星"、"双子星"、"天王星"三套具有不同特点的网上交易系统，为不同的客户需求提供了多种选择的网上交易服务系统。

中国银联是经国务院同意，中国人民银行批准设立的中国银行卡联合组织。中国银联采用先进的信息技术与现代公司经营机制，建立和运营广泛、高效的银行卡跨行信息交换网络系统，制定统一的业务规范和技术标准，实现高效率的银行卡跨行通用及业务的联合发展,推动我国银行卡产业的迅速发展。

思考题

1. 请列举支付宝的服务领域及其支付产品的特点。
2. 说明工商银行网上金融超市的发展情况。
3. 泰康人寿在信息化建设过程中采用了哪些措施?
4. 银河证券网上交易的安全技术包括哪些?
5. 中国银联的主要经营范围包括什么?

参考文献

[1] 中国工商银行中国网站,http://www.icbc.com.cn.
[2] 支付宝网站,http://www.chinaunionpay.com/.
[3] 泰康人寿,http://www.taikang.com/.
[4] 中国银河证券股份有限公司网站,http://www.chinastock.com.cn/.
[5] 中国银联网站,http://corporate.chinaunionpay.com.

附录 A　非金融机构支付服务管理办法[①]

第一章　总则

第一条　为促进支付服务市场健康发展，规范非金融机构支付服务行为，防范支付风险，保护当事人的合法权益，根据《中华人民共和国中国人民银行法》等法律法规，制定本办法。

第二条　本办法所称非金融机构支付服务，是指非金融机构在收付款人之间作为中介机构提供下列部分或全部货币资金转移服务：

（一）网络支付；
（二）预付卡的发行与受理；
（三）银行卡收单；
（四）中国人民银行确定的其他支付服务。

本办法所称网络支付，是指依托公共网络或专用网络在收付款人之间转移货币资金的行为，包括货币汇兑、互联网支付、移动电话支付、固定电话支付、数字电视支付等。

本办法所称预付卡，是指以营利为目的发行的、在发行机构之外购买商品或服务的预付价值，包括采取磁条、芯片等技术以卡片、密码等形式发行的预付卡。

本办法所称银行卡收单，是指通过销售点（POS）终端等为银行卡特约商户代收货币资金的行为。

第三条　非金融机构提供支付服务，应当依据本办法规定取得《支付业务许可证》，成为支付机构。

支付机构依法接受中国人民银行的监督管理。

未经中国人民银行批准，任何非金融机构和个人不得从事或变相从事支付业务。

第四条　支付机构之间的货币资金转移应当委托银行业金融机构办理，不得通过支付机构相互存放货币资金或委托其他支付机构等形式办理。

支付机构不得办理银行业金融机构之间的货币资金转移，经特别许可的除外。

第五条　支付机构应当遵循安全、效率、诚信和公平竞争的原则，不得损害国家利益、社会公共利益和客户合法权益。

第六条　支付机构应当遵守反洗钱的有关规定，履行反洗钱义务。

第二章　申请与许可

第七条　中国人民银行负责《支付业务许可证》的颁发和管理。

[①]　中国人民银行令〔2010〕第 2 号规定，非金融机构支付服务管理办法于 2010 年 9 月 1 日起施行。

申请《支付业务许可证》的,需经所在地中国人民银行分支机构审查后,报中国人民银行批准。

本办法所称中国人民银行分支机构,是指中国人民银行副省级城市中心支行以上的分支机构。

第八条 《支付业务许可证》的申请人应当具备下列条件:

(一)在中华人民共和国境内依法设立的有限责任公司或股份有限公司,且为非金融机构法人;

(二)有符合本办法规定的注册资本最低限额;

(三)有符合本办法规定的出资人;

(四)有5名以上熟悉支付业务的高级管理人员;

(五)有符合要求的反洗钱措施;

(六)有符合要求的支付业务设施;

(七)有健全的组织机构、内部控制制度和风险管理措施;

(八)有符合要求的营业场所和安全保障措施;

(九)申请人及其高级管理人员最近3年内未因利用支付业务实施违法犯罪活动或为违法犯罪活动办理支付业务等受过处罚。

第九条 申请人拟在全国范围内从事支付业务的,其注册资本最低限额为1亿元人民币;拟在省(自治区、直辖市)范围内从事支付业务的,其注册资本最低限额为3千万元人民币。注册资本最低限额为实缴货币资本。

本办法所称在全国范围内从事支付业务,包括申请人跨省(自治区、直辖市)设立分支机构从事支付业务,或客户可跨省(自治区、直辖市)办理支付业务的情形。

中国人民银行根据国家有关法律法规和政策规定,调整申请人的注册资本最低限额。

外商投资支付机构的业务范围、境外出资人的资格条件和出资比例等,由中国人民银行另行规定,报国务院批准。

第十条 申请人的主要出资人应当符合以下条件:

(一)为依法设立的有限责任公司或股份有限公司;

(二)截至申请日,连续为金融机构提供信息处理支持服务2年以上,或连续为电子商务活动提供信息处理支持服务2年以上;

(三)截至申请日,连续盈利2年以上;

(四)最近3年内未因利用支付业务实施违法犯罪活动或为违法犯罪活动办理支付业务等受过处罚。

本办法所称主要出资人,包括拥有申请人实际控制权的出资人和持有申请人10%以上股权的出资人。

第十一条 申请人应当向所在地中国人民银行分支机构提交下列文件、资料:

(一)书面申请,载明申请人的名称、住所、注册资本、组织机构设置、拟申请支付业务等;

(二)公司营业执照(副本)复印件;

(三)公司章程;

（四）验资证明；

（五）经会计师事务所审计的财务会计报告；

（六）支付业务可行性研究报告；

（七）反洗钱措施验收材料；

（八）技术安全检测认证证明；

（九）高级管理人员的履历材料；

（十）申请人及其高级管理人员的无犯罪记录证明材料；

（十一）主要出资人的相关材料；

（十二）申请资料真实性声明。

第十二条　申请人应当在收到受理通知后按规定公告下列事项：

（一）申请人的注册资本及股权结构；

（二）主要出资人的名单、持股比例及其财务状况；

（三）拟申请的支付业务；

（四）申请人的营业场所；

（五）支付业务设施的技术安全检测认证证明。

第十三条　中国人民银行分支机构依法受理符合要求的各项申请，并将初审意见和申请资料报送中国人民银行。中国人民银行审查批准的，依法颁发《支付业务许可证》，并予以公告。

《支付业务许可证》自颁发之日起，有效期5年。支付机构拟于《支付业务许可证》期满后继续从事支付业务的，应当在期满前6个月内向所在地中国人民银行分支机构提出续展申请。中国人民银行准予续展的，每次续展的有效期为5年。

第十四条　支付机构变更下列事项之一的，应当在向公司登记机关申请变更登记前报中国人民银行同意：

（一）变更公司名称、注册资本或组织形式；

（二）变更主要出资人；

（三）合并或分立；

（四）调整业务类型或改变业务覆盖范围。

第十五条　支付机构申请终止支付业务的，应当向所在地中国人民银行分支机构提交下列文件、资料：

（一）公司法定代表人签署的书面申请，载明公司名称、支付业务开展情况、拟终止支付业务及终止原因等；

（二）公司营业执照（副本）复印件；

（三）《支付业务许可证》复印件；

（四）客户合法权益保障方案；

（五）支付业务信息处理方案。

准予终止的，支付机构应当按照中国人民银行的批复完成终止工作，交回《支付业务许可证》。

第十六条　本章对许可程序未作规定的事项，适用《中国人民银行行政许可实施办法》(中国人民银行令〔2004〕第3号)。

第三章 监督与管理

第十七条 支付机构应当按照《支付业务许可证》核准的业务范围从事经营活动,不得从事核准范围之外的业务,不得将业务外包。

支付机构不得转让、出租、出借《支付业务许可证》。

第十八条 支付机构应当按照审慎经营的要求,制订支付业务办法及客户权益保障措施,建立健全风险管理和内部控制制度,并报所在地中国人民银行分支机构备案。

第十九条 支付机构应当确定支付业务的收费项目和收费标准,并报所在地中国人民银行分支机构备案。

支付机构应当公开披露其支付业务的收费项目和收费标准。

第二十条 支付机构应当按规定向所在地中国人民银行分支机构报送支付业务统计报表和财务会计报告等资料。

第二十一条 支付机构应当制定支付服务协议,明确其与客户的权利和义务、纠纷处理原则、违约责任等事项。

支付机构应当公开披露支付服务协议的格式条款,并报所在地中国人民银行分支机构备案。

第二十二条 支付机构的分公司从事支付业务的,支付机构及其分公司应当分别到所在地中国人民银行分支机构备案。

支付机构的分公司终止支付业务的,比照前款办理。

第二十三条 支付机构接受客户备付金时,只能按收取的支付服务费向客户开具发票,不得按接受的客户备付金金额开具发票。

第二十四条 支付机构接受的客户备付金不属于支付机构的自有财产。

支付机构只能根据客户发起的支付指令转移备付金。禁止支付机构以任何形式挪用客户备付金。

第二十五条 支付机构应当在客户发起的支付指令中记载下列事项:

(一)付款人名称;

(二)确定的金额;

(三)收款人名称;

(四)付款人的开户银行名称或支付机构名称;

(五)收款人的开户银行名称或支付机构名称;

(六)支付指令的发起日期。

客户通过银行结算账户进行支付的,支付机构还应当记载相应的银行结算账号。客户通过非银行结算账户进行支付的,支付机构还应当记载客户有效身份证件上的名称和号码。

第二十六条 支付机构接受客户备付金的,应当在商业银行开立备付金专用存款账户存放备付金。中国人民银行另有规定的除外。

支付机构只能选择一家商业银行作为备付金存管银行,且在该商业银行的一个分支机构只能开立一个备付金专用存款账户。

支付机构应当与商业银行的法人机构或授权的分支机构签订备付金存管协议,明确双方的权利、义务和责任。

支付机构应当向所在地中国人民银行分支机构报送备付金存管协议和备付金专用存款账户的信息资料。

第二十七条 支付机构的分公司不得以自己的名义开立备付金专用存款账户,只能将接受的备付金存放在支付机构开立的备付金专用存款账户。

第二十八条 支付机构调整不同备付金专用存款账户头寸的,由备付金存管银行的法人机构对支付机构拟调整的备付金专用存款账户的余额情况进行复核,并将复核意见告知支付机构及有关备付金存管银行。

支付机构应当持备付金存管银行的法人机构出具的复核意见办理有关备付金专用存款账户的头寸调拨。

第二十九条 备付金存管银行应当对存放在本机构的客户备付金的使用情况进行监督,并按规定向备付金存管银行所在地中国人民银行分支机构及备付金存管银行的法人机构报送客户备付金的存管或使用情况等信息资料。

对支付机构违反第二十五条至第二十八条相关规定使用客户备付金的申请或指令,备付金存管银行应当予以拒绝;发现客户备付金被违法使用或有其他异常情况的,应当立即向备付金存管银行所在地中国人民银行分支机构及备付金存管银行的法人机构报告。

第三十条 支付机构的实缴货币资本与客户备付金日均余额的比例,不得低于10%。

本办法所称客户备付金日均余额,是指备付金存管银行的法人机构根据最近90日内支付机构每日日终的客户备付金总量计算的平均值。

第三十一条 支付机构应当按规定核对客户的有效身份证件或其他有效身份证明文件,并登记客户身份基本信息。

支付机构明知或应知客户利用其支付业务实施违法犯罪活动的,应当停止为其办理支付业务。

第三十二条 支付机构应当具备必要的技术手段,确保支付指令的完整性、一致性和不可抵赖性,支付业务处理的及时性、准确性和支付业务的安全性;具备灾难恢复处理能力和应急处理能力,确保支付业务的连续性。

第三十三条 支付机构应当依法保守客户的商业秘密,不得对外泄露。法律法规另有规定的除外。

第三十四条 支付机构应当按规定妥善保管客户身份基本信息、支付业务信息、会计档案等资料。

第三十五条 支付机构应当接受中国人民银行及其分支机构定期或不定期的现场检查和非现场检查,如实提供有关资料,不得拒绝、阻挠、逃避检查,不得谎报、隐匿、销毁相关证据材料。

第三十六条 中国人民银行及其分支机构依据法律、行政法规、中国人民银行的有关规定对支付机构的公司治理、业务活动、内部控制、风险状况、反洗钱工作等进行定期或不定期现场检查和非现场检查。

中国人民银行及其分支机构依法对支付机构进行现场检查,适用《中国人民银行执法检查程序规定》(中国人民银行令〔2010〕第1号发布)。

第三十七条 中国人民银行及其分支机构可以采取下列措施对支付机构进行现场检查:

(一)询问支付机构的工作人员,要求其对被检查事项作出解释、说明;

(二)查阅、复制与被检查事项有关的文件、资料,对可能被转移、藏匿或毁损的文件、资料予以封存;

(三)检查支付机构的客户备付金专用存款账户及相关账户;

(四)检查支付业务设施及相关设施。

第三十八条 支付机构有下列情形之一的,中国人民银行及其分支机构有权责令其停止办理部分或全部支付业务:

(一)累计亏损超过其实缴货币资本的50%;

(二)有重大经营风险;

(三)有重大违法违规行为。

第三十九条 支付机构因解散、依法被撤销或被宣告破产而终止的,其清算事宜按照国家有关法律规定办理。

第四章 罚则

第四十条 中国人民银行及其分支机构的工作人员有下列情形之一的,依法给予行政处分;构成犯罪的,依法追究刑事责任:

(一)违反规定审查批准《支付业务许可证》的申请、变更、终止等事项的;

(二)违反规定对支付机构进行检查的;

(三)泄露知悉的国家秘密或商业秘密的;

(四)滥用职权、玩忽职守的其他行为。

第四十一条 商业银行有下列情形之一的,中国人民银行及其分支机构责令其限期改正,并给予警告或处1万元以上3万元以下罚款;情节严重的,中国人民银行责令其暂停或终止客户备付金存管业务:

(一)未按规定报送客户备付金的存管或使用情况等信息资料的;

(二)未按规定对支付机构调整备付金专用存款账户头寸的行为进行复核的;

(三)未对支付机构违反规定使用客户备付金的申请或指令予以拒绝的。

第四十二条 支付机构有下列情形之一的,中国人民银行分支机构责令其限期改正,并给予警告或处1万元以上3万元以下罚款:

(一)未按规定建立有关制度办法或风险管理措施的;

(二)未按规定办理相关备案手续的;

(三)未按规定公开披露相关事项的;

(四)未按规定报送或保管相关资料的;

(五)未按规定办理相关变更事项的;

(六)未按规定向客户开具发票的;

(七)未按规定保守客户商业秘密的。

第四十三条　支付机构有下列情形之一的,中国人民银行分支机构责令其限期改正,并处 3 万元罚款;情节严重的,中国人民银行注销其《支付业务许可证》;涉嫌犯罪的,依法移送公安机关立案侦查;构成犯罪的,依法追究刑事责任:

（一）转让、出租、出借《支付业务许可证》的;
（二）超出核准业务范围或将业务外包的;
（三）未按规定存放或使用客户备付金的;
（四）未遵守实缴货币资本与客户备付金比例管理规定的;
（五）无正当理由中断或终止支付业务的;
（六）拒绝或阻碍相关检查监督的;
（七）其他危及支付机构稳健运行、损害客户合法权益或危害支付服务市场的违法违规行为。

第四十四条　支付机构未按规定履行反洗钱义务的,中国人民银行及其分支机构依据国家有关反洗钱法律法规等进行处罚;情节严重的,中国人民银行注销其《支付业务许可证》。

第四十五条　支付机构超出《支付业务许可证》有效期限继续从事支付业务的,中国人民银行及其分支机构责令其终止支付业务;涉嫌犯罪的,依法移送公安机关立案侦查;构成犯罪的,依法追究刑事责任。

第四十六条　以欺骗等不正当手段申请《支付业务许可证》但未获批准的,申请人及持有其 5% 以上股权的出资人 3 年内不得再次申请或参与申请《支付业务许可证》。

以欺骗等不正当手段申请《支付业务许可证》且已获批准的,由中国人民银行及其分支机构责令其终止支付业务,注销其《支付业务许可证》;涉嫌犯罪的,依法移送公安机关立案侦查;构成犯罪的,依法追究刑事责任;申请人及持有其 5% 以上股权的出资人不得再次申请或参与申请《支付业务许可证》。

第四十七条　任何非金融机构和个人未经中国人民银行批准擅自从事或变相从事支付业务的,中国人民银行及其分支机构责令其终止支付业务;涉嫌犯罪的,依法移送公安机关立案侦查;构成犯罪的,依法追究刑事责任。

第五章　附则

第四十八条　本办法实施前已经从事支付业务的非金融机构,应当在本办法实施之日起 1 年内申请取得《支付业务许可证》。逾期未取得的,不得继续从事支付业务。

第四十九条　本办法由中国人民银行负责解释。

第五十条　本办法自 2010 年 9 月 1 日起施行。